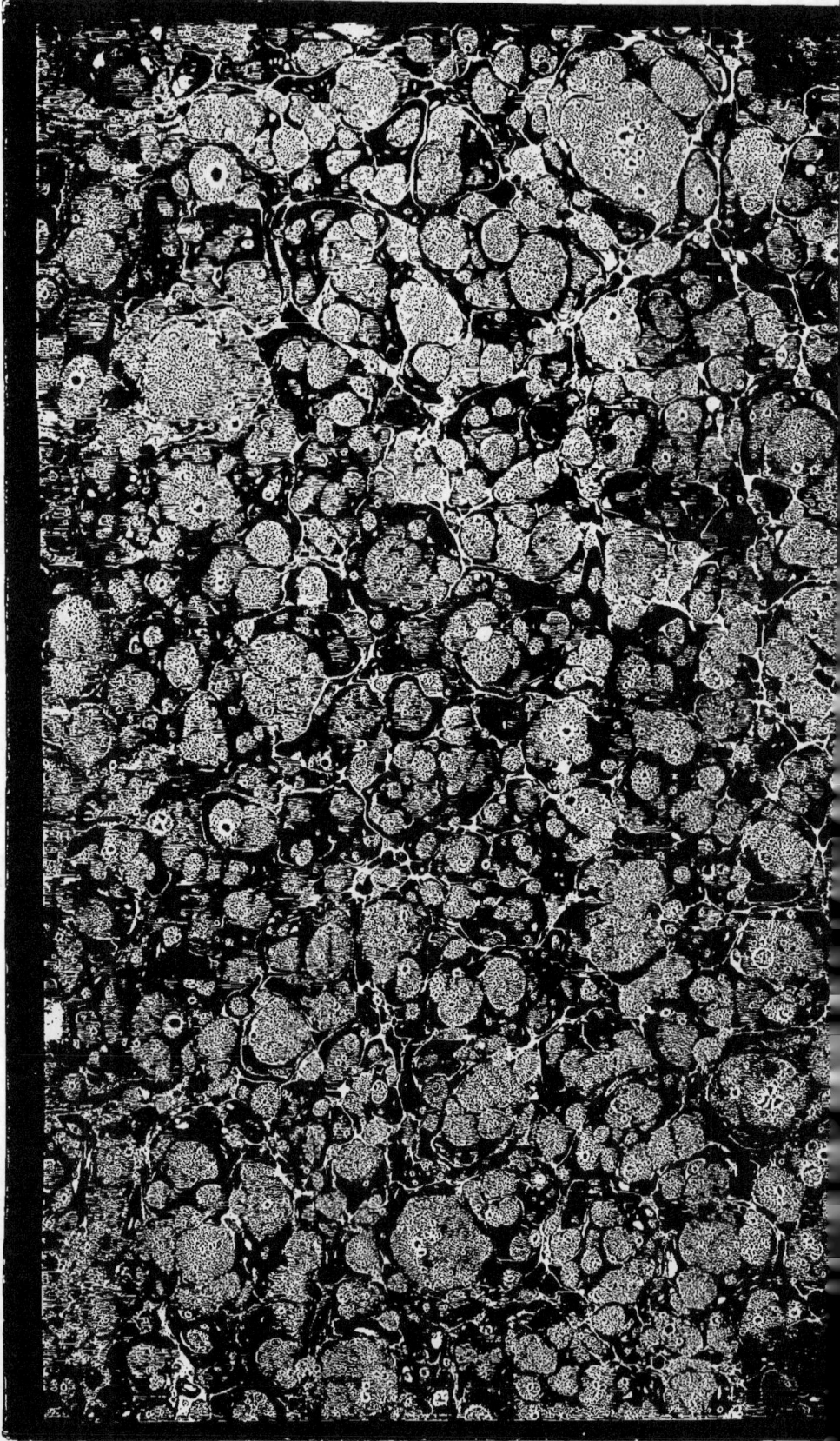

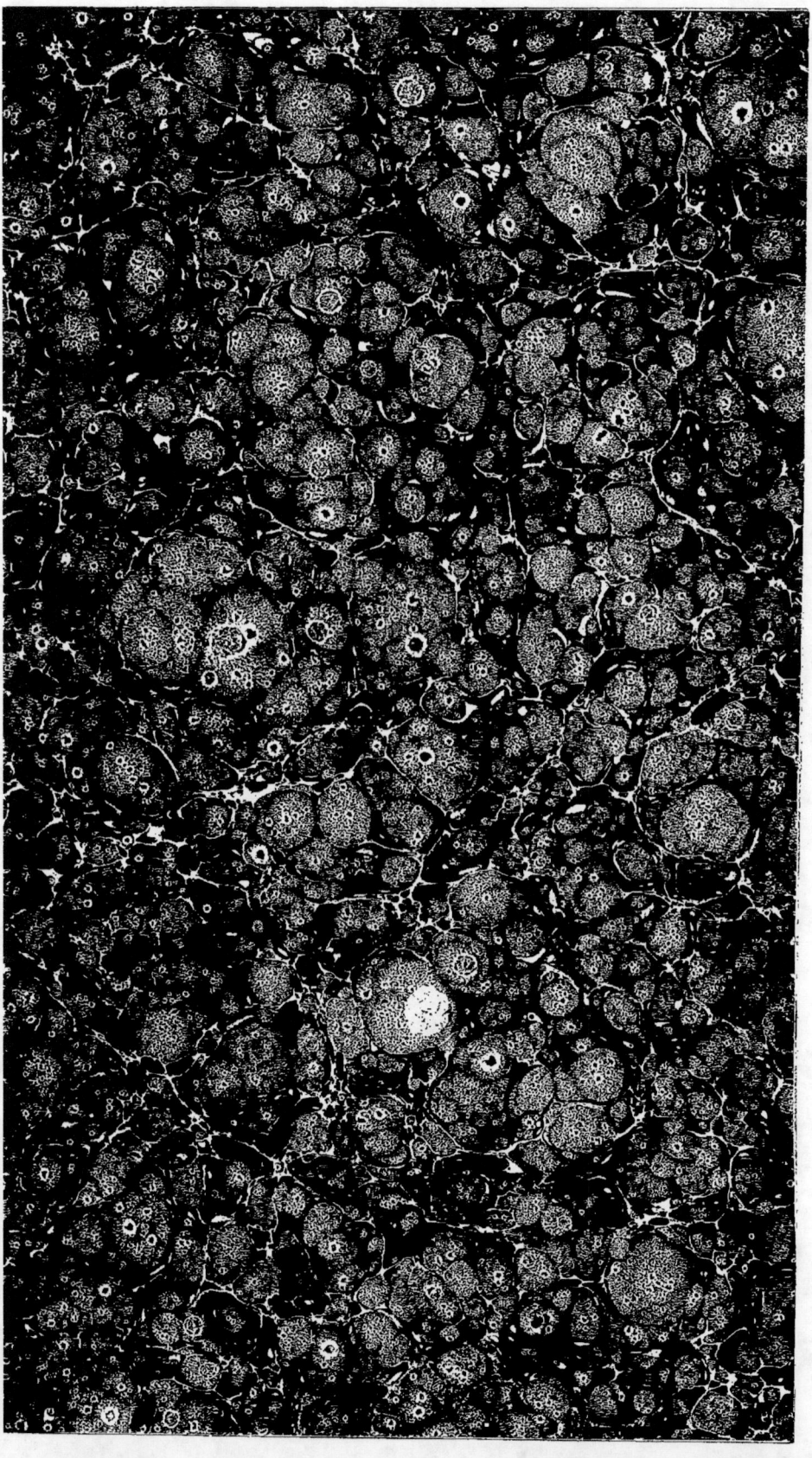

L'EUROPE

PENDANT

LE CONSULAT ET L'EMPIRE

DE NAPOLÉON.

PARIS. — IMPRIMERIE D'AMÉDÉE GRATIOT ET Cⁱᵉ,
11, rue de la Monnaie.

L'EUROPE

PENDANT LE CONSULAT ET L'EMPIRE

DE

NAPOLÉON

PAR

M. CAPEFIGUE.

Tome huitième.

PARIS

PITOIS-LEVRAULT ET C°, RUE DE LA HARPE, 81.

A l'Étranger

DULAU et Cie, à Londres.
ROBRMANN et SCHWEIGERD, à Vienne.
AL. DUNCKER, à Berlin.
BOCCA, à Turin.
DUMOLARD et fils, à Milan.

ZEELT, à Amsterdam.
BELLIZARD et Cie, à Saint-Pétersbourg.
JUGEL, à Francfort-sur-le-Mein.
BROCKHAUS, à Leipzig.
ARTARIA et FONTAINE, à Mannheim.

1840.

L'EUROPE

PENDANT

LE CONSULAT ET L'EMPIRE

DE NAPOLÉON.

CHAPITRE I.

DIPLOMATIE AVANT LA CAMPAGNE DE 1809.

Rapports de l'Autriche et de la France. — Situation difficile de M. de Metternich à Paris. — Invectives de Napoléon devant le cercle diplomatique. — Dépêches de M. de Metternich à sa cour. — Rapports avec Fouché et les mécontents. — Entrevue avec M. de Champagny. — Inquiétudes à Vienne sur les préparatifs de la France. — Appel des contingents de la Confédération du Rhin. — Situation réelle de l'Autriche.—Ses rapports avec l'Angleterre, — avec la Prusse, — avec la Russie, — avec la Suède. — Révolution à Stockholm. — Plan militaire de l'Autriche. — Idée d'insurrection. — L'Allemagne. — Le Tyrol. — L'Espagne. — La Hollande et la Belgique. — L'Italie. — Première pensée de l'alliance avec le parti républicain. — Situation des esprits au moment de la campagne.

Mars 1808 à Avril 1809.

L'empereur Napoléon suivait avec une attention vive et profonde, depuis une année surtout, les démarches diplomatiques de l'Autriche; quand on a trop abaissé une puissance sans la détruire entièrement, on s'inquiète de ses moindres démarches; on sait qu'elle a des ressentiments à venger, et des outrages qu'elle garde dans sa mémoire; en politique il vaut mieux briser un gouvernement que de l'humilier. La nation allemande gémissait de l'oppression qui pesait sur elle; l'Autriche, persévérante, attendait le jour où il lui serait permis de lever la tête pour s'essayer une fois encore dans la lice. Des armements extraordinaires étaient partout commandés; le prince Charles devenait le symbole de la monarchie avec le droit de glaive, le plus absolu de tous [1]; sous prétexte d'organiser le système de la conscription militaire, l'Autriche portait son pied de guerre à 400,000 hommes. Les dépêches du général Andréossy, ambassadeur à Vienne, ne laissaient plus aucun doute; depuis une année les desseins d'une guerre vigoureuse fermentaient dans la pensée du cabinet autrichien.

Napoléon était encore à Bayonne et déjà les préparatifs de l'Autriche lui étaient révélés par les documents des affaires étrangères; M. de Champagny avait engagé une correspondance intime avec le comte de Metternich [2], qui continuait à Paris son système d'observation et d'examen; jeune, actif, pénétrant, M. de Metternich se procurait des notes sur les dernières pensées de l'Empe-

---

[1] « L'archiduc Charles, généralissime et ministre de la guerre, est revêtu d'un pouvoir absolu (*jus gladii*) pour tout ce qui concerne le militaire. Les neuf divisions de l'armée, qui seront toutes sous ses ordres, auront pour commandants particuliers, savoir : l'archiduc Jean, l'archiduc Ferdinand, le général comte de Bellegarde, les feld-maréchaux de Zach, de Chasteler, de Schwartzenberg, de Lichtenstein, de Klénau et de Giulay. On a fait beaucoup de promotions dans l'armée; entre autres dix généraux ont été nommés feld-maréchaux lieutenants, et vingt colonels ont été élevés au grade de généraux majors. » (Dépêche d'Andréossy, janvier 1809)

[2] Voici de curieux extraits de la correspondance de M. de Champagny avec M. de Metternich.

Note de M. de Champagny.

« Que penser, M. le comte, de ce cri de guerre qui de Vienne a retenti dans toute l'Allemagne, de ces préparatifs dont sont remplies toutes les gazettes, de ces mou-

reur, et sur ses desseins à l'égard de l'Allemagne ; ses relations vastes, attentives, prenaient dans tous les rangs ; ses salons étaient visités par ce que la haute compagnie possédait de fortunes nouvelles et anciennes. En diplomate habile, M. de Metternich était chargé de masquer les mouvements de son cabinet, afin de préparer une surprise qui pourrait donner plus de chances à la guerre ; l'Allemagne était poussée à prendre les armes par les durs souvenirs de l'occupation française; un esprit de fermentation patriotique régnait partout ; l'exemple de l'Espagne insurgée ranimait les cœurs pour de meilleures espérances.

Le pamphlet de M. Cevallos sur les événements de Bayonne était répandu dans toute l'Allemagne, affiché, commenté, pour annoncer que bientôt le tocsin de la liberté sonnerait en Europe ; les écrits dont la Germanie était inondée poussaient les gouvernements eux-mêmes à prendre un parti vigoureux ; les peuples se réveillaient pour leur nationalité. M. de Metternich, dans la mesure de ses prérogatives, avait parfaitement secondé les intentions de son gouvernement ; il n'outrepassait ni ses droits ni ses devoirs, se posant comme un observateur fin, spirituel, et Fouché lui-même ne dédaignait pas des conversations intimes sur les espérances

---

yements de troupes en Gallicie, qui se sont concentrées en corps d'armée, de pareils mouvements que l'on annonce en Bohême, et enfin de cette levée de garde nationale, derrière laquelle on organise une milice, comme si la monarchie d'Autriche voulait épuiser toutes ses ressources pour frapper un grand coup ou se sauver d'un grand danger? Et cependant, Monsieur, vous le savez, et votre gouvernement le publie, qu'il est dans une paix profonde, dans une parfaite harmonie avec ses voisins ; que la France particulièrement ne lui demande rien, ne prétend rien de ce qui lui appartient, n'a aucune vue prochaine ou éloignée qui puisse lui donner la plus légère inquiétude.

« Notre surprise est telle qu'il m'a été impossible de ne pas vous l'exprimer, quoique d'ailleurs ce ne soit pas du tout l'objet de la présente note, qui ne porte que sur un fait particulier. Puisse-t-il, et nous ne voulons point en douter, ne pas tenir à un esprit de malveillance. Mais il

d'une paix générale; homme de prévoyance et d'avenir, le ministre de la police commençait à envisager la cause européenne comme une solution possible au problème de la liberté; l'Empereur avait trop écrasé sous le pied de sa dictature la nationalité de chaque peuple. Il y aurait évidemment une réaction.

A son retour à Paris, Napoléon manifesta ses mécontentements envers l'Autriche; la correspondance de M. de Metternich avec M. de Champagny ne l'ayant pas complétement satisfait, il avait besoin d'imprimer une sorte de terreur au cabinet autrichien par une manifestation hautaine de sa puissance et par la fierté de son langage. M. de Metternich, d'abord si bien accueilli en 1806, avait excité la colère de Napoléon, parce qu'il l'avait deviné plus d'une fois; l'Empereur n'ignorait pas les aperçus remarquables de ses dépêches; il n'aimait pas les yeux qui le pénétraient trop; peut-être aussi M. de Metternich avait-il parlé sans ménagement dans les salons de Paris, des scènes de Bayonne, en s'associant à l'opposition qu'elles avaient soulevée. Napoléon, instruit de tout, voulut donner aux ambassadeurs une de ces leçons publiques qu'il était accoutumé de préparer comme un coup de théâtre, pour exercer son influence sur l'Europe; il avait employé ce

est difficile de ne pas penser que cet esprit est le motif de la conduite de quelques préposés de votre gouvernement qui croient le servir ou lui plaire en s'écartant des intentions que nous aimons à lui supposer.

« Je saisis toujours avec empressement toutes les occasions d'offrir à V. Exc. les assurances, etc. »

Lettre particulière de M. de Champagny à M. de Metternich, 16 juillet 1808.

« Monsieur le comte, et moi aussi, j'aime à m'entretenir avec vous d'une manière confidentielle, comme je suis flatté des ouvertures de ce genre que m'a faites V. Exc.; la note ci-jointe, relative à un fait particulier dont j'ai été chargé de vous donner connaissance, m'a fourni l'occasion de vous parler de ces préparatifs de guerre de la monarchie autrichienne, qu'annoncent non seulement toutes les gazettes, mais encore la correspondance de toutes les cours d'Allemagne. Plusieurs de ces mesures sont avouées par votre gouvernement; il faut

moyen durant le traité d'Amiens avec lord Witworth, caractère froid et véritablement anglais, qui avait pris la sortie de l'Empereur comme une offense dont il se hâta de demander réparation. C'était un des grands défauts de cette majesté impériale que de méconnaître les positions indépendantes, trop élevées pour s'effrayer jamais; habitué presque toujours à parler à des fonctionnaires ou à des aides-de-camp soumis, Napoléon ne respectait pas assez les caractères et les missions; il s'exprimait en maître, et lorsqu'il trouvait en sa face un esprit ferme et calme, ces conversations tournaient presque toujours au désavantage de son propre système.

Selon l'étiquette du palais, les ambassadeurs faisaient cercle autour de Napoléon deux fois par mois; il y avait foule; la fête de l'Empereur réunissait les ministres et tous les corps de l'État. Dans le cercle diplomatique, le souverain passait, saluait, et paraissait plus ou moins sévère, en raison qu'il était plus ou moins satisfait de la situation des ambassadeurs à sa cour. Le comte de Metternich vint à cette audience; d'après l'état des négociations, il soupçonnait que l'Empereur lui parlerait; l'instinct de la position lui avait révélé d'avance que ces paroles seraient des reproches, et il s'y prépara; il prit un soin particulier de sa tenue d'ambassadeur, car il avait à repré-

convenir qu'elles contrastent d'une manière bien étrange avec l'état de paix parfaite et même d'union intime de toutes les puissances du continent. J'ai dû vous en parler sans en faire l'objet d'une note spéciale. Quel but se propose-t-on en inquiétant ainsi une grande partie de l'Allemagne? Si l'on veut conserver la paix, et nous n'admettons aucun doute à cet égard, pourquoi ces apparences hostiles? Un des bienfaits de la paix est la sécurité dont elle fait jouir; et beaucoup de guerres malheureuses n'ont eu lieu que par des préparatifs faits souvent sans intention de commencer la guerre, mais qui en ont fait naître la crainte. Je livre, Monsieur, ces réflexions à votre bon esprit, à la droiture de vos intentions, à ce vif désir qui nous anime l'un et l'autre de maintenir une parfaite harmonie entre nos deux gouvernements. Un tel résultat, dû à nos efforts communs, est ce qui pourrait me flatter davantage.

« Que V. Exc. agrée, etc. »

Signé, **Champagny.**

senter sa nation et à maintenir sa dignité. Napoléon fit le tour du cercle, dit quelques mots aux ministres, sourit à quelques-uns, fronça le sourcil pour quelques autres; puis il vint droit à M. de Metternich, qu'il observait de son œil orageux depuis son entrée dans le salon. Le feu mobile de la physionomie de l'Empereur avait pris quelque chose d'animé, de colère; on voyait qu'il voulait parler haut; il se posait théâtralement; M. de Metternich l'attendait de sang-froid; Napoléon le regarda fixement, puis lui jeta ces paroles saccadées : « L'Autriche veut donc nous faire la guerre, ou elle veut nous faire peur? — Ni l'un ni l'autre, sire, et des rapports mal éclairés ont pu seuls tromper la religion de Votre Majesté. — Si cela est ainsi, pourquoi vos immenses préparatifs? — Sire, ils sont purement défensifs, et destinés à donner une constitution plus stable à notre état militaire. — Mais qui vous attaque, pour songer ainsi à vous défendre? Qui vous menace, pour vous faire penser que vous serez bientôt attaqués? Tout n'est-il pas paisible autour de vous? Depuis la paix de Presbourg y a-t-il eu entre vous et moi le plus léger différend? Ai-je élevé quelque prétention alarmante pour vous? Toutes nos relations n'ont-elles pas été extrêmement amicales? Et cependant vous avez jeté tout à coup un cri d'alarme; vous avez mis en mouvement toute votre population; vos princes ont parcouru vos provinces; vos proclama-

---

Lettre particulière de M. le comte de Metternich à M. le comte de Champagny.
Paris, le 22 juillet 1808.

« V. Exc. rend parfaitement justice à mes intentions et à mes principes; elle m'en fournit une preuve flatteuse par sa dernière lettre particulière, et comment répondre mieux à sa confiance, qu'en satisfaisant complétement au vœu qu'elle y énonce?

« Vous désirez des éclaircissements sur les préparatifs de guerre qu'annonçaient non seulement les gazettes, mais encore la correspondance de toutes les cours de l'Allemagne; sur un cri de guerre qui de Vienne y aurait retenti; sur les mesures enfin qui y ont été développées depuis quelque temps dans l'intérieur de la monarchie autrichienne. Il n'est pas une de ces questions que je ne sois à même et que je i.e m'empresse d'épuiser. Je ne puis toutefois que les séparer. Celles de nos mesures

tions ont appelé le peuple à la défense de la patrie. Vos paroles, vos mesures, sont celles que vous avez employées lorsque j'étais à Léoben. »

Ces paroles furent prononcées avec une si grande vivacité, que M. de Metternich ne put que répéter : « J'ose dire une fois encore à V. M. qu'il ne s'agit que d'une organisation intérieure. » Napoléon l'interrompit brusquement : « Si ce n'était qu'une organisation nouvelle, vous l'auriez exécutée avec plus de lenteur, sans bruit, sans dépenses, sans exciter au dedans une si prodigieuse fermentation, au dehors une si vive alarme. Mais vos mesures ne sont pas purement défensives. Vous ajoutez à chacun de vos régiments une force de 1,500 hommes; votre milice vous donnera 400,000 hommes disponibles; ces hommes sont enrégimentés et exercés, une partie sont habillés; vos places sont approvisionnées; enfin, ce qui est pour moi l'indice sûr d'une guerre qu'on prépare, vous avez fait acheter des chevaux, vous avez maintenant 14,000 chevaux d'artillerie : au sein de la paix, on ne fait pas cette énorme dépense. Elle s'est accrue de tout ce que vous a coûté votre organisation militaire. Les hommes que vous exercez, vous leur donnez une indemnité pécuniaire, vous en habillez une partie; vous avez fourni des armes : rien de tout cela n'a pu être fait sans de très grands frais. » — « Mais, sire, tous ces sa-

d'administration intérieure sont distinctes des bruits de guerre qui circulent en Allemagne et en France.

« La monarchie autrichienne se trouve dans une position entièrement différente de celle où se fondèrent les principes administratifs d'après lesquels elle en est en partie régie. Les institutions sociales ont depuis vingt ans changé dans la plus grande partie de l'Europe. Tous les États qui se trouvent en deçà de la frontière de l'Isonzo, de l'Inn et de la Bohème, sont devenus éminemment militaires; tous ont adopté les principes d'une conscription qui englobe la totalité de leur population; la conscription française, en un mot, cette institution par laquelle cet Empire a fourni tant de ressources que le génie de l'Empereur a développées et appliquées, n'est pas seulement mise en exécution dans les deux tiers du continent, elle se trouve former une des bases premières du pacte social, de

crifices ont pour objet notre sûreté! » — « Votre sûreté? reprit Napoléon. Cependant vous-mêmes vous convenez du mauvais état de vos finances. Votre change, déjà si bas, a encore baissé; les opérations de votre commerce en ont souffert. Serait-ce donc sans but que vous auriez bravé ces inconvénients? Ne dites pas que vous avez été obligés de pourvoir à votre sûreté; convenez que toutes nos relations ont été amicales. Vous savez que je ne vous demande rien, que je ne prétends rien de vous, et que même je regarde la conservation de votre puissance dans son état actuel comme utile au système de l'Europe et aux intérêts de la France. J'ai fait camper mes troupes pour les tenir en haleine; elles ne rentrent point en France, parce que cela est trop cher; elles restent en pays étranger, où cela est moins dispendieux. Mes camps ont été disséminés, aucun ne vous menaçait; je n'aurais pas agi ainsi, si j'avais eu des vues contre vous. »

L'habitude de Napoléon était de parler vite, brusquement, d'une façon saccadée; il n'écoutait pas ou il écoutait mal; il ne laissait ni le temps ni la faculté de répondre, et M. de Metternich put à peine répliquer : « Sire, tout devait être prévu dans notre position; vos armées sont en Allemagne; la Confédération du Rhin est con-

---

la constitution de plusieurs nouveaux États, tels que le royaume de Westphalie. Elle vient d'être également introduite dans le duché de Varsovie. La Bavière se donne une constitution; la conscription y est étendue, contre les idées qui jusqu'à présent régirent les anciens États de l'Allemagne, à l'universalité de ses habitants. Toute l'Italie recrute ses armées par la voie de la conscription.

« L'Autriche est un des premiers États qui ont établi chez eux le complétement de leurs armées par la voie de la conscription. Les seuls pays à constitution, tels que la Hongrie, etc., en furent exempts et le sont encore; mais elle ne fut, elle n'est pas étendue dans ce moment même aux classes privilégiées des provinces allemandes. Les exemptions seules ne forment pas la grande infériorité de cette institution, en la comparant à celle qui fut créée en France. Il existe chez nous des vices auxquels il fallut remédier, depuis surtout que le huitième de l'armée rentre ensuite de la

voquée et sous les armes, tout ce que nous avons fait est pour notre sûreté; la position de nos armées dit assez que le mouvement n'a rien d'offensif. » — « Vous vous trompez, M. de Metternich, s'écria Napoléon; vous avez retiré vos troupes des lieux où elles pouvaient être avec moins de frais; vous les avez concentrées sur Cracovie. Vous êtes en état de menacer au besoin la Silésie. Votre armée est toute réunie, et elle a pris une position militaire. Cependant que prétendez-vous? Voulez-vous me faire peur? Vous n'y réussirez pas. »

Ici l'Empereur prit un ton hautain, et fit un geste impératif en se tournant vers le corps diplomatique : « Croyez-vous la circonstance favorable pour vous? vous vous trompez! Ma politique est à découvert, parce qu'elle est loyale, et que j'ai le sentiment de mes forces. Je vais tirer cent mille hommes de mes troupes d'Allemagne pour les envoyer en Espagne, et je serai encore en mesure avec vous. Vous armez; j'armerai; je lèverai, s'il le faut, deux cent mille hommes. Vous n'aurez pour vous aucune puissance du continent : l'empereur de Russie, je vous le déclare en son nom, vous engagera à rester tranquilles. Déjà il est peu satisfait de vos relations avec les Serviens, et, comme moi aussi, il peut se croire menacé par vos préparatifs; il sait

---

capitulation à terme tous les ans dans ses foyers. Notre armée se complétait en partie par des hommes qui lui arrivaient de l'ancien Empire germanique. Cette source n'existe plus. Le mal devint plus sensible à mesure que des institutions nouvelles réformèrent le reste de l'Europe. Voilà ce qui s'est fait, et les lettres patentes publiées au mois de mai et de juin renferment l'idée tout entière de la cour.

« V. E. recevra sans doute incessamment une nouvelle dénonciation de relations entre l'Autriche et l'Angleterre. Un parlementaire anglais est arrivé à Trieste, voilà un fait sur lequel le consul ne sera pas trompé. Loin d'hésiter, je m'empresse de détruire confidentiellement d'avance les rapports qu'il pourra avoir adressés à Bayonne à ce sujet. Le parlementaire a été dépêché par l'amiral Collingwood, ensuite des notions que ce commandant des forces anglaises dans la Méditerranée avait reçues de l'insurrection de l'Aragon et de la proclamation de Palafox. Il était chargé

que vous avez des vues sur la Turquie; vous m'en prêtez aussi, je vous déclare que cela est faux, et que je ne veux rien de la Turquie, ni rien de l'Autriche. Cependant votre empereur ne veut pas la guerre; je le crois, je compte sur la parole qu'il m'a donnée lors de notre entrevue. Il ne peut avoir de ressentiment contre moi. J'ai occupé sa capitale, la plus grande partie de ses provinces; presque tout lui a été rendu. Je n'ai même conservé Venise que pour laisser moins de sujets de discorde, moins de prétextes à la guerre. Croyez-vous que le vainqueur des armées françaises qui eût été maître de Paris en eût agi avec cette modération? Non, votre empereur ne veut point la guerre, votre ministère ne la veut pas; les hommes distingués de votre monarchie ne la veulent point; et cependant le mouvement que vous avez imprimé est tel que la guerre aura lieu malgré vous et malgré moi. »

La parole de l'Empereur devenait de plus en plus menaçante; son front se colorait d'impatience; M. de Metternich, toujours impassible, attendait la fin de cette harangue si vive, si inconcevable, jetée en pleine cour, lorsque Napoléon reprit : « Vous avez laissé croire que je vous demandais des provinces, et votre peuple, par l'effet d'un mouvement national et généreux, que je suis

---

d'une simple lettre de l'amiral à l'archiduc Charles, laquelle, en se référant à ce qu'il supposait devoir être connu à S. A. I. de cette proclamation, lui offrait une frégate pour le transporter en Espagne. Toute cette mission ne méritait point de réponse, on fit dire au parlementaire qu'il n'y en avait point, et qu'il avait à s'en aller.

« Sûr de l'alliance que V. E. me propose dans le but de contribuer, par tous nos efforts personnels, au maintien de la meilleure harmonie entre nos deux cours, elle ne me verra jamais ni dériver de mes principes, ni changer de marche. Si les premiers sont parfaitement d'accord avec ceux de V. E. sur le bonheur qui avait résulté d'un état de calme où tendaient tous mes vœux, je n'ai point de mérite à la seconde. Convaincu qu'on ne se comprend qu'autant qu'on s'explique, je crains toujours plus de moins que de trop dire.

« Je saisis avec plaisir cette occasion de renouveler, etc. »

Signé, Metternich.

loin de blâmer, s'est indigné; il s'est porté à des excès; il a couru aux armes. Vous avez fait une proclamation pour défendre de parler de guerre ; mais votre proclamation était vague; on a pensé qu'elle était commandée par la politique; et comme vos mesures étaient en opposition avec votre proclamation, on a cru à vos mesures, et non à votre proclamation. De là l'insulte faite à mon consul à Trieste par un rassemblement de votre nouvelle milice; de là les attentats sur trois de mes courriers se rendant en Dalmatie. Encore des insultes semblables, et la guerre est inévitable, car on peut nous tuer, mais non nous insulter impunément. C'est ainsi que les instigateurs des troubles de toute l'Europe poussent sans cesse à la guerre ; c'est ainsi qu'ils ont amené la guerre par l'insulte faite au général Bernadotte. Des intrigues particulières vous entraînent là où vous ne voulez point aller. Les Anglais et leurs partisans dictent toutes ces fausses mesures : déjà ils s'applaudissent de l'espérance de voir de nouveau l'Europe en feu; leurs actions ont gagné 50 pour 100 par le mouvement que vous venez de donner à l'Europe. »

M. de Metternich sourit à ce mot d'une inconcevable ignorance dans la bouche de l'Empereur; mais alors Napoléon faisait l'emporté, et l'ambassadeur avait intérêt à le laisser s'engager afin de le pénétrer à fond : « Les Anglais sont maîtres de votre cabinet, M. de Metternich, con-

---

Note de M. le comte de Champagny à M. le comte de Metternich.
Le 27 juillet 1808.

« Monsieur l'ambassadeur, une affaire particulière m'a donné lieu de vous parler légèrement des préparatifs militaires de votre gouvernement. Mais, lorsque chaque jour leur donne plus de réalité et d'importance, c'est pour moi un devoir de m'en expliquer avec vous d'une manière plus ouverte, mais confidentielle, avant le moment où l'Empereur pourra me donner l'ordre de vous faire à cet égard quelque communication officielle. Que veut votre gouvernement? Pourquoi trouble-t-il la paix du continent? Non seulement il arme, mais il prend de ces mesures extrêmes qu'un imminent danger peut seul justifier. Vos princes parcourent vos provinces ; ils appellent le peuple à la défense de la patrie; toute la population, depuis dix-huit jusqu'à quarante-cinq ans, est mise sous les armes;

tinua-t-il; ce sont eux qui font qu'un Français ne peut pénétrer aux eaux de Bohême sans y être insulté. Comment tolérez-vous cette licence? Vous donne-t-on en France de pareils exemples? vos consuls, vos voyageurs, ne sont-ils pas accueillis et respectés? la plus légère insulte qui leur serait faite serait punie d'une manière éclatante. Je vous le répète, vous êtes entraînés, et malgré vous. La fermentation de votre peuple, imprudemment excitée, et les intrigues des partisans des Anglais et de quelques membres de l'ordre équestre qui ont porté chez vous l'amertume de leurs regrets, vous mèneront à la guerre. L'empereur de Russie peut-être l'empêchera et vous déclarera d'une manière ferme qu'il sera contre vous; mais si ce n'est qu'à son intervention que l'Europe doit la continuation de la paix, ni l'Europe ni moi ne vous en aurons d'obligation; je serai entièrement dispensé de vous appeler à concourir avec moi aux arrangements que peut exiger l'état de l'Europe. »

A ces paroles amères, qui montraient trop que l'Autriche était placée en dehors des grandes relations, M. de Metternich répondit « qu'il était impossible de ne pas tenir compte d'un État qui avait 400,000 hommes sous les armes, et pouvait en mettre le double au besoin. » « En attendant qu'arrivera-t-il? s'écria Napoléon. Vous avez quatre cent mille hommes; je vais en lever deux cent

---

une partie de la milice est appelée à renforcer l'armée active, tout est en mouvement dans la monarchie autrichienne. Votre peuple, à qui vous annoncez la guerre, est dans l'épouvante; vos voisins s'alarment de ces préparatifs. Partout on dit : que veut l'Autriche? quel ennemi la menace? quel danger a-t-elle aperçu? pourquoi a-t-elle l'air de se croire sur le bord de l'abîme, et se prépare-t-elle à utter, comme s'il était question de défendre son existence? Et vous savez que, loin de menacer l'Autriche, nous ne lui demandons que d'être en paix avec nous, de s'unir à nous contre l'ennemi commun; que nous ne prétendons à rien de ce qu'elle possède, que nous mettons du prix à vivre avec elle dans une parfaite harmonie. Mais vous le prévoyez comme moi : ces préparatifs de l'Autriche remarqués, de toute l'Europe, doivent avoir des suites. Jusqu'à ce moment, l'Empereur peut vouloir les

mille. L'Allemagne, qui commençait à respirer après tant de guerres ruineuses, va voir de nouveau rouvrir toutes ses blessures. L'Europe sera sur pied, les armées en présence, et le plus léger incident amènera le commencement des hostilités. Vous dites que vous avez une armée de quatre cent mille hommes, ce qui est plus considérable que dans aucun temps de votre monarchie; vous voulez la doubler. A suivre votre exemple, bientôt il faudra armer jusqu'aux femmes. Dans un tel état de choses, M. de Metternich, lorsque tous les ressorts seront aussi tendus, la guerre deviendra désirable pour amener un dénouement. C'est ainsi que, dans le monde physique, l'état de souffrance où est la nature à l'approche d'un orage fait désirer que l'orage crève, pour détendre les fibres crispées et rendre au ciel et à la terre une douce sérénité : un mal vif, mais court, vaut mieux qu'une souffrance prolongée. Cependant toutes les espérances de paix maritime s'évanouissent; les mesures fortes, prises pour l'obtenir, demeurent sans effet. Les Anglais sourient à la pensée de la discorde rallumée de nouveau sur le continent, et se reposent sur elle de la défense de leurs intérêts. »

Toutes ces phrases furent rapidement prononcées; puis Napoléon, répétant un geste presque théâtral, s'écria : « Monsieur de Metternich, voilà les maux que vous avez produits, et, je crois, sans en avoir l'intention.

Ignorer; mais cependant la prudence lui prescrira des mesures défensives. Chargé particulièrement de veiller à la sûreté de la Confédération du Rhin, il l'avertira de se tenir sur ses gardes; lui-même fera marcher des troupes de l'intérieur vers le Rhin. De toutes parts on sera sous les armes. Dans un tel état de choses, une étincelle suffit pour produire un incendie. L'Autriche veut-elle sérieusement la guerre? Quel avantage en espère-t-elle? Nous sommes sûrs qu'elle n'a aucun concours à attendre de la Russie. L'Angleterre ne peut lui être que bien médiocrement utile. Elle n'aura pas un allié sur le continent. Si elle ne veut pas la guerre, pourquoi cette excessive défense qui épuise ses finances, qui détériore ses changes, qui anéantit le crédit de son papier-monnaie? »

Signé, Champagny.

Mais, si vos dispositions sont aussi pacifiques que vous le dites, il faut vous prononcer, il faut contremander des mesures qui ont excité une si dangereuse fermentation ; il faut, à ce mouvement involontairement excité, opposer un mouvement contraire ; et lorsque, depuis Saint-Pétersbourg jusqu'à Naples, il n'a été question que de la guerre que l'Autriche allait faire, que tous les négociants l'annoncent comme certaine, il faut, dis-je, que toute l'Europe soit convaincue que vous voulez la paix ; il faut que toutes les bouches proclament vos dispositions pacifiques, justifiées par vos actes comme par vos discours. De mon côté, je vous donnerai toute la sécurité que vous pourrez désirer [1]. » M. de Metternich ne répliqua pas un mot à cette longue et fougueuse sortie, et l'Empereur se retira du cercle diplomatique en saluant à peine.

On ne peut dire dans quelle silencieuse attention tous les ministres étrangers assistèrent à cette conversation qui dura pendant une demi-heure ; les avantages restaient difficilement à l'Empereur dans ces scènes bruyantes, parce que, impétueux et emporté, il avait à sa face des hommes de sang-froid et de modération ; le ressentiment dominait le caractère bouillonnant du Corse ; il disait tout et s'impatientait particulièrement de cette impassibilité avec laquelle les hommes tels que lord

---

[1] J'ai donné le texte de cette conversation d'après les notes exactes qui m'ont été communiquées d'une source non suspecte ; elle fut au reste envoyée, mais travaillée par Napoléon, au général Andréossy à Vienne, le 16 août 1808, par M. de Champagny.

« Monsieur l'ambassadeur, S. M. impériale est de retour de son voyage dans le midi de la France ; elle est arrivée à Saint-Cloud le 14 au soir, et le 15, jour de sa fête, elle a reçu, avec toute la solennité ordinaire de ce jour, les princes, les ministres et grands-officiers de l'Empire, le Sénat, le conseil d'État, tous les fonctionnaires publics et enfin le corps diplomatique. Cette audience donnée au corps diplomatique a été remarquable par un très long entretien de S. M. avec l'ambassadeur d'Autriche, dont je voudrais vous faire connaître au moins la substance.

« Voilà, monsieur, autant qu'il m'est possible de le tracer, un léger extrait de ce que Sa Majesté a dit à M. de Metternich. L'Empereur paraissait ému comme on doit

Witworth ou M. de Metternich écoutaient ces déclamations vagues et qui ne changeaient rien aux affaires ; colère, l'Empereur aurait désiré rencontrer de la colère, et on lui donnait en échange une politesse respectueuse pour la défense du droit des nations. Les représentants des grandes puissances n'étaient pas ses secrétaires d'État ; il ne pouvait pas les traiter comme il traitait M. Maret, M. de Champagny ou le maréchal Duroc, leur dire de gros mots quand il s'impatientait, leur tirer les oreilles comme le maître oriental à un serviteur dans ses moments de familiarité et de joie. Quelle que fût la position admirative des officiers qui entouraient l'Empereur, et même de la majorité des membres du corps diplomatique, tous félicitèrent M. de Metternich sur la convenance de ses expressions et la fermeté de son maintien dans une scène péniblement accomplie en face de toute la cour.

Dans le fait, les conférences d'Erfurth avaient surtout irrité le cabinet de Vienne ; on avait traité avec trop peu de considération une puissance telle que l'Autriche, qui ne se croyait pas arrivée à ce degré de décadence. Rien n'avait été ignoré de ces conférences intimes dans lesquelles on se divisait le monde en deux empires d'Occident et d'Orient ; l'Autriche était sacrifiée, un vieil et fort état ne tombe pas ainsi. Les dépêches du

---

l'être quand on traite des sujets graves ; il n'a eu que la chaleur que cette émotion devait produire ; il n'a parlé qu'avec beaucoup d'égards de l'empereur d'Autriche et de son gouvernement, et a dit des choses personnellement agréables à M. de Metternich. Cet ambassadeur, qui du reste a toujours protesté des intentions pacifiques de sa cour, ne s'est point trouvé placé un seul moment dans une position embarrassante, et je l'ai vu le soir se féliciter d'être dans une cour où de telles communications pouvaient être faites directement, et de cette manière, par le souverain, à un ministre étranger. M. de Tolstoy partageait cette opinion. L'Empereur a paru, aux yeux de ceux qui ont pu l'entendre, noble, loyal, franc, observateur de toutes les convenances, y mettant une entière délicatesse, éloquent autant que sensible, et de cette sensibilité qu'excitent les grands intérêts de l'humanité. On a pu juger

baron de Vincent signalaient toutefois avec sagacité la fausse position respective d'Alexandre et de Napoléon ; il ne fallait pas trop croire à ces protestations d'amitié, fondées sur des concessions passagères ; Alexandre voulait accomplir sans obstacles la conquête de la Finlande, l'occupation de la Moldavie et de la Valachie ; Napoléon espérait endormir la Russie pour préparer ses desseins sur l'Europe méridionale, l'Espagne et le Portugal. Les dépêches adressées directement de Saint-Pétersbourg à Vienne ajoutaient les mêmes renseignements sur le peu de sûreté de l'alliance russe et française.

L'esprit de M. de Metternich à Paris avait parfaitement deviné ce qu'on devait croire et ce qu'on devait rejeter des récits fastueux qu'on avait rédigés sur les entrevues d'Erfurth ; l'ambassadeur ne venait plus au cercle des Tuileries depuis la sortie inconcevable de l'Empereur ; dans sa position, il devait considérer comme un outrage à la dignité de son gouvernement les paroles peu mesurées dont le souverain s'était servi ; d'ailleurs ne devait-il pas éviter de telles scènes dans de nouvelles visites ? M. de Stadion lui écrivait de patienter : « on ne ferait la guerre que lorsqu'on serait préparé ; l'Autriche avait besoin de combiner ses armements avec les insurrections allemandes, si ardentes de patriotisme ; elle espérait surtout que le déploiement de forces considérables dans le cœur

qu'également préparé à la guerre comme à la paix, il désirait l'une sans craindre l'autre, et on a généralement pensé qu'à un langage si franc et si noble, on ne pouvait répondre qu'en déclarant qu'on voulait la guerre, ou en prouvant, par des faits plus que par des discours, qu'on désirait la paix.

« Vous pouvez faire, monsieur, de cette dépêche le sujet de vos entretiens avec M. de Stadion. Le gouvernement autrichien ne pourra douter du désir sincère de l'Empereur de conserver la paix ; mais l'Empereur veut de la sécurité dans la paix. Si cette paix est également chère à l'Autriche, elle ne négligera donc aucun moyen de rassurer pleinement l'Empereur sur ses dispositions, et c'est surtout en donnant une autre direction à l'esprit public qu'on y parviendra ; mais cette direction même ne pourra résulter que d'un changement de mesures. » Champagny.

de la monarchie et l'état des affaires d'Espagne pourraient inspirer des idées plus modérées à l'empereur Napoléon ; à Vienne on voulait tirer parti des événements et obtenir enfin une situation meilleure dans la position abaissée que lui avait faite le traité de Presbourg. A cet effet l'Autriche envoyait à Paris, pour seconder M. de Metternich, le comte de Meyer, l'homme de la confiance de M. de Stadion, le partisan de la guerre vigoureuse pour la nationalité allemande.

On touchait au mois de mars, temps favorable pour une campagne ; le comte de Meyer arrivait avec des pouvoirs étendus, et chargé de notifier au besoin un manifeste de guerre ; il avait vu les routes d'Alsace encombrées de troupes, c'était un prétexte de rupture pour l'Autriche ; « on la cernait de tous côtés, elle ne prenait l'initiative que pour se défendre. » Le jour même de l'arrivée de M. de Meyer à Paris, M. de Metternich demanda une audience à M. de Champagny, afin de s'expliquer sur la situation des affaires, et proposer l'*ultimatum* de l'Autriche et ses dernières intentions sur l'indépendance de l'Allemagne. Ici ce n'était plus l'Empereur qui jetait ses fières menaces à un ambassadeur respectueux et convenable ; M. de Champagny, avec sa parole hautaine, sa singerie des manières saccadées de Napoléon, n'était pas de force à lutter dans une causerie avec M. de Metternich. Aussitôt introduit, l'ambassadeur s'exprima avec un accent d'autant plus grave, qu'il s'agissait de la paix ou de la guerre. « M. le comte, dit M. de Metternich, je viens vous annoncer l'arrivée de M. de Meyer ; il a mis neuf jours à se rendre de Vienne à Paris. Il a trouvé la route encombrée de neiges et de troupes. Je suis autorisé à vous prévenir que le courrier prochain m'apportera la réponse de ma cour à différentes notes que vous m'avez adressées au sujet de cet officier italien insulté à Trieste, et de l'acte de violence exercé contre un homme d'Udine. S. M. l'Empereur mon maître a ordonné à cet égard des recherches dont on n'avait pas encore reçu à Vienne le résultat. » M. de Champagny répondit avec un ton officiel : « J'espère alors, M. l'ambassadeur, que votre courrier aura à m'annoncer la répression de ces attentats, dont j'ai regretté d'avoir si souvent de justes plaintes à vous porter[1]. »

M. de Metternich garda le silence un moment, puis il reprit solennellement : « J'ai aussi reçu l'ordre de ma cour de prévenir V. E. qu'ainsi que je l'avais prévu, le retour de l'empereur Napoléon, l'ordre donné aux princes de la Confédération du Rhin, et enfin quelques articles insérés dans les journaux français et allemands, ont donné à ma cour de justes inquiétudes, et qu'elle a cru devoir faire sortir ses troupes du pied de paix où elles ont été jusqu'à présent ; l'empereur mon maître, toujours animé des mêmes sentiments, ne prend cette mesure que parce qu'il s'y voit forcé, et conserve toujours à l'égard de la France les dispositions les plus pacifiques. » — « Est-ce que vous voulez nous faire la guerre, M. l'ambassadeur ? » reprit M. de Champagny en imitant la causerie de l'Empereur. — « Si nous avions voulu vous faire la guerre, nous n'aurions pas attendu ce moment ; avant le mois de janvier nos troupes

---

[1] A ce moment déjà M. de Metternich était autorisé à demander ses passe-ports. *Lettre particulière du comte de Stadion au comte de Metternich.*

« Le courrier qui devait déjà partir il y a quelques jours a été arrêté, mon cher comte, par plusieurs circonstances, et en dernier lieu par les dépêches que vous aviez confiées au courrier russe et qui nous sont parvenues hier. Je n'ai rien ajouté là-dessus à nos dépêches, parce qu'au point où nous en sommes, il n'y a pas de nouvelles instructions à donner et que vous pouvez penser vous-même combien nous devons vous savoir gré des différentes notions que vous nous avez transmises par cette occasion. Tout le reste au temps où j'aurai le plaisir de vous voir.

auraient été sur le Rhin, » répliqua l'ambassadeur. — « Cela n'eût pas été si facile, M. de Metternich, les moyens que nous avons à vous opposer en ce moment existaient au mois de janvier. » — « Seulement, M. le comte, l'Empereur était en Espagne. » — « Oui, mais en 1805 vous étiez à Ulm qu'il était encore à Boulogne, et il n'est pas arrivé trop tard…. Soyez vrai, si vous faites marcher des troupes, c'est que la faction anglaise a pris le dessus à Vienne. On affecte des alarmes pour séduire et entraîner l'empereur ; ceux qui sont au fait et qui dirigent ce qui se passe chez vous n'en ont pas ; d'ailleurs ils ne peuvent en avoir ; comment seriez-vous alarmés en ce moment, lorsque vous ne l'étiez pas au mois d'août dernier ? Alors l'Empereur n'était pas en Espagne, alors il couvrait toute l'Allemagne de ses troupes, il occupait sur vos derrières la Silésie et le grand-duché de Varsovie ; les troupes de la Confédération du Rhin étaient campées, et cependant vous restiez tranquilles ! Vous vouliez attendre les événements. »

M. de Metternich répliqua : « Il n'est rien de changé. C'est la France seule qui nous menace ; que signifient tous vos armements ; pourquoi le maréchal Davoust est-il en Allemagne ? pourquoi ces avis aux princes de la Confédération ? Nous avons dû faire marcher nos troupes, et nous sommes prêts à défendre la juste application des traités et le maintien équitable des droits de tous. » —

« Vos traites seront acceptées, et tout ce que vous trouverez nécessaire pour arranger en partant vos affaires sera honoré également.

« En partant de Paris vous ne pourrez que vous rendre aussitôt que possible au quartier où sera l'Empereur. Je crains que madame de Metternich ne soit fort mal établie à Ochsenhausen. Je suppose qu'elle serait là au milieu des mouvements militaires ; et puis notre sire de Stuttgard est si peu doux, que je ne répondrais pas qu'on ne la chicanât de plus d'une manière.

« Adieu, cher comte, il y a tant d'objets sur lesquels je n'ose vous écrire, que je n'ai réellement pas de quoi passer la seconde page. Au plaisir de vous revoir. »

Signé, Stadion.

« Vous m'annoncez que vous faites marcher vos troupes! répliqua M. de Champagny; pas un homme n'a bougé de la part de la Confédération ni de la France. Si vous n'avez pas fait la guerre à l'Empereur, vous lui avez ôté la sécurité de la paix; vous avez précipité son retour, vous l'avez empêché de poursuivre les Anglais en personne, et de leur fermer le chemin de la mer. Parlerai-je de cette fermentation dont on agite les États autrichiens? de cette opinion qu'on dirige contre la France? des insultes faites à Trieste à des officiers français et italiens? de l'assassinat de nos courriers si longtemps impuni? des articles de la *Gazette de Presbourg?* des fausses nouvelles répandues sur l'Espagne? de l'accueil fait à Trieste aux officiers de la frégate espagnole envoyée par les insurgés? du libelle de M. de Cevallos répandu à Vienne avec profusion? »

La conversation tombait bien bas! les griefs si grandioses dans la bouche de Napoléon descendaient jusqu'au crime de circulation d'une brochure. M. de Metternich sourit : « Monsieur, cette brochure de M. de Cevallos m'est venue de Munich. » — « Ne pouvait-elle pas y être venue de Vienne? Le livre s'est vendu à Vienne, avec la permission de la police. J'en ai vu l'annonce publique, et je sais qu'on n'annonce ainsi que les livres dont elle permet la vente. Je continue... Partout vos agents se sont montrés les ennemis de la France. Je vous mettrai sous les yeux des extraits de correspondance qui vous feront connaître la conduite de votre internonce à Constantinople, et celle de votre consul en Bosnie. » — « En vérité, monsieur, s'écria M. de Metternich, ces griefs sont bien petits pour expliquer des hostilités; n'avons-nous pas à nous plaindre aussi de M. Latour-Maubourg, qui a pour ainsi dire déclaré la guerre entre la France et l'Autriche, en rompant toute communication?» — « Que devait donc faire M. de Latour-Maubourg, monsieur l'ambassadeur? Assister au triomphe des Anglais? vraiment cela eût été trop complaisant. Voilà donc les griefs que nous pourrions alléguer contre vous, et cependant vous savez si notre conduite a été pacifique. A-t-on fait à votre cour une demande qui pût blesser le plus faible de ses intérêts? Vous a-t-on dit un mot dont vous puissiez vous plaindre? Vous avez répandu le bruit que l'on vous demandait Trieste, Fiume, la Croatie. »

M. de Champagny, ancien officier de marine, ne se contenait pas toujours; et puis il y avait dans tous ces ministres de Napoléon une manie de l'imiter, et ils n'en prenaient pas même le calque! M. de Champagny déclamait avec de grands gestes, lorsque M. de Metternich l'interrompit: «Vous parlez de procédés, monsieur le comte: ici comment a-t-on agi envers moi? comment m'a traité l'Empereur? est-ce ainsi qu'on négocie avec un ambassadeur de grande puissance?» — «De quoi vous plaindre, monsieur? l'Empereur ne vous traite ainsi que parce que vous avez perdu auprès de lui par des promesses trompeuses le crédit qu'on accorde au titre d'ambassadeur. D'ailleurs je répondrai en un seul mot: l'Empereur a pu être réservé avec un ambassadeur que sa cour avait pour ainsi dire désavoué, et qu'il a aussi considéré comme auteur de démarches hasardées que les faits ont démenties. Lui n'a pas fait appeler un seul homme de la Confédération : de l'avis de se tenir prêt à celui de marcher, que vous avez donné, il y a loin. Les troupes qui étaient sur la Saône et la Meurthe y sont encore, et n'ont pas bougé.»

A ces paroles qui accusaient un ambassadeur d'avoir perdu son caractère, M. de Metternich répliqua : « Monsieur le comte, je ne suis ni désavoué ni en disgrâce de ma cour, et ce n'est pas de vous que je pourrai désirer ou attendre le jugement de ma conduite; mais revenons aux affaires : les engagements pris ont été effectués; on n'a rien ajouté à l'organisation militaire. » — « N'a-t-on pas tout fait pour inquiéter? » — « Les exercices n'ont pas été continués pendant l'hiver. » — « A Trieste, pendant l'hiver, les milices ont été exercées dans le vieux théâtre, dit M. de Champagny; et le roi Joseph, l'avez-vous reconnu[1]? » — « Monsieur le comte, si Joseph Napoléon n'a pas été reconnu, il faut l'attribuer sans doute à certain projet arrêté à la conférence d'Erfurth. Cette conférence a donné des soupçons, parce que la Russie est intervenue, parce que son langage fort peu amical a offensé; parce que cette réunion de deux grandes puissances, dont on ignorait les vues et les résolutions, a fait juger que cette affaire de la reconnaissance se trouvait liée à d'autres arrangements dont on a cru devoir exiger la connaissance. » — « Votre promesse était absolue, M. de Metternich; elle a été faite dans un temps où la conférence d'Erfurth était prévue; elle était faite en retour d'une promesse du gouvernement français d'évacuer la Silésie, promesse qu'il a effectuée. Au surplus, ce résultat de la conférence d'Erfurth vous a été connu : vous savez bien qu'elle n'était pas dirigée contre vous. Pourquoi donc n'avez-vous pas fait cette reconnaissance? » — « Il n'est pas certain que rien

---

[1] On ne pardonnerait pas à M. de Metternich de donner de mauvaises nouvelles sur l'Espagne. Voici une de ses dépêches.
Le comte de Metternich au comte de Stadion.
Paris, le 27 mars 1809.
« Les dernières nouvelles d'Espagne ne paraissent pas de nature à satisfaire la cour des Tuileries. On parle de plusieurs échecs qu'auraient essuyés des corps français. La nouvelle de l'entrée de l'avant-garde du maréchal Soult à Lisbonne n'est pas confirmée. On assure qu'il n'est pas au-delà du Minho. 30 à 35,000 Anglais ont débarqué à Cadix. Une armée de près de 60,000 hommes sous le commandement de Cuesta et du duc de l'Infantado s'avance sur Tolède. Cette dernière circonstance paraîtrait avoir contribué au départ de Joseph de Madrid. »

n'ait été résolu contre nous, » répliqua M. de Metternich.

Par ces paroles, M. de Metternich voulait témoigner qu'il savait tout ce que Napoléon avait dit à Erfurth sur la fatale destinée qu'on réservait à l'Autriche. Aussi M. de Champagny coupa court et revint sur la reconnaissance de Joseph : « Monsieur l'ambassadeur, est-ce en faisant imprimer avec affectation les libelles des insurgés ; est-ce en quittant Madrid et en suivant les insurgés, que votre chargé d'affaires a prouvé qu'il avait ordre d'être l'ami du roi Joseph? Au surplus, que prétendaient la France et la Russie en vous demandant cette reconnaissance? Faciliter la paix avec l'Angleterre, ne laisser à cette puissance aucune chance de troubler le continent, et par là la porter à la paix, dont tout le monde a besoin. Vous êtes venu à la traverse, vous avez pris le langage et embrassé la défense de l'Angleterre, vous avez dit au public que vous armiez. » Ici M. de Champagny revint par une sorte d'instinct contre la presse aux déclamations habituelles de Napoléon contre les journaux : « Vos gazettes, M. de Metternich, qui sont d'une si grande circonspection, ont été pires que les plus mauvais libelles de Londres. La paix avec l'Angleterre n'a pas eu lieu, l'Angleterre triomphe à Constantinople de vous voir courir à la guerre; qu'en espérez-vous? » — « Beaucoup, monsieur le comte; actuellement que nos troupes vont sortir de l'état de paix où elles étaient, on verra la différence entre cet état et celui où elles vont se placer. »

M. de Metternich montra quelque impatience d'en finir avec une conversation qui n'avait plus de but; il se résuma par ces paroles : « Eh bien! monsieur, nous montrerons ce que peuvent être de véritables armements. » — « Croyez-vous de bonne foi qu'ils puissent faire peur à personne? répliqua M. de Champagny. Je vous le répète, l'Empereur, qui ne vous demande rien que de le faire jouir de la sécurité de la paix, ne veut pas la guerre ; il la fera si vous l'y contraignez. » — « L'y contraindre, monsieur ! vous savez mieux que personne que l'empereur Napoléon ne s'est jamais donné une mission pacifique dans sa glorieuse carrière ; » et M. de Metternich se retira [1].

L'esprit vague, les termes incertains dans lesquels se prolongeait cette conversation indiquaient assez qu'aucun des interlocuteurs ne disait la vérité tout entière sur la situation ; pour l'un et pour l'autre la position était fausse ; l'Autriche marchait à la guerre parce que l'esprit belliqueux se réveillait énergique, et Napoléon ne pouvait souffrir un cabinet indépendant ; pour lui tout devait être abaissé. Plus d'un motif de guerre existait entre les deux puissances ; M. de Champagny insultait gratuitement M. de Metternich, en lui refusant même le caractère d'ambassadeur dont il était revêtu ; il y avait un peu de simplicité dans le ministre des affaires étran-

---

[1] J'ai dû rectifier cette conversation très tronquée d'après les renseignements positifs ; au reste, l'habileté de M. de Metternich inquiétait la police. Voici ce qu'en dit le général Savary :

« C'était M. le comte de Metternich qui était dans ce moment-là ambassadeur d'Autriche en France. Il était revêtu de ce caractère depuis à peu près 1806. Il y avait eu, entre la paix qui a terminé la campagne de 1805 et son arrivée, un intérim rempli par le général baron de Vincent. Je ne suis pas bien fixé sur l'époque à laquelle il présenta ses lettres de créance, mais il n'y avait pas fort longtemps qu'il était parmi nous, qu'il avait déjà une connaissance très approfondie de toutes les intrigues dont le pavé de Paris fourmille toujours. On eut beau appeler l'attention de M. Fouché sur les personnes qui fréquentaient les intimités des ambassadeurs ; on n'en obtient rien, et j'ai connu tels ambassadeurs qui avaient à Paris un espionnage monté dans toutes les parties ; politique, administration, opinion et galanterie, tout y était soigné. Ils s'en servaient habituellement pour faire lancer des sornettes au ministre de la police, qui a été souvent leur dupe. M. de Metternich avait poussé ses informations si loin qu'il serait devenu impénétrable pour tout autre que l'Empereur. Il était parvenu à faire arriver à l'oreille du ministre de la police tout ce qu'il lui convenait de lui faire dire, parce qu'il disposait en dominateur d'une personne (la discrétion m'empêche de la nommer, ce serait une révélation inutile) dont M. Fouché avait un besoin indispensable. » (Notes du général Savary.)

gères lorsqu'il prétendait que M. de Metternich était désavoué par sa cour; non, M. de Metternich n'était pas désavoué, seulement il exécutait habilement des instructions très difficiles; chargé de masquer le but de grands armements, il était gêné dans ses rapports; il pénétrait tous les préparatifs qui se faisaient en France pour hâter les hostilités contre l'Autriche; il observait les moindres incidents de la situation, son rôle était d'attendre et de patienter.

Napoléon, dans son activité inquiète, venait de presser la levée des contingents de la Confédération du Rhin par des lettres adressées à la Bavière, à la Saxe, au Wurtemberg, à la Westphalie, à Bade [1], etc. Dès le mois de février, tous ces contingents étaient sur le pied de guerre dans la plus belle tenue; Berthier pouvait inspecter ces corps, tandis que Davoust cernait l'Autriche avec une fraction des contingents et quelques-unes des divisions qui n'avaient point suivi en Espagne l'empereur Napoléon. Les dépêches de M. de Caulaincourt annonçaient avec une satisfaction naïve : « que l'empereur Alexandre présidait lui-même à la formation de l'armée de Gallicie destinée contre l'Autriche, en se réunissant au corps polonais sous les ordres du prince Poniatowski, qui manœuvrait dans le grand duché de Varsovie; »

---

[1] Voici une de ces lettres de Napoléon :
Lettre adressée au grand-duc de Bade.
Valladolid, le 15 janvier 1809.
« Mon frère, ayant battu et détruit les armées espagnoles et battu l'armée anglaise, et apprenant que l'Autriche continue ses armements et fait des mouvements, j'ai jugé à propos de me rendre à Paris. Je prie V. A. R. de me faire connaître sans délai la situation de ses troupes; j'ai été satisfait de celles qu'elle m'a envoyées en Espagne. J'espère que V. A. pourra compléter à huit mille hommes les troupes qu'elle mettra en campagne; car il vaut mieux porter la guerre chez nos ennemis que de la recevoir.

« Sur ce, je prie Dieu qu'il vous ait en sa sainte et digne garde. Votre bon frère. »
Napoléon.

Jérôme Bonaparte levait aussi des conscriptions en Westphalie.

Jérôme Napoléon, etc. Nous avons décrété et décrétons :

1. Douze mille conscrits sont appelés

Napoléon se faisait une illusion complète sur le corps russe, sorte d'armée d'observation pour attendre les événements, et qui n'agirait jamais contre l'Allemagne. L'Autriche paraissait ainsi menacée par tous les points de son territoire : à l'orient, par la Russie et les Polonais; au nord, par Davoust qui débouchait de la Vieille-Prusse; au midi et à l'occident, par les contingents de la Confédération du Rhin, la Bavière, le Wurtemberg, qu'allaient bientôt soutenir les troupes de la France échelonnées déjà sur le Rhin.

Dans cette situation, quelles forces morales et matérielles pouvait opposer l'Autriche? quels étaient les éléments de sa défense intérieure et extérieure? serait-elle abandonnée seule dans la lutte contre une coalition aussi formidable sous la main puissante de l'empereur Napoléon? Dès que le cabinet de Vienne s'était séparé de la France, il avait dû naturellement se rapprocher de la puissance alors la plus hostile, la plus acharnée contre les développements du système français : j'entends parler de l'Angleterre, qui continuait si vigoureusement la lutte contre l'ennemi commun, le glorieux Empereur. Le ministère britannique se composait, toujours sous le duc de Portland, de trois hommes d'état d'une certaine importance, M. Perceval, M. Canning et lord Castlereagh; la volonté commune de ces ministres se résumait dans un système de guerre

---

pour l'année 1809, savoir : neuf mille pour l'armée active, et trois mille pour la réserve; ils seront répartis entre les départements, conformément au tableau annexé au présent décret.

2. Cette levée sera prise parmi les jeunes gens qui sont nés depuis le 1er janvier 1787 jusqu'au 31 décembre 1787 inclusivement.

3. Les neuf mille conscrits destinés pour l'armée active seront partagés en deux classes, de quatre mille cinq cents chacune : la première sera appelée sur-le-champ à compléter l'armée.

4. La répartition du contingent, fixe pour chaque département, sera faite par les préfets entre les divers arrondissements de sous-préfecture, d'après les bases de la population générale de chacun d'eux.

contre la France, tout en se séparant sur les moyens. M. Canning ne s'entendait pas avec lord Castlereagh pour le développement des forces militaires; le vicomte Castlereagh, partisan d'un système de guerre sur le continent, voulait en confier la direction à sir Arthur Wellesley, le général le plus capable de conduire une campagne à bonne fin; M. Canning préférait une guerre commerciale et maritime dirigée contre la France : briser tout son commerce par le déploiement des forces navales et l'émancipation des colonies, tel était son symbole; puisque le continent était fermé à la marine et aux manufactures, il fallait chercher des débouchés dans les Amériques, et pour cela tout était bon; la séparation avec la métropole, le système républicain même. L'école de M. Pitt avait peu de scrupules sur les moyens, elle était pour l'Angleterre ce que le Comité de salut public fut pour la France, une pensée d'énergie sans ménagements; il fallait protéger le pays et détruire l'ennemi commun; tout devait être subordonné à cette idée. La préoccupation de M. Perceval fut de concilier les deux systèmes Canning et Castlereagh posés sur des bases si différentes, avec un même but; tout le ministère convenait de la nécessité de donner à l'Angleterre une attitude formidable dans la guerre qui se continuait avec acharnement.

Jusqu'à présent rien n'égalait les forces maritimes de la Grande-Bretagne; fière de ses deux cents vaisseaux de ligne sur mer, elle venait de s'emparer de la Martinique, la dernière des colonies françaises; elle brûlait les escadres même sur les côtes, dans les rivières; ses flottes couraient sur les navires russes, prussiens, avec une égale énergie; à Lisbonne, elle s'empara comme d'un dépôt de l'escadre de l'amiral Siniavin; pas un seul navire ne pouvait sortir des ports de France, le commerce des neutres était anéanti, l'Angleterre seule régnait par son pavillon. Cette suprématie ne lui suffit plus ; lord Castlereagh veut faire de la Grande-Bretagne une puissance militaire, agir sur le continent par des armées régulières ; on invoque dans les journaux anglais les souvenirs de Crécy et d'Azincourt, les milices sont incorporées dans l'armée de ligne ; lord Castlereagh demande que l'état des forces de terre soit porté à 200,000 hommes de troupes régulières [1] ; l'emprunt doit soutenir ce vaste état militaire, et le chancelier de l'échiquier développe un plan de finances à la grande manière de M. Pitt.

L'idée diplomatique de lord Castlereagh se résume dans une vigoureuse initiative sur le continent. Sir Arthur Wellesley prendra le commandement en chef de l'armée de Portugal, qui sera élevée à 45,000 hommes ; on a foi dans cette capacité de premier ordre ; un autre corps de 35,000 soldats débarquera au nord, à Flessingue, et en même temps 15,000 Anglais seront jetés en Sicile pour opérer sur Naples et l'Italie ; dans cette situation active, la diplomatie anglaise joue un rôle décisif. Dès que l'Autriche se déclare hostile au système de Napoléon, M. Canning lui offre des subsides, un traité d'alliance offensive et défensive : on communique par l'Adriatique avec le cabinet de Vienne, le pavillon anglais est admis dans les ports autrichiens ; l'Angleterre donnera appui à une prise d'armes pour conserver la nationalité allemande. Afin d'imprimer plus d'unité et de jeunesse à ce

---

[1] Un journal anglais dans son orgueil récapitulait les défaites de l'armée française, afin de grandir la puissance de l'Angleterre.

Crécy.	1346.
Poitiers.	1356.
Azincourt.	1415.
Blenheim.	1704.
Ramilies.	1706.
Malplaquet.	1709.

Il oubliait Fontenoy par distraction, et la capitulation du duc d'York en Hollande.

plan, le ministère Canning et Castlereagh enlève la direction de l'armée au duc d'York; le régime de la publicité la plus éclatante, au lieu d'affaiblir les ressorts du gouvernement, les a augmentés en Angleterre. Le pays reçoit une impulsion énergique des révélations même les plus tristes; on fait un appel au patriotisme; l'aristocratie entière se dévoue à la cause publique : on discute en plein parlement la scandaleuse affaire du duc d'York livrant à mistriss Clarke, sa maîtresse, le portefeuille des nominations de l'armée; les orateurs les plus éminents se font entendre pour flétrir cet abaissement du pouvoir; le duc d'York donne sa démission. Puis surgit le débat sur la convention de Cintra, œuvre de Dalrymple, que les whigs attaquent avec non moins d'énergie; ils raillent en effet un acte qui rend à la France une armée qu'on aurait pu prendre prisonnière; pourquoi ne s'est-on pas emparé de Junot et de ses divisions en Portugal? L'escadre anglaise n'a servi qu'à épargner les frais de route à Bonaparte en transportant les Français jusqu'au milieu même de l'Empire, comme si on voulait leur donner la facilité de revenir une fois encore en Portugal sur le champ de bataille. Ces vives discussions éclatent comme la foudre dans le parlement; elles flétrissent les personnes, sans rien enlever à l'énergie nationale; la haine est profonde contre la France, l'honneur est compromis; il faut triompher de l'ennemi commun, il faut le frapper au cœur par des efforts simultanés.

Dans cette situation d'esprit public, il est naturel que l'Autriche compte sur une aide considérable à Londres pour la lutte qu'elle veut engager contre Napoléon; l'Angleterre fera une diversion puissante, on en a la promesse à Vienne; doit-on tout à fait désespérer d'obtenir quelque appui à Saint-Pétersbourg, à Berlin? laissera-t-on l'Autriche isolée dans la lutte continentale? Depuis Erfurth l'empereur Napoléon paraît compter sur le concours de la Russie dans la guerre qu'il engage, M. de Romanzoff a offert sa médiation amicale; Alexandre a voulu se porter comme intermédiaire entre Vienne et Paris; cette médiation n'ayant pas eu de résultat, la Russie mobilise un corps de 50,000 hommes qu'elle porte vers la Gallicie. Est-ce une déclaration de guerre contre l'Autriche? matériellement, oui; moralement, non. Le corps russe n'agira point hostilement; Alexandre se montre dévoué à Napoléon, mais il ne peut agir seul; la noblesse est dessinée contre le système français, et cette circonstance n'échappe point aux hommes d'état autrichiens qui ont été en rapport avec le cabinet de Saint-Pétersbourg.

Napoléon cherche en vain à se faire illusion, il consulte le général Savary qui connaît l'esprit russe; l'Empereur vient d'apprendre que l'armée du czar est en Gallicie : « Vous voyez, dit-il, les Russes s'exécutent[1]? » Le général répond qu'il ne croit pas à la sincérité de ces démonstrations, et cela est vrai. Alexandre, dans la situation où il se trouvait vis-à-vis de sa noblesse, n'osait rien d'efficace pour seconder la

---

[1] Un jour que j'avais l'honneur d'être dans sa voiture, seul avec lui, il me dit : « Il paraît que cela va bien en Russie (il avait reçu un courrier de Saint-Pétersbourg); ils font marcher 50,000 hommes en Pologne, pour m'appuyer; c'est quelque chose, mais je comptais sur davantage. » Je lui répondis : « Ainsi la Russie fait pour nous à peu près ce que fit la Bavière. Certes ce ne sont pas les 50,000 hommes qui empêcheraient les Autrichiens de commencer; il y a plus, dis-je, c'est que je crois que, s'ils ne donnent que ce nombre-là, cette armée n'agira pas, et je ne serais pas étonné que cela fût convenu d'avance, parce que cela est trop ridicule, lorsqu'ils ont mis en 1805 plus de 200,000 hommes contre nous. » L'Empereur me répondit : « Aussi je compte plus sur moi que sur eux. »

(Notes du général Savary.)

Napoléon repoussait publiquement cette idée et faisait écrire :

« Le gouvernement autrichien fait ré-

France; tout au plus il pouvait se porter le médiateur favorable au système de Napoléon ; il est même incontestable que par l'intermédiaire du prince napolitain Serra-Capriola et du colonel Pozzo di Borgo, l'Autriche avait l'assurance : « que si seses forts étaient couronnés de succès, la Russie seconderait un mouvement de délivrance pour l'Europe continentale. » M. de Stadion désignait le prince de Schwartzenberg pour une mission intime et de confiance; Schwartzenberg serait accueilli avec un grand empressement. Le cabinet de Saint-Pétersbourg assurait donc tant à Vienne qu'à Londres : « qu'il se trouvait dans une situation exceptionnelle, et que rien de durable n'existait dans les traités entre Alexandre et Napoléon. » C'était aussi l'avis du colonel Pozzo di Borgo, qui déjà commençait son rôle diplomatique ; il avait quitté momentanément le service russe sans dissimuler au Czar que bientôt il pourrait avoir besoin de ses conseils et de son épée contre le Buonaparte d'Ajaccio.

A Berlin, la prise d'armes de l'Autriche avait produit une vive et profonde sensation ; les Prussiens abandonneraient-ils le cabinet de Vienne dans la cause commune, la liberté de l'Allemagne? Hélas! la Prusse était épuisée ; l'empereur Napoléon, en consentant à l'évacuation des provinces, les avait laissées dans un

---

pandre par tous ses agents et par les journaux qui sont à sa solde et à celle de l'Angleterre, que la Russie sera au moins neutre, si la guerre éclate entre la France et l'Autriche. Il est cependant constant qu'à aucune époque connue de ces derniers temps, les deux nations n'ont été plus étroitement liées et leurs souverains ne se sont donné réciproquement plus de marques de haute estime et d'alliance étroite et fondée sur des intérêts communs. On sait avec quelles distinctions S. E. M. l'ambassadeur de France à Pétersbourg est accueilli par l'empereur Alexandre. Il ne se donne pas une fête à la cour qu'il ne reçoive une invitation particulière, il n'y paraît jamais sans être comblé d'attentions flatteuses. Il en est de même de S. E. le prince de Kourakin, ambassadeur de Russie en France, lequel retrouve constamment dans l'accueil et les bontés dont l'honore l'Empereur des Français la preuve de l'amitié franche et durable que ce grand monarque a vouée à son auguste allié. »

état militaire si misérable qu'elles ne pouvaient prendre les armes. Cependant, dès que le roi Frédéric-Guillaume et la reine Louise furent arrivés à Berlin, des agents secrets du comte de Stadion se rendirent auprès du monarque abaissé par la fortune, afin d'appeler de sa part un concours ferme et puissant pour la cause générale de l'Allemagne. On retrouvait un peu d'énergie dans le cabinet de Berlin, à ce point que le premier décret signé à Potsdam traduisit devant un conseil de guerre les officiers traîtres ou lâches qui avaient perdu l'honneur de leur pays à Iéna ou vendu leurs forteresses aux Français [1].

Frédéric-Guillaume écouta les ouvertures du cabinet de Vienne avec un noble sentiment d'esprit public qui faisait battre sa poitrine pour toutes les idées de délivrance; l'oserait-il alors sans armée, sans moyens, sans argent? que pouvait la Prusse épuisée? D'ailleurs, la conduite de l'Autriche en 1805 avait blessé les Prussiens, n'avait-elle pas fait une paix séparée à Presbourg sans venir à leur aide à Iéna? Frédéric déclara : « qu'il pourrait se réunir à l'Autriche dans un instant décisif; quant aux sympathies, elles lui étaient acquises, tous les jeunes officiers prussiens pouvaient aller servir dans l'armée autrichienne, premier gage d'unité pour la nation allemande. » La Prusse, en tout point subordonnée aux résolutions de la Russie, attendait les conseils de Saint-Pétersbourg; au cas où le Czar prendrait

---

[1] Berlin, 14 janvier 1809.
« Voici les noms de quelques-uns des officiers qui commandaient des forteresses prussiennes pendant la dernière guerre, et qui ont été arrêtés, par ordre du roi, afin d'être livrés à un conseil de guerre : le général de Romberg, qui était commandant de Stettin; le général Lecoq, commandant de Hamelin; le général de Benceken- dorff, commandant de Spandau; le colonel de Bouman, ingénieur en chef dans la place de Custrin; le major de Rauch, qui est cause, dit-on, que l'épée du grand Frédéric est tombée entre les mains des Français; on assure que le commandant de Custrin, le général d'Ingerslehen, est parvenu à s'échapper au moment où il allait être arrêté et qu'il a gagné les frontières. »

les armes dans la levée commune, la Prusse le suivrait avec enthousiasme. Cette circonspection du roi Frédéric-Guillaume n'était point partagée par la jeunesse qui peuplait les universités; Blücher, Schill, le duc de Brunswick-OEls, tous les affiliés aux sociétés secrètes ne devaient-ils pas seconder l'Autriche? si le roi était assez faible pour ne point marcher à la tête de son peuple, eh bien! seul il se lèverait; le signal était donné; la reine appuierait ce beau mouvement de la jeune génération en se plaçant une fois encore à la tête de l'insurrection et de l'idée de patrie.

Dans le plan primitif, la puissance sur laquelle l'Autriche devait le plus compter, c'était la Suède sous le roi Gustave-Adolphe, intimement lié avec l'Angleterre par un traité secret [1]. Ce prince chevaleresque avait tant d'outrages à venger! il aurait paru volontiers au milieu de l'Allemagne avec une armée suédoise, comme au temps de son ancêtre, le grand Gustave. Mais ce roi, tout à fait en dehors de son siècle égoïste, disparaissait de la scène par suite d'une révolution de palais; la révolte qui prépara l'avénement du duc de Sudermanie à la cou-

---

[1] La première et plus simple explication de la chute du roi Gustave-Adolphe, c'est qu'il était lié avec l'Angleterre, et qu'il n'aurait jamais cédé définitivement la Finlande à la Russie ; une révolution en finissait avec cette résistance. Le traité de subsides était ainsi conçu.
Convention entre la Suède et l'Angleterre.

« Comme les suites du traité de Tilsitt se développent de plus en plus, comme la Suède se trouve menacée d'une invasion, et que S. M. S. se voit dans la nécessité de lever une force armée plus considérable que celle qu'il a ordinairement à sa disposition ; S. M. B. toujours animée du désir de contribuer par tous les moyens possibles à la défense et à la sûreté de son allié, et à l'appuyer dans une guerre entreprise pour les intérêts communs des deux Etats, a pris la résolution de fournir à S. M. S., comme le moyen d'assistance le plus prompt et le plus efficace, un secours immédiat en argent, payable à des termes fixes.

« Art. 1er. S. M. le roi de la Grande-Bretagne et de l'Irlande s'oblige de payer à S. M. le roi de Suède, la somme de 1,200,000 livres sterling en termes égaux, savoir, 100,000 livres sterlings chaque mois, à compter de janvier de l'année présente, ce mois même y compris, et de continuer ensuite de mois en mois. Le premier paiement sera fait

ronne de Suède ne fut point une sédition de peuple née spontanément sans le concours de l'étranger ; suite d'une longue trame, la chute du roi fut préparée par la France et la Russie. Napoléon gardait haine personnelle à Gustave-Adolphe qui avait nié sa puissance et sa grandeur ; le roi de Suède persistait dans l'alliance anglaise, et en ouvrant le continent aux marchandises de la Grande-Bretagne, il faisait une large brèche au système continental. L'Empereur avait arrêté dans sa pensée que Gustave-Adolphe cesserait de régner, comme les maisons de Naples, de Bragance et d'Espagne.

Dès la campagne de la Poméranie, la police française travailla la noblesse et l'armée suédoise ; le mot d'ordre fut alors que Gustave-Adolphe était fou ; on l'écrivit en termes injurieux dans *le Moniteur*. Pour seconder ce mouvement, la Russie, qui avait un si grand intérêt à faire sanctionner la conquête de la Finlande par un nouveau roi faible et menacé, aida le projet de Napoléon. Il y eut une révolution de palais à Stockholm, une scène orientale ; Adlercreutz, major-général de l'armée, et ses

aussitôt que S. M. S. aura ratifié cette convention.

« 2. S. M. le roi de Suède s'engage de son côté à employer cet argent à mettre en activité et sur le pied le plus respectable toute son armée et la partie nécessaire de sa flotte, principalement sa flottille, afin d'opposer à l'ennemi commun la résistance la plus vigoureuse.

« 3. Leurs dites Majestés s'obligent en outre à ne conclure aucun traité de paix, aucun armistice, ni aucune convention de neutralité, autrement que d'un accord et consentement mutuel.

« 4. La présente convention sera ratifiée par les deux hautes parties contractantes, et les ratifications seront échangées à Londres en six semaines d'ici, ou plus tôt s'il est possible.

« Fait à Stockholm, ce 8 février, dans l'an de salut 1808. »
Signé, Thornton,
Ehrenheim.
Article additionnel.

« Les deux hautes parties contractantes sont convenues de fixer aussitôt que possible les mesures à prendre et les secours additionnels à fournir dans le cas où la guerre éclaterait entre la Suède et les puissances voisines. Les stipulations qui en résulteraient seront considérées comme des articles séparés et additionnels de la présente convention, et auront le même effet que s'ils y étaient insérés mot à mot.

« Fait à Stockholm, ce 8 février 1808. »
Thornton.
Ehrenheim.

officiers entrèrent dans l'appartement du roi ; ils voulurent le forcer à donner sa sanction à certains actes, le roi se débattit, et de sa voix forte il s'écria : *Trahison!* On se saisit de lui, on lui prend son épée : « Misérables ! vous voulez m'assassiner! dit Gustave. » Il se débat comme Paul Ier aux prises avec Bennigsen ; il jette ces paroles sous les longues voûtes du palais : « A moi, Drabans, à l'aide ! » Les gardes arrivent, l'impitoyable Adlercreutz saisit le bâton de commandement, et leur ordonne de se retirer. Gustave s'échappe l'épée à la main ; il parcourt le palais en appelant la loyauté des siens ; Adlercreutz est toujours là ; il s'empare de lui ; on l'enferme, on lui demande son abdication, et le duc de Sudermanie, son tuteur, celui qui avait traité même avec le Comité de salut public, le prince qui consent à céder la Finlande à la Russie, et baisse la tête devant Napoléon, est proclamé à la place de Gustave-Adolphe, le souverain national. Son abdication fut touchante, et celui que l'on disait fou termina sa renonciation écrite par cette phrase admirable de résignation : « Suédois, craignez Dieu et honorez le roi (le roi qui usurpait son sceptre)[1]. » Dès ce moment, la Suède fut annulée dans le mouvement européen ; les révolutions qui ne se font pas conquérantes sont condamnées à s'abaisser ; quand elles ne veulent pas tout dominer par les principes ou par l'épée, elles doivent se mettre à la remorque et vivre

---

[1] *Abdication de Gustave-Adolphe, le 29 mars 1809.*

« Persuadé que nous ne pouvons plus continuer nos fonctions royales, ni maintenir l'ordre et la tranquillité dans ce royaume d'une manière digne de nous et de nos sujets, nous nous faisons un devoir sacré de renoncer par le présent acte, volontairement et par notre propre motif, à nos fonctions royales, afin de consacrer le reste de nos jours à la gloire de Dieu. Nous souhaitons à tous nos sujets la grâce et la bénédiction de Dieu pour un avenir plus heureux pour eux et leurs descendants. Oui, craignez Dieu et honorez le roi.

« En foi de quoi nous avons écrit la présente de notre main. »

Signé, Gustave-Adolphe.

dans l'isolement; comme elles ne peuvent être admises parmi les souverainetés, elles doivent se placer au-dessus d'elles, sous peine d'être jetées au-dessous [1].

Le mouvement de l'Europe contre Napoléon prenait une tendance remarquablement populaire; l'esprit de la guerre allait entièrement changer; un mot magique était prononcé par les gouvernements hostiles à l'Empereur des Français, c'était celui d'insurrection; elle s'érigeait en principe contre les oppresseurs. Cette idée vaste venait de M. Canning; pour lui, Napoléon représentant l'idée de despotisme à l'extérieur comme à l'intérieur, que fallait-il faire pour l'abattre? Invoquer partout à l'aide de l'Europe, l'esprit d'indépendance et de liberté, essayer une campagne de peuples contre le dictateur, et, à cet effet, voici le plan qui fut présenté par l'Angleterre et adopté par l'Autriche et les puissances allemandes : Napoléon serait enlacé de tous côtés par les nationalités; au midi c'était l'insurrection portugaise et espagnole, les juntes, les cortès, en armes contre les *Josephinos*, les traîtres et les parjures

---

[1] Louis XVIII, qui ne manquait jamais de saluer les rois malheureux, écrivait à Gustave-Adolphe :

« Monsieur mon frère et cousin, accablé de douleur et d'indignation à la nouvelle de l'attentat qui ravit à la fois à V. M. sa liberté, l'exercice de sa puissance, et jusqu'à la douceur de voir la reine son épouse et ses enfants, j'ai cependant été quelque temps soutenu par l'espoir que, parmi les descendants des compagnons d'armes de Gustave-Adolphe et de Charles XII, il s'en trouverait qui, vengeant la majesté royale outragée, remettraient le sceptre aux mains qui seules ont le droit de le porter. Trompé dans mon attente, je cherchais avec avidité le moyen de pouvoir exprimer à V. M. les sentiments dont mon âme est remplie. J'apprends qu'on peut encore lui écrire, et je me hâte de profiter de cette liberté; si ce n'est une consolation pour V. M., ce sera une satisfaction pour moi-même. Je déclare donc que les sentiments d'amitié, de reconnaissance, d'estime, d'admiration, qui m'attachaient à la personne de Gustave IV, loin d'être altérés par ses malheurs, en ont reçu une nouvelle force; que je n'ai jamais plus cruellement senti le poids de ma propre infortune que dans cette circonstance, où elle me réduit à des vœux ardents sans aucune puissance; que je ne perds pas cependant l'espérance de voir la divine providence, à laquelle V. M. a eu recours dès le premier instant, venir à son aide et à celle de sa famille, bien certain par la connaissance du caractère de

à la patrie; là on trouvait tous les éléments d'un beau triomphe de liberté et de peuple; le siége de Saragosse avait donné la mesure de ce que pouvait une nation défendant le sol.

Si, au midi, l'insurrection était secondée par l'armée de sir Arthur Wellesley, au nord, elle devait l'être par un mouvement commercial dont le centre serait la Hollande; l'insurrection serait proclamée; le prince d'Orange paraîtrait à sa tête; Hambourg, Lubeck se lèveraient au nom de la liberté commerciale et de l'affranchissement de l'industrie. Napoléon menaçait les intérêts, les intérêts se révoltaient contre lui. Au système militaire on opposerait la paix du monde, le drapeau national aux aigles qui dominaient toutes les côtes avec les douanes et le despotisme des agents consulaires. Une expédition anglaise dirigée vers Flessingue et la Belgique soulèverait ces contrées opprimées par les préfets; avec les mots Orange et Liberté les peuples seraient remués, comme au XVIIe siècle. En Allemagne on procéderait aussi par l'insurrection; l'armée prussienne, les sociétés secrètes, les universités étaient toutes prêtes pour une campagne populaire contre Napoléon; il suffisait de deux mots, et le Nord serait en feu; les patriotes étaient décidés, et Blücher, Schill, en rapports immédiats avec Dumouriez, le colonel Pozzo di Borgo. Déjà le souvenir de Moreau vient à ceux

---

V. M., qu'alors le pouvoir de pardonner sera le principal des attributs de la couronne dont elle voudra faire usage; enfin, qu'en attendant ces heureux jours, je proteste, comme roi, contre la violence faite à la personne sacrée de Gustave IV, non seulement en raison des sentiments que je viens d'exprimer, mais aussi parce que cette violence est une nouvelle application des principes destructifs de toute autorité et subversif de tout ordre social.

« Que Dieu veille sur V. M. ! C'est la prière de l'amitié la plus vraie, de l'intérêt le plus vif, enfin de tous les sentiments avec lesquels je suis, Monsieur mon frère et cousin, de V. M., le bon frère et cousin.

« A Hartwell-Buckinghamshire, ce 24 avril 1809. » Louis.

qui veulent opposer la république ou une monarchie constitutionnelle à la dictature de Napoléon.

En descendant au midi, c'est l'insurrection du Tyrol [1], l'étendard est levé par un simple aubergiste du nom de Hoffer; les montagnards, les paysans donnent le signal de l'indépendance; par le Tyrol l'Allemagne se lie aux sociétés secrètes de l'Italie, aux *carbonari* qui commencent leur vaste association; l'Italie a aussi des patriotes; si des traîtres se décorent de titres et de cordons, il se trouve des têtes ardentes qui rêvent la liberté et l'affranchissement de la patrie commune; des couleurs sont adoptées, des signes extérieurs portés; Eugène Napoléon, l'exécuteur des ordres de son père adoptif, fait fusiller les patriotes d'Italie; il déclare que tout signe de ralliement sera puni de mort; les républicains persécutés n'en persistent pas moins dans l'idée de délivrance; au premier échec ils seront en armes pour se joindre aux montagnards du Tyrol qui trouvent aussi des imitateurs dans les Calabrais, les

---

[1] Voyez sur le mouvement du Tyrol, et en général sur l'insurrection, l'ouvrage allemand, sous ce titre : *Das heere von Innerostreich unter den befehlen des erzherzogs Johann im kriege von 1809, in Italien, Tyrol und Ungarn*, Leipsick et Altenbourg, 1817.

« L'archiduc Jean préparait pendant l'été de 1808, dans l'Autriche intérieure et le pays de Salzbourg, tout ce qui pouvait favoriser ses projets. Les liaisons secrètes dans le Tyrol et dans les pays voisins furent exclusivement confiées au baron d'Hormayr, l'historien de sa nation, et pendant plusieurs années référendaire des affaires de Salzbourg, du Tyrol, de la Souabe autrichienne, et de Suisse, dans le ministère des affaires étrangères sous les comtes de Cobentzl et de Stadion : par ce motif, très familier avec toutes les intrigues de ce genre. Le major Saint-Ambrois alla, en novembre, à Palerme et à Cagliari, pour concerter avec les cours de Sicile et de Sardaigne des diversions sur Naples et Gênes, et une insurrection en Piémont, pour laquelle tout était aussi bien préparé que dans le Tyrol. Le comte Rodolphe Paravicini (qui par la suite fut délivré miraculeusement de sa prison d'État à Mantoue, par la fidélité de deux serviteurs), et son beau-frère Juvalta, puissamment secondés par leurs partisans, travaillaient dans la Valteline, pour le rétablissement de l'ancien ordre de choses, et pour les intérêts de l'Autriche. Leur influence s'étendait dans les riches vallées Camonica et Trompia. Le marquis Asseretto, connu dans la guerre de Gênes de 1799 à 1800, suivit le major Saint-Ambrois; bientôt aussi arriva le lieutenant-colonel Latour, de l'état-ma-

Croates, les Ragusains, tous ces mille peuples divers que Napoléon a domptés à l'imitation de Charlemagne. L'insurrection est donc le mot d'ordre de la guerre; ce ne sont plus les gouvernements qui se lèvent contre Napoléon, ce sont les peuples [1].

Aussi le grand Empereur sentant la portée de ce coup, fait-il écrire par sa police : « que les rois oublient la dignité de leurs trônes, qu'ils recourent aux mesures anarchiques du Comité de salut public, et qu'ils enlèvent tout frein aux peuples. » Chose bizarre! le voyez-vous, lui, l'enfant de la Révolution, reprocher aux rois d'ancienne race d'en appeler aux masses; fils ingrat! a-t-il oublié que, né de la démocratie, le peuple c'est sa force? On dirait qu'il se pose le successeur des monarques affaiblis plutôt que le défenseur des idées démocratiques en Europe? N'est-il pas né général au siége de Toulon entre les vieux habits usés des Allobroges et les piques des volontaires de la Convention? Sa fortune ne vient-elle pas de la guerre contre les rois au nom de la souveraineté nationale? Combien Napoléon est loin de son origine! l'orgueil l'a trop enivré, l'adulation lui enlève cette forte empreinte qu'il doit à la Révolution française; organisateur et dictateur des masses, il en

jor, dont l'éloquence et le zèle, unis aux efforts de la reine Caroline, ne purent obtenir du général Stuart que la promesse d'une forte diversion en Calabre, dans les golfes de Naples et d'Ancône, lorsqu'elle deviendrait inutile, lorsque les aigles autrichiennes seraient arborées à Venise et à Milan. Le colonel Maccarelli, le major Dabovich, et le provincial des Franciscains Dorotich, rendirent de grands services parmi les Dalmates et les Albanais. L'archiduc Jean prépara et envoya un système de réquisition et d'organisation de ces pays étrangers, excellent pour satisfaire aux besoins de la guerre qu'il allait y porter, mais éloigné de toute oppression et de tout arbitraire. »

[1] Milan, 3 avril 1808.

« S. A. I. le prince Vice-Roi, en sa qualité de lieutenant de S. M. l'Empereur et Roi à l'armée d'Italie, a fait publier, dans les divisions des troupes françaises qui sont en Toscane, dans l'État romain et sur les côtes de l'Adriatique, l'ordre suivant:

Ordre du jour.

« S. M. l'Empereur et Roi, informé qu'il a été distribué à Rome, et dans d'autres parties de l'Italie, des cocardes d'une cou-

méconnaît la puissance; il les foule aux pieds pour se revêtir d'un diadème d'or et d'une pourpre de race; il veut fonder une dynastie à l'imitation des vieux rois; phénomène qui ne s'explique pas dans l'histoire. Napoléon déclame dans le *Moniteur* contre la Convention nationale qui fut sa mère, et contre le Comité de salut public qui, à l'aide de Carnot, lui donna les premiers éléments de ses victoires; fils puissant, pourquoi répudie-t-il sa mère? Comme Néron, pourquoi brise-t-il les entrailles qui l'ont nourri?

leur nouvelle, afin de former un point de ralliement contre ses armées, déclare que les auteurs de la distribution de ces cocardes sont responsables de tous les malheurs qui pourront arriver et ordonne aux généraux commandant ses troupes dans les états de Rome, dans les royaumes d'Italie et de Naples, de faire arrêter immédiatement les distributions de pareilles cocardes. Tous ceux qui, à dater de la publication du présent ordre, seront trouvés avec ce signe de ralliement, seront traduits devant une commission militaire et condamnés à mort. »

Eugène Napoléon.

CHAPITRE II.

LA MONARCHIE AUTRICHIENNE.

FORCES DES DEUX EMPIRES EN LUTTE.

Les provinces autrichiennes. — La Bohême. — La Hongrie. — La Transylvanie. — La Moravie. — L'Illyrie. — L'Esclavonie. — La Croatie. — Anciennes provinces. — Forces de terre. — Infanterie. — Cavalerie. — Artillerie. — Le cabinet autrichien. — La cour. — Les archiducs. — Les peuples. — Finances. — Impôts. — Caractère de ces populations. — Esprit public au moment de l'ouverture de la campagne. — Division de l'armée autrichienne. — Les corps. — Organisation du personnel militaire. — L'armée française en Allemagne. — Corps de Davoust, — de Masséna, — d'Oudinot, — de Lefèbvre, — de Bernadotte. — Contingents de la Confédération du Rhin. — Caractère et esprit de ces troupes.

Mars 1809.

Depuis l'origine de la Révolution française, l'Autriche, pour la première fois, se montrait seule et sans auxiliaires en ligne de bataille; lorsque le tocsin de guerre avait sonné, le cabinet de Vienne était toujours apparu comme partie de la coalition, jamais comme puissance exclusivement belliqueuse. On l'avait vue sur le champ de guerre à côté de la Prusse et de la Russie; dans la campagne de 1793, elle marcha conjointement avec la Prusse, aux plaines de Champagne, de Belgique ou sur le Rhin; dans la coalition de 1799, elle se déployait avec les Russes, les Napolitains et les Anglais;

enfin, dans la campagne de 1805, couronnée par Austerlitz, l'Autriche s'appuyait sur la Russie, et les corps d'armée des deux puissances agissaient simultanément [1].

Dans la guerre qui allait s'ouvrir, le cabinet de Vienne
entrait seul en lice; des sympathies pouvaient l'accompagner; il comptait sur l'appui moral de certaines
cours, mais quant aux forces effectives à développer sur
un champ de bataille, l'Autriche seule se mettait en
ligne [2] pour lutter contre la puissance du vaste empire
français; et, singularité remarquable! c'était Napoléon
qui, cette fois, à la tête d'une coalition contre l'Autriche, conduisait tous les contingents de la Confédération allemande, la Saxe, le Wurtemberg, la Bavière,
Bade; au nord, les Polonais et une armée russe de
50,000 hommes devaient agir comme auxiliaires; puis
des régiments italiens, danois et même portugais. Ainsi
les rôles avaient changé de face : on ne se coalisait plus
contre Napoléon, c'était l'Empereur qui se plaçait à la
tête d'une confédération pour attaquer la force et l'indépendance d'une monarchie, ou, si l'on veut, pour se défendre contre elle. La maison d'Autriche avait beaucoup
perdu depuis la Révolution française : les Pays-Bas d'a-
bord, dépôt onéreux pour elle; et M. de Cobentzl avait
agi habilement avec le général Bonaparte à Campo-Formio
en les échangeant contre Venise et les îles Illyriennes,
riche compensation; depuis, d'autres conditions avaient
été imposées, les traités de Lunéville et de Presbourg lui
avaient enlevé les indemnités que Campo-Formio lui assurait. Cette Adriatique, qu'elle avait obtenue des mains

---

[1] Voyez le tome 5 de ce livre.
[2] Les archiducs, le prince Charles surtout, s'adressaient à la nation allemande
pour exciter son zèle et son patriotisme.

« Nous, Charles-Louis, prince impérial
d'Autriche, prince royal de Hongrie et de
Bohême, etc., etc., archiduc d'Autriche,
etc., etc., chevalier de la Toison-d'Or,

de la République française, Napoléon la réunit au royaume d'Italie, sous sa couronne de fer. Le Tyrol était donné à la Bavière; on avait morcelé ses évêchés de famille, ses patrimoines héréditaires.

Ce n'était pas assez pour la maison de Habsbourg d'avoir sacrifié la couronne impériale d'Allemagne, Napoléon voulait lui enlever encore toute influence sur la Germanie : on disait même qu'un projet de révolution était entré dans la pensée de cet homme qui remuait le monde de sa main. Pour lui un changement de dynastie n'était rien; comme il avait enjambé à grands pas un trône, que pouvait lui être une modification dans la hiérarchie de famille? il avait déclaré naguère que les maisons de Naples, de Bragance avaient cessé de régner; l'affaire de Bayonne en avait fini avec les Bourbons d'Espagne, et tout récemment encore une révolution en Suède substituait un vieil oncle rusé et flétri à la royauté chevaleresque de Gustave-Adolphe; et pourquoi n'en serait-il pas de même de la maison d'Autriche? Ferdinand, grand duc de Wurtzbourg, avait accédé à la Confédération du Rhin; c'était une pensée de forte

---

grand'croix de l'ordre de Marie-Thérèse, gouverneur et capitaine-général du royaume de Bohême, chef d'un régiment d'infanterie et d'un régiment de hulans, et généralissime de toutes les armées impériales et royales.

« Notre souverain bien aimé invite tous ceux de ses sujets qui ne sont point obligés par les lois à servir dans l'armée, à se réunir en bataillons, pour être employés au service de la patrie, même hors des frontières des États héréditaires, dans le cas où elles seraient menacées par un ennemi.

« En 1800, la patrie était en danger, j'appelai sous mes drapeaux, au nom du monarque, les volontaires de la Bohême et de la Moravie. Des milliers se pressèrent alors pour entrer dans la légion qui portait mon nom ; elle serait devenue une armée si ses efforts n'avaient pas promptement conduit à la paix.

« Il est inutile de vous rappeler l'exemple de vos ancêtres, de vous dire combien ils ont bravé de dangers par leur persévérance et leur patriotisme. Je ne citerai que l'exemple que vous avez donné vous-mêmes; vous êtes toujours les mêmes que vous étiez en 1800, le même courage, le même patriotisme qui vous animait alors, vit encore en vous; je compte aujourd'hui, comme je comptai alors sur votre bras.

« Il est vrai que les soins du ménage, les relations domestiques ne permettent pas à

politique que d'élever un vassal à la couronne de son aîné; n'était-ce pas là un empereur d'Autriche tout trouvé? on ferait donc élire empereur le grand-duc de Wurtzbourg en prononçant la déchéance de François II [1], et par ce moyen s'accomplirait cette parole imprudente de Napoléon : « que dans quelques années sa maison serait la plus ancienne des souverainetés de l'Europe. » Ces intrigues étaient parfaitement connues à Vienne, et la maison de Habsbourg savait qu'ayant à lutter pour sa propre existence, elle devait dès lors déployer toute son énergie.

L'empire d'Autriche n'était point une puissance du second ordre, quels que fussent les efforts de la politique de Napoléon; ses provinces morcelées présentaient encore une force assez considérable pour résister même à la grande épée. Lorsqu'on parcourt les terres qui obéissent à l'empire d'Autriche, on est frappé d'un spectacle admirable, c'est la richesse et la force de ces populations : là, les villes sont opulentes, paisibles, la plupart fortifiées par la nature ou par l'art; la campagne est féconde, les laboureurs robustes; ici, des pâturages immenses; là, des forêts silencieuses; puis tout cela arrosé par mille rivières, et par ce majestueux

---

tous de quitter leurs foyers pour aller où l'honneur les appelle. Ceux-ci resteront pour la défense de l'intérieur, pour la sûreté des propriétés, pour le maintien de l'ordre social.

« Mais ceux qui ne sont pas enchaînés au foyer paternel par d'autres devoirs et d'autres relations, qu'ils se réunissent tous en bataillons; ils auront à prétendre à tous les avantages que notre souverain bien-aimé attache à une résolution aussi patriotique.

« Vous me connaissez, nobles défenseurs de la patrie; je ne vous abandonnerai pas, et vous ne me refuserez pas votre confiance. »

Signé, archiduc Charles, généralissime.

[1] Les dépêches de Vienne tendent déjà à démoraliser la force politique de François II en abaissant son esprit.

« L'empereur François Ier ne manque nullement de bon sens, mais né pour ainsi dire sans passions, il n'a pas non plus une volonté assez prononcée pour se créer lui-même un plan de gouvernement.

« Sans confiance dans ses propres lumières, il est vacillant dans celle qu'il ac-

fleuve du Danube qui porte ses flots, comme un roi son diadème, au milieu de mille villes splendides et florissantes; les montagnes mêmes ont un aspect de nature luxuriante; les chaînes de la Bohême, les monts Krapacks, les montagnes de Styrie, avec leurs bois immenses, donnent à ces contrées une fécondité merveilleuse et un aspect des plus pittoresques. La campagne est plus belle encore que les villes; en Allemagne, le paysan est une force véritable dans l'État; la culture des terres est une carrière et une destinée pour l'homme.

L'antique maison de Habsbourg ne régnait pas seulement sur ce pays, qui a donné son nom à la monarchie; autour de l'Autriche se groupaient d'autres États d'une richesse aussi abondante : la Moravie, que la campagne d'Austerlitz rendit célèbre, avec ses villes d'Olmutz et de Brünn, champs de bataille si souvent parcourus par les armées; la Bohême avec Prague, double et pittoresque cité, contrée montagneuse et agreste qui s'étend de Teschen jusqu'à Tabor; la Bohême, théâtre des sanglants combats à toutes les époques de l'histoire de la Prusse et de l'Autriche; la Gallicie, conquête plus récente, et qui devait son agrandissement au partage de la Pologne; les noms de ses cités rappelaient encore les époques les plus célèbres des annales

corde à ses ministres, de manière qu'aucun d'eux n'ose se flatter d'une influence prépondérante.

« L'empereur redoutant la guerre contre la France, voudrait bien l'éviter, de peur de se voir détrôné. Il paraît néanmoins se familiariser avec cette idée, puisqu'il ne songe qu'à grossir son trésor particulier, non pas par avarice; mais disant tout haut, qu'en cas de malheur, il chercherait par là à se mettre à l'abri du besoin.

« Son ministre des affaires étrangères, aussi anglomane que passionné contre Napoléon, tâche bien de persuader à son souverain que le salut de la monarchie ne dépendrait que d'une campagne heureuse; néanmoins, M. le comte de Stadion, dont le physique est très faible et altéré de plus en plus par sa manière de vivre sybarite et ses goûts frivoles, semble avoir plus d'envie que d'audace pour prononcer le mot : guerre à l'Empereur Napoléon.

« La physionomie de Vienne rappelle celle de Berlin avant la bataille d'Iéna. »

de Pologne, jusqu'à cette ville de Stanislawow, au pied des monts Krapacks qui la séparent de la Hongrie. La Hongrie, beau diamant de la maison d'Autriche, composée de noblesse altière mais fidèle [1], d'une population hautaine mais loyale ; là, se trouvaient les vieux débris des châteaux féodaux, les diètes, les assemblées, les grandes terres seigneuriales, les fortunes colossales des Esterhazi, ces magnats qui parlent tous la langue latine, comme l'idiome de la patrie ; fière nation que les Hongrois sur un champ de bataille! La Transylvanie avait beaucoup des mœurs de la Hongrie, riche de ses villes d'Hermannsdadt, de Temesvar, avec ses deux rivières qui, comme deux sœurs bien aimées, viennent se jeter dans le Danube, et mêler leurs eaux à sa poitrine humide. Les Esclavons, race demi-turque, démembrement de la Turquie d'Europe ; enfin les Styriens et les Croates, populations qui tiennent tout à la fois aux Illyriens et aux Souliotes par les habitudes et les mœurs. L'Illyrie avait été en partie cédée au royaume d'Italie sous Eugène, comme le Tyrol fut donné à la Bavière par la volonté de Napoléon. L'empire d'Autriche tenait à toutes les civilisations.

Cette masse de provinces riches et fécondes offrait encore une population dont le chiffre s'élevait à 23,000,000 d'âmes; les paysans étaient forts et pouvaient fournir de bons soldats; les Autrichiens, plus mous de corps, marchaient néanmoins au feu avec as-

---

[1] *Tableau des provinces de la monarchie d'autrichienne après le traité de Presbourg.*

	lieues car.	habit.
Autriche, Styrie, Carniole	3,438 —	2,884,000
Carinthie	540 —	285,000
Principauté de Salzbourg	482 —	258,000
A reporter :	4,460 —	3,427,000
Report :	4,460 —	3,427,000
Bohême, Moravie	3,650 —	4,600,000
Hongrie, Croatie, Esclavonie, Transylvanie	5,470 —	9,315,000
Gallicie, Buckowine	6,600 —	5,000,000
Total.	20,180 —	22,342,000

surance; chacune de ces provinces pouvait lever une milice particulière très apte aux armes : rien ne pouvait égaler la cavalerie légère des Hongrois, et ces braves grenadiers, à la figure martiale, dont le bonnet pointu faisait la terreur des camps; les Bohémiens composaient une excellente infanterie, et les cuirassiers, d'une stature colossale ; les Croates, excellents tireurs, presque aussi habiles que les Tyroliens; les Esclavons, admirables troupes, armées de tromblons à la large gueule, présentaient des masses formidables; il y avait là des montagnards, des gens de plaines, des pontonniers pour les grandes rivières, des ouvriers habiles; et le personnel de l'artillerie se composait d'hommes d'élite élevés dans les écoles.

Ainsi les ressources ne manquaient pas, le bois : le fer, la force du corps des hommes, la bonne volonté de tous, l'obéissance à l'empereur. On parlait bien de la résistance des Hongrois, des refus qu'ils faisaient dans les diètes, des discours hautains des magnats; mais en aucun cas cette noblesse fière n'aurait abandonné le souverain dans le malheur; le patriotisme, si grand sous Marie-Thérèse, se serait réveillé dans toute sa puissance pour défendre François II opprimé [1]. Cette distribution de souverainetés, ce soulèvement des aristocraties, ce renversement des couronnes entraient dans le système

---

[1] La famille impériale d'Autriche était véritablement patriarcale ; elle ne serait jamais entrée dans un complot contre son chef. Voici de quels princes elle se composait :

François II, né le 12 février 1768, roi de Hongrie et de Bohême, empereur d'Autriche le 11 août 1804, veuf le 19 février 1790 d'Élisabeth Wilhelmine Louise de Wurtemberg, veuf en secondes noces, le 13 avril 1807, de Marie-Thérèse, remarié le 6 janvier 1808 à Marie-Louise, archiduchesse d'Autriche, fille de feu l'archiduc Ferdinand, née le 14 décembre 1787.

Ferdinand-Charles-Léopold-François-Joseph-Crescentius ; prince impérial, archiduc d'Autriche, prince royal de Bohême et de Hongrie, né le 19 avril 1793.

François-Charles-Joseph, son frère, né le 7 décembre 1802.

Jean-Népomucène-Charles-François-Joseph, son frère, né le 29 août 1805.

de Napoléon, comme la réalisation de la sentence jetée du haut de sa fière tête pour préparer les longues destinées de sa dynastie. Mais elle supposait une ignorance complète des rapports paternels que de longues habitudes avaient établis entre la maison d'Autriche et la population allemande; rien de plus naïf, de plus doux, que cet échange d'amour, de respect et de protection que se donnaient là les peuples et les princes : la maison d'Autriche n'avait aucun orgueil, l'empereur était le père commun; point de garde, comme la maison de Bourbon l'avait fastueusement établie depuis Louis XIV. A Vienne, l'on voyait l'empereur à pied, en frac militaire, ses cheveux noués dans sa longue queue, ou même en simple capote, ce qui le faisait ressembler à un invalide, ainsi que le désignaient les vieux grenadiers de la garde impériale de Napoléon, lorsque François II visita le bivouac d'Austerlitz. L'Empereur François II se promenait seul à Vienne, au Prater, dans les îles du Danube; plus d'une fois il s'asseyait sous un grand arbre du parc; ses sujets, ses paysans venaient autour de lui, et selon la méthode allemande, il rendait la justice à tous, comme aux temps historiques Saint-Louis dans la forêt de Vincennes. Le droit féodal s'était conservé en Allemagne, et les obligations du seigneur demeuraient entières.

François II, à peu près de l'âge de Napoléon (il avait 41 ans), déjà veuf deux fois, avait épousé Marie-Thérèse

---

Marie-Louise, sa sœur, née le 12 décembre 1791.

Léopoldine-Caroline-Josephe, sa sœur, née le 22 janvier 1797.

Marie-Clémentine-Françoise, sa sœur, née le 1er mars 1798.

Caroline-Ferdinaude-Josephine-Démétrie, sa sœur, née le 8 avril 1801.

Marie-Anne-Françoise, sa sœur, née le 8 juin 1804.

Ferdinand-Joseph-Jean, frère de l'empereur, grand-duc de Wurtzbourg, né le 6 mai 1769, veuf le 19 septembre 1802, de Louise-Marie-Amélie.

Charles-Louis, son frère, né le 5 septembre 1771.

Joseph-Antoine, palatin du royaume de Hongrie, son frère, né le 9 mars 1776, veuf, le 16 mars 1801, de Alexandra Paulowna, grande-duchesse de Russie.

sa cousine, fille de l'archiduc Ferdinand ; douce et bonne princesse qui ne s'occupait que de l'éducation de la nombreuse famille dont l'empereur lui laissait la suprême direction. François II, le descendant de la maison de Habsbourg, avait un de ces caractères tolérants, si heureux pour les peuples, hélas! trop souvent oubliés par l'histoire ; prince honnête dans la plus haute acception du mot, nul n'aurait eu le pouvoir de le séparer de ses Viennois. Il avait déjà une longue lignée d'archiducs, tous jeunes : le prince impérial n'avait que seize ans ; héritier de la couronne, il était encore dans les écoles militaires pour apprendre le métier des armes ; deux autres archiducs ses frères, François-Charles-Joseph et Jean, avaient l'un sept ans à peine et l'autre trois ; enfants presque au berceau sous la pourpre impériale.

Parmi les cinq filles qui complétaient cette race nombreuse se distinguait une jeune princesse de 18 ans, fraîche avec tout l'embonpoint de la race allemande, blanche sans être jolie, froide et bonne, élevée dans les devoirs de l'obéissance qui caractérisent les filles de la Germanie lorsqu'elles n'ont pas un fiancé de leur amour ; elle se nommait Marie-Louise, gage que le sort destinait à cimenter la paix entre la France et l'Autriche : victime que l'aristocratie jeta comme un sacrifice, pour apaiser la démocratie personnifiée en une seule dictature. Les véritables hommes de guerre dans la maison

---

Antoine-Victor-Joseph, son frère, né le 31 août 1779, grand-maître de l'ordre Teutonique, le 20 juin 1804.

Jean-Baptiste-Joseph-Fabien-Sébastien, son frère, né le 20 janvier 1782.

Reignier-Jean-Michel-François-Jérôme, son frère, né le 30 septembre 1783.

Louis-Joseph-Jean, son frère, né le 14 décembre 1784.

Rodolphe-Jean-Joseph, son frère, né le 8 janvier 1788.

Marie-Thérèse-Josèphe-Charlotte-Jeanne, sœur de l'empereur, née le 14 janvier 1767, mariée le 18 octobre 1787 à Antoine-Clément, frère du roi de Saxe, né le 27 décembre 1755.

Marie-Anne-Ferdinande-Josèphe Charlotte-Jeanne, sa sœur, née le 21 avril 1770.

de Habsbourg, les archiducs, frères de l'empereur, se devaient aux armes comme au temps des guerres de Souabe et de Franconie. Tout archiduc à 18 ans était soldat, nulle autre profession n'était permise, si ce n'est la pourpre de l'église : fournir des clercs et chevaliers était l'obligation de toute famille noble, selon le code féodal. Parmi ces archiducs se distinguait le prince Charles, d'une remarquable capacité militaire; sa taille était petite, sa figure distinguée, quoique son port fût un peu disgracieux; il était dans la force de la vie, à 38 ans à peine; ses campagnes sur le Rhin, en Italie, avaient justement grandi sa réputation; l'archiduc avait fait de sérieuses études, il appartenait encore à la vieille stratégie prudente et timide; pour ne rien hasarder, il perdait souvent les chances de la fortune et de la victoire. Sa loyauté extrême admirait avec une candeur digne d'éloges les qualités militaires de l'Empereur des Français; cette admiration, poussée à un degré trop exalté, ne convenait pas dans une guerre où il fallait plus combattre l'ennemi que s'enthousiasmer pour son chef. L'archiduc Charles, comme toutes les supériorités, avait des exigences, des systèmes, et il voulait être le maître des opérations d'une campagne, parce que seul il en porterait la responsabilité : cela explique pourquoi il n'avait pris qu'une part indirecte aux opérations d'Austerlitz : on l'avait opposé à Masséna en Italie. Puis, dans la campagne de Suwarow, l'archiduc Charles avait pris en haine l'armée russe, il n'avait pas voulu combattre de concert avec elle à Austerlitz, et s'il faisait aujourd'hui la guerre, c'est que l'Allemagne tout entière la désirait avec ardeur.

L'archiduc Ferdinand-Joseph, l'aîné du prince Charles, vivait séparé de la famille impériale comme grand-

LA FAMILLE IMPÉRIALE D'AUTRICHE (MARS 1809).

duc de Wurtzbourg; complétement lié au système français, pouvait-on compter sur lui pour conduire une vigoureuse campagne? On savait ses rapports avec la France, les projets qu'on avait sur lui : le système de Napoléon ne changeait pas de nature ; il voulait semer la division dans la famille impériale d'Autriche comme il l'avait jetée dans la famille des Bourbons d'Espagne ; diviser, pour lui, c'était dominer. Le grand-duc de Wurtzbourg n'aurait eu ni la force ni la volonté de seconder un pareil projet, et le peuple allemand était incapable de cette déloyauté; naïf comme les nations primitives, il ne connaissait pas la trahison. Les autres archiducs : Joseph-Antoine, palatin du royaume de Hongrie; Victor-Joseph, grand-maître de l'ordre Teutonique; Jean, Reignier, Louis, Rodolphe, tous quatre princes d'Autriche, étaient à l'âge où ils pouvaient prendre des commandements et servir comme généraux ou officiers dans l'armée qui se préparait à faire campagne. Quand le tocsin d'une guerre nationale avait sonné en Allemagne, il fallait que chacun payât de sa personne, et nul n'y manqua parmi les princes de la maison de Habsbourg.

Le cabinet de Vienne avait renoncé à son système de pluralité dans le conseil aulique, ce qui nuisit tant de fois aux opérations militaires [1]. Depuis un an la direction

---

[1] Voici la composition du ministère autrichien lors de la guerre de 1809.

L'archiduc Charles, généralissime, ministre du département de la guerre.

L'archiduc Jean, adjoint.

Le comte de Colloredo Wenceslas, président du conseil aulique de la guerre.

Le comte de Zinzendorff, ministre dirigeant, le comte de Majlath de Szekhely et le comte de Choteck, ministres d'État et des conférences pour l'intérieur.

Le comte de Stadion, ministre des affaires étrangères.

Le comte d'Ugarte, chancelier de Bohême.

Le comte d'Erdodi, chancelier de Hongrie.

Le comte de Tekely, chancelier de Transylvanie.

Le comte Odonell, président du département des finances.

Le comte de Rotenhaan, président du tribunal suprême de justice.

suprême de la guerre appartenait au prince Charles, sous le titre de généralissime, fonction élevée qui allait bien à sa capacité. L'archiduc Jean, qui avait fait preuve d'aptitude, lui était adjoint; le comte de Colloredo, l'ami de l'empereur, présidait le conseil aulique; organisateur remarquable, on lui devait des travaux très importants sur la cavalerie et l'artillerie et sur la mise en campagne des corps au cas d'une prise d'armes générale. Le ministre véritablement dirigeant, le comte de Stadion, avait le département des affaires étrangères depuis la paix de Presbourg; l'Empereur des Français connut mal à cette époque le comte de Stadion : il le croyait partisan de la paix ou d'une situation modérée, qui pourrait placer l'Autriche dans un système de neutralité, pendant que lui, Napoléon, porterait ses armes au midi de l'Europe, en Espagne, en Portugal. Le comte de Stadion n'avait pas répondu à ces idées; à peine avait-il la direction des affaires qu'il se rapprocha de ce qu'on appelait le parti de la régénération allemande, c'est-à-dire des sociétés secrètes de Prusse et de Saxe; le comte de Stadion fut le confident de Stein, de Gentz, de Pozzo di Borgo, puis de tout le parti de l'opposition armée, de Schill, du duc de Brunswick-Œls, du prince de Hesse; secondant le mouvement de délivrance pour la patrie, il fut l'un des auteurs principaux de la guerre qui allait s'ouvrir contre Napoléon; il se montra ferme et digne Allemand.

Cette guerre devait commencer avec des forces considérables; l'Autriche savait que seule dans la lice, isolée sur le champ de bataille, il lui fallait des succès au début de la campagne. Le prince Charles avait profondément étudié l'organisation de l'armée française, l'objet de son admiration attentive; il avait imité le système qui fractionnait l'armée en corps distincts, pour opérer avec plus d'ordre et de régularité dans une marche en avant; toutes les divisions autrichiennes se groupèrent ainsi sous des chefs de corps qui eux-mêmes recevaient les ordres du généralissime; l'archiduc Charles par ce moyen se plaçait avec les mêmes pouvoirs que Napoléon sur l'armée; il en disposait sans le contrôle du conseil aulique qui avait souvent jeté de la confusion au milieu des opérations stratégiques.

Cette armée fut divisée en neuf corps [1] : le premier avait pour chef le général de cavalerie comte de Bellegarde, illustré déjà dans les campagnes d'Italie; le comte de Kollowrath, qui s'était fait un nom dans l'artillerie, prenait le commandement du second; le troisième était dirigé par le général prince de Hohenzollern, brave comme son épée, sans aucune capacité éminente. Le prince de Rosenberg, ferme militaire, et l'archiduc Louis, commandaient les quatrième et cinquième corps; on voyait reparaître le lieutenant-général de Hiller; le prince de Lichtenstein, admirateur trop facile de Napoléon, commandait le corps de réserve avec le lieu-

---

[1] L'armée autrichienne était composée de la manière suivante :
Infanterie.—46 régiments allemands, 15 régiments hongrois, 2 régiments de garnison, 17 régiments nationaux des frontières, 9 bataillons de chasseurs.
Cavalerie.—8 régiments de cuirassiers, 6 régiments de dragons, 6 régiments de chevau-légers, 12 de hussards, 3 régiments de hulans.
Le régiment d'infanterie avait trois bataillons et deux compagnies de grenadiers. Avant la guerre, le premier et le deuxième bataillon étaient de six, mais le troisième de quatre compagnies, celles-ci chacune de 160 soldats dans les régiments allemands, et de 180 dans les régiments hongrois.
Lorsqu'on se prépara à la guerre, il fut décidé que les troisièmes bataillons seraient également portés à six compagnies, et les compagnies augmentées généralement de 20 hommes; de façon que celles des régiments allemands devaient monter à 180 et celles des régiments hongrois à 200 soldats.
Dans les premiers, le bataillon était donc calculé à 1,080 soldats, et à 1,200 dans les derniers; et le total des uns, y compris les grenadiers, à 3,480 soldats, et des autres à 3,840; le nombre des sous-officiers, le même dans tous les régiments, était de 252 pour chacun.
Les régiments nationaux des frontières avaient deux bataillons de campagne, qui formaient 12 compagnies de 200 hommes chacune, à l'exception des quatre régi-

tenant-général baron de Kienmayer; l'archiduc Jean réunissait sous son commandement deux autres corps à la tête desquels brillaient le comte de Giulay et le marquis de Chasteler, chef habile de partisans dans le Tyrol; le prince de Schwartzenberg avait aussi un commandement militaire; après Essling il fut destiné à une mission auprès de la cour de Russie, pour préparer un traité d'alliance ou au moins de neutralité.[1]

Dans le choix des officiers-généraux chargés de conduire l'armée autrichienne, on voyait se dessiner la main habile de l'archiduc Charles; il n'y avait pas de ces noms funestes comme celui de Mack dans la guerre de 1805; le soin du généralissime avait été de bien épurer l'armée, et de lui épargner ces fatales trahisons qui aidèrent alors les belles opérations de l'Empereur. Les officiers subalternes mêmes, les états-majors avaient été l'objet d'un travail spécial; on voulait éviter les défections des corps entiers comme dans la campagne d'Austerlitz, si glorieuse pour la France; les conseils de guerre

ments transylvains, qui n'en avaient que 180 par compagnie. Les bataillons de chasseurs étaient également de six compagnies, chacune de 120 soldats.

L'état d'un régiment de cuirassiers et de dragons était de trois divisions ou six escadrons, et l'escadron de 133 chevaux, y compris officiers et sous-officiers; chacun de ces régiments montait à 798 combattants.

Un régiment de cavalerie légère formait 4 divisions ou 8 escadrons de 149 chevaux chacun avec officiers et sous-officiers; le régiment était donc de 1,192 hommes.

[1] Commandant des corps de l'armée autrichienne, archiduc Charles, généralissime.

1er corps, le général de cavalerie comte de Bellegarde.

2e corps, le général d'artillerie comte de Kollowrath.

3e corps, le lieutenant-général prince de Hohenzollern.

4e corps, le lieutenant-général prince de Rosenberg.

5e corps, le lieutenant-général archiduc Louis.

6e corps, le lieutenant-général baron de Hiller.

7e corps, le général de cavalerie archiduc Ferdinand.

1er corps de réserve, le général de cavalerie prince Jean de Lichtenstein.

2e corps de réserve, le lieutenant-général baron Kienmayer.

L'archiduc Jean, commandant-général des 8e et 9e corps.

8e corps, le lieutenant-général marquis de Chasteler.

9e corps, le lieutenant-général comte de Giulay.

avaient condamné dès officiers-généraux pour concussion et déloyauté ; alors en Prusse, en Autriche, l'or avait été répandu, il expliquait plus d'un des succès merveilleux des Français en 1805 et 1806 ; et quels que fussent les soins sévères de l'archiduc Charles, la corruption était parvenue même à s'infiltrer dans l'administration de l'armée ; le quartier-maître-général avait été arrêté pour avoir vendu les secrets de la campagne au général Andréossy, et communiqué les états d'administration du conseil aulique ; les armées autrichienne et prussienne étaient mal payées, les officiers pauvres, beaucoup étaient étrangers même au pays, la police française se servait de tous les instruments répandus dans les États de la Confédération parmi les juifs ; elle corrompait avec habileté une noblesse besogneuse à qui la guerre commandait tant de sacrifices. Le soldat autrichien même avait souvenir qu'il était bien traité en France ; on l'employait à la culture des terres en Alsace, en Lorraine ; il ne répugnait pas à ce labeur qui lui rappelait son village.

A travers toutes ces difficultés, l'armée autrichienne n'en était pas moins sur un magnifique pied de campagne,[1] composé en infanterie de quarante-six beaux régiments de race allemande, chacun de trois bataillons, chaque bataillon de la force de 12 à 1,400 hommes ;

---

[1] Tout le mois de mars se passait en préparatifs ; voici des extraits de correspondance diplomatique :

Prague, 2 mars 1809.

« Cinq corps d'armée se rassemblent en Bohême : l'un près de Saatz, sous le commandement du général comte de Bellegarde ; le second près de Pilsen, commandé par le général Hohenzollern ; le troisième près de Prague, commandé par le feld-maréchal, prince de Schwartzenberg ; le quatrième près de Piesiok, commandé par le prince de Rosenberg, et le cinquième près de Coelin, commandé par le prince de Lichtenstein. »

Vienne, 12 mars 1809.

« Avant de partir pour leur destination, nos six bataillons de milice ont été passés en revue par l'empereur. L'archiduc Maximilien a fait distribuer 1000 florins à chaque compagnie, et l'archiduc Charles leur a adressé la proclamation suivante :

quinze régiments hongrois, magnifique infanterie, à quatre bataillons, plus forts que ceux même des Allemands; puis dix-sept régiments qu'on appelait nationaux de frontières, c'est-à-dire de toutes les provinces d'extrémité de la monarchie, Illyriens, Croates, Esclavons; et comme complément pour le service de tirailleurs, si utiles à la guerre, l'archiduc Charles avait composé neuf bataillons de chasseurs, agiles à s'éparpiller dans les bois, derrière les buissons, à gravir les montagnes, pour répondre à l'arme admirable des voltigeurs de France.

La cavalerie était d'une force et d'une vigueur considérable; les régiments de cuirassiers allemands avaient une belle réputation militaire, l'archiduc Charles en avait formé huit d'un personnel de près de 900 hommes, six de dragons au bel uniforme, troupes de pied ou de cheval alternativement. La force des régiments de cavalerie légère était bien plus considérable que ne le supposait l'organisation en France. Chaque régiment avait 1,200 hommes présents au corps, et l'on comptait vingt-un de ces beaux régiments : chevau-légers, hussards, et hulans, si renommés dans toutes les campagnes. L'artillerie avait reçu une organisation telle qu'elle pouvait mettre sur pied sept cent quatre-vingt-onze pièces de campagne, toutes attelées de ces vigoureux chevaux que l'Allemagne seule donne dans

---

« Nobles volontaires de Vienne, je n'ai pu me refuser la satisfaction d'être au milieu de vous dans ce jour de fête. L'enthousiasme avec lequel vous vous dévouez aujourd'hui au service de notre monarque bien aimé, et à la défense de notre chère patrie, est un trait sublime dans l'histoire de l'Autriche. Il resserre d'une manière indissoluble les nœuds de l'amour et de la confiance entre le monarque et vous. Lorsque la patrie sera en danger je compte sur vos bras. Aucun de vous ne supportera les chaînes d'une puissance étrangère. Cette détermination ferme et patriotique crée des héros et assure la victoire. Je vous retrouverai où l'honneur et la patrie nous appellent, et chacun m'y trouvera aussi. »

Charles, généralissime.
Vienne, 9 mars 1809.

ces gras pâturages et ces terres du Danube, vastes fermes de dix lieues carrées [1].

Jamais monarchie n'avait fait, seule, isolée, des efforts aussi extraordinaires pour se préparer à la guerre, et tout cela silencieusement, par sa propre impulsion, avec ses ressources uniques, et c'est peut-être la plus belle partie de l'histoire de l'archiduc Charles que cette patiente organisation qui produit des résultats aussi puissants dans un espace aussi resserré, car quinze mois avaient suffi pour opérer ces miracles. Il faut ajouter cependant que le génie du prince était ici secondé par un mouvement véritablement national; l'Autriche, se mettant à la tête de l'esprit allemand et de la résistance contre l'oppression des Français, était appuyée par les vœux de la Germanie; et puis, comme tous les pays à grandes ressources, le gouvernement n'avait eu besoin, comme les dieux de la fable, que de frapper la terre du pied pour en faire sortir des hommes armés; l'esprit allemand ne craint pas la guerre; les enfants des guerriers de Souabe n'hésitent pas à heurter le poitrail de leurs chevaux contre les peuples du midi de l'Europe; la guerre sur le Danube, le Rhin et la Meuse est vieille depuis Bouvines, alors que les crinières des chevaux saxons se baignaient aux eaux des fleuves de France.

---

[1] Récapitulation générale de la force, présente sous les armes, des troupes autrichiennes lors de l'ouverture de la campagne :

	batail.	esc.	hom.	chev.	pièces d'artil.
Armée d'Allemagne.	157	154	175,494	18,918	518
Armée d'Italie.	41	40	42,598	4,700	148
Corps du Tyrol.	9	3	9,800	370	17
7e corps d'armée.	25	44	30,200	5,200	94
Brigade en Croatie.	6	2	7,000	300	14
Total	238	243	265,092	29,448	791

En ajoutant à ce nombre d'hommes l'artillerie, les pionniers, les absents, les malades, etc., etc., l'armée offensive de l'Autriche était d'au-delà de 300,000 hommes au moment où commencèrent les hostilités.

L'esprit public était secondé par les journaux de toute l'Allemagne : l'*Observateur autrichien*, habituellement si prudent, si modéré, contenait des manifestes, des expressions d'enthousiasme, des chants belliqueux comme ceux que les Germains des noires forêts faisaient retentir lorsqu'ils préparaient une expédition de guerre. L'activité la plus grande était partout, l'idée de patrie fermentait en tous les cœurs; l'archiduc Charles prenait le commandement général; une armée se portait en Gallicie, une autre en Italie; la Bavière devait être envahie sans plus tarder, on voulait devancer les opérations militaires de la France; on marchait avec des forces considérables, espérant surprendre l'ennemi commun avant que son génie eût éclaté par des merveilles. « Allemagne! patrie commune, tu seras enfin délivrée! » tel était le vœu de toute la génération.

Napoléon suivait avec un œil attentif les préparatifs formidables de l'Autriche, comme surpris de ce vaste déploiement de forces : quelles ressources dans cet État! il croyait avoir abattu l'Autriche dans la campagne d'Austerlitz, et il la voyait se reveiller avec une énergie admirable; il fallait que ce corps fût bien robuste pour se relever de terre avec cette puissance de moyens. Quelles seraient les armées qu'il pourrait opposer à cette prise d'armes de tout un peuple marchant ses princes à sa tête, comme au jour de l'invasion dans le moyen âge? Napoléon, arrivé de sa campagne d'Espagne depuis le mois de fevrier [1], avait passé des journées entières dans la solitude de son cabinet pour rêver des plans sur l'Allemagne et pour frapper un de ces coups de foudre auxquels il avait

---

[1] C'est à ce moment que commence la correspondance de Berthier avec les généraux ; elle explique bien les idées militaires de Napoléon sur cette campagne.

Lettre du maréchal Berthier au maréchal Masséna.
Paris, le 5 mars 1809.
« Monsieur le duc, j'ai l'honneur de vous

habitué l'Europe. Les troupes de la Confédération formaient comme son avant-garde; pouvait-il compter sur elles? et l'Allemagne se levant pour son indépendance, n'avait-il pas à craindre, lui, son oppresseur, des défections parmi les gouvernements et le peuple? Sa police l'avait informé que beaucoup d'officiers bavarois, saxons, wurtembergeois, étaient affiliés aux sociétés secrètes; le major Schill, le prince de Hesse, le duc de Brunswick-OEls prendraient les armes : toutefois les opinions n'étaient pas encore assez avancées pour craindre un soulèvement; le nom de Napoléon avait trop de prestige encore; on comptait sur l'enthousiasme qu'il inspirait aux soldats, alors même qu'ils ne comprenaient pas sa langue; ils auraient suivi son œil d'aigle, son beau geste des Césars de Rome.

L'armée bavaroise formait trois divisions de bonnes troupes : deux d'infanterie, une de cavalerie; les hommes étaient forts, les chevaux magnifiques, et tous ces uniformes bleu clair en drap de Saxe resplendissaient au soleil. Les Saxons composaient également trois divisions d'infanterie et une de cavalerie; les Wurtembergeois présentaient un complet de 15,000 hommes; Bade 8,000; les habitants du royaume de Westphalie sous Jérôme avaient également fourni cinq régiments d'infanterie, deux de cavalerie. L'armée de la Confédéra-

---

faire connaître la formation arrêtée par l'Empereur pour votre corps d'armée, sous la dénomination, pour le moment, de corps d'observation de l'armée du Rhin.

« L'état-major sera composé du général de division Becker, chef d'état-major; d'un général d'artillerie, d'un général du génie, d'un commissaire-ordonnateur, d'un payeur, etc. Cet état-major sera réuni le 12 mars à Strasbourg.

« Il y aura pour tout le corps d'armée quatre compagnies de sapeurs, avec six mille outils attelés; au moins une compagnie de pontonniers.

« Votre corps sera composé de quatre divisions d'infanterie et d'une division de cavalerie légère.

« La 1re division, commandée par le général Legrand, sera composée :

« 1º du 26e régiment d'infanterie légère. du 18e régiment d'infanterie de ligne, de douze pièces d'artillerie françaises;

tion marchant sous les drapeaux de la France avait donc un complet de 70 à 80,000 hommes, bons soldats allemands ; mais si ces troupes de la Confédération se groupaient autour de l'aigle, au premier revers la défection ne se mettrait-elle pas dans leurs rangs? n'étaient-ils pas Germains avant d'être Français, et préféreraient-ils l'étendard de Napoléon à leurs couleurs nationales? Aussi l'Empereur a le soin en séparant ces troupes par brigades de les placer dans des rangs mi-partie français et italiens, afin de les dénationaliser en quelque sorte. Il fallait les mêler, les confondre, leur donner l'exemple du courage et du dévouement : si l'on excepte les Bavarois du comte de Wrède, la plupart des soldats de la Confédération étaient sous les ordres des généraux français.

Les premiers coups d'une vaste campagne exigent le développement de nombreux moyens ; que pouvait-on opposer aux Autrichiens depuis le départ des vieux régiments pour l'Espagne? Napoléon avait encore en Allemagne le corps du maréchal Davoust, composé de cinq divisions d'infanterie, deux de cavalerie, sur lesquelles on pouvait compter pour un coup de main ; soldats d'Austerlitz, d'Iéna, de Friedland, difficiles à ébranler quand leurs rangs se pressaient sous le drapeau. Davoust formait le pivot de toute la stratégie de Napoléon ; sans lui une campagne n'était pas possible ; il de-

« 2º d'une brigade de troupes de Bade, composée : du 1er régiment d'infanterie de ligne, 1,680 hommes ; du 2e régiment d'infanterie de ligne, 1,680 hommes ; du 3e régiment d'infanterie de ligne, 1,680 hommes ; d'un bataillon d'infanterie légère, 600 hommes ; de douze pièces d'artillerie badoises.

« La seconde division, commandée par le général Carra-Saint-Cyr, sera composée :

« 1º du 24e régiment d'infanterie légère, du 4e régiment d'infanterie de ligne, du 46e régiment d'infanterie de ligne, et de douze pièces d'artillerie françaises ;

« 2º du contingent du grand-duc de Hesse-Darmstadt, de 2,400 hommes, de huit pièces d'artillerie hessoises.

« La 3e division, commandée par le général Molitor, sera composée :

« 1º du 2e régiment d'infanterie légère, du 16e régiment d'infanterie légère, du 67e régiment d'infanterie légère, de douze pièces d'artillerie françaises ;

vait agir simultanément avec le maréchal Bernadotte, à qui était confiée la direction supérieure des troupes saxonnes, si incertaines depuis les sociétés secrètes et l'idée de la patrie allemande. En même temps Napoléon pressait la marche des bataillons de conscrits qui, se fondant dans les dépôts avec les vieux régiments, devaient former ce qu'on appelait l'armée d'observation du Rhin, chargée de ramasser les Badois, les troupes des petits princes de la Confédération; ces troupes n'étaient pas bonnes; presque toutes provenaient de la levée de 1810, soldats faibles, rachitiques, à peine entrés dans les cadres pour s'y fortifier et prendre l'esprit militaire. Cette armée du Rhin, plus tard confiée à Masséna, dut se porter immédiatement sur le Rhin à Strasbourg, afin de prêter secours au corps de Bernadotte, qui lui-même se liait à Davoust. Les Bavarois formaient le centre et le chaînon de la ligne; la garde et les régiments rappelés d'Espagne s'avançaient à marches forcées sur le Rhin; tous allaient en poste.

La France se trouvait sillonnée par ces convois de vieilles troupes et de conscrits sur le Rhin; on se hâtait de les faire arriver pour se mettre en ligne, car il fallait pourvoir à cette attaque à l'improviste; on marcherait d'abord avec les contingents de la Confédération et les conscrits de Masséna; le corps de Davoust, seul solide, ser-

---

« 2° du régiment des cinq maisons ducales de Saxe portant le n° 4, 2,500 hommes.

« La 4ᵉ division, commandée par le général Boudet, sera composée :

« 1° du 3ᵉ régiment d'infanterie légère, du 93ᵉ régiment d'infanterie de ligne, du 56ᵉ régiment d'infanterie de ligne, de douze pièces d'artillerie françaises;

« 2° d'une brigade composée du régiment de Nassau.

« La division de cavalerie légère sera composée des 3ᵉ, 14ᵉ, 19ᵉ et 23ᵉ régiments de chasseurs.

« Ce qui présentera sous les armes 40,000 hommes d'infanterie, 2,500 de cavalerie, et soixante-dix pièces de canon.

« Le nouveau bataillon des équipages militaires sera attaché à votre corps.

« La brigade de Bade, faisant partie de la 1ʳᵉ division, doit être réunie le 20 mars à Pforzheim.

« Le contingent de Hesse Darmstadt et

virait de pivot; bientôt Lannes qui arrivait du siége de Saragosse, Lefebvre, vétéran plein d'énergie, devaient venir seconder les armées de Napoléon. Tout cela dut se faire à la hâte. Au commencement de cette campagne, les Français étaient inférieurs aux Autrichiens; l'activité seule d'une vaste intelligence pouvait suppléer à ce vide, à ce danger d'une mauvaise position militaire. L'Empereur allait soutenir simultanément une guerre au midi et une guerre au nord; la France avait à livrer des batailles sur le Rhin, le Tage et le Guadalquivir. Napoléon pouvait-ils suffire à ces positions si difficiles?

La confiance militaire de l'Empereur se rattache profondément à Masséna; c'est à lui que Berthier, major-général, adresse sa correspondance la plus active; chef d'état-major, Berthier écrit au maréchal toutes les inspirations de l'Empereur pour le commencement d'une campagne si importante; c'est à Strasbourg que se formera le corps de Masséna; il se composera de quatre divisions d'infanterie et d'une division de cavalerie. Napoléon lui donne d'excellents généraux : Legrand, Carra-Saint-Cyr, Molitor, Boudet. Masséna aura sous lui la division hessoise et badoise; le 20 mars toutes ces forces qui composent 45,200 hommes doivent se réunir à Ulm; le 20 mars sans retard Ulm doit être occupée, pour garder le Danube contre les Autrichiens. La correspon-

son artillerie, faisant partie de la 2ᵉ division, seront réunis le 20 mars à Mergentheim.

« Le régiment des cinq maisons ducales de Saxe, attaché à la 3ᵉ division, sera réuni aussi le 20 mars à Wurtzbourg.

« La brigade composée du régiment des maisons de Nassau, de Hohenzollern, de Salm, d'Isenbourg, d'Aremberg, de Lichtenstein nᵒ 2, et le régiment nᵒ 5, formé des contingents des deux maisons de la Lippe, se réuniront le 20 mars à Wurtz-bourg. Les ordres sont donnés; et comme je vous l'ai mandé hier, ce que vous avez à faire est d'envoyer un officier d'état-major à Darmstadt et à Bade, pour vous assurer de la formation des contingents des ducs de Bade et de Darmstadt, et avoir les états de situation. » Alexandre.

Lettre du maréchal Berthier au maréchal Masséna.

Paris, le 7 mars 1809.

« L'Empereur ordonne, monsieur le ma-

dance indique la marche de chaque division : Masséna doit opérer au midi de la Bavière, tandis que Bernadotte se pose vers la Saxe, et Davoust du côté de la Bohême. Toutes ces forces étant inférieures à l'ennemi, il faut habilement les employer.

Ce n'est pas tout : les Autrichiens vont jeter des troupes en Italie, dans le Tyrol, dans le Frioul; elles invoqueront le principe insurrectionnel; il faut des forces militaires pour s'opposer à cette triple irruption. Eugène n'a que médiocrement la confiance de Napoléon; Murat est un peu en disgrâce; on le boude pour sa conduite en Espagne; Napoléon ne l'appelle pas auprès de lui. Quant à Eugène, on l'a fait vice-roi; mais lui confier une armée, c'est différent; l'Empereur ne l'a point essayé dans les commandements supérieurs; c'est pourquoi il lui donne comme guide et conseil le général Macdonald; il sera le tuteur du prince Eugène. L'armée d'Italie, nombreuse, est composée de vieilles troupes, l'Empereur en a peu tiré pour l'Espagne; Macdonald dispose de régiments solides qu'il peut employer dans un pays dont il connaît bien les détails; il retrouve dans cette armée des officiers dont le souvenir militaire se reporte aux campagnes de Suwarow et aux invasions de Naples; car Macdonald est salué

réchal, que le corps d'observation du Rhin que vous commandez soit réuni le 20 mars à Ulm.

« Le ministre de la guerre a déjà donné l'ordre aux divisions Boudet et Molitor de se détourner à Béfort de leur marche sur Strasbourg ; de passer le Rhin à Huningue , et de se rendre directement à Ulm, où elles doivent arriver du 20 au 30 mars.

« Le même ordre a été donné à vos quatre régiments de cavalerie légère, qui arriveront à Ulm du 19 au 27.

« Quant aux divisions Carra-Saint-Cyr et Legrand, qui marchent en ce moment sur Strasbourg, je leur donne l'ordre de continuer immédiatement leur route sur Ulm, conformément à l'itinéraire ci-joint. La division Carra-Saint-Cyr y arrivera par conséquent du 18 au 20, et la division Legrand du 20 au 22.

« Vous avez eu l'ordre, monsieur le maréchal, de porter votre quartier-général le 12 à Strasbourg : l'Empereur ordonne que vous soyez le 20 à Ulm, où se trouveront réunis du 20 au 25 douze régiments d'infanterie française, formant quatre divi-

comme une espérance de victoire ; dans cette campagne si importante par ses résultats, on peut remarquer que l'Empereur a choisi tous les maréchaux d'élite habitués à diriger de vastes corps d'armée : Davoust, Masséna, Bernadotte, Lannes, Macdonald, ont tous commandé en chef ; ils ont conçu eux-mêmes des plans de campagne au temps de la République : il peut donc se fier à leurs capacités militaires, lorsque surtout il leur donnera l'impulsion et la vie par la force de ses propres conceptions. Il ne s'agit plus d'opinions politiques : qu'importe que Macdonald soit ami de Moreau, et qu'il ait au fond de son âme sa conviction patriote ? qu'importe que Masséna ait aussi conservé ce culte des premiers temps pour la liberté, ou que Bernadotte soit ambitieux ? Lannes est un ami maussade, au franc parler ; mais à la bataille de Friedland il a été si admirable ! il va retrouver là Oudinot avec ses 10,000 grenadiers et voltigeurs d'élite, troupes superbes au feu, quoique jeunes encore et un peu renouvelées. Il peut compter sur Davoust, capacité éminente et dure, qui seule a conçu la belle opération d'Auerstadt ; Davoust est résigné à offrir toutes ses propres gloires à l'Empereur ; il se contente d'en être un des premiers lieutenants.

---

sions, quatre régiments de cavalerie légère et quarante-huit pièces de canon.

« Surveillez tous ces mouvements, faites-vous-en rendre compte, et instruisez-m'en journellement par des rapports détaillés.

« Il est nécessaire que vous envoyiez à l'avance un officier supérieur de votre état-major à Ulm, pour annoncer l'arrivée des troupes, désigner les cantonnements de chaque division, et veiller à ce que toutes les mesures soient prises pour assurer les subsistances.

« A mesure que vos troupes arriveront, faites dresser l'état exact et détaillé de la situation et de l'emplacement de votre corps d'armée, et adressez-le-moi ainsi qu'au ministre de la guerre.

« Les brigades de Hesse-Darmstadt et de Bade, qui doivent faire partie des divisions Carra-Saint-Cyr et Legrand, ne seront réunies à Pforzheim et Mergentheim que le 20. D'ici là il leur sera donné des ordres pour rejoindre leurs divisions respectives. »

Alexandre.

PRÉPARATIFS DE LA CAMPAGNE (MARS 1809).

A la fin de mars, Berthier vient rejoindre sur le Rhin ses vieux compagnons de l'armée d'Italie, et la campagne est prête à commencer. Napoléon demeure quelques jours de plus à Paris; sa présence est nécessaire pour donner l'impulsion au gouvernement, et un point d'appui à sa dictature militaire; il dirige tout; il comprend le faible de son armée, composée de conscrits, et de mille nations diverses; il lui faut de l'artillerie en masse, car le prince Charles l'a doublée; il pose en principe : « qu'avec une infanterie faible, il faut beaucoup de canons. » A Friedland il a vu l'effet merveilleux des batteries françaises, et il s'en souvient; il retire quelque artillerie des vaisseaux, des équipages de marins et de ponts, des ouvriers exercés, il doit passer de grands fleuves et manœuvrer avec une activité nouvelle pour surprendre et briser les Autrichiens lents et méthodiques.

En partant pour Austerlitz, il s'était emparé des fonds de la banque de France, leur substituant des valeurs du trésor, négociation nécessaire pour la victoire : cette fois il va droit à son but; que lui faut-il? des ressources : il doit nourrir les armées, les solder, une presse secrète lui donne bientôt les moyens d'inonder l'Allemagne de signes et de valeurs monétaires [1]. L'habitude de Napoléon était de ne s'arrêter devant rien de ce qui donne le succès; une fois ce succès obtenu, on aurait le temps et les moyens de régulariser ces actes arbitraires. Dans sa tête est l'énergie du Comité de salut public.

Rien ne transpire encore de ses desseins pour la guerre;

---

[1] Les notes du général Savary et de Fouché indiquent cette mesure pour la fabrication des faux billets de banque; L'Autriche eut beaucoup de peine à s'en débarrasser.

l'Empereur, toujours à Paris, préside le conseil d'État; si quelquefois il paraît absorbé sous le poids de ses immenses occupations militaires, il se réveille même pour discuter les questions de jurisprudence et de détail. Bientôt paraît un décret, signal de guerre, expression de sa dictature : il punit de mort tout Français qui ne se retirera pas du service des puissances étrangères, et sans en excepter ceux-là dont le nom était resté inscrit sur la liste des émigrés. Quel droit avait-il d'atteindre par sa simple volonté des officiers qui avaient cessé d'être Français par les lois de l'émigration? C'est que Napoléon a vu que les armées étrangères comptaient des chefs habiles : les Saint-Priest, les Langeron, les Richelieu, les Saint-Simon, et il veut annuler ces forces qui s'élèvent contre lui [1]. Ce décret prononce la peine de mort sans l'intervention de la législature; c'est lui, le dictateur, juge suprême, qui lance de son chef un arrêt formidable.

Le ministre Clarke est l'homme de confiance de l'Empereur, il le considère comme un organisateur, il est ferme, impitoyable, caractère à la hauteur de la position difficile où l'on se trouve; c'est Clarke qu'il charge de la police et du mouvement des armées, du personnel de l'artillerie et du génie. Un minis-

---

[1] *Décret du 6 avril 1809, relatif aux Français qui auront porté les armes et à ceux qui, rappelés de l'étranger, ne rentreront pas en France.*

1. Tous Français qui, ayant porté les armes contre nous, depuis le 1er septembre 1804, ou qui les portant à l'avenir, auront encouru la peine de mort conformément à l'art. 5 de la section 1re du titre 1er de la deuxième partie du Code pénal, du 23 septembre - 6 octobre 1791, eront justiciables des cours spéciales. — Pourront néanmoins, ceux qui seront pris les armes à la main, être traduits à des commissions militaires, si le commandant de nos troupes le juge convenable.

2. Sont considérés comme ayant porté les armes contre la France : ceux qui auront servi dans les armées d'une nation qui était en guerre contre la France; ceux qui seront pris sur les frontières ou en pays ennemi, porteurs de congés des commandants militaires ennemis; ceux qui se trouvant au service militaire d'une puissance

tère spécial a été créé pour l'administration de la guerre, confié à M. Dejean, de l'armée de Moreau, médiocre général, mais homme de probité, surveillant tout ce qui touche les subsistances et les marchés. Pour les finances, c'est toujours M. Gaudin, rédacteur des budgets réguliers ; les ressources extraordinaires, Napoléon se les procure, M. Gaudin reste étranger au mystérieux moyen. Mollien dirige le trésor avec régularité ; armée et trésor, voilà ce qui occupe l'Empereur ; hommes et argent sont les deux ressorts qu'il emploie dans toute leur énergie. Il fait peu de cas de Régnier, abaissé par l'âge, et qui n'a plus une pensée à lui ; M. Crétet, bon bourgeois qui se défigure par le titre singulier de comte de Champmol, tient à l'intérieur une place bientôt vacante. M. de Champagny donne des dîners diplomatiques où M. de Metternich s'assied encore [1], bien que la guerre soit prête à éclater. Fouché ne cesse d'avoir des causeries intimes avec Napoléon ; il lui dit l'opinion du pays, les chances pour et contre son pouvoir, et les succès qu'il faut obtenir à tout prix ; Fouché seul a le privilège des entretiens politiques, car Napoléon le sait l'expression des partis, l'homme qui comprend le mieux les jacobins. L'Empereur conserve auprès de lui M. Maret, le sténographe de sa pensée, il le conduira,

étrangère, ne l'ont pas quitté ou ne le quitteront pas pour rentrer en France aux premières hostilités survenues entre la France et la puissance qu'ils ont servie ou qu'ils servent ; ceux enfin qui, ayant pris du service militaire à l'étranger, rappelés en France par un décret publié dans les formes prescrites pour la publication des lois, ne rentreront pas conformément audit décret, dans le cas toutefois où, depuis la publication, la guerre aurait éclaté entre les deux puissances.

3. Les dispositions des deux articles précédents sont applicables même à ceux qui auraient obtenu des lettres de naturalisation d'un gouvernement étranger.

[1] Paris, 22 mars 1809.
« M. le comte de Metternich, ambassadeur d'Autriche, a donné mardi dernier un grand dîner auquel se sont trouvés les ministres de la guerre et des relations extérieures, et le prince Kourakin, ambassadeur de Russie. La veille, M. de Metternich avait dîné chez le ministre des relations extérieures. »

comme toujours, en pleine campagne, avec son cabinet et son bagage d'encriers et de plumes. Le chef officiel de son gouvernement à Paris c'est l'archi-chancelier Cambacérès; c'est une habitude : il le sait homme faible, mais tellement dévoué à son étoile, qu'il n'a rien à redouter de sa fidélité. M. Lebrun, vieillard déjà, demeure étranger aux affaires; Fouché et Cambacérès, deux conventionnels, l'un proconsul dans les provinces, l'autre membre du Comité de sûreté générale, restent chargés du gouvernement de l'Empire; tant il est vrai que les idées et les hommes de la Convention gouvernent encore. La révolution est toujours là; elle se transforme, mais elle ne meurt pas.

Dès que Napoléon a donné ses ordres à tous, dès qu'il a réglé les instructions de chacun, *le Moniteur* annonce : « que S. M. l'Empereur et Roi est parti avec l'impératrice pour un voyage à Strasbourg, et qu'il sera bientôt de retour dans sa capitale. »

CHAPITRE III.

PREMIÈRE PÉRIODE DE LA CAMPAGNE D'AUTRICHE.

Belles conceptions de l'Empereur. — Dénonciation des hostilités par le prince Charles. — Les quatre corps d'armée autrichiens. — Le prince Charles. — L'archiduc Jean. — L'archiduc Ferdinand. — Les généraux Bellegarde et Kollowrath. — La landwehr et Vienne. — Fautes stratégiques de Berthier. — Le maréchal Davoust compromis. — Le général Coutard à Ratisbonne. — Commencement de la campagne. — Les généraux Rosenberg et Hiller. — Base des opérations de l'Empereur. — Lenteurs de l'archiduc Charles. — Combat d'Abensberg. — Bataille d'Eckmühl. — Le 65e à Ratisbonne. — Retraite du prince Charles. — Prise de Ratisbonne. — Succès des Autrichiens en Italie, — dans le Tyrol. — Retraite sur Vienne. — Combat chevaleresque d'Ébersberg. — Siége de Vienne. — L'archiduc Maximilien. — La landwehr. — Capitulation. — Position réelle de l'Empereur.

Avril et Mai 1809.

Rien de comparable, dans l'histoire militaire, à la première partie de la campagne d'Autriche telle que la conçut Napoléon. L'Empereur n'agit pas avec des masses immenses, comme plus tard à Wagram; il est pris à l'improviste par un mouvement autrichien dont l'armée offre un complet de 300,000 hommes, sans y comprendre les landwehrs; Napoléon ne s'appuie pas sur de vieux régiments, sur des troupes d'élite; sa garde aux panaches flottants, encore loin de lui, est en marche rapide de Madrid sur le Rhin : il va conduire des troupes presque toutes étrangères, les Wurtembergeois, les Bavarois, les habitants de Westphalie, de Hesse-Cassel, de Bade ; il en ignore les habitudes, la langue ; lui, né sous le ciel de Corse, va diriger des Allemands aux mouvements calmes, et c'est avec ces éléments disparates, dans une infériorité remarquable de troupes et de moyens, qu'il attaque et presse l'archiduc Charles comme la foudre. Ce début de campagne est magnifique ! Napoléon connaît la timidité réfléchie de son ennemi, et il en profite ; c'est encore à l'aide de vastes manœuvres, par la connaissance stratégique du terrain, l'intelligence profonde des hommes qu'il conduit et des troupes qu'il doit combattre, que l'Empereur va combiner tous ses plans. Cette première période de la campagne de 1809 a besoin d'être profondément étudiée, parce qu'elle est la plus belle, la plus fortement conçue ; depuis l'Italie, rien de semblable ne s'était produit.

Le 10 avril, l'armée autrichienne passa l'Inn et entra en Bavière à Braünau et à Scharding, les villes frontières. L'archiduc Charles avait fait précéder ce commencement d'hostilités par un petit billet adressé au commandant des troupes françaises en Bavière [1]. En même temps une lettre respectueuse envoyée au roi Maximilien expliquait les motifs de l'envahissement de ses états, et l'invitait à se réunir à la cause commune. Ne devait-il pas suivre l'impulsion du peuple allemand pour l'indépendance ? Cette lettre annonçait le sens de la campagne autrichienne : l'insurrection et la délivrance de

---

[1] *A M. le général en chef de l'armée française en Bavière.*

« D'après une déclaration de S. M. l'empereur d'Autriche à l'empereur Napoléon, je préviens M. le général en chef de l'armée française que j'ai l'ordre de me porter en avant avec les troupes que j'ai sous mes ordres, et de traiter en ennemies celles qui me feront résistance.

« A mon quartier-général, le 9 avril 1809. »

Signé, Charles, généralissimo.

la patrie commune [1]; on faisait un appel aux peuples. L'archiduc Charles devait se déployer vers Munich avec la principale armée, soutenu à sa droite par les corps du comte de Bellegarde et du comte de Kollowrath qui opéraient en Bohême; tous appelleraient les Saxons à une insurrection générale, comme le prince Charles appellerait les Bavarois à la délivrance de la Germanie [2]; ils devaient être appuyés dans cette œuvre patriotique par les Prussiens déjà prêts à entrer en campagne avec le colonel Schill, dont la renommée était retentissante; les sociétés secrètes favorisaient ce mouvement, M. de Stadion se trouvait en correspondance avec elles. Sur sa gauche, l'archiduc Charles était soutenu par le général Chasteler, qui opérait en Tyrol avec le général Jallowich, chargé de préparer le soulèvement des montagnards; l'archiduc Jean manœuvrait par la Styrie dans le Frioul et l'Italie; il proclamait également l'indépendance des peuples. L'archiduc Maximilien devait réunir la landwehr pour couvrir au besoin Vienne, et soutenir l'armée de Bohême; enfin un corps, sous l'archiduc Ferdinand, devait surveiller les Polonais et les Russes qui se présentaient en

---

[1] *Lettre adressée, le 9 avril, par l'archiduc Charles, au roi de Bavière.*

« Sire,

« J'ai l'honneur de prévenir V. M. que d'après la déclaration que S. M. l'empereur d'Autriche a fait remettre à l'empereur Napoléon, j'ai reçu l'ordre d'entrer en Bavière avec les troupes sous mon commandement, et de traiter comme ennemis ceux qui opposeraient de la résistance.

« Je souhaite ardemment, Sire, que vous écoutiez le désir de votre peuple, qui ne voit en nous que ses libérateurs. On a donné les ordres les plus sévères, afin que, jusqu'à ce que V. M. ait fait connaître ses intentions à cet égard, il ne soit exercé d'hostilités que contre l'ennemi de toute indépendance politique en Europe. Il me serait très douloureux de tourner mes armes contre les troupes de V. M., et de rejeter sur vos sujets les maux d'une guerre entreprise pour la liberté générale, et dont le premier principe exclut ainsi tout projet de conquête : mais que si la force des circonstances entraînait V. M. à une condescendance qui serait incompatible avec votre dignité et le bonheur de votre peuple, je vous prie cependant d'être convaincu que mes soldats maintiendront dans toutes les circonstances la sûreté de V. M. R., et je vous exhorte, Sire, à vous confier à l'honneur de mon souverain et à la protection de ses armes. » Charles, archiduc.

[2] Aussi, pour arrêter tout mouvement de

Gallicie et envahir le grand-duché jusqu'à Varsovie. Qui sait? peut-être les Russes se joindraient-ils à l'armée autrichienne au premier revers que les Français pourraient éprouver?

Napoléon fut informé de l'entrée en campagne des Autrichiens par des dépêches interceptées que le cabinet de Vienne adressait à M. de Metternich. On avait fait enlever ces dépêches, arrêter les courriers sans scrupules pour le droit diplomatique; l'Empereur voulait être au fait de la position, et les lettres spécialement adressées à M. de Metternich donnaient ordre à l'ambassadeur de demander ses passe-ports. Ces renseignements si précis hâtèrent le départ de Napoléon; il ne voulait point être pris au dépourvu par un mouvement militaire des Autrichiens. Il dit haut : « que M. de Metternich l'avait joué, » il le dénonça aux yeux de l'Europe; M. de Metternich n'avait fait qu'exécuter ses instructions; elles lui disaient de temporiser, de faire croire à la durée de la paix tant que la guerre ne serait pas déclarée et que l'Autriche n'aurait pas effectué son mouvement; un ambassadeur est le

son peuple, le roi de Bavière se hâtait de lui adresser des proclamations.

Proclamation du roi de Bavière à ses sujets.

« Sans déclaration de guerre, sans aucune explication préalable, notre territoire a été envahi, le 9 de ce mois, et nous avons été contraint de quitter notre capitale, qui a été occupée par les troupes autrichiennes.

« Cette violation du droit des gens sera punie et les souverains de la Confédération, appuyés par leur auguste protecteur, maintiendront leur indépendance, et répondront par des victoires aux proclamations insidieuses répandues en Bavière, tendantes à détruire les droits des souverains et à fomenter partout un esprit de vertige, destructeur de tout ordre social.

« Peuples et soldats bavarois, vous savez avec quelle ardeur nous vous chérissons, vous savez que votre bonheur a été l'objet constant de nos soins; vous savez aussi que depuis le traité de Presbourg, qui a consolidé votre existence politique, vous avez eu constamment à vous louer des nouveaux rapports établis entre nous et les puissances de l'Europe.

« Peuples et soldats de Bavière, l'Autriche veut anéantir votre indépendance, affaiblir vos moyens, diminuer vos possessions, sous prétexte de vous affranchir. Les peuples de la Confédération sauront se défendre de la nouvelle et dangereuse influence qu'on cherche à établir, et dont le résultat infaillible serait la restauration de cette autorité arbitraire que s'étaient arrogée les archiducs d'Autriche, sous le titre modeste de chefs de l'Empire germanique;

fidèle exécuteur de ses instructions. La position de M. de Metternich à Paris était difficile : quand on avait la disgrâce de Napoléon, nul n'osait venir à vous. Il ne put s'entretenir d'affaires politiques qu'avec M. de Talleyrand et Fouché; les ordres de l'Empereur adressés de Strasbourg à l'égard de M. de Metternich furent impitoyables; blessé de son habileté, il écrivit au ministre de la police pour faire enlever l'ambassadeur : une brigade de gendarmerie dut s'emparer de M. de Metternich pour le conduire à la frontière comme un malfaiteur.

Fouché, qui n'exécutait jamais qu'à demi les ordres impérieux du maître lorsqu'ils s'adressaient à des hommes de valeur, monta dans sa voiture et se rendit à l'hôtel de l'ambassadeur d'Autriche. Là les deux hommes d'État s'entretinrent sur les destinées de l'Europe; Fouché lui déclara la mission dont il était péniblement chargé, il l'adoucit par les formes; au lieu de le faire conduire de brigade en brigade comme le voulait l'Empereur, le ministre demanda à Moncey un capitaine de gendarmerie aux formes polies et convenables : des entretiens confidentiels s'engagèrent entre M. de Metternich et Fouché, ils ne fu-

c'est notre couronne qu'on menace publiquement d'anéantir, c'est le nom bavarois qu'on veut effacer du rang des nations, attentat dont on travaille à vous rendre complices, en se parant d'un zèle hypocrite pour votre prospérité. Votre territoire est destiné à être la récompense de nos ennemis ; car, dans leur égarement, ils ne cachent point leurs projets, ils veulent morceler votre patrie, et fonder sur ses débris des baronnies dépendantes de la cour de Vienne.

« Leurs projets injustes et insensés seront confondus : nous en avons pour garant la fidélité de nos peuples, la bravoure de nos soldats, le génie et la protection de notre puissant allié !

« Dans cette grande lutte où le bon droit triomphera de l'abus révoltant d'une force éphémère, et où la Bavière va prendre enfin la consistance qui la mettra pour jamais à l'abri des insultes d'un voisin ambitieux, vous seconderez de vos efforts et de vos vœux nos armes et celles de notre grand allié.

« Nous ne tarderons pas à rentrer dans notre capitale ; à l'aspect de l'illustre protecteur de notre Confédération, nos ennemis disparaîtront, et la guerre, puisqu'enfin ils la veulent, sera portée, comme en 1805, sur leur territoire ; mais des mesures seront prises pour qu'ils cessent de troubler le continent et de rendre leurs voisins victimes des caprices de leur cabinet. »

Signé, Maximilien-Joseph.
Dillingen, le 17 avril 1809.

rent pas étrangers aux questions publiques et à la destinée de l'Empire. L'officier de gendarmerie suivit la chaise de poste de l'ambassadeur, qui fut ainsi conduit à travers les armées jusqu'à Vienne.

Napoléon avait grand besoin d'arriver en ligne de bataille pour réparer d'immenses fautes; le major-général Berthier engagait déplorablement l'armée française; les instructions de l'Empereur étaient dictées par le haut coup d'œil de son génie [1]; il avait vu que dans l'état où se trouvait l'armée française, unie aux Bavarois et aux Saxons, elle devait se concentrer au-delà même de la Bavière s'il le fallait, afin que, manœuvrant ainsi sur ses renforts, elle pût prendre une bonne ligne d'opérations et se déployer avec sûreté dans une belle campagne quand la garde et les nouvelles levées se trouveraient sur le Rhin. Quelle folie d'éparpiller l'armée, de la disperser en présence de ces forces formidables qui s'avançaient sur elle. Les instructions de l'Empereur se résumaient dans cette pensée : « Dès que la première hostilité commencera sur la ligne du prince Charles, le mouvement rétrograde doit s'effectuer; on ne s'avancera qu'en s'appuyant sur de grandes forces. » Au lieu de cela, Berthier, partant d'une

---

[1] La correspondance de l'Empereur avec Berthier est très active; elle développe le plan de campagne. Napoléon est encore à Paris, et il suit les plus petits incidents de la campagne :

Paris, 10 avril 1809, à midi.
Au prince de Neufchâtel.

« Mon cousin, je vous ai écrit par le télégraphe la dépêche ci-jointe. Des dépêches interceptées, adressées à M. de Metternich par sa cour, et la demande qu'il fait de ses passe-ports, font assez comprendre que l'Autriche va commencer les hostilités, si elle ne les a déjà commencées. Il est convenable que le duc de Rivoli se rende à Augsbourg avec son corps; que les Wurtembergeois se rendent également à Augsbourg, et que vous vous y rendiez de votre personne. Ainsi vous aurez en peu de temps réuni à Augsbourg beaucoup de troupes. Communiquez cet avis au duc de Dantzick. La division Saint-Hilaire, les divisions Nansouty et Montbrun doivent être à Ratisbonne depuis le 6; le duc d'Auerstadt doit avoir son quartier-général à Nuremberg; prévenez-le que tout porte à penser que les Autrichiens vont commencer l'attaque, et que s'ils attaquent avant le 15, tout doit se porter sur le Lech. Vous communiquerez tout cela confidentiellement au roi de Bavière.

« Écrivez au prince de Ponte-Corvo, que

autre base d'opérations, avait donné ordre au maréchal Davoust de se porter sur Ratisbonne ; Ratisbonne sans doute, sur le Danube, était un bon centre pour empêcher la jonction des généraux Bellegarde et Kollowrath qui opéraient dans la Bohême, et du prince Charles qui s'avançait vers Munich ; Ratisbonne était la clef d'une magnifique position ; mais Davoust n'avait pas pour cela des forces assez considérables ; séparé des Bavarois et de l'armée du Rhin conduite par Masséna, il pouvait être pris entre deux feux par le corps de Bohême et celui de l'archiduc Charles ; début de campagne désastreux !

Si les Autrichiens avaient eu plus d'activité, plus de confiance en eux-mêmes, si le prince Charles surtout avait été moins prudent, moins porté à la paix, si son admiration pour l'Empereur l'avait moins aveuglé, le corps de Davoust, si étrangement compromis par Berthier, aurait été brisé entre deux feux. Ce fut un singulier caractère que celui de l'archiduc Charles : bon patriote autrichien, avec cela timide, faisant la guerre pour obtenir la paix ; disposé à tout céder ; admirateur du génie de Napoléon, se posant devant lui avec une modestie si résignée qu'il compromettait souvent la destinée d'une

l'Autriche va attaquer, que si elle ne l'a pas fait, le langage et les dépêches de M. de Metternich font juger que tout cela est très imminent ; qu'il serait convenable que le roi de Saxe se retirât sur une de ses maisons de campagne du côté de Leipsick.

« Prévenez le général Dupas, pour qu'il ne se trouve point exposé, et pour qu'en cas que l'ennemi attaque avant que son mouvement soit fini, il se concentre sur Augsbourg. Comme les Autrichiens sont fort lents, il serait possible qu'ils n'attaquassent pas avant le 16 ; alors cela serait différent, car moi-même je vais partir. Dans tous les cas il n'y aurait pas d'inconvénient que la cour de Bavière se tînt prête à faire un voyage à Augsbourg. Si l'ennemi ne fait aucun mouvement, vous pourrez toujours faire celui du duc de Rivoli sur Augsbourg, celui des Wurtembergeois sur Augsbourg ou Raïn, selon que vous le jugerez convenable, et celui de la cavalerie légère et des divisions Nansouty et Saint-Hilaire sur Landshut ou Freysing, selon les événements. Les Bavarois ne feront aucun mouvement si l'ennemi n'en fait pas. Quant à la division Rouget, elle se rapprochera de Donawerth, si elle ne peut pas attendre la division Dupas. »

Napoléon.

campagne par de fausses démarches. Les deux hommes les plus nuisibles à la grandeur militaire de l'Autriche furent l'archiduc Charles et le prince Jean de Lichtenstein, tous deux avec de beaux talents, mais sans caractère politique.

A peine l'Empereur était il arrivé au quartier-général qu'il comprit toute la faute de Berthier [1]; il l'accabla de reproches. Comment avait-il exécuté ses ordres? Quoi! il livrait pieds et poings liés le corps du maréchal Davoust à l'armée du prince Charles? Était-ce trahison ou bien simplement ignorance? Quels étaient ses ordres? Il lui écrivait de concentrer ses troupes au cas où l'archiduc Charles commencerait les hostilités : les Autrichiens avaient passé l'Inn, et les mesures prises par le maréchal Berthier étaient tellement imprudentes, qu'en ce moment l'archiduc était posé entre Napoléon et Davoust menacé par trois corps d'armée. Il dépendait de l'archiduc Charles de faire mettre bas les armes à Davoust. Berthier s'excusa le mieux qu'il put : « Il n'avait pas pris l'invasion de la Bavière comme un commencement d'hostilité, il avait jugé l'importance de

---

[1] Voici ce que le général Savary rapporte :

« Arrivés à Donawerth, nous y trouvâmes le prince de Neufchâtel; bientôt nous vîmes l'Empereur dans une colère que nous ne pouvions pas nous expliquer; il disait à Berthier : « Mais ce que vous avez fait là me paraît si étrange, que si vous n'étiez pas mon ami, je croirais que vous me trahissez ; car enfin Davoust se trouve en ce moment plus à la disposition de l'archiduc Charles qu'à la mienne. »

« Cela était très vrai par le fait, le prince de Neufchâtel avait interprété l'ordre de l'Empereur d'une manière particulière qui faillit nous amener un grand désastre tout en commençant la campagne.

« L'Empereur lui avait écrit en ces termes :

« Si les ennemis commencent les hostilités vous rassemblerez l'armée derrière le Lech. »

« Mais ce prince n'avait pas pris pour un commencement d'hostilités le passage de l'Inn, celui de l'Isser, et l'occupation de la moitié de la Bavière par les Autrichiens (à la vérité il n'y avait pas eu un coup de canon de tiré); en sorte qu'il avait laissé le corps du maréchal Davoust à Ratisbonne et les Bavarois à Abensberg.

« L'Empereur partit de suite pour Neubourg, où il reçut le soir du maréchal Lefebvre (auquel il avait donné le commandement des Bavarois) l'avis que la communication entre lui et le maréchal Davoust était coupée : qu'il venait de lui arriver un officier de hussards avec un piquet, qui avait laissé le maréchal coupé en arrière de Ratisbonne. Cet officier, voulant venir

s'emparer de Ratisbonne, point fortifié. » Napoléon s'emporta, et lui dit : « Berthier, retournez à vos fonctions de major-général, vous ne pouvez plus en occuper d'autres ; bon secrétaire, mauvais général. » En effet, Berthier sans l'Empereur était un corps sans âme, sans pensée, comme égaré dans l'espace.

Dès ce moment Napoléon rectifie avec son admirable instinct toutes les opérations commencées; Masséna organise son corps sur le Rhin avec des difficultés extrêmes ; Napoléon lui écrit d'accélérer sa marche; *activité* et *célérité*, répète-t-il ; le général en chef de l'armée d'Italie commande à son vieux lieutenant avec toute sa familiarité d'Arcole et de Rivoli. Il donne le commandement d'un corps à Lannes, arrivé de Saragosse; lui-même passe en revue tous ces régiments étrangers, badois, bavarois, qui se groupent sous la tente ; l'Empereur est entouré de peu de soldats français, sa garde n'est pas là; il visite les bivouacs ; il ne parle pas l'allemand, mais ses yeux, son regard, ses gestes, sont interprétés par tous. A ses côtés est le prince royal de Bavière; Napoléon le caresse, de temps à autre

avec son piquet par le grand chemin, avait été mené vivement par des chevau-légers autrichiens jusqu'aux portes d'Abensberg. Ce rapport donna de vives inquiétudes à l'Empereur; il m'envoya chercher, et me donna l'ordre suivant : « Lisez ce rapport de Lefebvre que je viens de recevoir. Il faut, coûte que coûte, que vous me trouviez un moyen de pénétrer chez le maréchal Davoust, que Berthier a laissé à Ratisbonne : voici ce que je désire qu'il fasse, mais qui est subordonné à ce qui se passe autour de lui, dont je n'ai pas de nouvelles assez certaines pour donner un ordre précis. S'il pouvait garder sa position de Ratisbonne en restant en communication avec moi, jusqu'à ce que je sois joint par Masséna, Oudinot et les autres troupes confédérées, ce serait un grand avantage, parce u'en gardant Ratisbonne il empêche la réu-

nion du corps autrichien qui est en Bohême avec l'armée de l'archiduc Charles, et me donne par là une force double pour battre celui-ci, surtout si, comme je l'espère, je parviens à lui couper sa retraite sur l'Inn : ce serait là le mieux. Mais je ne crois pas que Davoust puisse m'attendre ; il sera attaqué avant que je puisse aller à son secours : c'est là ce qui m'occupe. S'il peut garder Ratisbonne, c'est une chose immense pour les suites de la campagne, mais s'il ne le peut pas, qu'il rompe le pont de manière à ce que l'on ne puisse pas le raccommoder, et qu'il vienne se mettre en communication avec moi; de cette manière la marche du corps de Bohême n'aura pas lieu, et nous verrons après ; mais qu'il se garde bien de rien risquer ni d'engager ses troupes avant de m'avoir rejoint. »

(Notes du général Savary.)

il frappe son épaule et lui dit : « Prince, c'est là votre métier, ce ne sont pas des rois fainéants qu'il faut aujourd'hui. » Ces paroles sont répétées de rang en rang, il semble qu'un feu de gloire s'est partout communiqué [1]. Napoléon est le maître de ces nobles hommes de Souabe, de Bavière et de Franconie ; son beau front, ses yeux admirables, annoncent ses destinées, enlèvent l'enthousiasme de ceux-là mêmes qui ne comprennent pas sa langue.

Une opération plus importante était de prévenir Davoust, si fatalement compromis par les ordres de Berthier ; sa position était si dangereuse ! d'un moment à l'autre il pouvait être enlevé. Bellegarde et Kollowrath descendant de la Bohême, l'archiduc Charles montant par le Danube, c'en était fait pour ces troupes mises entre deux feux. Heureusement pour l'Empereur, Davoust, homme de tête, capitaine de première capacité, retrouva là la supériorité qu'il avait si magnifiquement montrée à Auerstadt ; Davoust sent tout ce que sa position a de dangereux ; sa mission est de deux natures, il faut d'abord garder le pont de Ratisbonne, ville qui est toute sa sûreté, pour empêcher la jonction tant redoutée par l'Empereur de l'armée de Bohême avec le corps principal de l'archiduc Charles. A cet effet, le maréchal Davoust posta le 65ᵉ ré-

---

1   *Harangue de Napoléon.*
« Soldats bavarois, je ne viens point à vous comme Empereur des Français, mais comme protecteur de votre patrie et de la confédération allemande.

« Bavarois ! vous combattez aujourd'hui seuls contre les Autrichiens. Pas un Français ne se trouve dans les premiers rangs ; ils sont dans le corps de réserve, dont l'ennemi ignore la présence.

« Je mets une entière confiance dans votre bravoure. J'ai déjà reculé les limites de votre pays. Je vois maintenant que je n'ai pas assez fait. A l'avenir, je vous rendrai si grands, que pour faire la guerre contre les Autrichiens, vous n'aurez plus besoin de mon secours. Depuis deux cents ans, les drapeaux bavarois, protégés par la France, résistent à l'Autriche. Nous allons maintenant la punir du mal qu'elle a toujours causé à votre patrie dans Vienne, où nous serons bientôt.

« L'Autriche voulait partager votre pays, vous diviser et vous distribuer dans ses régiments. Bavarois ! cette guerre est la dernière que vous soutiendrez contre vos ennemis. Attaquez-les avec la baïonnette et anéantissez-les ! »

giment de ligne à Ratisbonne sous le colonel Coutard, officier intrépide, qui dut se défendre jusqu'à sa dernière cartouche. Le 65ᵉ compte 1,800 hommes, et l'on espère qu'il pourra résister jusqu'à ce que l'Empereur arrive avec les Bavarois et le corps de Masséna. La seconde opération de Davoust est de se mettre en communication, coûte que coûte, avec les Bavarois et le quartier-général de Napoléon ; il rectifie ainsi les ordres absurdes qu'il a reçus du major-général : il veut, en gardant Ratisbonne, se rattacher par un mouvement rétrograde aux opérations de la campagne. Au moment où il effectue ce changement de front dans une silencieuse intrépidité, le général Savary vient à travers les bois, par les ordres de l'Empereur, annoncer son arrivée au camp et les manœuvres qui se préparent. Davoust doit, en se rapprochant, s'appuyer sur les divisions bavaroises, puis il prendra part au mouvement en avant que bientôt Napoléon commandera de sa personne. Davoust exécute ici les ordres qui sont fondés sur les lois sérieuses d'une belle stratégie ; il sait que toute opération doit avoir une base, et que la plus fâcheuse position d'une armée, c'est de s'éparpiller sans appuis.

En ce moment arrivait aussi à vol d'aigle, pour se mettre à la disposition de l'Empereur, le corps du maréchal Masséna ; il lui avait recommandé activité, et le maréchal s'était souvenu du beau temps de ses campagnes d'Italie. Ce corps n'était point composé de vieilles troupes ; on ne comptait en majorité que des conscrits, et cependant telle fut la précision des manœuvres de Masséna, qu'il vint à jour fixe et à trois quarts d'heure près dans le temps fixé par l'Empereur : c'était une marche comme aux beaux jours de la République. Dans une causerie intime, Napoléon développa son plan de campagne à

Masséna, avec cette autorité que donnent la puissance du génie et la fermeté du caractère ; il dit les fautes commises par Berthier, celles qu'il fallait éviter ; avec Masséna, il pouvait s'épancher ; l'un et l'autre connaissaient les Autrichiens, leurs mouvements lents et réfléchis, la timidité de l'archiduc. Masséna avait étudié le prince Charles ; il savait qu'on le battrait toujours par de la hardiesse. Les peuples ne changent pas : les Allemands, bons et braves, étaient lents ; ils n'avaient pas cette prestesse corse et italienne dont Napoléon et Masséna étaient l'expression [1]. Dès ce moment on fixa les bases du plan de campagne ; les deux généraux se comprirent.

A présent que Davoust était sauvé en se mettant en communication avec les Bavarois, il fallait diriger le mouvement offensif, et Napoléon fit attaquer les postes autrichiens qui s'avançaient de Landshut ; on les poursuivit avec cette impétuosité des armées de France au premier feu. Napoléon voulait couper ce corps et le séparer de l'armée de l'archiduc Charles, qui prenant pour centre d'opérations Ratisbonne, se déployait en effet sur cette ville, soutenu par la division de réserve, les grenadiers du prince de Lichtenstein. Ratisbonne paraissait le pivot des opérations de l'armée autrichienne, et le prince Charles voulait à tout prix s'emparer de cette ville ; s'il avait la victoire, Ratisbonne devenait comme le point d'appui de son mouvement agressif. Ulm, Ratisbonne et Passau sont les trois villes sur les-

---

[1] Les lettres de l'archiduc Charles à Napoléon constatent le peu d'énergie de ce caractère. C'est presque un courtisan de l'Empereur.
Lettre de l'archiduc Charles à Napoléon.
« Sire, V. M. m'a annoncé son arrivée par un tonnerre d'artillerie, sans me laisser le temps de la complimenter. A peine informé de votre présence, je pus la pressentir par les pertes que vous m'avez causées. Vous m'avez pris beaucoup de monde Sire ; mes troupes ont fait aussi quelques milliers de prisonniers, là où vous ne dirigiez pas les opérations. Je propose à V. M. de les échanger homme pour homme, grade pour grade ; et si cette offre vous est

quelles doit se fonder toute stratégie en Bavière, citadelles autour du long circuit du Danube, les trois points du grand cercle. Si, au contraire, l'archiduc était battu, Ratisbonne lui servait d'appui militaire pour sa retraite; il pouvait là déployer paisiblement ses forces, et le magnifique pont servirait au passage de ses troupes. Dès ce moment, toutes les forces autrichiennes furent dirigées sur Ratisbonne que le brave colonel Coutard défendait: le voilà donc entouré de toutes parts, sans vivres, sans munitions; le prince de Lichtenstein le presse, le somme : veut-il rendre la place? Le colonel résiste; une brèche est faite, les cartouches manquent, et s'il ne se rend pas dans quelques heures, le prince de Lichtenstein le menace de prendre la ville d'assaut et de passer officiers et soldats au fil de l'épée. A la dernière extrémité, le colonel capitule, il a épuisé ses munitions; 1,800 soldats mettent bas les armes, et les Autrichiens sont maîtres de cette issue pour opérer leur retraite, ou d'un point fortifié pour profiter d'un succès.

La fortune si merveilleusement dévouée à Napoléon rendit immédiatement nécessaire ce pont de Ratisbonne à l'armée de l'archiduc Charles, car il se livrait chaque jour des combats; les Français restaient maîtres du terrain d'opération : Oudinot se couvrait de gloire à Pfaffenhofen, Saint-Hilaire sur les hauteurs de Freising, Morand à Abensberg. Puis à Eckmühl (à six lieues de Ratisbonne), se donnait une bataille acharnée,

---

agréable, veuillez me faire savoir vos intentions sur la place destinée pour l'échange.

« Je me sens flatté, Sire, de combattre avec le plus grand capitaine du siècle. Je serais plus heureux si le destin m'avait choisi pour procurer à ma patrie le bienfait d'une paix durable. Quels que puissent être les événements de la guerre, ou l'approche de la paix, je prie V. M. de croire que mon désir me conduit toujours au-devant de vous, et que je me tiens également honoré de trouver l'épée ou le rameau d'olivier dans la main de V. M. »

Charles,
Archiduc, généralissime.

où le courage brilla de part et d'autre. L'Empereur, après sa jonction avec Masséna et Oudinot, résolut de presser vivement les Autrichiens; il était tellement au fait de leurs mouvements qu'il devinait à point nommé les combinaisons de l'archiduc Charles. Le but des manœuvres de l'Empereur fut alors de rendre tout à fait libres les communications avec Davoust; il y avait de fâcheux intervalles entre les corps; Ratisbonne était au pouvoir des Autrichiens, Davoust n'avait pas une entière liberté dans ses opérations. A son aide, l'Empereur conduisait une masse d'étrangers et de conscrits; la hardiesse tient lieu de tout: il résolut d'attaquer les Autrichiens qui occupaient la petite ville d'Eckmühl.

C'était huit jours à peine après l'ouverture de la campagne, en plein mois d'avril. Le prince Charles avait réuni quatre divisions de son armée sous la protection d'Eckmühl, petit bourg fortifié; Napoléon, marchant comme la foudre, n'arriva néanmoins sur le champ de bataille qu'à deux heures; c'est à la baïonnette que Lannes, à la tête de la division Gudin, attaque et déborde promptement l'armée autrichienne; pendant ce temps Davoust et Lefebvre débouchent dans la plaine; Montbrun avec ses cuirassiers charge, presse les rangs, et s'ouvrant un passage, engage un combat de force à force avec la cavalerie autrichienne; les grenadiers hongrois se forment en carré et tiennent vigoureusement; mais Nansouty et Saint-Sulpice, deux nobles réputations militaires, les enfoncent. Ce fut alors seulement que la retraite sonna et que l'archiduc Charles se retira sur Ratisbonne; ce beau fait d'armes, appelé la bataille d'Eckmühl, fut payé par la perte de quelque mille soldats et la mort de Cervoni, général des vieilles campagnes d'Italie. Tout le reste de la journée fut em-

SIÉGE DE RATISBONNE (23 AVRIL 1809). 83

ployé à déborder les Autrichiens; l'archiduc refusa son
flanc et sa gauche, et opéra sa retraite en bon ordre;
l'ennemi passa paisiblement le pont de Ratisbonne, laissant une garnison dans la ville, et vint se placer sous
la protection du Danube, pour préparer sa jonction
avec le corps autrichien de la Bohême. Ainsi la promptitude des mouvements de l'Empereur avait déjà rejeté
les Autrichiens au-delà du fleuve[1].

Il restait de vastes choses à faire. Avec la puissance de son regard, Napoléon avait vu que ce n'é-
tait qu'après la prise de Ratisbonne que le mouvement militaire pouvait recevoir son vaste développement; les masses d'infanterie arrivant successivement,
l'Empereur ordonna l'investissement de Ratisbonne; il
fallait aller vite. Ratisbonne est une ville grande et
belle, le Danube la traverse et la protége; un pont romain
est encore là, granit qui reste debout à travers les âges;
les Autrichiens avaient voulu le faire sauter, il résista
comme les cirques de Rome aux dévastateurs. La ville
est entourée d'un circuit de murailles, simple chemise
jetée autour des rues étroites et des bâtiments, la
plupart en grosse maçonnerie. L'Empereur avait bivoua-

---

[1] C'est après cette belle bataille que Napoléon adressa un *ordre du jour* un peu emphatique à son armée.

« Soldats, vous avez justifié mon attente; vous avez suppléé au nombre par votre bravoure; vous avez glorieusement marqué la différence qui existe entre les soldats de César et les cohues armées de Xerxès.

« En peu de jours nous avons triomphé dans les trois batailles de Tann, d'Abensberg et d'Eckmühl, et dans les combats de Freising, de Landshut et de Ratisbonne. Cent pièces de canon, quarante drapeaux, 50,000 prisonniers, trois équipages attelés, trois mille voitures attelées portant les bagages, toutes les caisses des régiments, voilà le résultat de la rapidité de vos marches et de votre courage.

« L'ennemi, enivré par un cabinet parjure, paraissait ne plus conserver aucun souvenir de vous; son réveil a été prompt; vous lui avez apparu plus terribles que jamais. Naguère il a traversé l'Inn, et envahi le territoire de nos alliés; naguère il se promettait de porter la guerre au sein de notre patrie; aujourd'hui, défait, épouvanté, il fuit en désordre. Déjà mon avant-garde a passé l'Inn; avant un mois nous serons à Vienne. »

De mon quartier-général impérial de Ratisbonne, le 24 avril 1809.

Signé, Napoléon.

qué au pied d'un vaste feu ; il passa la nuit, enveloppé dans un manteau, sur la terre humide encore ; il se leva dès l'aurore. A ses côtés était le maréchal Lannes, tous deux échangeaient des observations sur le siége ; sa lorgnette était braquée vers Ratisbonne, il faisait remarquer à Berthier la masse des clochers, lorsqu'une balle rasa la terre, puis effleurant sa botte, vint mourir à son orteil gauche [1]; la blessure n'était pas profonde, mais douloureuse ; et d'ailleurs cette balle qui venait de sillonner sa cuisse pouvait atteindre le cœur ou briser le crâne de l'Empereur. Quelles tristes pensées ne vinrent pas à l'esprit? Cette tête puissante pourrait donc être enlevée dans un jour de bataille! que deviendrait l'armée? quelle serait la destinée de la France? On venait de voir tout récemment ce que le génie pouvait réparer ; Berthier avait compromis l'armée à ce point de l'exposer à être brisée sous les coups du prince Charles, et c'est à Napoléon seul qu'on devait la sublime improvisation d'un plan de campagne qui acculait l'archiduc au-delà du Danube !

L'Empereur, toujours à cheval, ordonna de presser avec vigueur le siége de Ratisbonne, bientôt prise au pas de course et d'assaut ; les Autrichiens passèrent le pont pour se déployer sur les autres rives du Danube. Napoléon fit un court séjour dans la ville, pour achever son plan de campagne et attendre les renforts qui de tous côtés venaient seconder ses mouvements en Bavière. Le voilà dans

---

[1] Voici le récit du général Savary sur la blessure de l'Empereur à Ratisbonne.

« L'Empereur était à pied à côté du maréchal Lannes, il appelait le prince de Neufchâtel, lorsqu'une balle tirée de la muraille de la ville vint lui frapper au gros orteil du pied gauche ; elle ne perça point sa botte, mais malgré cela lui fit une blessure fort douloureuse, en ce qu'elle était sur le nerf, qui était enflé par la chaleur de ses bottes, qu'il n'avait pas quittées depuis plusieurs jours. J'étais présent lorsque cela est arrivé. On appela de suite M. Yvan, son chirurgien, qui le pansa devant nous, et tous les soldats qui étaient aussi présents ; on leur disait bien de s'éloigner ; mais ils approchaient

Ratisbonne, occupé de ses soldats; il les caresse, les comble de ces dignes éloges dont ils sont fiers; il distribue des croix à l'armée bavaroise, il donne aux officiers des titres de barons et de chevaliers; il recherche tout ce qui peut flatter la vanité, ce grand mobile de la nation; il savait bien qu'il aurait besoin de cette armée, ses services étaient immenses; il en fortifie le moral, l'élevant à la hauteur de sa garde, les soldats d'Austerlitz et de Friedland.

Dès l'arrivée de Napoléon, l'archiduc change son plan de campagne; l'armée autrichienne avait pris l'offensive, maintenant elle bat en retraite; le prince Charles n'a aucune de ces qualités qui peuvent donner le succès dans une marche en avant active et brillante; il se fait remarquer par les qualités contraires. Le prince est admirable toutes les fois qu'il échelonne un mouvement rétrograde; il ne se laisse pas entamer; les Autrichiens sont des murs qu'il faut briser. Le plan de l'archiduc est d'attirer Napoléon au cœur de l'Autriche, de rappeler les renforts, et, en organisant la landwehr, d'entourer l'armée française par tous les côtés; plan de défense tout à fait en rapport avec l'esprit du peuple allemand. On a levé 500,000 hommes, et le prince croit sans doute qu'après une première bataille disputée on doit songer à la paix : il se bat comme à contre-cœur, et alors on se bat toujours mal; il n'en est pas de même des généraux Hiller, Kollowrath, Bellegarde, dévoués au système de guerre parce qu'ils le croient dans l'intérêt de l'Autriche, et qu'ils sont liés avec le comte de Stadion

encore davantage. Cet accident passa de bouche en bouche; tous les soldats accoururent depuis la première ligne jusqu'à la troisième. Il y eut un moment de trouble, qui n'était que la conséquence du dévouement des troupes à sa personne; il fut obligé aussitôt qu'il fut pansé de monter à cheval pour se montrer aux troupes; il souffrait assez pour être obligé d'y monter du côté hors montoir, étant soutenu par dessous le bras. Si la balle eût donné sur le cou-de-pied, au lieu de donner sur l'orteil, elle l'aurait infailliblement traversé. »
(Notes du général Savary.)

aux sociétés secrètes; l'armée a eu un échec; est-ce un motif pour parler de paix? Quoi! les Autrichiens se retireraient de la lice parce qu'ils ont perdu quelques milliers d'hommes, sans que leur monarchie soit en rien entamée! Ce serait de la faiblesse!

Cependant la retraite de l'archiduc au-delà du Danube avait le fâcheux résultat de laisser à découvert les corps d'opération qui devaient le soutenir en Italie, dans le Tyrol et sur les frontières de la Silésie; ces trois corps, je le répète, avaient une mission de conquête et d'insurrection populaire. L'archiduc Jean avait déployé, dans son mouvement sur l'Italie, une grande activité et un talent militaire distingué; Eugène de Beauharnais[1] avait jeté une avant-garde sur le Tagliamento, forte de 5,000 hommes d'infanterie et de 1,500 de cavalerie, ainsi exposée à tous les coups des Autrichiens; faute semblable à celle de Berthier en Bavière; l'archiduc Jean ne prit pas les précautions méticuleuses du prince Charles; ces 4,500 Français, entourés par de fortes divisions autrichiennes, mirent bas les armes. Eugène veut réparer cet échec, il s'avance en bataille rangée, il est brisé à son tour, et laisse près de 7,000 prisonniers aux Autrichiens qui marchent en avant, car Macdonald ne guide pas encore la victoire. Dans le Frioul, l'archiduc Jean invite les peuples à l'indépendance.

---

[1] Eugène, en commençant cette campagne d'Italie, faisait aussi des proclamations à l'imitation de l'empereur Napoléon.

Au quartier-général de Campo-Formio, le 11 avril 1809.

« Eugène Napoléon de France, vice-roi d'Italie, etc.

« Peuples du royaume d'Italie!

« L'Autriche a voulu la guerre.

« Je serai donc un moment éloigné de vous. Je vais combattre les ennemis de mon auguste père, les ennemis de la France et de l'Italie.

« Vous conserverez pendant mon éloignement cet excellent esprit dont vous m'avez donné tant de preuves.

« Vos magistrats seront, j'en suis certain, ce qu'ils ont été jusqu'à présent, dignes de de leur souverain et de vous.

« Dans quelque lieu que je sois, vous occuperez toujours ma mémoire et mon cœur. »

Eugène Napoléon.

l'archiduc Charles rappelle son frère sur le Danube pour faire sa jonction avec lui et couvrir Vienne; la campagne d'Italie était donc manquée pour les Allemands au moment même où ils obtenaient des succès.

L'armée autrichienne dans le Tyrol sous les généraux Chasteler et Jallowich avait suivi un mouvement parallèle aux corps des archiducs Jean et Charles; ces trois corps de troupes se tenaient par la main dans les opérations; Jallowich insurgeait hardiment le Tyrol[1] : il rappelait leur antique fidélité pour l'Autriche, et les montagnards écoutant ces paroles ardentes avaient pris les armes; Hoffer, le vaillant hôtelier, levait l'étendard de la liberté, et refoulait les quelques débris des régiments bavarois qui se montraient encore dans le Tyrol. Tout allait bien, la patrie serait reconstituée; mais la retraite du prince Charles et le mouvement rétrograde de l'archiduc Jean arrêtèrent tout court les opérations militaires; le général Jallowich, compromis dans les montagnes du Tyrol, n'avait plus sa ligne d'opérations, ses communications cessaient d'être faciles, et ne fallait-il pas songer à se placer sur une ligne plus sûre, en libre rapport avec Vienne et les États héréditaires de l'Autriche? Ainsi au midi les armées d'Italie et du Tyrol étaient presque annulées, leurs mouvements rétrogrades ne pouvaient être utiles qu'en se réunissant sur le Danube pour une

---

[1] Le général Jallowich s'adressait aux braves montagnards pour les engager à l'insurrection :

« Tyroliens, si vous êtes encore ce que vous avez été il n'y a pas bien longtemps, si vous vous rappelez le bonheur, la prospérité, la liberté véritable dont vous avez joui sous le sceptre bienfaisant de l'Autriche, si la voix du général que vous avez reconnu comme un des vôtres, lorsqu'en 1799 il vous a sauvés d'un danger imminent par la victoire de Feldkirck, qui, dans l'année suivante, a rendu inattaquable votre frontière depuis Arleberg jusqu'à la vallée de Karabindel ; si tout cela n'est pas effacé de votre mémoire, écoutez ce que je viens vous dire ; écoutez et soyez-en pénétrés.

« Votre seigneur légitime (je devrais dire votre père) vous recherche ; placez-vous sous son égide ! Son cœur saigne de vous voir sous une domination étrangère ; vous, ses fidèles ; redevenez les enfants de l'Autriche, ne méconnaissez pas ce titre précieux.

« Des armées autrichiennes plus nom-

bataille générale autour de Vienne : d'une guerre d'invasion on passait à un état purement défensif qui allait si bien à l'esprit prudent de l'archiduc Charles. Une telle situation préparait la paix, l'objet de ses veilles.

Au nord de la monarchie autrichienne le mouvement rétrograde opéré par le prince Charles n'avait pas des conséquences aussi graves. Le corps qui se déployait de la Bohême vers la Saxe et la Silésie avait surtout pour mission de seconder une insurrection militaire en Prusse, en Saxe et dans le Hanovre, accident qui entrait dans le plan général de la campagne. Tout aussitôt que l'armée autrichienne avait montré ses drapeaux sur les frontières de la Prusse, une effervescence indicible s'était manifestée parmi les jeunes hommes des universités, de la noblesse et de l'armée ; les sociétés secrètes, prévenues par le comte Stadion, avaient donné le signal, et sans plus tarder le major de Schill quitta Berlin à la tête de son régiment ; sa troupe d'abord peu nombreuse se grossit et devint assez considérable pour opérer dans quelques villes du royaume de Westphalie, et plus d'une cité de l'Allemagne se révolta contre les oppresseurs ; Schill prononçait deux mots saints alors : « *Germania* et *Teutonia*, » et la population venait à lui ; Schill était l'expression du véritable esprit de l'armée prussienne ; si le roi Frédéric-Guillaume n'osait se prononcer avant que la victoire

---

breuses que jamais, plus animées et plus patriotiques, vont entrer dans votre pays, considérez-les comme vos frères, comme les enfants du même père, réunissez-vous à elles, suivant l'exemple de tous les peuples qui rendent hommage au trône autrichien. Enfin, comportez-vous en tout comme vous l'avez fait récemment à l'admiration de toute l'Europe.

« Tyroliens, Dieu est avec nous. Nous ne cherchons pas de nouvelles conquêtes ; mais nous voulons ramener dans le sein de notre père impérial et gracieux, des frères qui ont été détachés de lui. Rien ne nous résiste, rien ne peut nous vaincre dès que nous nous unissons pour notre bonheur et la conservation de notre existence. Croyez-moi, Tyroliens, Dieu est avec nous ! »

Signé, François, baron de Jallowich, chevalier de l'ordre de Marie-Thérèse, et feld-maréchal lieutenant impérial et royal.

vint à cette insurrection militaire, il n'est pas douteux que le gouvernement et la reine n'eussent hâte de s'y associer. Les bulletins français pouvaient traiter Schill de brigand [1], n'en est-il pas ainsi de tous les hommes qui osent attaquer les pouvoirs heureux? l'Empereur ne ménageait pas ces épithètes à ses ennemis; son langage était toujours impératif, dur, méprisant tous ceux qui s'opposaient à ses idées : patriotes, royalistes, étaient ou des niais, des intrigants, des hommes vendus à l'Angleterre, des brigands ou des forcenés; il n'y avait d'habile et d'honnête parmi les hommes d'État et les militaires ennemis que ceux qui se donnaient à lui en sacrifiant les intérêts de leur patrie; telle était sa tactique.

Le grand Empereur ne perdait pas une seule minute dans le déploiement de sa campagne; Ratisbonne était devenue pour lui un centre d'opération; quelles merveilles n'avait-il pas accomplies! Il n'y avait pas douze jours que l'Empereur quittait Paris; les Autrichiens occupaient Munich, le Danube, Ratisbonne, s'étendant en Franconie. Napoléon avait paru, et ils étaient refoulés au-delà du fleuve; les fautes immenses de Berthier étaient réparées. Son plan fut dès lors de marcher droit sur Vienne par la route la plus directe et la plus courte; laissant l'archiduc Charles à sa gauche, il déboucha par sa droite sur la ligne qui mène à Lintz, la ville si belle, à travers les plaines toutes ouvertes, chemin magnifique où l'on trouve à peine quelques bois et des forêts éparses. Les Autrichiens

---

[1] Voici dans quelle langue d'ignoble police Napoléon s'exprime sur le patriotique major de Schill.

« Le nommé Schill, espèce de brigand qui s'est couvert de crimes dans la dernière campagne de Prusse, et qui avait obtenu le grade de colonel, a déserté de Berlin avec tout son régiment, et s'est porté sur Wittemberg, frontière de la Saxe. Il a cerné la ville. Le général Lestocq l'a fait mettre à l'ordre comme déserteur. Ce ridicule mouvement était concerté avec le parti qui voulait mettre tout à feu et à sang en Allemagne. » (Extrait du 6e bulletin.) Ce parti c'était le peuple prussien.

se montraient rarement, ils coupaient les ponts, les généraux exécutaient l'ordre du prince Charles de se retirer sur Vienne en défendant le terrain [1]. De temps à autre se livraient quelques combats pour protéger ou gagner des positions, tel fut l'engagement d'Ebersberg. Ebersberg est situé dans une position admirable de défense; le fleuve se divise en plusieurs bras; on n'y peut passer que par un pont étroit, long, suspendu sur cette belle nappe d'eau comme les ponts de lianes dans les forêts du Nouveau-Monde; toute la rive du fleuve élevée en espaliers était gardée par les Autrichiens avec de l'artillerie; il fallait passer le pont sous ce feu par colonnes très pressées; mieux eût valu le tourner.

L'armée enthousiaste voulut le donner de face à son Empereur; une brigade était menée par un général d'une intrépidité indicible, il se nommait Coohrn, d'une taille haute, d'une marche altière, et au premier signal que donna Masséna sa brigade se précipita sur le pont étroit, d'un quart de lieue, sous une grêle de mitraille; qu'importe le danger sur ce pont d'enfer? il faut le passer; les hommes tombent par compagnies, d'autres les remplacent; Ebersberg est emporté, presque toute la brigade resta sur le pont; le feu prit aux maisons du bourg si agrestement construites; l'Empereur arrivant à la hâte fut frappé de cette formidable position, et les traces sanglantes que l'attaque téméraire y avait laissées lui firent une indicible impression: un régiment de Corses y avait perdu la moitié de son monde, et Napoléon parcourant ses rangs leur adressa des paroles de remercîment dans

---

[1] L'Empereur Napoléon faisait publier de ridicules nouvelles sur Vienne; les voici:

« Tout est mort à Vienne, plus de commerce, plus d'industrie, on ne pense qu'à la guerre. On dit que *Bonaparte* a offert de restituer tout ce qu'il a pris dans les guerres précédentes, mais que l'empereur d'Autriche ne veut rien écouter.

« Cette fermeté lui vient d'une bonne

la langue maternelle, comme César à la 10ᵉ légion, sa troupe chérie, recrutée dans Rome.

L'armée marchait toujours, Vienne était indiquée par l'Empereur comme le point de repos où les opérations devaient prendre un large développement; il voulait frapper les esprits par la prise de cette capitale : après la campagne de 1805 il avait salué Vienne, et daté ses décrets du palais de Schœnbrünn; après Iéna, Napoléon avait établi son quartier-général à Potsdam; puis il avait franchi les Pyrénées, et vingt jours après il faisait capituler Madrid. Cette seconde fois il fixait le terme de la conquête de Vienne à un mois tout juste de son départ de Paris; parti à la fin des derniers frimas de mars, le soleil de mai le verrait à Schœnbrünn, au Prater, dans les faubourgs de cette noble ville que Sobieski avait défendus, et que les Turcs avaient vainement assiégés. Napoléon se plaisait dans ces conquêtes rapides, aimant à dire aux corps politiques, aux peuples et aux armées, dans le ton d'un prophète, non seulement les exploits du passé, mais encore ceux qui seraient accomplis pour l'avenir. Ces sortes de prophéties donnaient à ses paroles une expression imagée et solennelle : les grandes choses ne se font jamais que par ces presciences de l'avenir; les imaginations ne sont remuées que par ces baguettes de magiciens qui pénètrent et indiquent les destinées d'un peuple. Dater ses décrets des capitales fut une manie de Napoléon.

Vienne n'est point une ville forte [1]; aurait-elle été

---

source. La sainte Vierge lui est apparue pendant la nuit dans son cabinet. L'empereur, d'abord très surpris, a sonné les valets de chambre; mais dans le moment même la Vierge avait disparu, laissant sur la table une bague, avec cette épigraphe : *Cette fois-ci tu seras victorieux!!!*

« Il n'en est pas moins vrai que la disette règne déjà dans la Haute-Autriche et en Bohême. »

[1] L'archiduc Maximilien avait adressé une lettre touchante aux habitants de Vienne :

« Pendant que l'armée combat pour la plus juste et la plus grande des causes qui

couverte de bastions qu'elle n'aurait pas résisté. Une capitale d'ailleurs ne peut se défendre ; trop de luxe est là réuni, trop d'intérêts en jeu ; la mollesse est le type des hommes livrés aux distractions de la fortune ; si quelques prolétaires énergiques peuvent désirer la défense d'une cité au prix des sacrifices, l'égoïsme prévaut ; peu d'âmes consentent à sacrifier les jouissances personnelles de la vie, la fortune, les palais de marbre, les appartements d'or, à l'idée sublime de la patrie.

Il y a donc toujours dans les grandes cités un besoin de capitulation ; les murailles ne servent à rien, les fortifications sont inutiles ; il n'y a point d'exemples d'un long siége, à moins que la vie entière des citoyens ne soit menacée par une race barbare ; ainsi firent les cités qui se défendirent contre les Goths et les Huns du ive siècle et les Scandinaves du ixe, ou bien contre les Turcs des xvie, xviie. Lorsqu'il faut choisir entre la bataille ou le massacre, les plus luxurieux deviennent braves. Sous Jean Sobieski, Vienne se défendit ; il le fallait bien, car il s'agissait de sa vie et de sa liberté ; par contraire, la capitale de l'Autriche ne fit aucune résistance lorsque Napoléon en 1805 parut devant ses murs ; il se fit une capitulation pure et simple, les Français entrèrent pour ainsi dire en amis ; Napoléon fut complimenté par les chefs principaux de la bourgeoisie, le commerce n'é-

---

jamais firent prendre les armes ; tandis qu'elle fait preuve de courage et de persévérance, une division de l'armée ennemie pourra tenter de surprendre Vienne.

« S. M. l'empereur m'a envoyé ici pour rendre une pareille entreprise vaine, en employant les moyens les plus vigoureux.

« Nobles et généreux habitants de Vienne, Sa Majesté est convaincue d'avance de votre disposition à me seconder de tous vos efforts. L'amour de la patrie que vous avez manifesté en toute occasion, votre fidélité envers le souverain bien-aimé, n'ont jamais brillé avec autant d'éclat que dans le moment où il s'agit de décider de votre sort durant des siècles. Je sais et l'univers saura ce dont vous êtes capables.

« Vos ancêtres ont chassé, sous Ferdinand et Léopold, des murs de Vienne, un ennemi terrible. Si celui qui les menace

prouva aucune altération, la discipline fut observée, et en quittant cette belle cité, Napoléon remercia la bourgeoisie qui avait protégé son armée.

Dans cette nouvelle campagne, des idées de patriotisme agitaient toutes ces têtes allemandes; la guerre était nationale; on avait fait circuler dans toute la Germanie le récit des événements de l'Espagne, la défense de Saragosse, tout ce qu'il y avait d'héroïsme dans la résistance des villes au nom d'une nationalité: quand un peuple voulait se préserver, il le pouvait toujours; telle était l'opinion générale répandue dans les pamphlets; il en était résulté une vive effervescence dans l'âme habituellement si paisible de ces bourgeois, de ces corps de métiers, qui vont le soir, entourés de leurs familles, avaler quelques verres de bière ou de vin de Hongrie, dans ces beaux jardins où retentissent les walses du Tyrol. A l'approche des Français on entonnait le cantique de délivrance, et les processions parcouraient la ville en tous sens pour invoquer le saint protecteur de la cité; l'esprit public s'était exalté à la musique des landwerhs.

L'archiduc Maximilien était chargé de la défense de Vienne; plein d'énergie et de résolution, un corps d'armée tout entier avait cherché derrière ces murailles un point d'appui, et l'archiduc, animé d'un noble patriotisme, venait de réunir les landwerhs, troupe

aujourd'hui a pu les franchir il y a quelques années, des malheurs d'une nature extraordinaire lui avaient frayé le chemin; mais aujourd'hui où une masse de forces qui nous promet des succès assurés est aux ordres du souverain, aujourd'hui qu'il y aurait de la pusillanimité et de la lâcheté à douter de l'heureuse issue de la guerre, aujourd'hui nous lui abandonnerions sans résistance cette ville respectable, le centre de la monarchie, demeure de tant de grands princes qui ont illustré le nom de l'Autriche et rendu ses peuples heureux?

« Loin de nous une telle ignominie! pénétré d'une reconnaissance profonde envers le monarque qui m'a confié votre sort, je serai sans cesse au milieu de vous. Je compte sur vos efforts, sur votre promptitude à exécuter toutes les mesures que requerront de nous la conservation de la ca-

bourgeoise chargée de défendre la capitale ; les magnifiques faubourgs étaient délaissés, et l'on se réfugiait derrière les murailles protégées par de l'artillerie. Tout était dirigé vers une bonne défense, lorsque Napoléon, traversant rapidement la distance qui sépare Saint-Pölten de Vienne, arriva jusqu'aux avant-postes, car il était pressé de dater ses décrets de Schœnbrünn ; il dut être vivement frappé de l'aspect martial et de défense qu'avait pris Vienne ; ce n'était plus la cité paisible qu'il visitait quatre ans avant, mais une véritable place forte ; Napoléon crut que, comme à Madrid, il fallait agir par des moyens rapides, son parlementaire avait été rudement repoussé. Maximilien invoquait dans des proclamations l'ardeur des Viennois. Changement remarqué dans les formes de la guerre ! maintenant les villes résistaient, elles n'ouvraient plus leurs portes comme les citadelles de Prusse à des corps de cavalerie. Madrid avait donné l'exemple à Vienne, il fallait faire le siége d'une ville presque ouverte ; c'est qu'il y avait une modification dans l'esprit des peuples dont Napoléon ne s'était pas aperçu ; avant, on faisait la guerre aux armées ; depuis on la déclarait aux masses : or cela changeait la face du système défensif dans les invasions.

Ces idées n'arrêtèrent point Napoléon ; il ordonna qu'une nouvelle sommation fût envoyée à l'archiduc Maximilien pour éviter à une grande capitale les désastres d'un bombardement et d'un siége. La lettre, en termes mesurés,

pitale et l'honneur de la nation. Lorsqu'une volonté nous animera, qui pourra nous vaincre ?

« Le danger que nous avons à braver sera, s'il se présente réellement, de peu de durée. Les armées voleront à notre secours de tous côtés, et mettront un terme aux efforts exigés par la résistance.

« Si jusque-là la renommée de votre généreux dévouement enflamme des milliers de vos concitoyens ; si votre exemple sauve la patrie, songez quelles sont les récompenses, quelle est la gloire qui vous attendent. »

Signé, Maximilien, archiduc.
Vienne, le 5 mai 1809.

CAPITULATION ET PRISE DE VIENNE (12 ET 13 MAI 1809). 95

fut écrite par Berthier [1]. Les Viennois répondirent par des coups de canon ; le parlementaire fut insulté comme il l'avait été à Madrid. Napoléon fit mettre en batterie ses canons disponibles, ses mortiers à bombes et ses obusiers. Vienne subit un siége de quelques jours, et plus tard la galanterie de la cour des Tuileries rappela une circonstance de ce siége, comme un doux parfum de louange à la gloire de l'Empereur pour la fille de César qui partagea sa couche. On dit que Marie-Louise se trouvait à Vienne, et que la jeune archiduchesse fit demander qu'on épargnât la portion du palais qu'elle habitait. Napoléon, qui brûlait sans pitié la chaumière du pauvre, ordonna que les bombes n'atteindraient pas le palais de la jeune archiduchesse, et ce trait chevaleresque fut chanté en vers et en prose.

Vienne, comme toutes les capitales, se rendit, et l'armée y fit son entrée triomphale ; Napoléon, une fois encore, put dater ses décrets de Schœnbrünn, où les parcs aux larges feuillées servent d'abri aux daims et aux chevreuils ; Schœnbrünn, grande ferme où se réunissent les produits, les merveilles du monde. Lorsque les Français entrèrent dans Vienne, ils purent remarquer l'œil morne de la po-

---

[1] *Lettre du major-général à l'archiduc Maximilien.*

« Le duc de Montebello a envoyé ce matin à V. A. un officier parlementaire, accompagné d'un trompette. Cet officier n'est pas revenu ; je la prie de me faire connaître quand elle a l'intention de le renvoyer. Le procédé peu usité qu'on a eu dans cette circonstance m'oblige à me servir des habitants de la ville pour communiquer avec V. A. S. M. l'empereur et roi, mon souverain, ayant été conduit à Vienne par les événements de la guerre, désire épargner à la grande et intéressante population de cette capitale les calamités dont elle est menacée. Elle me charge de représenter à V. A. que, si elle continue à vouloir défendre la place, elle occasionnera la destruction d'une des plus belles villes de l'Europe, et fera supporter les malheurs de la guerre à une multitude d'individus que leur état, leur sexe et leur âge devraient rendre tout à fait étrangers aux maux causés par les armes.

« L'empereur, mon souverain, a manifesté dans tous les pays où la guerre l'a fait pénétrer sa sollicitude pour épargner de pareils désastres aux populations non armées. V. A. doit être persuadée que Sa Majesté est sensiblement affectée de voir

pulation; ce n'était plus ces Autrichiens si hospitaliers, ce peuple qui traitait en 1805 les Français comme des frères; la plupart des belles boutiques où s'étalent les orfévreries, les bijouteries, les épingles tyroliennes, les perles, les diamants, qu'aiment tant les dames de Vienne, étaient fermées : un morne silence régnait partout ; l'on n'entendait plus les fanfares des danses, les clairons et les cors qui invitent les jeunes filles aux fêtes du printemps. Vienne était captive et les Français ses vainqueurs ; elle pleurait son digne empereur François II, comme une veuve son époux ; elle se couvrait de deuil parce que la patrie allemande était menacée. Napoléon resta à Schœnbrünn sans entrer dans la vaste cité; il ne croyait pas la campagne finie. Vienne n'était pour lui qu'un point d'appui pour ses opérations sur le Danube.

toucher au moment de sa ruine cette grande ville, qu'elle regarde comme un titre de gloire d'avoir déjà sauvée. Cependant, contre l'usage établi dans les forteresses, Votre Altesse a fait tirer le canon du côté des faubourgs, et ce canon pouvait tuer non un ennemi de votre souverain, mais la femme ou l'enfant d'un de ses plus fidèles serviteurs. J'ai l'honneur d'observer à V. A. que, pendant cette journée, l'Empereur s'est refusé à laisser entrer aucunes troupes dans les faubourgs, se contentant seulement d'en occuper les portes, et de faire circuler des patrouilles, pour maintenir l'ordre. Mais si V. A. continue à vouloir défendre la place, Sa Majesté sera forcée de faire commencer les travaux d'attaque, et la ruine de cette capitale sera consommée en trente-six heures, par le feu des obus et des bombes de nos batteries, comme la ville extérieure sera détruite par l'effet des vôtres. Sa Majesté ne doute pas que toutes ces considérations n'influent sur V. A., et ne l'engagent à renoncer à un projet qui ne retarderait que de quelques moments la prise de la ville. Je prie V. A. de me faire connaître sa dernière résolution. »

Signé, Alexandre.

CHAPITRE IV.

NAPOLÉON A SCHOENBRUNN.

BATAILLE D'ESSLING.

Situation morale des cabinets. — Berlin. — Esprit public. — Désaveu de Schill. — Saint-Pétersbourg. — Déclaration de guerre de la Russie à l'Autriche. — L'archiduc Ferdinand en Pologne. — Le prince Poniatowski. — Les Autrichiens à Varsovie. — Dictature de Napoléon à Schœnbrünn. — Décret pour la réunion des Etats romains. — Enlèvement du pape. — Les généraux Miollis et Radet. — Deuxième période de la campagne en Autriche. — Position du prince Charles au-delà du Danube. — Plan de campagne. — L'île de Lobau. — Passage des divisions françaises sur la rive gauche du Danube. — Les villages d'Essling et de Gross-Aspern. — Attaque des Autrichiens. — Imprévoyance de Napoléon. — Mauvais ponts. — Manque de munitions. — Rupture des ponts. — Nouvelles batailles. — Mort des généraux Espagne, Saint-Hilaire. — Lannes frappé d'un boulet. — Dangers de l'armée française. — Conseil pour l'abandon de l'Autriche. — Les Français dans l'île de Lobau.

Mai et Juin 1809.

Le plan général de l'Autriche était conçu sur la probabilité d'un soulèvement de toutes les nations germaniques; les rapports du comte de Stadion avec le baron Stein, les alliances intimes des sociétés secrètes, faisaient pressentir cette grande émotion populaire. Les têtes ardentes n'avaient point manqué à l'appel : le major de Schill, avec son héroïsme chevaleresque, relevait en Allemagne l'étendard d'une juste et forte régénération.

Le prince de Brunswick-OEls, poétique caractère, vengeur des cendres d'un vieux père, se jetait avec ses hussards de la Mort dans la Bohême, et le prince de Hesse imitait ce vigoureux exemple de patriotisme germanique; spectacle mémorable que cette prise d'armes de quelques officiers généreux et fiers, secondés par l'esprit des populations! En vain l'Empereur des Français faisait traiter de brigands ces nobles enfants de la Germanie [1]; le peuple en faisait des héros et des martyrs. C'était en effet un beau caractère que celui de Schill à la tête de son régiment : Jérôme, menacé dans sa capitale, voulut un moment se défendre; les villes entières se levaient à l'approche des cavaliers de Schill pour suivre le nouveau Moore du poëte allemand qui, des casernes de Berlin, conduisait les troupes nationales au champ de délivrance.

Quelque temps le cabinet de Berlin avait hésité dans le parti qu'il devait prendre; la population était si animée contre les Français, l'armée tellement travaillée! la tentative de Schill était un essai aventureux; si elle arrivait à bonne fin, la Prusse aurait indubitablement pris part

---

[1] Jérôme faisait aussi des décrets de mort contre Schill et mettait sa tête à prix. C'est affreux à dire :

« Le major prussien Schill, ayant entretenu dans le district de Billefeld, département du Weser, des intelligences pour y fomenter des mécontements et exciter à la révolte.

« Ayant osé traverser en armes, avec une troupe à cheval, le territoire de plusieurs princes confédérés et se porter sur le nôtre sans aucune autorisation du gouvernement prussien, qui jusqu'à présent n'a pas rompu la paix et paraît le désavouer.

« Une telle démarche le constituant à la fois déserteur à l'égard de la Prusse, et infracteur, à l'égard de tous les territoires qu'il a violés, du droit des gens; l'assimilant aux pirates qui font la guerre sans l'attache de leurs souverains, et aux bandes armées de voleurs.

« Nous enjoignons à tous les commandants militaires et à tous officiers civils de lui faire courir sus, de le poursuivre, arrêter et saisir mort ou vif, lui et les siens.

« Ordonnons à toutes les communes et leurs habitants de déférer, à peine de désobéissance, à toutes réquisitions qui leur seront faites à cet égard.

« Voulons et ordonnons qu'il soit payé à celui ou à ceux qui l'arrêteront et livreront la somme de 10,000 fr.

« Donné en notre palais royal de Cassel, le 5 mai 1809, de notre règne le troisième. »

Signé, Jérôme Napoléon.

LA PRUSSE ET LE MAJOR DE SCHILL (MAI 1809).

à cette levée d'armes; elle examinait, attentive, les premières opérations des Français; et si Napoléon n'avait pas réussi dans sa marche rapide, évidemment le cabinet de Berlin aurait secondé l'entreprise héroïque du colonel de Schill [1]. Mais qui aurait pu s'opposer à la campagne miraculeuse de l'Empereur des Français, à ce prestige qui de toute part l'entourait? Quoi! après un mois de marche, Napoléon se trouvait à Vienne, refoulant devant lui toutes les armées autrichiennes; l'archiduc Charles, sur qui l'Europe avait les yeux fixés, opérait sa retraite en face du vainqueur!

Frédéric-Guillaume pouvait-il en cette situation prendre parti pour l'Autriche, et compromettre le sort de la monarchie prussienne? A cette époque, le tort des puissances fut de marcher séparément; il fallait moins subitement se résoudre à la guerre, et, dès l'instant qu'elle était décidée, se grouper avec une puissante énergie dans une coalition pour arriver au but commun. La Prusse hésita d'abord à seconder les desseins de Schill; elle l'abandonna même officiellement; l'Empereur Napoléon

---

[1] Le roi de Saxe cherchait de toutes les manières à empêcher le soulèvement de l'armée qui voulait suivre le major Schill.

« Frédéric-Auguste, par la grâce de Dieu, roi de Saxe, grand-duc de Varsovie, etc.

« L'Europe sait que, sans y avoir été provoquée et sans objet de discussion quelconque, l'Autriche a pris depuis quelque temps des mesures militaires alarmantes et une attitude si menaçante, que ses voisins n'ont pu se dispenser de se mettre en garde.

« Maintenant, sous le vain prétexte de prévenir une attaque, elle s'est portée à déclarer la guerre à S. M. l'Empereur des Français, roi d'Italie, et à envahir le territoire de la Confédération, dont S. M. I. et R. est le protecteur.

« Déjà cette injuste agression nous obligeait à nous réunir à l'auguste protecteur et aux princes nos alliés pour la défense commune.

« Aujourd'hui la cour de Vienne vient d'y ajouter celle d'avoir fait entrer ses troupes de la Gallicie dans notre duché de Varsovie sans déclaration de guerre, et d'y faire répandre une proclamation tendante à exciter nos sujets habitants du duché à se séparer de leur légitime souverain.

« Voilà donc les principes adoptés par l'Autriche!

« Peuple saxon! nous connaissons votre amour pour nous, tout comme vous connaissez celui que nous vous portons, et nous sommes persuadé que vous ressentirez l'injure qui a été faite à notre auguste protecteur, à nous et à nos alliés, et que vous joindrez vos efforts aux nôtres pour

touchait à peine Vienne, qu'une déclaration officielle du cabinet de Berlin désavoua le colonel Schill comme un partisan qui troublait l'ordre général de la monarchie, et la paix heureusement rétablie : il dut être traduit devant une commission militaire pour être jugé partout où l'on pourrait le saisir ; l'armée prussienne elle-même dut se mettre en mouvement pour exécuter les ordres de son cabinet, en gardant une stricte neutralité. Les succès de Napoléon avaient ainsi imprimé un expression de terreur à Berlin ; on tremblait de se prononcer pour la cause allemande que l'Autriche allait seule défendre.

A Saint-Pétersbourg, l'ambassadeur de France, M. de Caulaincourt, pressait toujours l'empereur Alexandre pour qu'il eût à prendre un parti conforme à l'alliance ; le Czar répondait : « qu'il avait promis de mobiliser 40,000 hommes ; il était allé au-delà de ses engagements, puisque 50,000 Russes se trouvaient en Pologne sous le prince Galitzin ; au reste, pour satisfaire l'empereur Napoléon, la Russie allait déclarer officiellement la guerre à l'Autriche[1] ; on préparait un acte de cabinet dans lequel les griefs seraient nettement exposés. » M. de Caulaincourt pressa pour obtenir cette déclaration,

---

garantir la patrie du sort qu'on voudrait lui préparer.

« Braves soldats ! prenez les armes contre l'Autriche avec confiance dans la Providence divine. Elle punira l'injustice par le bras invincible du grand Empereur notre allié, qui est déjà là pour repousser l'ennemi, pour vous conduire à la victoire, et pour ramener enfin une tranquillité solide et durable, notre vœu, le vôtre et celui de tous les peuples. »

Leipsick, le 24 avril 1809.

Signé, Frédéric-Auguste.

[1] *Dépêche de M. Caulaincourt.*
Saint-Pétersbourg, 28 avril 1809.

« La cour impériale de Russie ayant reçu, par un courrier polonais, le 20 avril, l'avis que les Autrichiens avaient pénétré, le 15, dans le grand-duché de Varsovie, il a été déclaré au prince de Schwartzenberg, de la part de S. M. I, qu'en conséquence de cette invasion du territoire d'un allié de l'Empereur de France, toutes relations cessaient entre l'Autriche et la Russie, et que le susdit prince de Schwartzenberg eût à s'abstenir de se montrer à la cour et en aucun endroit où S. M. I. pourrait paraître. L'envoyé de Russie à Vienne a été rappelé, et l'armée russe a reçu ordre d'agir hostilement contre les troupes autrichiennes. Le prince Sergius Galitzin est déjà parti pour l'armée polonaise. »

dont l'effet moral devait vivement se faire sentir sur la marche politique de la guerre. Cet acte parut enfin dans la *Gazette de la Cour*, à Saint-Pétersbourg, mais en termes si modérés, dans des expressions si mesurées, qu'on put croire que la déclaration n'avait rien de sérieux ; et c'est ce qui fut écrit à Vienne. Lorsqu'il s'agit des mouvements militaires, la Russie s'abstint complètement de prendre une part active à la campagne : les 50,000 hommes de l'armée de Pologne sous le prince Galitzin se bornèrent à observer les Polonais conduits par le prince Poniatowski, noble nom qui paraissait pour la première fois avec un rôle politique.

Le prince Joseph Poniatowski était déjà avancé dans la vie ; il touchait sa quarante-sixième année ; sa figure n'avait rien de saillant qu'un crâne haut et chenu sous de rares cheveux gris, et ce nez de race tartare qu'on trouve souvent en Pologne. Son origine était illustre : Joseph Poniatowski était neveu de Stanislas-Auguste. Le prince, qui servait depuis son enfance, ne s'était donné au système de Napoléon que depuis la campagne de Friedland ; Joseph Poniatowski prit dans cette nouvelle expédition militaire le commandement de l'armée du grand-duché de Varsovie[1]. Voulait-il rendre à la Pologne son antique splendeur? L'histoire dit que des promesses furent faites, mais le torrent va si vite dans les événements politiques ; Napoléon les menait tous

---

[1] Le prince Joseph Poniatowski était né à Varsovie le 7 mai 1763. Son père, le prince André Poniatowski, était feld-zeugmeister, ou lieutenant-général d'artillerie, au service de l'impératrice Marie-Thérèse. Stanislas-Auguste, le dernier roi de Pologne, fit élever sous ses yeux le prince Joseph, son neveu. A l'âge de seize ans, il entra comme sous-lieutenant au service d'Autriche ; en 1787, lorsque la guerre éclata entre cette puissance et la Porte ottomane, il était colonel des dragons de l'Empereur et aide-de-camp de Joseph II ; à la prise de Sabacz, il fut dangereusement blessé. En 1789, les événements de Pologne le rappelèrent dans sa patrie ; la confiance qu'il sut inspirer porta le roi et la république à lui confier le commandement en chef de l'armée.

l'épée haute, comme le grand maréchal de la fortune!

L'archiduc Ferdinand avait fait une campagne heureuse en Pologne; Varsovie tombait au pouvoir des Autrichiens, la Gallicie entière leur était soumise. Napoléon, en dispersant l'armée polonaise au milieu de l'Espagne, en Italie, avait laissé presque sans défense la Pologne; il comptait sur le concours des Russes. Le prince Galitzin, d'après les ordres prudents et restreints de sa cour, avait mission de se concentrer en Pologne, sans jamais en venir aux mains, observant une exacte neutralité. Les Russes aimaient cette guerre de Pologne, parce qu'elle était dans les pensées d'avenir de leur cabinet; ils n'avaient rien à y perdre, tout à gagner; avides du grand-duché de Varsovie ils étaient aises de montrer leurs aigles dans ces villes dont ils préparaient l'inévitable conquête. Ainsi, en accédant aux volontés de l'empereur Napoléon, le cabinet de Saint-Pétersbourg ne suivait que son propre intérêt; en ne se compromettant pas avec les Autrichiens, il gagnait du terrain en Pologne et ses possessions seraient augmentées. En toute hypothèse, l'on se porterait comme médiateur si les deux cabinets voulaient se rapprocher. Les Russes attendaient les événements sérieux de la cam-

---

En 1794, il voyageait à l'étranger lorsqu'il apprit que les Polonais se levaient en masse pour s'opposer à un nouveau partage : il revint en toute hâte, et eut le commandement d'un corps d'armée sous le général Kosciusko. Après ce désastreux effort des Polonais, le prince Poniatowski reçut l'ordre de quitter le royaume et se retira à Vienne. Étant revenu à Varsovie en 1798, une partie de ses biens qui avaient été confisqués lui fut rendue par le gouvernement prussien, et il alla vivre dans sa terre de Jablonka, située sur la rive droite de la Vistule, à quelques lieues de Varsovie. En 1806, la bataille d'Iéna ayant ouvert la Pologne aux armées françaises, Varsovie restait sans défense. Tout le monde jeta les yeux sur le prince Poniatowski; le roi de Prusse lui écrivit de sa main, pour l'inviter à se charger du gouvernement militaire; il organisa une garde nationale, et le 28 novembre 1806, à la tête de cette garde, portant les insignes des ordres de Prusse, il alla recevoir Murat à l'entrée de la ville. Lorsque Napoléon arriva à Varsovie, une armée de 40,000 hommes ayant été levée, le prince Joseph en eut le commandement, puis fut ministre de la guerre à la formation du gouvernement provisoire.

pagne; car la bataille d'Eckmühl ne leur paraissait pas suffisante pour décider la guerre.

Il ne fallait pas se le dissimuler, si la brillante et rapide stratégie de Napoléon avait fait des miracles, jusqu'alors cependant aucun résultat sérieux n'avait été obtenu; Eckmühl n'était pas un succès tellement décisif qu'on pût le compter comme la ruine de la monarchie autrichienne; l'entrée en Vienne était un de ces faits d'armes plus retentissants que positifs, un de ces coups de théâtre tels que Napoléon savait les jouer pour éblouir les peuples, en disant : « Je suis maître encore d'une capitale! » Mais, en approfondissant un peu les faits, on pouvait voir que l'armée autrichienne se fortifiait derrière le Danube à mesure que l'armée de Napoléon s'affaiblissait d'autant en s'éloignant du Rhin. Les Autrichiens combattaient sur leur propre territoire avec toutes leurs ressources; l'armée de Bohême avait fait sa jonction avec l'archiduc Charles; on attendait l'archiduc Jean avec l'armée d'Italie pour frapper de grands coups; on faisait des levées incessantes [1]; dans peu de temps,

---

[1] Des publications autrichiennes étaient partout répandues en Italie; l'archiduc Jean appelait les Italiens à la liberté et à la nationalité avec une grande effusion.

« Italiens, écoutez la vérité et la raison. Elles vous disent que vous êtes les esclaves de la France, que vous prodiguez pour elle votre or et votre sang. Le royaume d'Italie n'est qu'un songe, un vain nom. La conscription, les charges, les oppressions de tout genre, la nullité de votre existence politique, voilà des faits. La raison vous dit encore que dans un tel état d'abaissement, vous ne pouvez ni être respectés, ni tranquilles, ni Italiens. Voulez-vous l'être une fois? Unissez vos forces, vos bras et vos cœurs aux armes généreuses de l'empereur François. En ce moment il fait descendre une armée imposante en Italie. Il l'envoie non pour satisfaire une vaine soif de conquêtes, mais pour se défendre lui-même, et assurer l'indépendance de toutes les nations de l'Europe menacées par une série d'opérations consécutives qui ne permettent pas de révoquer en doute un esclavage inévitable. Si Dieu protége les vertueux efforts de l'empereur François et ceux de ses puissants alliés, l'Italie redeviendra heureuse et respectée en Europe. Le chef de la religion recouvrera sa liberté, ses états; et une constitution fondée sur la nature et sur la vraie politique rendra le sol italien fortuné et inaccessible à toute force étrangère.

« C'est François qui vous promet une si heureuse, une si brillante existence. L'Eu-

250,000 hommes se grouperaient derrière le Danube. L'Allemagne était soulevée ; les intrépides partisans des universités et les officiers prussiens manœuvraient pour couper les communications entre la France et son Empereur. On avait fait des conquêtes mal affermies ; Napoléon, profondément empreint des règles de la stratégie, savait qu'avant tout on devait se débarrasser de l'archiduc Charles ; tant qu'une grande bataille n'aurait pas été livrée aux Autrichiens, on était exposé à des coups inattendus de fortune. Les habitants de Vienne même voyaient les Français avec impatience ; cette fois ils leur paraissaient des conquérants odieux dont ils auraient joie de s'affranchir, même par un soulèvement.

L'Empereur, toujours au palais de Schœnbrünn comme les souverains d'Autriche, méditait ses plans de campagne et ses actes de gouvernement les plus sérieux ; les idées les plus hautes, les plus fières, les plus impériales, se pressaient dans cette tête, et tandis qu'il préparait le passage du Danube et que ses soldats, ses capi-

rope sait que la parole de ce prince est sacrée, immuable autant que pure ; c'est le ciel qui a parlé par sa bouche ; éveillez-vous donc, Italiens ! levez-vous ; de quelque parti que vous ayez été, ou que vous soyez, ne craignez rien, pourvu que vous soyez Italiens. Nous ne venons pas à vous pour rechercher, pour punir, mais pour vous secourir, pour vous délivrer ; voudriez-vous rester dans l'état abject où vous êtes ? Ferez-vous moins que les Espagnols, que cette nation de héros chez laquelle les faits ont répondu aux paroles ? Aimez-vous moins qu'elle vos fils, votre sainte religion, l'honneur et le nom de votre nation ? abhorrez-vous moins qu'elle la honteuse servitude qu'on a voulu vous imposer avec des paroles engageantes et des dispositions si contraires à ces paroles ? Italiens ! la vérité, la raison vous disent qu'une occasion aussi favorable de secouer le joug étendu sur l'Italie ne se représentera plus jamais ; elles vous disent que si vous ne les écoutez pas, vous courez les risques, quelle que soit l'armée victorieuse, de n'être autre chose qu'un peuple conquis, un peuple sans nom et sans droits ; que si, au contraire, vous vous unissez fortement à vos libérateurs, que si vous êtes avec eux victorieux, l'Italie renaît, elle reprend sa place parmi les grandes nations du monde, et, ce qu'elle fut déjà, elle peut redevenir la première.

« Italiens, un meilleur sort est entre vos mains, dans les mains qui portent le flambeau des lumières dans toutes les parties du monde, et rendirent à l'Europe, tombée dans la barbarie, les sciences, les arts et les mœurs.

« Milanais, Toscans, Vénitiens, Piémon-

RÉUNION DE ROME A L'EMPIRE (17 MAI 1809).

taines, ses généraux recevaient les ordres de sa main pour les opérations stratégiques, le voilà, lui, Napoléon, qui lance un décret immense dans ses résultats: le plus sérieux peut-être dans sa vie historique. Ce décret portait réunion des États du pape à l'Empire français; la cité éternelle devenait la seconde ville de l'Empire; Rome serait le chef-lieu d'un département, ni plus ni moins que la plus chétive ville de France, et cette réunion inattendue s'opérait par la seule volonté de l'Empereur[1]. Les motifs de ce décret, curieux à étudier pour comprendre et saisir le génie qui l'avait conçu, reposent spécialement sur les idées que Napoléon s'était faites du pouvoir de sa grande couronne et de l'Église; avec ses pensées fortes et antiques, il ne pouvait souffrir que Rome restât en dehors de son empire; les Romains n'étaient-ils pas l'objet de son culte profond et héroïque? leur système politique avait fait son admiration; il imitait les empereurs, comme eux il était revêtu de la pourpre; et puis Charlemagne n'avait-il pas fait la donation des États du

lais, et vous, peuples de l'Italie entière, rappelez-vous bien le temps de votre ancienne existence. Ces jours de paix et de prospérité peuvent revenir plus beaux que jamais; votre conduite vous rend dignes de cet heureux changement.

« Italiens, vous n'avez qu'à le vouloir, et vous serez, Italiens, aussi glorieux que vos ancêtres, heureux et satisfaits autant que vous l'avez jamais été à la plus belle époque de votre histoire. »

Signé, Jean, archiduc d'Autriche.

[1] Voici le texte des décrets étranges qui furent portés par Napoléon contre le Saint-Siége; ils sont datés de Vienne.

1er *Décret.*

De notre camp impérial de Vienne, le 17 mai 1809.

« Napoléon, Empereur des Français, etc.

« Considérant que lorsque Charlemagne, empereur des Français, et *notre auguste prédécesseur*, fit don aux évêques de Rome de diverses contrées, il les leur céda à titre de fief, pour assurer le repos de ses sujets et sans que Rome ait cessé pour cela d'être une partie de son empire;

« Considérant que, depuis ce temps, l'union des deux pouvoirs spirituel et temporel a été, comme elle est encore aujourd'hui, la source de continuelles discordes; que les souverains pontifes ne se sont que trop souvent servis de l'influence de l'un pour soutenir les prétentions de l'autre, et que par cette raison les affaires spirituelles, qui de leur nature sont immuables, se trouvent confondues avec les temporelles, qui changent suivant les circonstances et la politique des temps.

« Considérant enfin que tout ce que nous avons proposé pour concilier la sûreté de

Saint-Père, et lui n'était-il pas le successeur de Charlemagne? Toutes ces idées justifiaient dans sa tête le décret qui réunissait Rome; les questions du juste et de l'injuste ne dominaient jamais la pensée de l'Empereur: que lui importait que le pape fût un pauvre vieillard sans puissance pour lui résister? Ce qu'il avait fait avec l'Espagne, il le faisait avec Rome; les princes de la maison de Bourbon habitaient un palais pour prison, le pape aurait le sien; il ne voulait pas de souveraineté en dehors de lui. C'est toujours la suite du même système, l'exécution des mêmes idées, rien ne l'arrêtait dans la réalisation de son plan.

Le pape allait être son sujet temporellement; il aurait le chef de l'Église dans ses États, comme Charlemagne avait reçu le pape Adrien; il lui donnerait un palais impérial, comme Charles IV en avait un à Compiègne; pourrait-il refuser ce don de la munificence impériale? Pie VII oserait-il lutter avec lui, et le pape se mettre en opposition avec l'Empereur? Il se trouva pourtant que ce vieillard n'accéda pas avec pusillanimité aux ordres de Napoléon; si l'astuce et les passions usées avaient arraché à la faiblesse de Charles IV une abdication, le pape,

nos armées, la tranquillité et le bien-être de nos peuples, la dignité et l'intégrité de notre empire, avec les prétentions temporelles des souverains pontifes, a été proposé en vain;

« Nous avons décrété :

« 1. Les États du pape sont réunis à l'Empire français.

« 2. La ville de Rome, premier siège du christianisme et si célèbre par les souvenirs qu'elle rappelle, est déclarée ville *impériale et libre*. Son gouvernement et son administration seront réglés par un décret spécial.

« 3. Les monuments de la grandeur romaine seront conservés et maintenus aux dépens de notre trésor.

« 4. La dette publique est déclarée dette de l'Empire.

« 5. Les revenus actuels du pape seront portés jusqu'à 2,000,000 de francs, libres de toutes charges et redevances.

« 6. Les propriétés et palais du saint père ne seront soumis à aucune imposition, juridiction, visite, et jouiront en outre d'immunités spéciales.

« 7. Une consulte extraordinaire prendra, le 1er juin prochain, possession en notre nom des États du pape, et fera en sorte que le gouvernement constitutionnel y soit en vigueur le 1er janvier 1810. »

Signé, Napoléon.

prenait à l'égard de Napoléon un système tout opposé; il disait toujours : « L'injustice et l'iniquité peuvent m'arracher Rome, je protesterai; la volonté de l'Empereur est suprême, il peut me briser la tête, me jeter aux Catacombes; je ne serais pas le premier pape qui aurait subi ce traitement, dans l'histoire de l'Église[1]. »

Rome était réunie désormais à l'Empire, la présence du pape dans la capitale du monde catholique pouvait devenir un sujet d'insurrection populaire parmi les Transtévérins; Rome allait-elle se soulever contre les oppresseurs? De triples instructions partirent pour Murat à Naples et pour les généraux Miollis et Radet à Rome; elles supposaient bien des éventualités. Si le pape abdiquait la souveraineté temporelle, on pourrait le laisser au Quirinal, à Saint-Pierre, dans sa capitale, et l'on reconnaîtrait sa suprême puissance sur les consciences catholiques. Si au contraire le vieillard résistant, osait surtout une excommunication contre l'empereur Napoléon, on devait l'enlever de Rome pour le conduire au-delà des Alpes le plus secrètement possible, afin de ne pas exciter les irritations du peuple; Napoléon laissait à Murat le soin de diriger cette expédition d'Italie; Miollis et Radet n'étaient que les bras de l'Empereur, sa pensée entière s'était

---

2ᵉ *décret*,

« Napoléon, Empereur des Français, etc.

« 1. La consulte extraordinaire créée par notre décret d'aujourd'hui pour les États romains sera organisée et composée de la manière suivante :

« Le général de division Miollis, gouverneur général, *président*.

« M. Saliceti, ministre du royaume de Naples.

« MM. de Gérando, Jannet et del Pozzo. M. Debalbe, auditeur au conseil d'État, secrétaire.

« 2. La consulte extraordinaire est chargée de prendre, en notre nom, possession des États du pape, et de faire les opérations préparatoires à l'administration du pays, de manière que le passage de l'état actuel au régime constitutionnel se fasse sans aucune secousse, et qu'il soit pourvu à tous les intérêts. »

Signé, Napoléon.

[1] Le cardinal Pacca fit afficher dans Rome la notification pontificale qu'on va lire :

« Dans la douleur où nous nous trouvons, nous ressentons une consolation suave, de voir que nous éprouvons ce que notre Seigneur annonça à saint Pierre

communiquée à Murat que plusieurs motifs éloignaient de la souveraineté des papes.

Murat élevé sur le trône de Naples ne mettait plus de bornes à son ambition; le royaume qui embrasse les belles terres où le Vésuve bouillonne ne lui paraissait plus suffisant; il rêvait la royauté d'Italie tout entière, ou au moins la séparation de cette Italie en deux états bien distincts : l'un méridional, qui comprendrait Rome, les légations, jusqu'aux Apennins; l'autre septentrional, pour Eugène de Beauharnais; la possession de Rome lui semblait donc une nécessité, et toutes les instances pour l'abdication ayant échoué devant la ferme volonté du pontife, il fallut recourir à la force. Dans une des nuits du mois de juillet, si courtes et si belles en Italie, le Quirinal fut encore envahi; la septième heure du jour, comme on la compte à Rome (trois heures du matin), sonnait à Saint-Jean-de-Latran, lorsque des échelles furent dressées au mont Quirinal : les soldats s'y précipitent, Radet pénètre dans les appartements; le pape reçoit le général avec cette résignation qui caractérise le Saint-Père; ils causent de Napoléon; le pape témoigne plus de chagrin de voir l'oubli que faisait l'Empereur de ses services et de la pensée religieuse, que des violences qu'on lui impose; Radet donne communication de ses ordres, après

en lui disant : « *Vous serez dans l'âge sénile, lorsque vous étendrez vos mains et qu'un autre vous liera et vous portera là où vous ne voudrez pas aller.* »

« Nous abandonnons nos mains sacerdotales à la force qui nous lie pour nous porter ailleurs, et nous déclarons les auteurs de ce fait responsables envers Dieu de toutes les conséquences de cet attentat. De notre côté, nous désirons seulement, nous conseillons, nous ordonnons que nos fidèles sujets, que nos ouailles particulières de Rome, que notre troupeau universel de l'Église catholique, imitent ardemment les fidèles du premier siècle, dans la circonstance dans laquelle saint Pierre était resserré en prison, et où l'Église ne cessait jamais de prier Dieu pour lui.

« Successeur, bien qu'indigne, de ce glorieux apôtre, nous vivons dans la confiance que tous nos enfants si chers rendront ce pieux et dernier devoir à leur père commun; et nous, en récompense, nous leur donnons, avec la plus grande effusion de cœur, la bénédiction apostolique. » Pius PP. VII.

l'invocation au Saint-Esprit, Pie VII lance fermement sa bulle d'excommunication, pour remplir son devoir, et la scelle du sceau de saint Pierre les larmes aux yeux. Cette bulle ne désignait même pas nominativement Napoléon, tant le Saint-Père avait pris soin d'écarter toute personnalité contre l'usurpateur de sa maison; elle fut affichée dans Rome quand le canon retentissait et que le drapeau impérial flottait sur le château Saint-Ange. Il faut laisser un instant le pape s'acheminant vers Savone pour revenir à Napoléon, glorieux vainqueur, alors au palais de Schœnbrünn.

Là, toujours infatigable, l'Empereur poursuivait la guerre avec vigueur; l'idée du démembrement de la monarchie autrichienne lui paraissait réalisable; il s'adressait aux magnats de Hongrie; et de ce château habité par les empereurs, petits-fils de Marie-Thérèse, il les invitait à se séparer de l'Autriche pour former une souveraineté indépendante[1] : pourquoi la Hongrie ne composerait-elle pas un État séparé? Sa volonté paraît alors de fractionner la monarchie autrichienne en petits royaumes qui n'auraient pas plus d'éten-

---

[1] *Proclamation de Napoléon aux Hongrois.*
Au quartier impérial de Schœnbrünn, le 15 mai 1809.

« Hongrois! l'empereur d'Autriche, infidèle à ses traités, méconnaissant la générosité dont j'avais usé envers lui, après trois guerres consécutives, et notamment après celle de 1805, a attaqué mes armées. J'ai repoussé cette injuste agression : le Dieu qui donne la victoire, et qui punit l'ingrat et le parjure, a été favorable à mes armes : je suis entré dans la capitale de l'Autriche, et je me trouve sur vos frontières. C'est l'empereur d'Autriche et non le roi de Hongrie qui m'a déclaré la guerre! Par vos constitutions il n'aurait pu le faire sans votre consentement; votre système constamment défensif, et les mesures prises par votre dernière diète, ont fait assez connaître que votre vœu était pour le maintien de la paix.

« Hongrois! le moment est venu de recouvrer votre indépendance. Je vous offre la paix, l'intégrité de votre territoire, de votre liberté et de vos constitutions, soit telles qu'elles ont existé, soit modifiées par vous-mêmes, si vous jugez que l'esprit du temps et les intérêts de vos concitoyens l'exigent. Je ne veux rien de vous : je ne désire que vous voir nation libre et indépendante. Votre union avec l'Autriche a fait votre malheur; votre sang a coulé pour elle dans des régions éloignées ; et vos intérêts les plus chers ont été con-

due que la Bavière ou la Saxe : on aurait eu un roi de Hongrie, un roi d'Autriche, de Moravie, de Bohême, et chacune de ces couronnes placée sur les têtes des archiducs; et toutes entreraient successivement dans la Confédération du Rhin, dont il était protecteur.

A Schœnbrünn, Napoléon publia un décret qui punissait de mort tout associé de la landwerh [1]; les villages qui prendraient les armes seraient incendiés, et oubliant ici les lois de la guerre au point le plus extrême, l'Empereur ordonna de passer par les armes, si on le saisissait, « le nommé Chasteler, » selon la malheureuse phrase de Berthier. Le général Chasteler, militaire distingué, insurgeait le Tyrol; au service régulier de l'Autriche, il remplissait son devoir envers son gouvernement, son obéissance de sujet, et Napoléon le frappait comme un rebelle, comme un brigand; les sentiments généreux trouvaient peu de place dans cette âme envers ses ennemis; Schill, Chasteler, le duc de Brunswick, le prince de Hesse, étaient des brigands en style de bulletin, parce qu'ils ne servaient pas son système; M. de Stadion, un aventurier; Stein, un misérable, parce qu'ils ne trahissaient pas la cause de leur pays. C'était une faute d'ainsi abaisser le patriotisme

stamment sacrifiés à ceux de ses États héréditaires : vous formiez la plus belle partie de son empire, et vous n'étiez qu'une province toujours asservie à des passions qui vous étaient étrangères. Vous avez des mœurs nationales ; une langue nationale : vous vous vantez d'une illustre et ancienne origine. Reprenez donc votre existence comme nation ! Ayez un roi de votre choix, qui ne règne que pour vous, qui réside au milieu de vous, qui ne soit environné que de vos citoyens et de vos soldats ! Hongrois, voilà ce que vous demande l'Europe entière, qui vous regarde : voilà ce que je vous demande avec elle. Une paix éternelle, des relations de commerce, une indépendance assurée, tel est le prix qui vous attend si vous voulez être dignes de vos ancêtres et de vous-mêmes.

« Vous ne repousserez pas ces offres libérales et généreuses, et vous ne voudrez pas prodiguer votre sang pour des princes faibles, toujours asservis à des ministres corrompus et vendus à l'Angleterre, à cet ennemi du continent, qui a fondé ses prospérités sur le monopole et sur nos divisions !

« Réunissez-vous en diète nationale, dans les champs de Racos, à la manière de vos aïeux, et faites-moi connaître vos résolutions. »   *Signé*, Napoléon.

[1] *Ordre.*

« 1° La milice dite *landwerh* est dissoute

et d'exalter la trahison¹; ces choses-là restent au cœur des hommes; un terrible talion arrive; quand il fallut défendre la France, l'Empereur aurait désiré plus d'un de ces nobles et fiers partisans au cœur de notre nation.

Cependant il fallait appuyer ces démonstrations de souveraineté hautaine dictées au palais de Schœnbrünn par des succès militaires : des décrets ne soumettaient pas des peuples, la puissance des armes seule pouvait les dompter. La victoire d'Eckmühl, je l'ai dit, résultat de fortes combinaisons stratégiques, ne décidait rien. Le Danube n'était pas passé au-delà de Vienne et l'archiduc se retranchait sur l'autre rive; les troupes de Napoléon devaient marcher au combat, ne point s'arrêter sur le fleuve, chercher enfin à livrer une grande bataille à l'archiduc, sans laquelle il n'y avait pas de sûreté pour Napoléon à Vienne. Quand l'on parcourt le Prater, si admirablement planté, on peut voir que le vaste fleuve offre un millier d'îles couvertes d'une végétation magnifique, véritable corbeille de verdure au milieu de ces eaux noires et rapides. La principale de ces îles, en face d'Albein, est comme un lieu de délices; de petits ruisseaux la couvrent, des arbres de haute futaie, lui donnent un bel ombrage; séparée de la rive droite par un bras assez considérable du Danube, elle n'est divisée de la rive gauche que par une autre partie de fleuve très étroite, mais profonde. Au-delà

« 2° Une amnistie générale est accordée à tous ceux de ladite milice qui se retireront dans leurs foyers dans le délai de quinze jours au plus tard, après l'entrée de nos troupes dans les pays auxquels ils appartiennent.

« 3° Faute par les officiers de rentrer dans ledit délai, leurs maisons seront brûlées, leurs meubles et leurs propriétés confisqués.

« 4° Les villages qui ont fourni des hommes à la milice dite landwehr sont tenus de les rappeler, et de livrer les armes qui leur ont été remises. »   *Signé*, Napoléon.

Ordre du jour.

« Le nommé Chasteler, se disant général au service d'Autriche, étant l'instigateur de l'insurrection du Tyrol, S. M. l'Empereur ordonne qu'aussitôt qu'on se sera saisi de sa personne, il soit traduit devant une commission militaire, et fusillé dans les vingt-quatre heures, comme chef de brigands. »

Signé, Alexandre, prince de Neufchâtel.

se trouve Stadlau en face de Vienne, Gross-Aspern, joli village, comme tous ceux qui bordent le Danube ; plus à droite encore Essling, puis le petit bourg de Stædt Enzersdorf, où les familles de Vienne vont se réjouir le dimanche au son des fanfares et des walses du Tyrol. Ces îles ainsi jetées sur le Danube, en favorisent le passage, et l'œil de Napoléon, si exercé sur la topographie de ses batailles, avait deviné que c'était par cette portion du Danube qu'il fallait déboucher sur la rive gauche ; son plan était simple : jeter des ponts vis-à-vis Albein, qui, d'îles en îles, devaient joindre celle Lobau ; puis de là, le bras étant très rapproché de la rive gauche, on pourrait placer facilement trois ou quatre ponts de bateaux ; par ce moyen on se trouverait dans une seule nuit en face de Gross-Aspern et d'Essling, on attendrait les Autrichiens sur un beau champ de bataille.

Pour accomplir ce plan, plusieurs dispositions parurent indispensables[1] ; les ingénieurs devaient trouver dans cet espace resserré un moyen de favoriser le passage d'une armée avec sécurité ; les matériaux ne manquaient pas à Vienne, et pourtant des ponts peu solides furent construits et

---

[1] Au moment où s'accomplissaient toutes ces opérations, l'Empereur relevait le courage de ses soldats en s'adressant à eux ; on voit qu'il veut regagner le cœur des paysans allemands pour empêcher la landwehr :

« Soldats, un mois après que l'ennemi passa l'Inn, au même jour, à la même heure, nous sommes entrés dans Vienne. Ses landwehrs, ses levées en masse, ces remparts créés par la rage impuissante des princes de la maison de Lorraine, n'ont point soutenu vos regards. Les princes de cette maison ont abandonné leur capitale, non comme des soldats d'honneur qui cèdent aux inconstances et aux revers de la guerre, mais comme des parjures que poursuivent leurs remords. En fuyant de Vienne, leurs adieux à ses habitants ont été le meurtre et l'incendie : comme Médée, ils ont de leurs propres mains égorgé leurs enfants.

« Le peuple de Vienne, selon l'expression de la députation de ses faubourgs, délaissé, abandonné, veuf, sera l'objet de vos égards ; j'en prends les bons habitants sous ma spéciale protection : quant aux hommes turbulents et méchants, j'en ferai une justice exemplaire.

« Soldats, soyons bons pour les pauvres paysans, pour ce bon peuple qui a tant de droits à notre estime ; ne conservons aucun orgueil de nos succès ; voyons-y une preuve de cette justice divine qui punit l'ingrat et le parjure.

« Au quartier impérial à Schœnbrünn, le 13 mai 1809. »   Signé, Napoléon.

OPÉRATIONS MILITAIRES (JUIN 1809).

jetés à la hâte; l'expérience de Napoléon devait surtout lui apprendre que dans une tentative aussi hasardée il fallait s'assurer d'avance de quelques ponts à l'abri des eaux impétueuses. Le Danube est rapide; un capitaine d'un ordre si élevé devait prévenir les accidents d'une rupture de pont, lorsqu'on était à la face d'une masse d'ennemis sur leur propre territoire et au milieu d'une population hostile [1].

L'Empereur devait avoir hâte de préparer les munitions de guerre, les vivres, les ambulances; il fallait prévoir qu'on engagerait une bataille sur la rive gauche avec une armée qui avait toutes les ressources du pays. Mais Napoléon, toujours impatient, avait foi dans sa fortune, dans l'intrépidité de ses soldats, tellement habitué à la victoire qu'il ne prenait pas de précautions pour le cas d'une retraite, mot peu français; il jetait ses braves en leur disant : « Cela est nécessaire, » et nul ne bronchait la tête. Le prince Charles se faisait remarquer par les qualités contraires et par l'entière prudence de ses mouvements. Dès qu'il vit tous les préparatifs d'un passage, les ponts jetés à Albein sur l'île de Lobau, il présuma que Napoléon serait bientôt sur la rive gauche; dans sa prévoyance de guerre, il comprit qu'une telle

---

[1] En commençant la campagne, Napoléon avait demandé des bataillons de matelots de la flottille, pour naviguer sur les fleuves; ils n'arrivèrent que plus tard.

« Monsieur le vice-amiral Decrez,

« Je désire avoir un des bataillons de la flottille à l'armée du Rhin. Voici quel serait mon but : faites-moi connaître s'il serait rempli; 1200 marins seraient fort utiles à cette armée pour le passage des rivières et la navigation du Danube. Nos marins de la garde m'ont rendu de grands services dans la dernière campagne, mais ils faisaient un service qui était indigne d'eux. Les marins qui composent les bataillons de la flottille savent-ils tous nager? Sont-ils tous capables de mener un bateau dans une rade ou dans une rivière? Savent-ils l'exercice d'infanterie? S'ils ont cette instruction, ils me seront fort utiles. Il faudrait envoyer avec eux quelques officiers de l'artillerie de marine, et une centaine d'ouvriers avec leurs outils. Ce serait une grande ressource pour le passage et la navigation des rivières. Sur ce, je prie Dieu qu'il vous ait en sa sainte garde. »

Paris, le 9 mars 1809.

Napoléon.

opération ne pouvait se faire ni dans un seul jour, ni dans une seule nuit ; d'où il résultait que l'armée autrichienne pourrait attaquer les Français, division par division, de manière à les briser; l'archiduc Charles connaissait parfaitement le terrain, et la mauvaise qualité des ponts jetés sur le Danube. Or, lorsqu'une moitié de l'armée française serait débarquée, on pourrait rompre ces frêles moyens de communication, et qu'arriverait-il alors? c'est qu'on attaquerait les divisions, partie sur la gauche, partie sur la droite du fleuve, avec des forces tellement supérieures qu'on pourrait leur faire mettre bas les armes. Des instructions furent données en ce sens aux lieutenants de l'archiduc.

L'Empereur, impatient de terminer la guerre par une bataille, avait ordonné au maréchal Masséna de déboucher par l'île de Lobau sur la rive gauche. C'était le 18 mai pendant la nuit; la division Molitor eut l'honneur de passer la première le grand fleuve, et à la pointe du jour les baïonnettes reluisaient sur le Danube. Le 20 mai les divisions Lasalle et Boudet traversèrent sur la rive gauche en se posant au-dessous des villages d'Essling et de Gross-Aspern à l'abri de forts retranchements ; ces villages, entourés d'une muraille haute et de fossés assez profonds, pouvaient servir d'appui et de défense tout à la fois pour protéger le passage de l'armée et répondre aux feux des Autrichiens. Les généraux Molitor, Lasalle et Boudet s'étonnèrent que l'ennemi ne fît aucune démonstration pour empêcher les divisions qui s'établirent dans ces postes fortifiés. L'archiduc Charles avait son plan, c'était de couper l'armée en deux ; et l'attaque ne commencerait que lorsqu'une forte partie des troupes de Napoléon seraient compromises sur la rive gauche. La nuit fut encore occupée à favoriser la traversée des masses

PREMIÈRE JOURNÉE D'ESSLING (21 MAI 1809). 115

d'hommes qui venaient successivement prendre position.

Ainsi, qu'on se représente bien le champ de bataille : six divisions ont passé le fleuve et sont sur la rive gauche, les corps de Masséna et de Lannes : Napoléon est dans l'île de Lobau avec la garde et les grenadiers d'Oudinot; Lannes s'est placé dans le village d'Essling, et Masséna à Gross-Aspern; les forces sur la rive gauche s'élèvent d'abord à 55,000 hommes, braves divisions sous deux chefs intrépides, vieux soldats de la campagne d'Italie. Au moment où ces divisions attendaient les ordres de l'Empereur pour manœuvrer, le bruit de trois cents pièces de canon se fait entendre; l'armée autrichienne s'ébranle au milieu des éclats de la mitraille et des obus; elle étend ses deux ailes pour déborder les lignes de Masséna et de Lannes; on dirait les flancs d'une montagne qui s'entr'ouvre pour laisser passage à un volcan; Masséna et Lannes se concentrent aussitôt, ils ne se laissent pas intimider; sachant l'importance de leur position, ils doivent la défendre jusqu'à l'arrivée de Davoust chargé de prendre à revers l'archiduc; des masses de soldats tombent foudroyées, on les remplace; tous gardent leur position auprès des cadavres amoncelés. Ce fut une des belles journées de résistance pour l'armée française : gloire plus difficile, car elle exige du sang-froid.

La nuit suspend le combat; qui pourra dire les sanglantes funérailles du lendemain? Les feux éclairent les deux camps; l'Empereur a vu la terrible bataille; l'armée autrichienne a manœuvré avec fermeté : il sent la faute de la veille et pour la réparer il continue à faire passer de nouvelles divisions sur la rive gauche du Danube, et le lendemain il pourra prendre sa revanche. Napoléon était là toujours à pied, imprimant partout son admirable activité ; il savait la nécessité de frapper un coup décisif, car les Autrichiens se renforçaient à chaque moment. Il ne dormit pas dans cette nuit profonde : la pluie tombait par torrents. Il parcourt tous les rangs un fanal à la main ; il excite les soldats, leur rappelle les souvenirs de vingt victoires. La terre était inondée ; les eaux du Danube grossissaient ; qu'importe encore ? il marchait toujours dans l'île sans prendre garde aux monticules, aux fossés ; il ne voyait que les soldats de Masséna et de Lannes malheureusement compromis ; le lendemain 55,000 hommes de ces braves troupes étaient groupés sur la rive gauche entre Gross-Aspern et Essling, prêts à combattre.

Le soleil avait à peine paru sur l'horizon que les effroyables décharges d'artillerie recommencent. Les Autrichiens attaquent avec vigueur ; les villages de Gross-Aspern et d'Essling sont pris et repris à la baïonnette ; l'aspect était horrible ; les Autrichiens cherchaient toujours à déborder les ailes, à refouler les divisions françaises dans le Danube, ils avaient des masses assez puissantes pour cela. Le maréchal Lannes, à la tête des grenadiers d'Oudinot et des meilleures divisions, prend enfin l'offensive : le général Mouton et les fusiliers de la garde le secondent avec une admirable intrépidité qui retentira dans l'histoire ; belle journée pour la jeune garde ! ils attaquent de face, une trouée est faite ; les Autrichiens se défendent avec acharnement. On attend toujours le maréchal Davoust encore sur la rive droite ; s'il traverse le fleuve tout est dit, la bataille est gagnée. Alors un bruit sinistre se répand : « il n'y a plus de pont ! Davoust ne peut venir à notre aide ! le Danube entraîne tout. » Les ponts faiblement construits sont emportés par une crue d'eau extraordinaire que l'archiduc a ménagée en rem-

DEUXIÈME JOURNÉE D'ESSLING (22 MAI 1809).

plissant le fleuve de gros bois, de poutres et d'arbres tout entiers. Ils sont brisés en mille pièces. Quelle position fatale pour l'armée ! Napoléon n'a pas 50,000 hommes effectifs sur la rive gauche en face de 150,000 Autrichiens ; il est sans aucune espèce de communications ; sur la rive droite est le maréchal Davoust qui ne peut porter aide ; l'Empereur est séparé de ses munitions, il n'a que quelques milliers de coups à tirer. S'il avait eu affaire à des militaires plus hardis, plus impétueux que les Autrichiens, il pouvait être acculé au fleuve et forcé de se rendre faute de vivres et de munitions ; il était très dangereux de rester sous cette formidable artillerie lorsque lui-même manque de boulets ; quel moment difficile ! Il était deux heures à peine [1] ; le soleil à son plein ; la nuit trop éloignée pour favoriser la retraite.

A cet instant, l'archiduc Charles voit que les troupes françaises hésitent, car son stratagème a réussi ; les ponts sont brisés ; plus de doute, le moment est venu de porter un coup décisif, et alors il recommence son feu avec plus d'intrépidité. L'armée française répond le mieux qu'elle peut ; elle emploie sa cavalerie pour arrêter les colonnes qui s'avancent ; quels combats de géants ! Des milliers de boulets rebondissent sur le sol ; le général Espagne est tué dans une de ces charges ; Saint-Hilaire est blessé à mort, et, à deux heures de l'après-midi, un boulet de trois qui ricoche atteint le maréchal Lannes aux deux cuisses qu'il croisait l'une sur

---

[1] Le général Savary, présent à la bataille d'Essling, dépeint ainsi la situation de Napoléon :

« Que l'on se figure l'Empereur assis entre Berthier et Masséna au bord du Danube, regardant le pont dont il restait à peine quelques débris ; le corps du maréchal Davoust de l'autre côté du grand fleuve, et toute l'armée derrière eux dans cette île de Lobau, séparée des ennemis par un seul bras du Danube de trente ou quarante toises de large, et n'ayant aucun moyen de l'en retirer ; il fallait bien une âme comme la sienne pour ne pas en être découragé. »
(Notes du général Savary.)

l'autre; il tombe sur ce terrain labouré, sans connaissance. Le maréchal était alors au centre même du combat, à une petite distance de Stadtl-Ezersdorff; les batteries autrichiennes visaient sur lui à plein; il avait vu quelques minutes avant le vieux général Pouzet, son maître à l'armée d'Italie, frappé d'une balle au front; Lannes le pleurait, lorsque lui-même reçut le fatal boulet qui lui fracassa les cuisses. L'Empereur, à quelque distance, vit à travers la fumée tomber un général en grande tenue, et, selon son habitude, il demanda avec ses paroles froidement laconiques : « Qui est-ce que celui-là qui tombe? » Un aide-de-camp vint lui répondre : « C'est le maréchal Lannes ! » A ce nom, son visage changea, et lui que rien n'ébranlait fut un moment dans une très grande agitation.

Quels souvenirs n'arrivaient pas à son esprit! C'était un de ses compagnons d'Italie, un de ces hommes sur lesquels il pouvait compter. Un boulet peut-être l'attendait un jour, lui aussi, et que deviendrait sa frêle dynastie, sa pensée d'un vaste empire encore imparfaite? On ne sait pas assez les douleurs d'un grand homme quand il voit tout ce que son œuvre a de périssable! Quel effet allait produire sur l'armée la blessure mortelle de Lannes[1] ! Napoléon s'avance rapidement vers lui; le maréchal avait perdu connaissance; Napoléon se baisse, l'appelle de sa voix tristement caressante : « Lannes, c'est moi, c'est Bonaparte, ton ami ! » Ses lèvres sont blanches, ses traits contractés; il répète plusieurs fois : « C'est moi, c'est Bonaparte, ton ami! » Lannes revint à lui. Quelques-uns dirent que ses premières paroles furent amères contre celui qui cau-

[1] En parcourant la rive gauche du Danube, j'ai vu le point où Lannes fut frappé, à cent pas du village de Stædtl-Enzersdorff. Il y a maintenant une belle prairie.

sait sa mort par son ambition insatiable; d'autres versions racontent qu'il prononça des paroles de dévouement, de résignation à l'Empereur; elles n'allaient pas au caractère de Lannes. Napoléon recommanda le maréchal aux chirurgiens : « Vous le sauverez? dit-il à Larrey et à Yvan qui étaient là; vous le sauverez, n'est-ce pas? » On lui donna quelque espérance, mais l'œil attristé des chirurgiens disait assez que c'était fini. Lannes se cramponnait à la vie, il ne voulait pas mourir; on le transporta sur un brancard, hors du champ de bataille, au village d'Enzersdorff, couvert de morts et de débris.

Et pendant ce temps, la bataille se continuait toujours; elle durait depuis trente heures avec un acharnement indicible; il fallut une intrépidité merveilleuse à ces troupes françaises pour résister sans munitions à une armée bien plus considérable en nombre; elles se battaient à la baïonnette et à l'arme blanche. Si l'archiduc Charles n'avait pas eu cette timidité de toute sa vie militaire, il eût acculé l'armée sur le Danube, la harcelant de toutes parts avant qu'elle n'eût le temps de se reconnaître; il avait à sa disposition toutes les forces de l'Autriche, il était maître du Danube sur plusieurs points, avec des vivres et des munitions en abondance. L'archiduc Charles recula une fois encore devant sa destinée; le nom de l'Empereur lui inspirait trop d'enthousiasme militaire; il avait le respect de l'élève pour le maître. Le prince manqua donc de vigueur. Napoléon avait commis une de ces imprudences qui marquèrent souvent sa vie militaire, il subissait la conséquence de sa stratégie toujours aventureuse; comptant sur ses soldats, il n'épargnait pas leur sang; il n'est pas une seule de ses campagnes qui ne soit marquée de ce caractère: à Austerlitz, il se

sauvé par la victoire; en Pologne, à Preussich-Eylau, par des efforts inouïs; à Essling, le voilà encore compromis ! Que faire dans la situation de l'armée? que résoudre à la face de l'ennemi qui se renforce à chaque moment?

Un conseil se réunit le soir sur la rive gauche du Danube; Napoléon n'a plus auprès de lui Lannes, son ami; l'homme fort, c'est Masséna; celui-ci, plus prudent dans sa stratégie, couvert de gloire dans la journée d'Essling, établit la nécessité de repasser le Danube. Voici ses motifs : « Si l'armée reste sur la rive gauche, elle s'expose à être détruite par morceaux; les pertes sont énormes; à l'appel du soir, on peut à peine compter 35,000 hommes; si l'archiduc Charles est entreprenant, quelle que soit l'héroïque résistance, on peut être jeté dans le fleuve, qui sait? dans la nuit même, à moins qu'on ne se rende; il faut éviter cette honte. »

L'avis de Masséna est donc de passer dans l'île de Lobau au plus vite, pour de là se mettre à l'abri sur la rive droite. Napoléon modifie cet avis : les obstacles ne l'arrêtent pas; qu'est-ce que la mort de quelques milliers d'hommes? Sa tête, toute mathématique, ne voit que des masses, les unités disparaissent; il juge surtout l'effet moral d'une retraite: « L'archiduc Charles, dit-il, est toujours hésitant devant lui, Napoléon; les Autrichiens ont un grand respect pour la capacité et la supériorité des troupes françaises. Si ce prestige s'évanouit, que restera-t-il? Si la retraite est ordonnée, tout est dit pour la force morale; une fois que l'armée française a touché la rive droite, elle doit opérer sa retraite sur le Rhin; son mouvement rétrograde ne s'arrêtera plus. Ignore-t-on l'enthousiasme qui va éclater dans l'armée autrichienne? Les populations germaniques la seconderont; les sociétés secrètes n'ont-elles pas travaillé l'Allemagne, la Bavière, le Wurtemberg, la Saxe? Il faut donc relever le caractère des deux dernières journées par une fermeté et un courage inouïs. » Que faire? L'opinion de l'Empereur se prononce dès lors pour une grande et audacieuse mesure : l'île de Lobau, spacieuse, a deux lieues de tour, elle peut servir de camp retranché ; il faut s'y retirer jusqu'à ce que des ponts puissent mettre en communication avec la rive droite. Puis s'adressant à Masséna avec sa familiarité caressante et républicaine des beaux jours : « Masséna, il faut achever ce que tu as glorieusement commencé ; il faut retrouver là les souvenirs de l'Italie ; il n'y a que toi qui puisses en imposer assez à l'archiduc Charles ; allons, Masséna, la bataille est à toi. » Et le maréchal, ramené vers les opinions de l'Empereur, devint le partisan le plus ferme de la centralisation de l'armée dans l'île Lobau, pour déboucher ensuite avec des masses immenses sur la rive gauche et prendre sa revanche.

La nuit favorisa ce mouvement rétrograde ; 55,000 hommes passèrent sur quelques pontons et des ponts de bateaux construits à la hâte. L'attitude du soldat était ferme et triste, il se retirait devant l'ennemi ; cela n'était pas français, mais ne l'avait-il pas fait avant Austerlitz? Quelle position allait-il prendre? Quand le dernier pont de bateaux fut coupé, les soldats se trouvèrent entre les flots du Danube ; aucune communication sur la rive gauche, aucuns rapports avec la rive droite. 55,000 hommes dans un rayon de deux lieues couvert de bois ; pas de munitions, plus de 6,000 blessés sans médicaments, sans autres secours que les soins empressés des ambulances et d'un homme, le sauveur des armées, le digne chirurgien en chef Larrey. Point de vivres, le soldat obligé de tuer ses chevaux pour obtenir un peu de bouillon; on salait la viande avec de la poudre; point de pain, et ces hommes exténués sous le feu de deux cents pièces de canon qui continuait de briser des rangs entiers dans l'île. Quelle situation pour les soldats privés de tout et sans ressource! On a pu faire des tableaux embellis de la situation du soldat à l'île de Lobau, elle était affreuse! Quand on s'imagine des masses d'hommes entassés, sous 28 degrés de chaleur, sans vivres, avec des malades, des blessés, menacés de la peste et de la famine!

Ce n'était pas en vain que l'Empereur avait compté sur la fermeté de Masséna [1]; lui seul soutint cette espèce de siége que l'archiduc faisait de l'île de Lobau; avec moins de ténacité, il pouvait être contraint à se rendre. Quelle espérance restait-il? L'Empereur! La confiance du soldat était si grande, qu'à travers ces gémissements il savait bien que cette puissante tête ne l'abandonnerait pas. Napoléon avait visité tous les points de l'île de Lobau; il écrivit de sa main des instructions très étendues pour faire prendre position à tous les corps; il put voir de ses propres yeux l'héroïque souffrance des soldats, le dévouement des chefs: mourir n'était rien pour ces hommes; mais ce qu'il fallait admirer, c'était

---

[1] *Au maréchal Masséna.*
23 mai 1809, après minuit.

« L'Empereur arrive au premier pont sur le petit bras. Le pont de chevalets est rompu; on donne des ordres pour le réparer. Mais il est nécessaire que vous y envoyiez des sapeurs pour faire deux ponts de chevalets au lieu d'un. Ce qui sera plus long, c'est le premier pont sur le grand bras, qui est à moitié fait, et qui ne peut être reconstruit au plus tôt que vers la fin de la journée de demain. Il est donc nécessaire que vous teniez fortement la tête du premier pont que vous passez demain matin; c'est-à-dire de placer de l'artillerie et de retirer les pontons, pour faire croire à l'ennemi, d'après votre disposition, que nous nous réservons les moyens de rejeter le pont pour passer, ce qui tiendra l'ennemi en respect.

« L'Empereur passe de l'autre côté pour activer tous les moyens, et surtout pour faire passer des vivres. L'important est donc de vous tenir fortement et avec beaucoup de canons dans la première île, et d'envoyer vos pontons pour le pont rompu. »

Alexandre.

la force d'âme et la manière dont ils savaient souffrir pour la gloire de César. La nécessité fit jeter dans le Danube des blessés qui n'étaient point cadavres encore ; on craignait la peste et la famine ; on était à la fin de mai, les chaleurs sont brûlantes, et qu'allaient devenir ces masses d'hommes amoncelés autour des soldats ? Masséna fut ici ce qu'il fut toujours, ferme, résolu ; il avait tout pouvoir comme commandant supérieur. L'Empereur était passé sur la rive droite, préparant les dispositions à prendre pour sauver l'armée ; les soldats auraient pu murmurer de cet abandon : « Quoi ! Napoléon ne partageait pas leurs douleurs ! il allait à Schœnbrünn au milieu de toutes les joies, tandis que 55,000 de ses enfants étaient exposés à d'horribles souffrances ! »

L'Empereur avait de hauts desseins ; sa prévoyance s'étendait non seulement à sauver les soldats, mais à préparer les éléments d'une grande bataille pour en finir avec les troupes de l'archiduc ; il comptait sur la fermeté de Masséna, sur l'admirable courage de ses régiments ; il attendait l'armée d'Italie que conduisaient Eugène et Macdonald, et le corps de Lefebvre qui s'avançait par l'Allemagne. L'immobilité inexplicable du prince Charles favorisait la construction de larges ponts qui pouvaient lier l'île de Lobau à la rive droite du fleuve ; sa prévoyance s'étendait à Vienne, à Munich, dans le Tyrol, sur tous les points du Danube. Bientôt des vivres purent parvenir dans l'île de Lobau, les rations furent portées à quelques onces de pain par jour ; il y eut là de l'héroïsme comme aux beaux jours de la

---

[1] Comparez pour la bataille d'Essling et en général sur cette campagne les ouvrages allemands : *Beobachtungen und historiche Sammlung wichtiger Ereignisse aus dem Kriege im Jahr 1809* Weima, 1809 ; et sur les opérations de l'archiduc Jean. — Leipsick, 1817. *Das Heere : von Inneroestreich unter den Befehlen des Erzherzogs to Johann von 1809 in Italien, Tirol und Ungarn;*

Révolution française. L'Empereur comptait sur le moral de ses soldats; il savait qu'avec un mot, une proclamation, il rendrait toutes les joies du triomphe; le puissant magicien n'avait qu'à parler. Patience, résignation dans l'île de Lobau, attitude ferme pour imposer à l'archiduc, voilà les instructions données à Masséna; elles furent remplies avec cette grandeur de courage qui caractérisait les lieutenants du général Bonaparte en Italie.

Dans les loisirs de cette vie de siége dans l'île de Lobau, Masséna eut plus d'une fois à s'exprimer sur la conduite faible, inexplicable, de l'archiduc Charles; il le fit sans ménagements : « Je ne conçois rien à la conduite de l'archiduc Charles : on disait que ce prince avait des talents militaires; mais à défaut de talents, il suffisait de l'expérience qu'il a dû acquérir en faisant la guerre pour lui faire obtenir un grand succès dans la bataille d'hier! Si j'avais été à sa place, il ne serait pas échappé un Français pour porter la nouvelle du désastre. Les Français étaient en fort petit nombre; les Autrichiens trois fois plus nombreux; l'armée d'Italie n'était pas arrivée; le corps de Davoust n'avait pas encore rejoint; celui de Bernadotte et de ses Saxons étaient éloignés : l'archiduc n'avait qu'à détacher 50,000 hommes sur Presbourg; les habitants de Vienne égorgeaient tous les Français en garnison, et l'armée, prise dans une souricière, était forcée de mettre bas les armes. »

CHAPITRE V.

RÉSULTAT POLITIQUE DES BATAILLES

DE GROSS-ASPERN ET D'ESSLING.

Effet moral sur LES PEUPLES.— Les Allemands. — Les Espagnols.— Les Tyroliens. — Les patriotes d'Italie. — Sur LES GOUVERNEMENTS. — L'Angleterre. — Préparatifs de ses trois invasions en Italie, en Espagne et en Hollande.—Négociations intimes de la Russie et de l'Autriche. — Destination de l'armée du prince Galitzin. — Premières promesses d'un royaume de Pologne.—Rapports intimes de la Prusse et de l'Autriche. — Mission du colonel Steigentsch. — Effet de la bataille d'Essling à Paris. — Situation de l'esprit public en France. — Le parti républicain.—Soulèvement religieux.—Le catholicisme et Napoléon après la captivité du pape. — Fouché. — M. de Talleyrand. — Situation des monarchies éphémères fondées par Napoléon.—Vice-royauté d'Italie. — Grand-duché de Toscane. — Elisa. — Naples. — Murat. — Caroline. — Hollande. — Westphalie. — L'Espagne et Joseph.

Juin et Juillet 1809.

Lorsqu'un gouvernement est parvenu à heurter une trop grande masse d'intérêts et d'opinions, on saisit toutes les circonstances, tous les accidents, pour les saluer comme les précurseurs de sa chute et l'aurore d'une délivrance; les peuples se vengent ainsi des oppressions qui les accablent. Les bulletins des batailles de Gross-Aspern et d'Essling, encore grossis par les exagérations de l'étranger, étaient répandus avec profusion dans toute l'Europe : « Enfin l'invincible Empereur, cet homme dont le prestige avait soumis l'Europe, subissait la peine de ses fautes; son imprudence l'avait conduit dans une des îles du Danube, et là, abîmé sous l'artillerie, il n'avait plus que les débris d'une armée; Lannes, son ami et son bras droit, était mort, brisé sous les boulets; lui-même avait perdu la tête, il était fou! c'était le moment pour les peuples de se lever en masse. Était-ce pour créer ses frères et ses parents, les Bonaparte, rois ou grands-ducs qu'il fallait épuiser la génération? » Ainsi parlait l'Europe.

L'Allemagne fut le pays le plus vivement ébranlé par la nouvelle si rapidement répandue de la bataille d'Essling. Si, au début de la campagne, la fermentation était grande déjà, à plus forte raison elle dut éclater avec enthousiasme lorsqu'on vit enfin que cet homme si puissant jusqu'alors, que le colosse venait d'être si profondément ébranlé au milieu des feux d'une bataille. Ardnt écrivit à Pozzo di Borgo : « que Napoléon enfin venait d'être pris comme un gros rat du Danube dans les filets de l'île de Lobau. » Le major Schill ne resta plus seul dans son expédition téméraire; le duc de Brunswick-OEls put recruter 8,000 hommes qui se joignirent aux hussards de la Mort [1]; le prince de Hesse marcha sur le

---

[1] Le duc de Brunswick-OEls disait dans une proclamation :
« Allemands, voulez-vous verser votre sang pour des étrangers, pour des Français? vos frères, contre lesquels vous marchez, viennent briser vos fers. Levez-vous, Hessois, Prussiens, Brunswickois, Hanovriens; réunissez-vous pour effacer la honte de la Germanie, et punir ses oppresseurs : le moment de la délivrance est arrivé. »
Napoléon traitait toujours Schill de brigand; il faisait écrire :
« Le brigand Schill a osé répandre des proclamations où il s'intitule *général au service d'Angleterre*; il invite les habitants de tout rang, de tout âge, et les femmes mêmes à faire cause commune avec lui. Plus de 300 de ses cavaliers sont tués ou pris, il lui en reste à peu près 200. Un autre chef de bandits, nommé Bronnow, se dit audacieusement autorisé par le gouvernement prussien (ce que personne ne croit). Il a paru un instant à Halle, où il a abattu un écusson westphalien, pour y substituer le tableau d'un maître de poste sur lequel on voyait encore l'aigle de Prusse. »

Hanovre; les paysans se levèrent comme un seul homme; l'étincelle électrique avait partout pénétré; tout le long du Danube c'était comme une mer de peuples agités que les gouvernements contenaient à peine. Les cris de patrie et de délivrance se firent entendre !

Au loin, en Espagne, la renommée, en battant ses ailes joyeuses sur les sierras couvertes de lauriers roses, vint annoncer aux juntes la défaite de celui que les enfants de l'Espagne appelaient leur Antéchrist. Le Danube allait-il voir un second désastre comme celui de Dupont à Baylen, et de Junot à Cintra ? Qui sait ? Napoléon lui-même en ce moment, entouré d'insurrections, serait obligé de déposer les armes, comme ses lieutenants au Guadalquivir ou dans les vallons du palais de Mafra. Courage, dignes Espagnols! courage, braves Allemands ! le jour de l'indépendance arrive! Courage, Tyroliens ! saisissez votre carabine qui fait siffler la balle de glacier en glacier [1]! L'arbre germanique se relèverait-il sous l'impulsion populaire ? Ces bruits de défaites et de désastres ranimaient également les espérances de ces carbonari qu'Eugène de Beauharnais, noble cœur pourtant, faisait fusiller parce qu'ils rêvaient la patrie italienne et en portaient les couleurs. Puis ce cri d'enthousiasme s'élançant sur les montagnes allait encourager les Tyroliens et Hoffer, ce digne chef qui se jouait de sa carabine, et marchait au son des cors chéris dans la montagne. Patrie et li-

---

[1] Dans le Tyrol, où commandait le général Kinkel, les Bavarois n'avaient que :

Le bat. léger de Wrède,	
——— de Barnklau,	1,800 hommes, à Brixen.
Une partie du rég. du prince Charles,	
Le bat. léger de Dietfurth,	700 hommes, à Trente.
Le régiment de Kinkel,	
Monuzzi, dragons,	1,950 hommes, à Insprück.
	4,450 hommes.

berté ! tout semblait prendre un nouvel essor par l'échec que le grand Empereur venait d'éprouver sur le Danube.

Toutefois, les cabinets examinaient plus sérieusement et plus froidement que les peuples les véritables résultats des batailles d'Essling et de Gross-Aspern. Il était certain pour eux que Napoléon avait éprouvé un grave échec, irréparable peut-être ; sa position dans l'île de Lobau était tellement compromise, qu'avec de la hardiesse et de la ténacité, on pouvait acculer Bonaparte et le forcer à une retraite désastreuse. L'insurrection d'Allemagne était suffisante pour arrêter le mouvement de Lefebvre et couper toute communication avec le Rhin, qui ne serait plus une base suffisante d'opérations ; un corps d'armée marcherait contre Eugène pour le battre en détail ; Marmont, qui s'avançait de la Dalmatie, serait également entouré d'insurrections ; puis enfin, on attaquerait de face le puissant Empereur, alors fatalement compromis. Vienne même soupirait après une insurrection que sonnerait la grosse cloche de Saint-Etienne ; peut-être le jour de la délivrance n'était-il pas loin ; on briserait les traités onéreux pour l'indépendance des souverainetés et l'énergie des gouvernements.

En Angleterre particulièrement, cette nouvelle de la bataille d'Essling produisit un effet de joie et d'espérance. Le cabinet, divisé sur quelques points de politique intérieure, résolut de redoubler d'efforts pour amener la chute de Napoléon ; le traité de subsides avec l'Autriche fut définitivement arrêté, et des millions de livres sterling furent expédiés par Trieste et l'Adriatique à la banque de Vienne. Le pavillon anglais se montra partout en Italie avec des armes, des munitions, pour soulever les insurgés. M. Canning promit officiellement d'appuyer par une démonstration réelle les efforts glorieux que les états faisaient pour la cause commune. Une vigoureuse attaque de la marine anglaise se dirigea vers l'île d'Aix ; quatre vaisseaux de ligne furent pris, d'autres brûlés par leurs propres commandants ; inexplicable désastre que les journaux anglais célébrèrent dans les termes les plus pompeux pour relever l'esprit public. Les immenses armements que la Grande-Bretagne préparait furent poussés avec vigueur ; sir Arthur Wellesley commandait en chef l'armée de Portugal et de Naples ; sir Charles Stuart, avec des troupes parties de Gibraltar, de Malte, de la Sicile, dut paraître sur les côtes de Naples et d'Italie, et proclamer l'insurrection populaire. L'attention du ministère britannique fut particulièrement fixée sur l'expédition destinée pour la Hollande, forte de 50,000 hommes ; celle-ci se liait à une pensée de négociations politiques dans les Pays-Bas, en France, sur les bords du Rhin ; on voulait opposer l'idée républicaine à la dictature de Napoléon. L'Angleterre fut dans l'ivresse au récit des désastres d'Essling ; les lettres venues du continent, les dépêches du comte de Stadion et de Schill même excitèrent une vive et profonde émotion dans le parlement anglais. La populace de Londres manifesta ses haines contre la France.

A Saint-Pétersbourg l'état des esprits était si peu favorable à Napoléon[1], que toute la cour applaudit aux succès

---

[1] Le maréchal Davoust écrivait à Napoléon sur le manque de concours des Russes, il y avait là antipathie.

« Les deux aides-de-camp que S. A. le major-général avait envoyés au prince de Galitzin et au prince Poniatowski viennent d'arriver. Ces officiers ont entendu beaucoup de propos ridicules de la part des Russes. Ils citent entre autres le prince Suwarow, qui a dit que cet état de choses ne pouvait durer ; que V. M. traitait la Russie comme ses généraux, à qui elle donnait des dotations ; qu'il fallait qu'elle eût ensorcelé l'empereur Alexandre, mais que cela finirait. Ils n'ont été contents que du prince de Galitzin. Ils ont trouvé les troupes polonaises très belles. »

(Dépêche de Davoust.)

de l'Autriche et de l'archiduc Charles sur le Danube. Si l'empereur Alexandre, forcé par l'alliance de Tilsitt, renouvelée à Erfurth, avait déclaré officiellement la guerre au cabinet de Vienne, ce n'était là qu'une forme, qu'une concession aux circonstances, un accident dans une situation générale d'hostilité européenne. Après les batailles de Gross-Aspern et d'Essling, des instructions partirent pour le commandant en chef de l'armée russe en Pologne, le prince de Galitzin ; des précautions plus grandes lui furent recommandées : « L'armée russe devait se compléter, mais sans agir pour cela hostilement contre l'Autriche; le Czar voulait intervenir comme médiateur, et Galitzin avait ordre de bien traiter le prince Poniatowski pour l'engager dans les projets de la Russie sur la triste et malheureuse Pologne.

La pensée politique d'Alexandre commence ici à se manifester : il veut créer un royaume de Pologne sous la protection de la Russie, dont la vice-royauté serait donnée au prince Poniatowski, et sur son refus, à un des czarewitchs; royaume à part, armée, finances, administration à part : la Pologne serait ainsi pour la Russie ce que l'Italie était pour la France, une annexe intimement liée au système russe. Dans aucune hypothèse le cabinet de Saint-Pétersbourg n'entend que les Russes en viennent aux mains avec les Autrichiens; l'alliance avec Napoléon ne va pas jusque-là [1]. Le prince de Schwartzenberg,

---

[1] Le prince Poniatowski écrit à Berthier la véritable situation de la Pologne et de son armée vis-à-vis des Russes.

Au quartier-général de Pulawy, le 27 juin 1809.

« Monseigneur, j'avais eu l'honneur de porter à la connaissance de V. A. S., en date du 21 de ce mois, que malgré l'engagement positif pris par le prince de Galitzin, de faire passer ce jour deux divisions de son armée au-delà du San, on ne s'apercevait d'aucune disposition pour cet objet. En effet, sous prétexte de manquer de vivres, cette mesure n'a été effectuée qu'en partie deux jours après, avec la même lenteur qui caractérise jusqu'ici tous les mouvements des troupes russes. Ces retards ont donné au corps autrichien, qui

toujours à Saint-Pétersbourg avec une mission spéciale de l'empereur François II, était chargé de communiquer au Czar les pensées de délivrance que l'Allemagne espérait pour l'Europe : on s'entendrait sur toutes les questions, même sur la Turquie. Seulement Alexandre déclarait que le seul rôle possible pour la Russie, depuis l'entrevue d'Erfurth, était celui d'une médiation ; il n'y avait rien au-delà de faisable, tant que l'empereur Napoléon ne donnerait pas sujet à une rupture complète des conventions arrêtées à Erfurth, par son influence sur les destinées futures de l'Allemagne.

A Berlin, la disposition de la cour était plus favorable à la cause allemande [1] ; si l'on avait suivi les inspirations du peuple prussien, le cabinet aurait éclaté ; la reine Louise, ardente dans ses idées chevaleresques, avait tant d'outrages à venger, tant d'humiliations à oublier pour son cœur flétri ! Le roi Frédéric-Guillaume, plus prudent et plus sérieux, ne voulait plus essayer de nouvelles chances de fortune dans l'affaiblissement

---

s'était porté sur la rive droite de la Vistule, le temps de faire sa retraite avec la plus grande tranquillité ; on n'a, en aucune manière, cherché à l'inquiéter. La connaissance certaine que, dès cette époque, on eut à l'armée autrichienne que celle du prince de Galitzin ne passait pas la Vistule, a engagé l'archiduc Ferdinand à porter avec rapidité la plus grande partie de ses forces, savoir, environ 25,000 hommes, jusque sur la Pilica, et de menacer ainsi les frontières du duché ! J'espère cependant que le zèle à toute épreuve des Galliciens saura vaincre cette nouvelle entrave, et que nous ne serons point frustrés des moyens qu'offre le pays pour ajouter à nos forces, si le manque total d'armée ne met des bornes à leur désir de mériter une patrie, en se rendant dignes de la protection de l'Empereur. Veuillez bien, Monseigneur, agréer l'assurance de ma haute considération.

« Le général de division commandant les troupes polonaises du 9e corps. »

Joseph, prince Poniatowski.

[1] Le général Michaud, gouverneur de Magdebourg, écrivait le 30 juin 1809 :

« Le mauvais esprit et les dispositions hostiles de la Prusse se manifestent tous les jours davantage... 100,000 hommes sont prêts à entrer en campagne ; on dit que la prise de Magdebourg doit être leur première opération. Ce nombre, qui serait d'abord fort exagéré, n'est cependant pas

de sa monarchie; une fois déjà l'Autriche l'avait abandonné pour traiter isolément, n'en serait-il pas de même aujourd'hui si l'Empereur des Français offrait une paix sûre et raisonnable à Vienne? Toutefois, dans le dessein d'une réunion de toutes les forces allemandes pour une croisade contre les Français, le cabinet de Vienne désigna le colonel Steigentesch avec une mission secrète auprès de Frédéric-Guillaume (comme le prince de Schwartzenberg en avait une également auprès de l'empereur Alexandre); le colonel fut parfaitement accueilli [1]; le roi lui déclara que tôt ou tard la cause allemande serait commune : « mais aujourd'hui que pouvait-il dans l'état d'abaissement où l'on laissait la Prusse? Que ferait-on pour la délivrance de la patrie? » Toutes les places importantes étaient occupées par les Français, les officiers avaient grande envie de laver l'affront fait à leurs épaulettes après Iéna; les rapports des généraux Rapp à Dantzick, Michaud à Magdebourg, disaient assez le mécontentement des esprits dans la vieille Prusse; un soulèvement paraissait immanquable. Si Essling n'était pas effacé dans ces souvenirs par une rapide et prompte vic-

---

sans vraisemblance. On sait que depuis longtemps la Prusse recrute, et remplit ses cadres de nouveaux soldats, laissant de côté les anciens, ainsi que ceux qui ont été nos prisonniers, qui peuvent être promptement rappelés et facilement réunis. J'ignore quelles sont les dispositions de cette cour, mais celles des particuliers et des militaires sont très mauvaises. »

[1] Les plus curieuses révélations sur les dispositions de la Prusse résultent de la pièce diplomatique que voici :

Extrait d'une dépêche du baron de Linden, ministre de Westphalie à Berlin, au comte de Furstenstein, ministre secrétaire d'État et des relations extérieures.

« Je tâcherai de rendre à V. E. le résumé des entretiens qu'a eus le colonel Steigentesch, négociateur autrichien, avec le roi, la reine et les personnes marquantes de Kœnigsberg, autant que j'ai pu les retenir de mémoire, n'ayant souvent pas osé marquer un trop grand intérêt pour ne point lui fermer la bouche.

« Le roi l'accueillit d'une manière assez sèche, en lui demandant quel était l'objet de sa mission : à quoi Steigentesch répondit que la lettre dont il était porteur l'expliquait parfaitement. Le roi disait : « L'empereur demande des secours à présent, et peut-être plus tard fera-t-il une paix séparée en m'abandonnant. » Steigentesch observa à S. M. « que ce n'était pas du secours que son maître demandait; que la

toire, si le génie de l'Empereur ne relevait pas le cœur de ses amis, l'Europe lui échappait. Napoléon aurait été forcé de dire, dès 1809, ces mots qu'il fut obligé de répéter au Corps législatif en 1813 : « Toute l'Europe marchait avec moi, aujourd'hui toute l'Europe marche contre moi. » Fatal aveu qui précipita sa chute, car il se posa comme le seul obstacle à la paix.

L'Empereur pouvait-il compter au moins sur l'intérieur de son vaste empire, sur ces populations qui s'étendaient depuis Hambourg jusqu'aux bouches du Cattaro ? Avait-il quelque force dans ces monarchies qu'il créait pour ses frères, ou bien ces établissements éphémères étaient-ils encore pour lui des embarras ? Ici l'attention de l'Empereur devait vivement se réveiller ; la France c'était son empire, son domaine, sa magnifique création ; si l'opinion des masses lui restait favorable, il avait peu à craindre les conspirations des étrangers. Hélas ! le bulletin de la bataille d'Essling avait produit une douloureuse sensation parmi les hommes et les partis que la fortune de Napoléon n'avait pas frappés com-

---

bataille d'Aspern avait bien prouvé que l'Autriche ne manquait pas de moyens de défense ; mais que le but énoncé de cette guerre étant que les puissances rentrent dans leurs anciennes possessions, il était juste aussi qu'elles y contribuassent, et que le moment actuel mis à profit ferait bien vite atteindre ce but ; que lui n'était pas envoyé que pour discuter sur la question qui déjà devait être décidée, mais pour concerter sur les moyens de l'exécution. » Le roi ajouta : « Malgré les craintes que je pourrais avoir que l'Autriche ne m'abandonnât, je suis décidé cependant à me réunir à elle un jour ; mais il n'est point temps encore. Continuez ; en attendant je me renforce peu à peu, et ce n'est qu'alors que je pourrai être utile. Je manque de poudre, de fusils, d'argent, etc. ; mon artillerie est composée de jeunes gens. Il est douloureux sans doute de convenir avec un officier autrichien de tout le malheur de ma position ; mais je dois le faire pour prouver à votre maître ce qui me retient encore. Vous vous convaincrez aisément que je tâche de vous être utile par tous mes moyens. Vos malades sont traités chez moi, et transportés dans votre pays ; je donne le congé à tous les officiers de mon armée qui le demandent pour aller servir dans la vôtre ; mais de me prononcer actuellement, ce serait vouloir ma ruine. Portez un coup encore, et j'enverrai dans votre camp un officier sans uniforme pour traiter sur les moyens. »

« Cette narration renferme le résumé de

plétement; ce bulletin, corrigé par lui, rédigé dans son esprit, avait déguisé une partie des pertes subies par l'armée française : on aurait dit que la victoire, toujours fidèle, n'avait cessé de briller sur les nobles étendards; l'aigle d'or paraissait plus brillante. Napoléon même, acculé dans l'île de Lobau, plaisantait avec mauvais goût sur le succès de l'archiduc Charles; lorsque le champ de bataille fumait encore, lorsque des monceaux de blessés étaient précipités dans les flots rougis par le sang, et que le maréchal Lannes, son ami, mourait dans ses bras, Napoléon se raillait du *général Danube*, le meilleur officier de l'armée autrichienne; cette plaisanterie pouvait être goûtée par les courtisans adulateurs, mais les hommes de cœur et d'entrailles durent voir que ce n'était là qu'un sourire de dépit. Les pertes étaient déguisées, à ce point que l'on aurait pu croire que les batailles de Gross-Aspern et d'Essling, qui avaient jeté 15,000 hommes hors de combat, n'étaient que de simples escarmouches d'avantgarde.

plusieurs conversations que M. de Steigentesch a eues avec le roi qui, ainsi que la reine, le firent appeler tous les jours dans leur cabinet. La reine parla à peu près dans le même sens; elle se disait convaincue que la haine portée par l'Empereur des Français à la Prusse, ses projets d'anéantir toutes les dynasties, ne lui laissaient aucun espoir. « Je me trouve mère de neuf enfants auxquels je désirais conserver leur héritage, vous pouvez donc bien juger quels sont mes vœux. » Le roi dit qu'il fallait remonter encore ses forces militaires. Ce prince est lent dans ses décisions, mais inébranlable lorsqu'elles sont prises. « Bientôt nous pouvons être réunis, frappez un coup encore, et nous le sommes. » C'est de cette manière que cette thèse fut souvent rebattue. Si le roi se prononçait distinctement sur l'adhésion à la guerre, il ne voulut jamais cependant changer d'opinion sur l'époque.

« Le roi répéta dans la dernière conversation qu'il enverrait un officier sans uniforme dans le camp autrichien, si on frappait encore un coup. « J'espère de venir, ajouta-t-il, et j'espère même de ne pas venir seul. » Cette parole est d'autant plus remarquable que M. de Steigentesch me disait, dans un moment d'effusion, qu'il était persuadé que l'amitié de l'empereur Alexandre était peu solide avec la France; qu'il avait raison de croire qu'il y avait un Russe déguisé au camp de l'empereur d'Autriche; et que, sans en avoir une certitude, il avait une grande probabilité que,

Des nouvelles plus réelles étaient arrivées à Paris. Si l'Empereur exaltait le séjour des troupes dans l'île de Lobau comme un délicieux campement où tout était en abondance sous les frais ombrages; s'il disait que les affaires sur le Danube étaient sans résultats, des lettres d'officiers-généraux donnaient de sinistres détails à leurs parents, à leurs amis, à leurs femmes attristées; plus de neuf cents officiers étaient restés sur le champ de bataille, le nombre des soldats était incalculable; quelques-uns de ces officiers s'exprimaient avec aigreur sur la tendance de plus en plus ambitieuse de Napoléon : « il voulait donc tous les faire tuer? » A chaque campagne quelques-uns des vieux, des braves de l'armée d'Italie disparaissaient de la vie militaire, à Eckmülh Cervoni, à Essling Saint-Hilaire et Espagne. Mais ce qui frappa le plus à Paris, grands et peuple, ce fut la mort du maréchal Lannes : on le savait le plus franc des maréchaux auprès de l'Empereur, celui qui lui parlait le plus fièrement! ce n'était pas assez que le chevaleresque Saint-Hilaire, le digne Espagne fussent morts, il fallait encore pleurer sur Lannes, le brave des braves, qui ne baissa jamais la tête devant un boulet lancé par les batteries ennemies; Lannes, le véritable héros de Friedland à la tête des grenadiers d'Oudinot. On répéta, on exagéra même des propos amers, durs, que Lannes avait dits à Napoléon, en lui reprochant la triste fin de cette vie qu'il abandonnait avec tant de regret[1]. Lannes,

---

quelques jours avant son départ, le roi de Prusse avait reçu une lettre russe dans ce sens.

« La guerre avec la Prusse est inévitable, d'après mon opinion, dans ces deux cas : si la Russie se séparait de la France, et si les Autrichiens frappent un grand coup, et que la victoire abandonnât les invincibles légions de l'empereur Napoléon. »

[1] Voici une version des dernières paroles du maréchal Lannes qu'on faisait circuler alors à Paris comme pour irriter l'opinion.

« Ce n'est pas pour l'intéresser à ma femme et à mes enfants que je te parle ainsi. Quand je meurs pour toi, je n'ai pas besoin de te les recommander, ta gloire te fait un devoir de les protéger, et je ne

selon les récits, aurait dit à Napoléon dans un accès de colère et de fièvre chaude : « qu'il était la cause de sa mort, qu'il les ferait tous tuer les uns après les autres ; que son ambition était insatiable ; » le délire vint après ; Lannes aurait saisi fortement le bras de l'Empereur comme un spectre terrible pour entraîner avec lui dans la tombe son compagnon des victoires d'Italie ; ils devaient marcher tous deux en se tenant la main dans cette nuit des ombres, au milieu des charges de cuirassiers fantastiques et de batailles livrées par des corps étranges, à la physionomie cadavéreuse ; et ces émotions avaient fait, disait-on, sur l'esprit de l'Empereur les impressions les plus douloureuses et les plus sinistres ; sans Masséna, l'armée était perdue.

Ces récits plus ou moins exacts étaient répétés comme la vérité même ; ils arrivaient par des correspondances particulières, mystérieuses, ou par les journaux anglais si intéressés à décrier la gloire de Napoléon et à détruire son prestige. Le bruit courait à cette époque que l'Empereur était fou, qu'il lui prenait des accès de fièvre, et qu'il se plaisait à la vue du sang ; et tandis que l'homme fort cherchait à sauver son armée des désastres d'Essling, les pamphlets présentaient son retour sur la rive gauche du Danube comme une fuite lâche et une désertion ainsi qu'à son retour d'Égypte. Fouché, ministre de la police, ne combattait pas ouvertement ces bruits ; loin de là, il les

crains pas de changer tes dispositions à leur égard en l'adressant les derniers reproches de l'amitié ! Tu viens de faire une grande faute, elle te prive de ton meilleur ami, mais elle ne te corrigera pas. Ton ambition insatiable te perdra ; tu sacrifies sans ménagements, sans regrets, les hommes qui te servent le mieux. Ton ingratitude éloigne de toi ceux mêmes qui t'admirent ; tu n'as plus autour de toi que des flatteurs ; je ne vois pas un ami qui ose te dire la vérité. On te trahira, on t'abandonnera ; hâte-toi de terminer cette guerre : c'est le vœu de tes généraux ; c'est sans doute celui de ton peuple. Tu ne seras jamais plus puissant, tu peux être bien plus aimé ! Pardonne à un mourant ces vérités, ce mourant te chérit. »

faisait naître et les propageait, contribuant à jeter ainsi l'opinion dans des incertitudes sur le sort de l'armée et de l'Empereur. Lui-même ne disait-il pas que *cet homme* avait une ambition insatiable ? il fortifiait tous les propos hasardés, et quand un mauvais bruit circulait, il était loin d'en atténuer le côté malheureux, car ce n'était qu'à l'aide de ces alarmes qu'il pouvait maintenir et suivre ses projets politiques au cas où l'Empereur disparaîtrait de la grande scène du monde. Bonaparte n'était pas son dernier mot pour l'avenir.

Indépendamment de l'effet affreux produit par les bulletins de l'Allemagne, d'autres causes agissaient encore sur l'opinion publique : la crise commerciale était à son paroxisme; les industries poussaient des cris d'alarme. Napoléon croyait toujours à la force de son système continental, à son heureuse efficacité; il le grandissait. Les ports et les côtes étaient hermétiquement fermés, nulle transaction permise; les produits naturels ne trouvaient pas de débouchés, les denrées coloniales hors de prix, les ouvriers sans travail, les grandes manufactures sans affaires, l'argent très rare, les fonds publics à 50 pour 100 par suite d'un malaise indicible au sein de la banque, de l'industrie; la misère était partout. Les rapports du préfet de police sont effrayants à cette époque; il y a dans le peuple toutes les causes des grandes misères. Le préfet Dubois commence à dénoncer Fouché comme la cause active du mauvais état de l'opinion; «l'Empereur n'est sûr de rien avec un tel homme; il y avait dans Paris assez de causes de découragement et de misère! fallait-il encore le mauvais vouloir d'un ministre pour agiter les esprits?» Par une fatalité inexplicable plusieurs incidents venaient encore multiplier les mobiles de cette irritation des esprits.

Aux désastres militaires venaient se joindre les affaires religieuses. Bonaparte, premier consul, s'était fait un parti au milieu de la nation en appuyant de tout son pouvoir l'Église catholique ; à mesure qu'il se séparait des philosophes et des partisans du xviii° siècle, le Consul avait cherché sa force dans le catholicisme ; c'était la condition naturelle de son esprit et de sa situation personnelle. Le Concordat lui avait donné une grande puissance d'opinion ; s'il avait soulevé les inquiétudes du vieux parti philosophique, il se donnait une force morale dans tous les pays qui professaient le catholicisme. Mais on venait d'apprendre les affaires de Rome ; le décret pour la réunion des États du pape avait paru dans le *Moniteur* avec solennité ; on se disait tout bas l'histoire de l'enlèvement du pape, les ordres rigoureux de Miollis pour la translation du pontife à Savone[1] ; on faisait circuler des écrits où les particularités de cet enlèvement étaient racontées à la honte de Napoléon ou de Murat : un vieillard avait été enlevé, traîné militairement, et cet homme était le chef de l'Église catholique, celui-là même qui avait ceint le diadème sur le front de l'Empereur. Pour les esprits politiques, il y avait dans

---

[1] A Paris on lisait avec avidité le moindre détail sur la captivité du pape, et la version du cardinal Pacca était celle-ci :

« Le général Radet, avec la figure toute pâle et la voix tremblante, peinant à trouver ses paroles, dit au pape qu'il avait une commission désagréable et pénible, mais qu'ayant fait serment de fidélité et d'obéissance à l'Empereur, il ne pouvait se dispenser d'exécuter son ordre ; qu'en conséquence, au nom de l'Empereur, il devait lui intimer de renoncer à la souveraineté temporelle de Rome et de l'État, et que si Sa Sainteté le refusait, il avait ordre de la conduire au général Miollis, qui aurait indiqué le lieu de sa destination.

« Le pape, sans se troubler, répondit à peu près en ces termes : « Si vous avez cru devoir exécuter de tels ordres de l'Empereur, parce que vous lui avez fait serment de fidélité et d'obéissance, pensez de quelle manière nous devons, nous, soutenir les droits du saint-siége auquel nous sommes lié par tant de serments. Nous ne pouvons pas, nous ne devons pas, nous ne voulons pas, ni céder ni abandonner ce qui n'est pas à nous. Le domaine temporel appartient à l'Église, et nous n'en sommes que l'administrateur. L'Empereur pourra nous mettre en pièces, mais il n'obtiendra jamais cela de nous. Après tout ce que nous avions fait pour lui, nous ne nous attendions

cet enlèvement de Pie VII un acte de violence ; pour les chrétiens, c'était un attentat commis sur la personne du pontife, du représentant de Jésus-Christ sur la terre. Cette bulle d'excommunication, que les philosophes pouvaient attaquer de leurs sourires moqueurs, était l'objet de plus d'une silencieuse protestation de la part des catholiques fervents qui composaient la majorité des Français ; cet acte de puissance pontificale n'allait-il pas retentir au sein des populations d'Espagne, d'Italie, de Bavière et d'Autriche ? à leurs yeux, Napoléon n'était plus qu'un excommunié.

Par ces mesures de violence contre le pape, l'Empereur mettait contre lui tout le clergé, corporation qui exerçait sur les âmes une autorité mystérieuse et indicible. Autant les catholiques avaient soutenu le Consul qui relevait les autels, autant aujourd'hui ils abandonneraient l'Empereur excommunié ; et c'était plus grave qu'on ne pouvait croire : le clergé possédait une immense influence sur toutes les classes de la société. L'idée de constituer une église nationale indépendante du pape n'était pas comprise ; ces sortes de réformes s'opèrent aux temps où les croyances sont vives comme des disputes sociales, et non

---

pas à ce traitement. » — « Saint-Père, dit alors le général Radet, je sais que l'Empereur vous a beaucoup d'obligations. » — « Plus que vous ne savez, » repartit le pape d'un ton très animé. Il continua ainsi : « Et devons-nous partir seul ? » Le général reprit : « Votre Sainteté peut conduire avec elle son ministre, le cardinal Pacca. » Moi qui étais aux côtés du pape, je dis subitement : « Quels ordres me donne le Saint-Père ? Dois-je avoir l'honneur de l'accompagner ? » Le pape m'ayant répondu, oui, je demandai la permission d'entrer dans la chambre attenante, où, suivi de deux officiers de gendarmerie qui feignaient de regarder les chambres, je me revêtis de mes habits de cardinal, avec le *rocchetto* et le *mozzetta*, croyant que je devais accompagner S. S. dans le palais Doria, où logeait le général Miollis. Pendant que je m'habillais, le pape fit de sa propre main la note des personnes dont il désirait être accompagné, et il eut une conversation avec le général Radet. Entre autres choses, tandis que le pape arrangeait quelques objets dans sa chambre, Radet lui dit : « Que Votre Sainteté ne craigne pas, on ne touchera à rien ; » et le pape lui répondit : « Celui qui ne fait aucun cas de sa propre vie, attache encore moins de prix aux choses de ce monde. »

point aux époques avancées où la société se partage entre les croyants et les indifférents; alors on est ou sceptique, philosophe absolu, ou bien franchement dévot; et la captivité du pape paraissait accompagnée d'un si grand caractère de violence, d'une résignation si admirable, qu'elle touchait les hommes mêmes les plus endurcis; le philosophe considérait Pie VII comme le vieillard outragé; le dévot comme le représentant de Dieu même, insulté dans sa suprématie catholique.

Ensuite, dans les idées des croyants, l'excommunication est une mesure qui dégage les sujets de l'obéissance, il n'y avait plus que des rapports matériels entre le souverain et le peuple, obéir n'était plus un devoir de conscience. En vain voulait-on cacher la bulle d'excommunication, elle était communiquée secrètement par les prêtres de l'Église catholique; quand une association d'hommes existe puissante, tous ses membres se dévouent au martyre par conviction, il est impossible d'empêcher la communication de la pensée, elle s'étend et se propage mystérieusement avec toute la ferveur d'un article de foi sous l'empire de la persécution; puis, les hommes même indifférents, quoiqu'ils n'eussent pas foi dans le principe catholique, ressentaient profondément l'outrage que subissait le souverain pontife, c'était un attentat à la liberté; l'Empereur n'avait plus de frein, il détrônait les rois, tenait le pape captif; sorte d'ouragan furieux qui passait sur le monde politique pour abaisser les têtes hautes et les pouvoirs respectés: la durée des ouragans n'est pas longue, ils éclatent comme des fléaux, et les amis de la liberté, les ennemis de Napoléon se réunissaient pour annoncer la chute prochaine du colosse: les têtes abaissées se relèveraient; s'il avait un gantelet de fer, les peuples sont aussi couverts d'une rude armure; comme les boucliers des héros d'Homère, les armes du peuple sont couvertes de sept peaux de bœuf, et d'airain fondu; et il était difficile de les percer toutes; c'était donc une lutte de géant contre géant.

Cette situation de l'opinion publique était profondément étudiée par les hommes d'état, qui jugeaient de sang-froid les causes du progrès et de la décadence du système de Napoléon; on ne conspirait pas précisément, mais on prévoyait; Fouché, avec sa sagacité habituelle, apercevait bien que ce phénomène violent ne pouvait durer; au moindre échec il devait disparaître, et comme Napoléon jouait toujours à chaque campagne, il pouvait rencontrer une mauvaise carte; cette mauvaise carte, il l'avait trouvée en Égypte, à Marengo elle avait été douteuse; à Prussich-Eylau, mauvaise encore; il venait de l'engager à Essling; la puissance de cet homme tenait donc à deux batailles perdues le sur Danube et sur l'Elbe. En rapport avec les mécontents, Fouché ne déguisait aucun de ses desseins; à mesure que l'Empire de Napoléon s'étendait, il apercevait la succession d'Alexandre ou de Charlemagne, les capitaines se partageant cet empire tombé en poussière; le cœur était chaud, la tête brûlante, les extrémités froides; l'Empire était comme un homme qui aurait tout le sang au cerveau; il devait craindre l'apoplexie ou la gangrène aux extrémités. Napoléon d'ailleurs courait mille dangers, sous le coup des assassins et des chances de la guerre : à Ratisbonne, la balle qui l'avait frappé au pied pouvait l'atteindre à la poitrine; à Essling, Lannes était tombé non loin de lui, il s'exposait courageusement et nul ne pouvait lui refuser l'intrépidité d'un soldat. Dès-lors il fallait tout prévoir, Napoléon ne pouvait pas dire comme Louis XVIII, quand la balle sur le Rhin siffla à son oreille :

« Deux lignes plus bas et le roi de France s'appelait Charles X. » Il ne pouvait pas dire qu'après Napoléon Ier viendrait Napoléon II ; de là, Fouché concluait qu'il fallait prévoir toutes les chances et préparer tous les résultats de succession.

Dans ces moments difficiles, où un pouvoir est incertain, mille complots naissent et se développent, c'est dans l'ordre ; les gouvernements heureux sont rarement menacés ; à la première infortune, tout agit et se révèle. Fouché savait les mécontentements de l'armée, la fatigue des officiers; si la présence de l'Empereur excitait toujours de l'enthousiasme, les privations du soldat faisaient naître souvent des plaintes et des murmures: le ministre de la police entretenait des correspondances intimes avec les maréchaux mécontents, même avec Masséna qu'il ne perdait jamais de vue ; il exploitait la mort de Lannes, versait des larmes feintes sur tant de gloire tombée ; fortifiant et exagérant même les bruits qui avaient couru sur les paroles aigres du maréchal au lit de mort contre Napoléon. Fouché souriait au projet qui semblait dominer l'Europe, celui d'attaquer Napoléon par les peuples ; toujours en rapport avec l'Angleterre, peut-être fut-il le premier qui conçut l'idée d'opposer une fois encore Moreau à Bonaparte, pensée que nous allons bientôt retrouver dans l'armée de Portugal, si mécontente; une combinaison de renversement se préparait, dans laquelle devaient entrer les éléments républicains : Moreau, Bernadotte, Gouvion-Saint-Cyr, Dessolles, sorte de mouvement de délivrance pour secouer le pouvoir despotique de Napoléon. On pouvait promettre la paix et la liberté aux peuples ; on se trouvait à peu près dans la même situation que sous le Consulat, avant le procès de Moreau : des émissaires arrivaient du quartier-général directement à Fouché, pour s'entendre avec lui sur les moyens d'opérer une révolution simultanée dans l'armée et dans l'Empire. Un de ces émissaires, officier distingué, dit au ministre : « Pouvons-nous compter sur l'intérieur et sur vous ? » Fouché répondit d'un ton insouciant : « Eh! certainement oui! mais comment venir me demander de telles choses, quand vous auriez dû déjà l'expédier à vous seuls ? vous n'êtes là-bas que des poules mouillées qui n'y entendez rien ; un beau soir on vous le fourre dans un sac, et on le jette dans le Danube !!! » Ces paroles étaient-elles supposées ? Un militaire de grande valeur affirme leur réalité [1] ; elles exprimaient bien au reste le caractère et la pensée de Fouché, rappelant quelques souvenirs des noyades de Nantes, peccadille de la jeunesse politique du ministre, sorte de bain qu'il aimait à donner dans ses temps d'énergie.

Tous les calculs s'étaient faits au sein des partis dans l'espérance ou au moins dans la prévoyance de la mort de Napoléon. Cette catastrophe était le bruit habituellement semé ; on savait bien qu'une fois cette grande personnalité disparue, on aurait bon marché de tout le reste. C'est ce

---

[1] « Immédiatement après la bataille d'Essling, m'a-t-on dit, un émissaire arriva du champ de bataille à Fouché, pour lui faire connaître l'état désespéré des affaires, qu'on pensait pouvoir être très favorable à certains projets. Cet émissaire était chargé de prendre ses avis, et de savoir ce qu'on pouvait attendre du dedans. A quoi Fouché répondit, dans un état de véritable indignation : « Mais comment revenir nous demander quelque chose, quand vous auriez déjà dû avoir tout accompli à vous seuls ? vous n'êtes là-bas que des poules mouillées qui n'y entendez rien ; on vous le fourre (Napoléon) dans un sac, on le noie dans le Danube, et puis tout s'arrange facilement et partout. » Pour le premier fait, je suis certain qu'à la même époque le général Clarke dit à un aide-de-camp du duc d'Istrie les mêmes paroles qu'à M. de Las-Cases. Pour le second, j'ai entendu une personne répéter l'histoire de l'émissaire d'Essling, comme la tenant du duc d'Otrante lui-même, et attribuant au prince de Ponte-Corvo l'envoi de cet agent. »
(Note du général Pelet, *Mémoires sur la guerre de 1809*.)

qui explique le soin avec lequel les bulletins finissent par cette expression : « *l'Empereur se porte bien.* » On croit que c'est de l'égoïsme froid au milieu du champ de bataille couvert de cadavres ; eh bien ! si Napoléon s'exprime ainsi, c'est moins par indifférence que par crainte politique. « L'Empereur se porte bien, » cela veut dire aux partis qui spéculent sur sa mort, aux hommes qui s'agitent en dehors de lui, que leurs projets sont déçus ; il se donne un certificat de santé pour imprimer au pouvoir sa force et son énergie habituelle. L'Empereur, disent les bulletins, n'a jamais joui d'une meilleure santé ; phrase politique, emblème de toute une situation, c'est répéter : « prenez garde, je serai bientôt à Paris. »

M. de Talleyrand n'est pas aussi hardi que Fouché, mais il est mécontent ; un esprit comme le sien ne peut rester étranger au pouvoir ; quand il n'agit pas en dedans, et au profit d'une autorité, il agit en dehors et contre elle ; quand certaines intelligences n'ont pas leur condition d'activité dans un cercle régulier, elles s'en font une autre, il faut qu'elles la trouvent quand on ne leur la donne pas ; ainsi fut M. de Talleyrand. Toute la diplomatie de l'Europe était alors en opposition avec l'Empereur ; les intelligences se rébellionnaient pour ainsi dire contre l'homme qui voulait les dominer toutes au profit de son système. Napoléon n'admettait rien en dehors de lui ; tous les bras devaient l'appuyer, toutes les forces se mettre à son service ; il méprisait tout ce qui ne se groupait pas autour de son astre ; l'antiquité orientale seule présente l'image du pouvoir tel que le comprend Napoléon ; il est presque comme une divinité rayonnant à la face de ceux qui l'approchent ; c'est une religion que l'Empereur exige ; peuples comme rois qu'importe ; qu'ils baissent la tête ! Or, quand on a le sentiment de sa propre valeur, cette situation est blessante ; quelque grand que soit un homme, quelque immense que Dieu l'ait fait, il ne remplit pas tellement le monde qu'il n'y laisse une toute petite place pour d'autres individualités, et M. de Talleyrand voulait avoir la sienne. Il n'était pas de ces courtisans à qui l'on pouvait tirer les oreilles, pincer le nez en signe d'amitié, à la façon des deys d'Afrique à leur esclave noir couvert de colliers d'or et de pendants de nacre ; il recevait les brusqueries de l'Empereur avec une dignité froide et si parfaite, qu'il savait mettre tout le monde à sa place et garder la sienne.

En veut-on un exemple encore? Il n'était bruit à la cour que d'intrigues amoureuses entre Ferdinand VII et madame de Talleyrand à Valençay, et Napoléon fut très empressé de dire, au retour d'Erfurth, au grand-chambellan, avec un sourire moqueur : « Eh bien ! il paraît que les infants s'amusent beaucoup avec madame de Talleyrand à Valençay ? » M. de Talleyrand répondit : « Pour mon honneur et celui de Votre Majesté, il ne devrait jamais être question entre nous des princes d'Espagne. » Ces paroles à deux tranchants relevaient l'inconvenance d'un homme puissant, et rappelaient une désapprobation du guet-apens de Bayonne. M. de Talleyrand était fort irrité de n'être pour rien dans ce qui se passait en Allemagne ; ennemi de M. de Champagny, il répéta à qui voulait l'entendre : « qu'on rendrait la paix impossible à Vienne en blessant trop ouvertement les susceptibilités politiques de l'Allemagne, et que tôt ou tard cet édifice tomberait sur la tête de l'Empereur. » M. de Talleyrand néanmoins assistait avec assiduité aux séances du Sénat conservateur, à côté de l'archi-chancelier Cambacérès, tous deux grands dignitaires de l'Empire, et placés sur un pied égal dans la hiérarchie. M. de

M. de Talleyrand s'abstenait d'une opposition ouverte.

Si l'on excepte madame Lœtitia, aucun des membres de la famille impériale ne se trouvait à Paris, et par conséquent en l'absence de l'Empereur, les grandes négociations de parti se faisaient en dehors des siens. Toutefois les politiques mécontents suivaient avec une sollicitude très vive la situation respective des souverainetés éphémères instituées au profit des Bonaparte. La vice-royauté d'Italie, la première des créations royales de Napoléon, ne formait pas une principauté réelle, mais une dépendance absolue de la France; Eugène de Beauharnais, le délégué immédiat de la puissance souveraine, s'occupait peu d'administration politique[1]; l'Empereur même était déjà gêné de cette vice-royauté, et en faisant un établissement plus tard en Allemagne à Eugène, il annonçait que l'Italie serait dans l'avenir réunie à l'Empire français et organisée en départements jusqu'à la Dalmatie. Charlemagne n'avait-il pas effacé l'autorité des rois lombards? Dans le centre même de cette Italie se trouvaient les duchés, fiefs constitués par Napoléon au profit de ses sœurs, de sa famille ou de ses grands-officiers. Elisa, grande-duchesse de Toscane, habitait Florence dans le palais Pitti, au milieu des chefs-d'œuvre des arts; ce titre de grande-duchesse de Toscane ne donnait pas à la princesse Elisa un pouvoir réel; elle avait à peine l'autorité d'un gouverneur; la Toscane était soumise

---

[1] Le conseil des ministres d'Eugène Beauharnais était ainsi composé:

M. Luosi, grand-juge, ministre de la justice.

M. Marescalchi, des relations extérieures, résidant à Paris près l'Empereur.

M. Brême, de l'intérieur.

M. Prina, des finances.

M. Caffarelli, de la guerre.

M. Veneri, du trésor public.

M. Bovara, des affaires concernant le culte.

M. Aldini, ministre secrétaire d'État, résidant à Paris près l'Empereur.

M. Vaccari, conseiller secrétaire d'État, à Milan.

au système des préfectures, à l'organisation directe et immédiate, sous la main du ministre de l'intérieur ; les revenus étaient versés dans le trésor, les conscrits levés dans le même ordre, les impôts également perçus. Elisa mettait ses effigies sur les monnaies, mais sa souveraineté n'était qu'une vaine image ; Napoléon la faisait surveiller parce qu'elle avait des liaisons intimes avec Fouché et la partie opposante au système impérial [1] ; elle rêvait l'indépendance.

Pauline Borghèse ne résidait point à Rome, dans sa grande et belle villa de la place du Peuple ; Rome lui paraissait triste, mélancolique ; elle préférait la vie créole dans des palanquins, au milieu des campagnes de Marseille, parmi les figuiers, les oliviers grisâtres comme la végétation de Corse, au cri monotone de la cigale d'Athènes et de Sparte. A Rome, Canova, frappé de ses magnifiques traits, de la majesté de son port, avait sollicité avec la ferveur d'un artiste, l'honneur de sculpter ce buste et ce torse de camée. Pauline, vaine femme, goûta cette pensée, doux hommage du génie ; et comme Canova avait une prédilection pour le nu antique, Pauline consentit, dit-on, à ser-

---

[1] Elisa s'était adressée à son bon peuple comme une archiduchesse à son avénement à la couronne ducale.

Elisa princesse de Lucques et Piombino, grande-duchesse de Toscane, aux habitants des trois départements de la Toscane.

« Notre très haut et très auguste Empereur et frère, Napoléon-le-Grand, nous ayant conféré, par son décret impérial du 3 mars, la dignité de grande-duchesse de Toscane, nous ne tarderons pas à nous rendre au milieu de vous.

« Son vaste génie a confié à nos douces affections pour vous le soin d'accueillir vos vœux, de favoriser l'agriculture, le commerce, les arts, et de rappeler sur ces heureuses contrées la prospérité, et leur ancienne splendeur.

« Nous serons accessibles à l'homme de toutes les classes, aux pauvres comme aux riches.

« Les ministres du culte seront protégés dans l'exercice de leurs fonctions, et leur sort sera assuré d'une manière conforme à la dignité de leur caractère.

« Nous porterons au pied du trône impérial les vœux et les réclamations de ceux qu'un nouvel ordre de choses a privés de leurs fonctions.

« Nous comptons sur le zèle et le dévouement des fonctionnaires publics, pour

vir de modèle pour l'une de ces trois Grâces qui se tiennent enlacées de leurs bras voluptueux; Suétone n'eût pas manqué de recueillir tout ce qui fut dit et raconté à l'occasion de ce modèle, et la naïve réflexion de Pauline qui répondit à l'étonnement d'une de ses dames d'honneur : « que l'appartement était convenablement chauffé et qu'elle ne prit pas froid. » Il y avait là quelque chose de ces femmes romaines aux nuits agitées sous les étreintes des esclaves d'Orient, et que l'indignation de Juvénal a flétries par le *ganit in amplexu*. Pauline, noble femme pourtant, sut conserver de fermes et de mâles sentiments aux jours des malheurs de Napoléon.

A l'extrémité de cette Italie, Murat organisait le royaume de Naples d'après sa propre impulsion. A Joseph, paisible et pacifique souverain, avait succédé le turbulent, l'ambitieux, le chevaleresque capitaine, qui menait huit chevaux à toute guide dans la rue de Tolède sans toucher à un lazzaroni étendu, ou une marchande de macaroni ou de torta de Gênes [1]. Murat était alors un peu en disgrâce depuis sa conduite à Madrid; Murat, mal à l'aise sous une petite royauté,

être informée de tout le bien qu'on peut faire, et de tous les abus à réformer.

« En nous dévouant entièrement à votre bonheur, nous nous empressons de vous recommander un devoir sacré envers la patrie.

« Vous faites partie de la grande nation, vous suivrez le même sentier dans la carrière de l'honneur; les mêmes décorations, les mêmes récompenses vous attendent.

« Accourez à l'invitation glorieuse de partager avec ces phalanges invincibles les trophées de la victoire sous l'égide du héros qui fait l'admiration du monde.

« En vous montrant sensibles à ses bienfaits, dociles aux lois du grand Empire, en rivalisant de respect et de dévouement pour S. M. I. et R. avec ses autres sujets, vous nous donnerez la preuve la plus touchante que l'établissement du gouvernement général des départements de la Toscane en notre faveur, est considéré par vous comme un nouveau bienfait de notre auguste frère. »   Élisa.

[1] Le ministère de Murat se composait ainsi :

« Le marquis de Gallo, ministre des relations extérieures.

M. Capece-Latro, de l'intérieur.

M. de Cianciulli, de la justice.

M. le prince Pignatelli, des finances.

M. le commandeur Pignatelli, de la marine et des affaires ecclésiastiques.

était fort mécontent, et Fouché le savait bien; jamais ils ne cessèrent d'entretenir des correspondances entre eux. Comme Murat avait une très haute opinion de lui-même et une très mauvaise idée de toute la famille impériale, on le flattait par la pensée de succéder à l'Empereur au cas de mort; Murat n'aurait pas fait de complot pour préparer la chute de Napoléon, mais il aurait facilement servi de pivot à une intrigue dont le but aurait été de changer l'ordre de succession. C'est par le côté faible et vaniteux que le prenaient Fouché et M. de Talleyrand; l'exaltant outre mesure, ils le présentaient comme l'homme de la situation, le seul général en qui on pouvait avoir confiance; on déclamait moins contre Napoléon que contre la coterie intime qui absorbait ses faveurs. Le même enivrement de souveraineté était l'apanage de Caroline Bonaparte, sa femme, si aimable, si gracieuse avec tous, et qu'une intrigue assez publique avait liée avec le comte de Metternich, l'ambassadeur d'Autriche; rien n'était oublié dans la crise; tous les moyens paraissaient bons.

En Hollande, on trouvait là encore un Bonaparte mécontent[1]; jamais Louis n'aurait eu assez d'énergie dans le caractère pour organiser un complot contre Napoléon; la douceur de ses mœurs et de ses habitudes, son état maladif, ne lui permettaient pas une opposition violente; seulement il avait cette force d'inertie, cette volonté de ne pas obéir, qui empêche même la tyrannie d'agir.

---

[1] Le ministère de Louis Bonaparte était presque entièrement modifié.
M. G. Roëll, ministre des affaires étrangères.
M. Van-der-Hisen, de la marine.
M. le lieutenant-général Janssens, de la guerre.
M. Van-Leyder Van-Vestbarendrecht, de l'intérieur.
M. de Gogel, des finances.
M. Van-Maanen, de la justice et de la police.
M. Cambier, du commerce et des colonies.
M. J. A. Mollerus, des cultes.

Louis avait raisonné dans l'hypothèse de sa propre royauté, indépendante et séparée de la France; d'où il avait conclu qu'il se devait à ses propres sujets avant de se devoir à l'Empereur; roi de Hollande, il ne voulait point ruiner la contrée qui obéissait à son sceptre. Cette disposition politique le rendait une espérance pour les esprits inquiets et opposés à Napoléon; partout où ceux-ci voyaient un mécontent, ils allaient droit à lui; seulement le caractère de Louis ne permettait pas de compter sur un concours actif; il pouvait être un embarras pour l'Empereur, jamais un instrument contre lui. Ses mesures étaient molles, et l'expédition de Walscheren constata que les Anglais n'avaient qu'une médiocre opinion des forces et de l'organisation de la Hollande; dès qu'elle cessait d'être un point de défense pour l'Empire, on devait l'y rattacher par un système plus complet de réunion.

En Westphalie, n'avait-on pas vu quelle foi on pouvait donner à cet établissement éphémère, en opposition avec les nationalités [1]? Il avait suffi au major de Schill et à quelques escadrons de partisans de se montrer, pour faire disparaître cette royauté, ces emblèmes napoléoniens qui répugnaient à l'Allemagne. Jérôme avait manqué de tomber au pouvoir de Schill, qui l'eût enlevé aux plaisirs sensuels des palais de Munster et de Cassel; le prince de Hesse, chef de partisans, aurait été proclamé au premier signal dans ces contrées, et le Hanovre se serait replacé de lui-même sous ses anciennes lois. Si le corps français de Lefebvre n'était

---

[1] Voici le ministère de Jérôme Bonaparte.

M. Siméon, ministre de la justice.

M. le comte de Furstenlein, ministre secrétaire d'État et des relations extérieures.

M. le baron de Bulow, des finances.

M. le général Eble, de la guerre.

M. le baron de Wolffracht, de l'intérieur.

accouru au secours de la monarchie de Jérôme, c'en était fait de cette souveraineté improvisée.

Il y avait ainsi dans cet empire de Napoléon mille causes de décadence et de ruine : à l'intérieur l'agitation des esprits, l'affaissement de toutes les âmes ; plus de liberté politique, la dictature civile des préfets, la dictature militaire de la conscription, la dictature financière des droits-réunis, la dictature sur l'industrie par les douanes; et au milieu de ces mécontentements publics, l'irritation des partis, les hommes qui désiraient un grand mouvement pour briser cette vie et ces diadèmes. Napoléon, à la tête de ses glorieuses armées, s'efforçait, sous ses impérissables lauriers, d'arracher de nouvelles victoires, et dans son empire une conspiration permanente se manifestait contre lui. Cette conspiration s'alimentait par les larmes des mères, par le deuil des veuves qui, semblables à la maréchale Lannes, venaient verser des pleurs sur le corps inanimé d'un mari dont la vie s'était éteinte dans les batailles. Hélas ! n'y aurait-il plus aucun terme à ce déluge de sang? il semblait au contraire que la guerre s'engageait sur une plus vaste échelle. Ce n'était pas seulement sur le Danube que l'aigle portait dans ses serres un étendard de mort; elle traversait les Pyrénées, et de son œil de feu elle assistait à d'autres funèbres journées sur le Tage et le Guadalquivir.

CHAPITRE VI.

MONARCHIE DE JOSEPH.

CAMPAGNE DE LA PÉNINSULE.

Joseph à Madrid. — Nouvelle organisation de son gouvernement. — Aspect de la ville. — Fondations royales. — Décrets. — Jourdan major-général. — Armée de la péninsule. — Second siége et prise de Saragosse. — Corps de Navarre, — de Catalogne, — de Valence, — d'Andalousie, — de Galice, — de Portugal. — Les maréchaux Ney, — Soult, — Victor. — Les divisions Saint-Cyr, — Suchet. — Les Juntes. — Armées espagnoles. — Opérations de sir Arthur Wellesley. — Campagne de Galice et de Portugal, — de Castille et d'Andalousie, — de Catalogne. — Bataille de Talavera de la Reyna. — Esprit de l'armée française dans la péninsule. — Conjuration dans l'armée de Portugal. — Projet de royauté attribué au maréchal Soult. — Correspondance de sir Arthur Wellesley. — Système de défense des Espagnols. — Les guérillas.

Février à Août 1809.

Il y a cela de prodigieux dans l'histoire de l'Empire qu'on ne peut la limiter ni par le temps ni par l'espace; cette création fantastique embrasse les annales de mille peuples divers : il faut parcourir l'Occident et l'Orient, l'Italie, l'Allemagne, l'Espagne, la Pologne; la terre s'éloigne devant vous, elle fuit. La grande image de Napoléon est partout apparue dans les attributs de la puissance souveraine ; son œuvre a été marquée du type universel; comme Charlemagne, son nom a laissé des traces sur les grands fleuves, au sommet des montagnes escarpées; et quand le temps aura effacé tous les souvenirs, peut-être quelques lambeaux de ces annales légués à la postérité la plus reculée raconteront les œuvres glorieuses qui embrassaient les nations et les peuples; Napoléon aura ses Eginhard pour la vie privée, ses annalistes de Saint-Bertin et de Fulde, ses chroniqueurs de Saint-Denis, ses romans de chevalerie, ses preux, ses pairs, ses Roland, ses Olivier, sa Berthe aux Longs-Pieds des vieilles cathédrales; et ce sera quelque chose de grand même d'être petitement mêlé à cette vie merveilleuse. Charlemagne eut à vaincre les Saxons, les Lombards, les fiers enfants de la Navarre et de la Gascogne; je vais chercher, chroniqueur attentif, les traces de ce passage rapide et sanglant de la conquête sur la Péninsule, c'est un regard en arrière que je dois jeter; il ne faut pas être ingrat envers cette armée; ce fut un malheur assez fatal pour elle que d'être privée du regard de Napoléon !

La fougueuse campagne de l'Empereur dans la Péninsule avait ramené Joseph à Madrid[1]; don José y fit son entrée sans faste au milieu des cuirassiers pres-

---

[1] Les actes de cette pauvre royauté de Joseph à Madrid sont peu connus. Je me suis procuré plusieurs de ces pièces en Espagne. Elles sont curieuses :

A son entrée à Madrid, Joseph prononça le discours suivant dans l'église de Saint-Isidore :

« Avant de rendre grâce au suprême arbitre des destinées pour mon retour en la capitale de ce royaume confié à mes soins, je veux répondre à l'accueil affectueux de ses habitants en déclarant mes plus secrètes pensées aux pieds de ce même Dieu vivant qui reçut votre serment de fidélité à ma personne.

« Je proteste donc, devant Dieu qui connaît le cœur de tous, que mon seul devoir et ma conscience me portent au trône, et non aucune passion particulière.

« Je suis prêt à sacrifier mon bonheur, parce que je pense que vous avez besoin de moi pour faire le vôtre.

« L'unité de votre sainte religion, l'indépendance de la monarchie, l'intégrité de son territoire et la liberté de ses citoyens sont les conditions du serment que j'ai prêté en recevant la couronne. Elle ne s'avilira pas sur ma tête; et si, comme je n'en doute pas, les désirs de la nation secondent les efforts de son roi, je ne tarderai pas à être le plus heureux de tous, parce que vous serez heureux vous-mêmes. »

ses, et vint résider, comme les rois de la race des Bourbons, dans ce palais aux formes larges et grandioses qui domine le Manzanarès et ses rares ombrages. Joseph, homme simple, prit néanmoins toutes les habitudes royales des Bourbons ; peut-être même songeait-il à Charles-Quint ; que ne peut l'éblouissement de la fortune ? Il s'était imaginé qu'il succédait en ligne directe à Charles IV, et qu'il n'avait besoin que de signer *Moi le roi*, pour être reconnu roi d'Espagne et des Indes. La sollicitude de Joseph se porta sur l'amélioration et les embellissements de Madrid, afin de frapper le peuple ; il fit plusieurs projets utiles : la création d'un musée, où se trouvaient réunies les toiles de Velasquez et de Murillo ; il se déclara le protecteur des académies scientifiques, organisa les couvents et le clergé régulier : on aurait dit qu'à Madrid don Joseph Napoléon, roi pacifique, voulait fonder une monarchie dans des conditions d'ordre et de durée ; son conseil d'État, composé d'étrangers ou d'hommes timides, fit pénétrer quelques idées philosophiques dans ses mesures, et par exemple l'unité de la justice, la diminution successive du nombre des couvents, l'administra-

---

Circulaire adressée par Don Joseph aux archevêques et évêques.

« Don Joseph Napoléon, etc.

« En revenant dans cette capitale, notre premier soin, comme notre devoir, a été de nous prosterner aux pieds de ce Dieu qui dispose des couronnes. Nous lui avons offert l'hommage de toute notre existence pour la félicité de la brave nation qu'il a daigné confier à nos soins. C'est dans ce but seul, si conforme à nos plus chères pensées, que nous lui avons adressé nos humbles prières.

« Qu'est-ce qu'un individu dans l'immense population de la terre ? Qu'est-il aux yeux de l'Éternel ? Lui seul connaît et pénètre les intentions des hommes, et, selon elles, dispose de leur élévation. Celui qui veut sincèrement le bien de ses semblables, sert Dieu, et sa bonté toute puissante le protège.

« Nous désirons que, conformément à ces dispositions, vous dirigiez les prières des fidèles que la Providence vous a confiés. Demandons tous à ce Dieu vivant qu'il daigne faire descendre sur nous son esprit de paix et de sagesse ; abjurons tous les passions pour ne nous occuper que des seuls sentiments qui doivent nous animer et qu'inspire l'intérêt général de cette monarchie. Que l'exercice du culte, la tranquillité, le bonheur succèdent aux discordes auxquelles tous ont été livrés. Rendons tous des actions de grâces à Dieu pour les suc-

tion uniforme; il prit pour base la réforme. Joseph croyait par-là se faire aimer, s'attirer la nation, et c'était précisément ce qui soulevait les haines populaires contre le frère de l'Empereur : briser la hiérarchie du clergé régulier des Frayles, c'était attaquer l'existence même du peuple espagnol, ses habitudes, son moyen de vivre et de se vêtir. L'Empereur avait recommandé à son frère toutes les démonstrations catholiques; Joseph allait avec pompe à la messe, aux processions; il avait son confesseur intime; il s'était fait Espagnol jusque dans son costume : un large sombreros couvrait sa tête; vêtu d'un habit à la vieille forme castillane, il portait le manteau national avec les habitudes des ricoshombres de Saint-Ildefonse ou du royaume de Jaen.

Quels que fussent ses soins pour gagner la confiance du peuple, don Joseph Napoléon pouvait facilement voir que l'Espagne n'était pas à lui; toutes les fois qu'il quittait le palais pour traverser la Plaza-Mayor, la calle d'Alcala, la Puerta del Sol, la Plaza de San-Ildefonse; ou bien lorsque, longeant les vieux quartiers de Madrid, los Capuchinos, lo Portillo de San-Bernardino, il voulait se montrer à ceux qu'il appelait ses

cés qu'il a daigné accorder aux armées de notre auguste frère et puissant allié, l'Empereur des Français, lequel n'a eu d'autre but, en appuyant nos droits de sa puissance, que celui de procurer à l'Espagne une longue paix basée sur son indépendance.

« Les armées françaises évacueront les provinces espagnoles à mesure que la tranquillité y renaîtra, et qu'elles se réuniront autour du trône.

« Notre intention est que vous ordonniez à chacun des curés de votre diocèse de chanter un *Te Deum* solennel le premier dimanche qui suivra la réception de cette lettre.

« Donné en notre palais de Madrid, le 14 janvier 1809.»

Signé, Moi le Roi.
Le ministre secrétaire d'État de S. M.
Mariano Louis d'Urquijo.

Voici encore quelques-uns de ces actes de royauté.

Madrid, 4 mai 1809.

« Hier S. M. C. a fait l'ouverture du premier conseil d'État, composé en vertu d'un décret du 24 février. Après le serment prêté par tous les membres de remplir leurs obligations de conseillers d'État, S. M. prononça le discours suivant :

« Messieurs, en réunissant dans cette assemblée des ministres qui ont montré tant

sujets, un morne silence régnait autour de lui. Point d'acclamations sur ses pas! Quelques hommes du peuple, couverts de leurs manteaux et assis au soleil, le regardaient avec toute la fierté castillane, l'œil sombre et le regard menaçant; de grossières insultes lui étaient prodiguées; on lui jetait le mot national de *Carajo*, lorsque l'escorte, soulevant la poussière du Prado, laissait libres les chants populaires et les patriotiques accents. Joseph était à peine roi à Madrid; l'insurrection l'entourait de toutes parts; les guérillas venaient jusqu'aux portes de Ségovie, de Tolède, et plus d'une fois elles avaient insulté le Buen-Retiro; il fallait des escortes de 5 à 6,000 hommes pour que le triste roi d'Espagne pût visiter Aranjuez avec ses beaux parcs et le Tage qui baigne ses parterres. Nul impôt n'était levé, l'administration de la justice était un vain mot, les alcaldes mayors n'existaient que de nom, et don Joseph avait un trésor vide et une couronne sans royaume.

L'Empereur, dans l'organisation de l'Espagne, avait voulu suivre tous les éléments de Louis XIV et de Philippe V; afin de conduire la force des camps et donner

d'énergie lorsque les circonstances étaient difficiles, qui se sont sacrifiés pour leur patrie et pour notre personne, parce qu'ils connaissaient sans doute les véritables intentions de notre cœur; en appelant des conseillers d'État choisis par l'opinion publique parmi toutes les classes de la société; en nous environnant enfin des anciens conseillers d'État pour former une partie du sénat constitutionnel dont l'esprit supérieur aux anciens errements n'aura en vue que la prospérité du pays, nous avons voulu avoir auprès de nous les personnages les plus illustres, connaître par eux les vœux de la nation entière, diriger plus sûrement les affaires publiques, et arriver par les moyens les plus prompts aux bases d'une constitution durable. A cette époque l'égoïsme de quelques individus ne pourra entraver les mesures de bien public, et la nation connaissant ses plus chers intérêts ne verra dans la constitution que le bienfait qui assure au peuple ses droits, sa liberté civile, son indépendance, et qui forme de toutes les provinces d'Espagne un seul corps politique.

« L'Espagne sera heureuse du moment où tous les intérêts et priviléges des particuliers seront confondus dans le bien-être général qui deviendra le privilége de tous les individus. Elle sera invincible, indépendante, dès le jour même où le Castillan, l'Aragonais, le Basque, le Catalan, oubliant chacun ses anciennes divisions et les dénominations qui les ont perpétuées, confondra son nom avec celui d'Espagnol.

à cette monarchie une puissance d'unité, il désigna un major-général des armées de ce frère qu'il appelait S. M. catholique; le choix tomba sur Jourdan. Ainsi le républicain, le vieux général de Sambre-et-Meuse, devait tenir la place du duc de Berwick ou du duc de Vendôme auprès de Philippe V; Napoléon savait son frère doux et faible; il fallait un commandant en chef avec mission de garder la couronne sur la tête de Joseph et de surveiller le mouvement des armées. Or, comme le parti républicain avait cherché un appui dans l'insurrection espagnole, Jourdan paraissait le plus apte à la repousser; lui-même n'était-il pas patriote? Il y avait de l'habileté à le placer en opposition avec Moreau ou Dumouriez, que les ennemis de Napoléon voulaient déjà jeter en Espagne pour essayer une nouvelle guerre contre la vaste dictature impériale.

Cette position de Jourdan faisait naître des difficultés toutes particulières, qui plus tard devinrent nuisibles au système militaire. Que signifiait ce titre de major-général du roi d'Espagne et lieutenant de sa majesté catholique? N'y avait-il pas deux systèmes en présence, celui

« La prospérité intérieure de la nation et son indépendance extérieure peuvent seules nous faire estimer le trône que nous occupons. Il nous serait odieux de ne pouvoir remplir notre devoir de roi et celui d'homme de bien.

« Tels sont nos plus ardents désirs, tel est l'objet constant de nos travaux; cependant l'intervalle qui nous sépare de cette époque nous offre beaucoup d'obstacles à vaincre, mais que nous surmonterons, car rien ne résiste au désir du bien soutenu par l'expérience et par un travail infatigable.

« Telle est, Messieurs, l'entreprise difficile et cependant glorieuse à laquelle vous êtes appelés à concourir. »

Un décret du 5 mai 1809 porte :

« Considérant que beaucoup d'ecclésiastiques et de fonctionnaires publics absents contribuent à égarer le peuple en lui donnant de fausses espérances et en débitant avec intention de fausses nouvelles;

« Avons, de l'avis de notre ministre, décrété et décrétons ce qui suit :

« 1. Tous ecclésiastiques et employés publics, de quelque classe qu'ils soient, qui auraient quitté leurs fonctions, et seraient absents depuis le 1ᵉʳ novembre de l'année dernière, se rendront à leur poste dans les vingt jours qui suivront la date du présent décret.

« 2. Passé ce terme, ils seront privés de tout emploi, et leurs biens seront séquestrés.

de Joseph, et celui des maréchaux français à qui Napoléon avait confié des commandements en Espagne? D'où partirait l'impulsion? De Madrid ou de Paris? Comment conserver l'unité dans une telle guerre? L'ennemi profita plus d'une fois de ce fatal désordre.

Lorsque Napoléon quitta la direction suprême de l'armée d'Espagne, il distribua les commandements aux divers maréchaux qui l'avaient suivi des champs de bataille d'Allemagne ; comme il voulait en finir avec cette guerre de la Péninsule, il plaça des forces considérables sous le commandement du maréchal le plus capable ; les corps d'armée même avaient conservé leurs numéros tels qu'ils existaient en Allemagne. On n'avait fait qu'ajouter de nouveaux cadres : le maréchal Soult, capacité de premier ordre, devait conduire l'armée de Galice et de Portugal ; c'était l'homme important de la campagne, celui qui avait sous ses ordres la masse de troupes la plus considérable ; il devait être soutenu par le maréchal Ney qui opérait à sa gauche, et par le maréchal Victor qui se déployant dans l'Andalousie pouvait prendre le Portugal au centre par Abrantès. Le maréchal Lannes, et j'ai besoin ici de revenir sur les temps, le maréchal Lannes, si glorieusement tombé à Essling, avait conduit l'armée de Navarre au siége de Saragosse ; en Catalogne deux généraux de premier

« 3. Nos commissaires royaux, présidents, intendants, MM. les archevêques, évêques, chapitres et autres chefs d'établissements nous communiqueront l'état nominatif des fonctionnaires ecclésiastiques qui ne se seront pas rendus à leurs postes respectifs passé ledit terme, afin que nous nommions à leur place en ce qui nous concerne, les autres autorités devant nommer de suite aux emplois de leur compétence. »

« 4. Les réguliers qui, après ledit terme, ne seront pas rendus en leur couvent, à moins qu'ils n'aient permission pour s'absenter, seront condamnés à une réclusion de 10 ans.

« 5. Seront condamnés à 4 ans de réclusion, les religieux des couvents supprimés, s'ils ne se rendent dans ledit terme aux couvents qui leur seront destinés, ainsi que ceux sécularisés, s'ils se trouvent hors des

ordre devaient opérer en se portant sur le royaume de Valence : le premier, Gouvion Saint-Cyr, de l'armée de Moreau, et Suchet, homme ferme, et dont un triste souvenir de Convention affligeait la vie militaire. A la première période du gouvernement de Joseph à Madrid, l'armée française comptait 150 à 150,000 hommes agissant de concert et se tenant la main ; c'était assez pour expulser les Anglais et résister à l'insurrection ; mais, indépendamment des discordes entre les maréchaux, des susceptibilités de grade et des amours-propres de gloire, il y avait aussi l'opposition constante entre les ordres de Joseph et ceux de Napoléon ; ils ne partaient pas de la même base : l'un se confiait à Jourdan, l'autre aux maréchaux des troupes françaises ; il y avait anarchie complète dans ce système militaire, dans la stratégie de toute cette armée.

Cependant l'insurrection grandissait depuis Cadix jusqu'aux Pyrénées ; cette vaste mer de guérillas qui se montraient sur tous les points, agitant leurs banderolles jaune et rouge, au cri de *Viva el rey!* coupait les communications, interceptait les convois, et rendait les opérations militaires très difficiles : chaque ville se défendait ; là où il y avait des murailles des palissades, des rochers, des rivières, c'était un siége à suivre, une population à passer par les armes.

---

lieux qu'on leur a assignés pour résidence.

« 6. Les supérieurs d'ordres réguliers devront, sous leur responsabilité, nous faire parvenir, par notre ministre des affaires ecclésiastiques, l'état des religieux absents.

« 7. Tout ecclésiastique séculier ou régulier qui chercherait à égarer le peuple ou à le soulever contre notre gouvernement, sera saisi par la justice du lieu, conduit en cette capitale, et jugé par la junte criminelle extraordinaire, d'après notre décret du 16 février présente année.

» 8. On supprimera tous les couvents du district dans lequel aurait été commis l'assassinat d'un individu de l'armée, à moins qu'à défaut d'apparition du coupable, on ne constate de l'inculpabilité de chacun des couvents. »

Moi le Roi.

Certes, en rase campagne, les guérillas confusément réunies ne pouvaient résister à la discipline merveilleuse, à la puissance militaire des vieux soldats que les maréchaux de l'Empereur conduisaient à la victoire. Derrière un rempart, à l'abri des maisons, les Espagnols valaient les meilleures troupes; robustes, patients, sobres, le guérillero avec une poignée de garbances et sa cigaretta supportait les plus cruelles privations; tout paraissait propre à sa défense, tout semblait destiné à protéger son indépendance; les guerillas coupaient les routes, on ne recevait donc que rarement des nouvelles de France; la patrie ne savait pas les périls de ses enfants.

L'intrépidité des Espagnols s'était surtout montrée dans le second siége de Saragosse, aussi brillant que le premier. Lannes l'avait conduit avec cette énergie qui rappelait les premières irruptions de l'armée d'Italie; l'intrépidité des habitants de Saragosse n'avait pas excité son enthousiasme; il n'y vit que du fanatisme: est-ce que les grandes choses se font en dehors du fanatisme, fanatisme de gloire, d'honneur, de patrie? Les moines les plus patriotiques furent fusillés impitoyablement; ceux qui avaient conduit la brillante résistance furent traités comme un ramassis de populace, et Palafox, cette noble tête, fut insulté comme un chef de brigands [1]; lui, le patriote, homme de cœur, fut mé-

---

[1] Le 30 décembre 1808; Palafox reçut une sommation dans laquelle on disait : « Saragosse est cernée sur la rive droite, l'investissement vient d'être terminé sur la rive gauche, l'Empereur marche en force pour chasser les Anglais et soumettre les provinces; Madrid a capitulé, une capitulation honorable vous est proposée. » Il y répondit : « Si Madrid a capitulé, c'est qu'il a été vendu; quant au peuple et à la garnison de Saragosse, si leurs fortifications sont renversées, ils s'enseveliront sous leurs ruines. » Ce langage est beau, et on insultait à ce caractère! J'ai vu Palafox à Madrid; il était le doyen des capitaines-généraux; longtemps il fut renfermé à Vincennes.

connu par un homme de cœur. Hélas! n'en était-il pas ainsi sous Napoléon? Schill, Palafox, Hoffer, ces saints des peuples, n'étaient aux yeux de l'Empereur que des brigands. Lannes n'oublia pas les traditions des guerres d'Italie; il s'empara du trésor de Notre-Dame-del-Pilar, comme à une autre époque, Bonaparte et Masséna avaient pillé la chapelle de Notre-Dame-de-Lorette. Les Espagnols dirent que cela lui avait porté malheur : il fut tué quarante jours après, heure pour heure, dans la plaine d'Essling ; quarante jours, temps de carême, nombre mystérieux. comme le dit le chant des Aragonais; la nation espagnole aimait cet horoscope jeté sur la tête des hommes, et lorsque le peuple castillan eut reçu la bulle d'excommunication lancée contre Napoléon par Pie VII, il en récita avec plus d'ardeur le catéchisme contre l'Antéchrist. L'excommunication devint un nouveau manifeste de guerre : pour l'Espagne, un excommunié c'était l'homme en dehors du droit des gens, antique tradition de la patrie au temps des Maures.

L'insurrection déclarée par l'Espagne recevait l'appui d'un traité solennel [1] conclu avec l'Angleterre; M. Canning n'hésitait pas à reconnaître pour représentant de la junte supérieure le digne amiral don Ruiz de Apodaca. Le traité était dans les termes que pouvait

---

[1] Voici le texte curieux de ce traité, le premier qui ait été fait avec l'insurrection. *Traité d'alliance entre l'Angleterre et les insurgés espagnols.*

« Au nom de la trinité sainte et indivisible! Les événements qui se sont passés en Espagne ont mis un terme aux hostilités qui malheureusement avaient eu lieu entre la Grande-Bretagne et l'Espagne, et tourné les armes de ces deux puissances contre un ennemi commun; il est, par conséquent, très urgent de fixer par un traité de paix et d'alliance les nouveaux rapports des deux nations, liées par l'union la plus intime. En conséquence S. M. le roi du royaume uni de la Grande-Bretagne et de l'Irlande et la junte suprême de l'Espagne et des Indes ont nommé et muni de leurs pleins pouvoirs pour conclure ce traité, savoir : S. M. B. M. Georges Canning, membre du conseil privé du roi et premier secrétaire d'État pour les affaires étrangères, et la suprême junte don Juan Ruiz de Apodaca, commandant de Malaga, etc.,

désirer l'Espagne. L'Angleterre déclarait qu'elle ne reconnaîtrait pour roi que Fernand VII, le souverain chéri; nul traité n'aurait lieu que de concert entre l'Angleterre et l'Espagne; aucune terre ne pourrait être cédée que d'un commun consentement; enfin la Grande Bretagne s'engageait à fournir de vastes et prompts secours contre les Français. Ces secours, en effet, lui arrivaient de tous côtés : en Sardaigne, en Sicile, on confectionnait des vêtements, des armes; l'argent ne manquait pas; les affiliations lui donnaient des appuis dans toutes les sociétés secrètes, en Italie, en Allemagne; jamais mouvement n'avait été mieux secondé par les sympathies de l'Europe démocratique. « Combats, brave peuple, car il t'appartient de montrer au monde qu'une nation ne s'abdique pas; elle peut résister aux plus puissants oppresseurs! » L'Espagne, couverte de son manteau troué et dans sa fière attitude, pouvait encore commander le respect et l'admiration des contemporains et de la postérité par son patriotisme orgueilleux.

L'Angleterre suivait toujours avec une attention soutenue, les progrès et les développements de l'insurrection espagnole; elle cherchait un champ de bataille; la première armée qu'elle avait envoyée n'avait pas été heureuse : la marche rapide de Napoléon avait rejeté le corps de

contre-amiral de la marine royale, envoyé extraordinaire et ministre plénipotentiaire auprès de S. M. B. Lesquels, après avoir échangé leurs pleins pouvoirs, sont convenus des articles suivants :

« 1. Il y aura entre S. M. le roi de la Grande-Bretagne et de l'Irlande et Ferdinand VII, ainsi qu'entre leurs royaumes, États et sujets respectifs, une paix chrétienne, durable et indestructible, une amitié sincère et éternelle, et la plus intime union durant cette guerre. Il y aura aussi un entier oubli des hostilités commises pendant la dernière guerre.

« 2. Afin de prévenir les plaintes et discussions qui pourraient avoir lieu au sujet des prises faites depuis la déclaration publiée par S. M. B. le 4 juillet dernier, on est convenu que tous les bâtiments et propriétés quelconques pris depuis le 4 juillet, dans quelque partie du monde que ce soit et sans égard aux circonstances, seront fidèlement rendus de part et d'autre.

« 3. S. M. B. s'engage d'aider de toutes

sir John Moore dans la Corogne où il s'était rapidement embarqué pour échapper à une destruction inévitable : le général en chef, atteint d'une balle au cœur, était resté sur le rivage. John Moore n'était pas à la hauteur de ce commandement qui exigeait un homme de tactique et de ménagement politique, un de ces esprits qui ont étudié tout à la fois la diplomatie et la guerre. La situation des armées anglaises dans la Péninsule n'était pas aussi facile qu'on pouvait le croire : l'Espagnol, peuple tout concentré en lui-même, n'aime pas les étrangers, surtout les Anglais qu'il considère comme hérétiques exclus des cathédrales. A qui serait conféré le commandement en chef? Il y avait là réunis, Espagnols, Portugais, Anglais; chacune de ces nations avait des généraux qui prétendaient à la direction de la guerre. Comment s'entendre? Les juntes ne voulaient pas céder la conduite suprême des forces qu'elles levaient par des sacrifices. Comment négocier par des notes sérieuses et diplomatiques dans un pays couvert d'insurrection, et où le peuple précisément n'était fort que parce qu'il était laissé à lui-même? Dans cette situation, il fallait donc un général d'une capacité supérieure, et lord Castlereagh décida le conseil à choisir sir Arthur Wellesley pour le commandement de l'armée anglo-portugaise qui devait repousser l'invasion.

ses forces la nation espagnole dans son opposition contre la France, et promet de ne pas reconnaître d'autre roi d'Espagne et des Indes que Ferdinand VII, et ses héritiers, ou tel autre que la nation espagnole reconnaîtra. Le gouvernement espagnol, de son côté, s'engage à ne céder, dans aucun cas, aucune portion de territoire espagnol, dans quelque partie du monde que ce soit.

« 4. Les parties contractantes sont convenues de faire cause commune contre la France et de ne conclure la paix avec cette puissance que d'un commun accord.

« 5. Les ratifications de ce traité seront échangées à Londres dans l'espace de deux mois, ou plus tôt si faire se peut.

« En foi de quoi nous avons signé et apposé nos armes.

« Fait à Londres ce 14 janvier 1809. »
Signé, G. Canning,
R. J. de Apodaca,

Après la convention de Cintra, on se rappelle que sir Arthur Wellesley avait quitté le Portugal sur un mandat de justice émané des cours d'Angleterre ; des accusations pesaient sur les signataires de cet acte ; une enquête avait eu lieu, et sir Arthur était appelé comme témoin sur les faits qui avaient précédé cette convention ; il ne lui fut pas difficile de constater que lui, simple lieutenant-général, ne pouvait subir la responsabilité d'un acte qu'il avait exécuté comme subordonné de sir Hew Dalrymple. A la suite de cette instance, sir Arthur, rapproché par sa famille de lord Castlereagh, reçut du ministre secrétaire d'État, le commandement en chef de cette armée de la Péninsule destinée à une longue campagne ; ce n'était pas seulement la guerre qu'il fallait suivre, mais encore l'organisation des corps, l'armement des recrues, le mélange des divisions portugaises et espagnoles. Sir Arthur Wellesley, froid, méthodique, était aussi capable de ces détails que d'une négociation d'ensemble ; esprit prudent, mesuré, avec l'expérience des besoins d'une armée anglaise, il connaissait déjà le Portugal, et la convention de Cintra n'avait point altéré la confiance que lui témoignait l'Angleterre ; le parlement lui vota des remerciments ; il les accueillit avec modestie. Avant de se charger de ce commandement, sir Arthur rédigea un memorandum parfaitement complet sur les forces qu'on devait employer dans la Péninsule ; selon lui, 25 à 50,000 Anglais étaient suffisants : de la cavalerie en grand nombre, de l'artillerie par forte masse, car les insurgés de Portugal et d'Espagne manquaient de ces deux armes ; on trouvait partout de l'infanterie facile à former ; les hommes qui savaient manier un cheval ou des canons étaient plus rares ; il fallait plus de temps pour les dresser. Sir Arthur quitta Londres à la fin de mars[1], et il se trouvait en rade de Lisbonne le 25 avril au matin pour entrer immédiatement en campagne.

La petite armée anglaise, alors dans une situation compromise, ne tenait plus que la ligne du Tage et Lisbonne ; après la mort de John Moore, elle avait opéré précipitamment sa retraite sur la Corogne, et les forces anglaises du Portugal furent confiées à sir William Cradock, avec le titre de commandant général provisoire. Le marquis de Beresford conduisait une division portugaise dans la direction de Coimbre : un autre corps national était sous le commandement du marquis de Silveyra ; tous avaient reçu des uniformes et une organisation anglaise. Le général Cuesta dirigeait les Espagnols se liant par l'Andalousie aux forces du Portugal, et l'aventureux sir Robert Wilson, à la tête d'un corps de partisans, et de guérillas portugaises, au nombre de 7 à 8,000 hommes, tenait la campagne et harcelait les postes français. Sir Arthur Wellesley amena quelques régiments de gardes, de la cavalerie, des parcs d'artillerie, 10,000 hommes environ, solides au feu ; puis s'occupant de donner de l'unité à ces forces jusque-là éparses, il se mit immédiatement en communication avec M. Freire, l'envoyé anglais auprès de la junte de Séville.

Les trois corps d'armée qui allaient opérer contre les forces réunies de sir Arthur Wellesley en Portugal étaient ceux des maréchaux Soult, Ney, et Victor ; le maréchal Soult devait marcher par la Corogne et les provinces du nord sur Lisbonne ; des opérations militaires fortement conduites avaient amené l'armée jusqu'à

---

[1] Memorandum on the defence of Portugal. (Dispatches of the duke of Wellington).

Oporto ; les avant-postes occupaient tout le littoral jusqu'à la grande route de Coimbre, par laquelle le maréchal Ney devait opérer ; en même temps Victor pénétrait dans le Portugal par Talavera de la Reyna, Alcantara et Abrantès ; le point central des opérations était Lisbonne. Le corps du maréchal Soult le plus important dans la campagne, se composait généralement de troupes fermes [1], vieux régiments commandés par des officiers solides, très inquiets de l'espèce d'abandon où on les laissait depuis deux années jusqu'à ce point de les priver d'artillerie et de munitions indispensables ; toutes les faveurs étaient pour les troupes qui marchaient sous les ordres de Napoléon ; pour celles-ci étaient les majorats, les dotations, les faveurs de la cour impériale, tandis que l'armée d'Espagne était délaissée. Il y avait dans son sein plus d'un officier qui soupirait après la république ; plusieurs favorisaient un ordre de choses qui, en confiant au maréchal Soult la direction suprême du Portugal, pourrait leur donner à chacun des dotations opulentes, de riches commanderies. Et pourquoi n'y prétendraient-ils pas ? N'étaient-ils pas enfants des batailles comme ceux-là qui passaient rois ou gouverneurs-généraux ? Pourquoi des préférences ? Tous étaient de la même famille ; tous pouvaient être monarques, féo

---

[1] *Effectif du 2ᵉ corps d'armée en juin 1809, sous les ordres du maréchal Soult.*

Infanterie.

1ʳᵉ division, général Merle.	232 offi.	4,221 s.-offi. et sold.
2ᵉ division, général Mermet.	284	3,807
3ᵉ division, général Delaborde.	134	3,071
4ᵉ division, général Heudelet.	155	2,365

Cavalerie.

Cavalerie légère, général Franceschi.	87	739
4ᵉ division de dragons, général Lahoussaye.	107	1,461
5ᵉ division de dragons, général Lorges, 2ᵉ rég.	58	808
Artillerie.	22	1,108
Total.	1,079	17,580

daux, suzerains ou barons. Vilhardouin, en contant la conquête de la Morée par les Francs, n'a-t-il pas dit que partout ou vont les Francs, ils fondent royauté et baronnie? Le corps du maréchal Soult était une véritable armée avec son état-major, ses quatre divisions; pourquoi n'aurait-elle pas formé un établissement en Portugal? Pourquoi, si les Anglais voulaient faire cause commune, ne pactiserait-on pas contre le despotisme de Napoléon? Ainsi raisonnaient beaucoup d'officiers du corps d'opération loin du regard de leur Empereur.

Il est certain qu'après le débarquement de sir Arthur Wellesley, des rapports intimes s'établissent entre l'armée française [1] et le quartier-général des Anglais. On ne peut plus en douter; ces faits résultent des dépêches originales de sir Arthur à lord Castlereagh : « On aurait proclamé roi de Portugal le maréchal Soult; des adresses avaient été envoyées à sir Arthur. Ce parti avait des forces considérables; pouvait-on compter sur l'appui de l'armée anglaise? On se prononcerait contre Napoléon. » Sir Arthur répond qu'une telle résolution est trop grave pour qu'il la prenne sur lui-même. Un officier, délégué par ses camarades, vient sous la tente

---

[1] Les dépêches que je vais publier sont d'une grande curiosité; elles prouvent l'existence d'une conspiration dans l'armée de Portugal contre Napoléon, elles contiennent les révélations les plus décisives; mais ce que je puis affirmer c'est que le maréchal Soul n'entra jamais directement dans aucune intrigue en rapport avec l'Angleterre; tout se passa entre subalternes; et l'affaire de l'adjudant-major d'Argenton fut véritablement une conspiration d'espionnage, plutôt qu'une négociation effective; toutefois les dépêches du duc de Wellington me paraissent si importantes que je n'hésite pas à les donner.

To marshal Beresford.
Coimbra, 7th. may 1809.

« My dear Beresford,

« Our friend came to Aveiro yesterday; and I saw him last night at a fire on the road between Fornos and Martede.

« He says there are two parties now in the army : one; to seize at all events; the other, who wish to seize only in case the person persists in declaring himself king. He had two plans to propose : one that we should endeavor to draw S-- into a snare by persuading some of the people in this part of the country to address him to declare himself king, and even that I should

anglaise; il est parfaitement accueilli; il a les pleins pouvoirs. « Mon cher Beresford (écrit sir Arthur Wellesley dans une dépêche secrète), notre ami est venu hier à Aveiro, et je l'ai vu cette nuit avec la rapidité de l'éclair sur la route, entre Fornos et Martede; il m'a dit qu'il y avait maintenant deux partis dans l'armée française, l'un prêt à tout événement, l'autre qui ne désire agir qu'au cas seulement où *la personne* persisterait à se déclarer roi; il dit qu'il y a deux plans à cet effet, l'un qui entraînerait S...., en le persuadant qu'une portion de ce pays s'adresse à lui pour le proclamer roi, et que je lui écrirai dans ce sens comme un moyen de pacifier l'Espagne et le Portugal; l'autre qui voudrait que nous fissions nos préparatifs pour l'attaquer, afin de couper toute retraite sur le Douro. En ce qui me concerne, je répondis que je ne pouvais rien prendre sur moi de ce qui pourrait m'enlever la confiance des Portugais, et, quant à ce qui touche l'attaque, j'ai ajouté à notre ami que cela dépendrait des circonstances; il a répété que si S.... pouvait être entraîné à se déclarer roi, les corps d'armée de Dela-

---

write to recommend the same measure to him, as one most likely to pacify Portugal and Spain; the other, that we should make our dispositions, and attack forthwith, taking care to cut off their retreat by a strong corps upon the Douro and even at Villa-Real.

« In respect to the measures proposed for my adoption, I declared that I could have nothing to do with them, as the inevitable result would be to deprive me of the confidence of the Portuguese. In respect to the attack, I told our friend that I would make it as soon as I could, but that the time must depend upon circumstances.

« He said that if S— could be induced to declare himself king, the whole army of Laborde and Loison would declare against him, and *lead the army back into France.*»

Believe me, etc.

Arthur Wellesley.
To viscount Castlereagh, secretary of state.

Coimbra, 7th. may 1809.

« My dear lord,

« I met last night —, for the first time since I had seen him at Lisbon.

« He told me that the French army was at this time divided into two parties; one, which intentend to seize Soult at all events, and to carry into execution the plan he had before communicated to me; the other, consisting of —, —, and even those

borde et de Loison se prononceraient contre lui et ramèneraient l'armée en France. »

Dans une seconde dépêche confidentielle, adressée par sir Arthur Wellesley, au vicomte de Castlereagh, le même jour, le général en chef donne les plus grands détails sur ce curieux épisode de la guerre de Portugal; il indique les projets des différents partis, la pétition adressée au maréchal Soult pour l'inviter à prendre la couronne, la conspiration qui a pour but le renversement de Bonaparte. Ces détails sont confirmés par une dépêche secrète datée huit jours après de Villa-Nova; elle signale le mécontentement qui se manifeste contre le maréchal Soult. « Un grand nombre d'officiers sont décidés à s'emparer de leur général, et ceux-ci eux-mêmes sont divisés sur le but de l'entreprise; les uns veulent en finir avec Bonaparte et en venir à la dernière extrémité; les autres ne sont mécontents que du maréchal. » D'un autre côté, sir Arthur Wellesley était sollicité pour favoriser le projet de constituer une couronne de Portugal indépendante et en dehors du système français.

connected with Buonaparte, who were determined to seize Soult if he should declare himself king of Portugal, of which he has manifested an intention. This latter party would then lead the army into France, where it is understood that Buonaparte wishes to have it. But — thinks that if Soult was once seized, every thing would go on as his friends wished.

« He then made two propositions to me: one, that I should make my arrangements to attack them immediately taking care to cut off their retreat into Spain; the other, that, if I would not make my attack immediately, I should endeavor to prevail upon the inhabitants of some of the towns in Portugal with which I was in communication, to petition Soult to take upon himself the government of Portugal as king; and that I should even go so far as to advise him myself to take that step as the most likely to secure the peace of Portugal and Spain, and to lead to the overthrow of Buonaparte.

« In answer to these propositions, I told —, as to the first, that I should certainly operate upon Soult as soon as I should be ready. In regard to the second, I told him that I could not take any measures to induce the people of Portugal to act as he proposed, without incurring the risk of leading them to believe that I was unworthy of their confidence.

« He then gave me a good deal of infor-

Il faut croire que sir Arthur Wellesley s'exagérait l'importance de la négociation ; les affaires d'espionnage et de trahison s'agrandissent généralement par le besoin qu'ont les agents de faire payer leurs services ; ils avancent beaucoup plus qu'ils ne peuvent et ne savent ; ils trompent ceux qui les emploient comme ceux-là mêmes auprès de qui ils sont envoyés. Que le maréchal Soult pût désirer la couronne du Portugal, offerte par un peuple, qu'y a-t-il là d'extraordinaire et de coupable, en présence de tant de fortunes nouvelles ? Joseph n'était-il pas roi d'Espagne, Louis de Hollande, Jérôme de Westphalie, Murat de Naples ? toutes les sœurs et les parents de Napoléon avaient des grands-duchés ou des couronnes, et certes ils n'avaient rendu aucun des nobles services du maréchal Soult ; qui d'entre eux avait commandé en chef contre les Russes ? qui avait engagé et décidé la bataille d'Austerlitz ? Les hommes qui ne voyaient que par Napoléon avaient de singulières idées ; ils lui croyaient un droit de famille, même en dehors de sa personne ; Bernadotte, Masséna, Soult, avaient rendu assez de services pour mériter les récompenses que l'on prodiguait à des frères, à des neveux ou à des parents éloi-

mation respecting the strength, the position, and the plans of the enemy, and of the detestation of Soult generally prevailing in the army ; all of which was confirmed by Monsieur —, who came with him ; and I sent him back without his having seen any of our troops, or knowing that we had such numbers collected here.

« I firmly believe what he says respecting the prevailing discontent, and I think it not improbable that —, and others attacheds to Buonaparte, aware of it, and apprehensive of its effects, would turn it so far to account of Buonaparte, as to induce the army to seize their general, for being guilty of an ambitious abuse of his authority and disobedience of the orders of the Emperor. And if they are really in a scrape, which I acknowledge I doubt, they would make use of this act, if possible, to induce us to allow them to go away.

« This is certainly the case if —, —, and others of that party knew of — — 's communications with us, which I cannot find out.

« Believe me, etc. »

Arthur Wellesley.

To viscount Castlereagh, secretary of state.

Villa Nova, 15th may, 1809.

« Mylord, in my secret dispatch, of the 27th ultimo, I apprised your Lordship that

gnés? Si quelques villes du Portugal signèrent des pétitions pour obtenir un roi, elles avaient suivi l'impulsion que Junot leur avait imprimées, car lui aussi rêvait la couronne. Eh! mon Dieu, dans cette époque de chevalerie où les rois formaient parterre, comme l'avait dit Napoléon à Talma, il fallait bien qu'ils fussent multitude. On doit croire aussi que dans cette affaire de Portugal il y eut plus d'intrigues subalternes que de rapports directs avec le maréchal Soult : dans les machinations de cette espèce de quel manteau ne se couvre-t-on pas pour se donner l'importance d'un négociateur? ne put-on pas transformer un trafic subalterne d'espionnage en une affaire véritablement politique. L'adjudant-major d'Argenton fut sacrifié; il paya pour toutes les petites intrigues des camps.

Tant il y a qu'un grave mécontentement existait dans l'armée de Portugal; il se manifestait par des plaintes, des conspirations; on voulait opposer un chef, un consul à Napoléon, reproduire le souvenir de ces armées qui, à la décadence de Rome, combattaient les unes contre les autres en Occident ou en Orient; les vétérans de Por-

---

I had certain communications with an officer of the french army, in respect to the discontent which prevailed against Marshal Soult. I have since had further communications with the same officer, with the details of which I proceed to acquaint your Lordship.

« Captain — met me within the posts of the British army, between Coimbra and Aveiro, on the night of the 6th instant, accompanied by mons. —, in the presence of lieut. colonel Bathurst. He informed me that the discontent had increased, and that there were a larger number of officers who were determined to seize their general than when he had last seen me. He said, however, that they were divided into two parties, one discontented with Buonaparte himself, and determined to carry matters to extremities against him : the other, consisting of —, —, and others whom he had before mentioned, as attached to the cause of the Emperor, were dissatisfied with Soult's conduct, particularly with an intention which he was supposed to entertain to declare himself king of Portugal; and that they were determined, if he should take that step, to seize him and to lead the army back into France, where it was understood the Emperor wished to see it.

« I have the honor to be, etc. »
Arthur Wellesley.

tugal et d'Espagne étaient jaloux des prétoriens qui entouraient l'Empereur; toutes les fois que Napoléon ne se trouvait pas dans une campagne, les soldats manquaient des choses les plus nécessaires à la vie; sans lui plus de centre, plus d'énergie, plus de puissance; il résulte des registres officiels que l'armée du maréchal Soult avait si peu d'artillerie[1] qu'elle ne réunissait pas une bonne pièce pour 500 hommes; on était obligé de vivre de réquisitions dans des villes déjà animées contre l'esprit français, et comment s'engager dans des pays pauvres, déserts, abîmés comme la province de Tra-os-Montes? Le terme des succès du maréchal Soult fut Oporto; il avait devant lui l'armée anglaise de sir Arthur Wellesley qui s'avançait en masse; les Portugais sous le maréchal Beresford et sous le marquis de Silveyra, les troupes légères conduites par le colonel Robert Wilson le pressaient également sur ses flancs, sur ses derrières; il n'y avait plus moyen d'opérer sans vivres, sans munitions.

Le maréchal Ney, qui devait seconder ce corps expéditionnaire, toujours insubordonné dans son impatience militaire, n'était point venu à son aide; le maréchal Soult se préserva péniblement de la destinée fatale qui avait pesé sur l'armée de Junot et sur celle de Dupont par des sacrifices de bagages; il le devait pour sauver ses soldats, il ne capitula pas comme Dupont et Junot à Baylen et à Cintra; c'était beaucoup à travers tant de priva-

---

[1] On peut voir par la faiblesse de l'artillerie du maréchal Soult combien son armée était dépourvue de ressources.

Répartition de l'artillerie entre les divisions d'infanterie le 23 mars 1809.

1re *division.* — Une pièce de 12; quatre pièces de 8; huit pièces de 4; deux obusiers de 6 pouces; trois caissons d'infanterie; vingt-cinq voitures du pays chargées de cartouches. Tout cela en mauvais état.

2e *division.* — Quatre pièces de 3; une pièce de 6; dix mulets chargés de cartouches.

3e *division.* — Huit pièces de 4; deux obusiers de 6 pouces; six caissons d'infanterie, dont deux portugais.

4e *division.* — Trois pièces de 4; deux pièces de 3, avec un dépôt de cartouches équivalant à cinquante voitures.

tions; le maréchal Ney, une des causes actives du mauvais résultat de cette campagne, ne voulut point agir comme le lui indiquaient les instructions premières; il se croyait au moins l'égal du maréchal Soult; cela était possible, mais l'Empereur l'avait ainsi réglé pour la hiérarchie; s'il avait secondé l'armée d'expédition d'Oporto en entrant en campagne par Salamanque, Viseu et Coimbre, l'armée anglaise aurait été coupée de Lisbonne, tandis que le maréchal Victor aurait opéré sur la Guadiana par Badajoz en s'appuyant sur la Nouvelle-Castille. Sans doute le plan de Napoléon était fautif, le point de départ des divers corps était trop étendu; entre Benavente et Badajoz la ligne se trouvait trop large, surtout dans un pays de guérillas, lorsque les communications pouvaient être à tout moment coupées; Lisbonne se trouvait trop éloignée pour former le centre d'un point de réunion; d'où il résulta que les Anglais et les guérillas purent se jeter dans les intervalles et compromettre ainsi le sort de la campagne.

Dès que sir Arthur Wellesley eut rejeté le maréchal Soult jusque sur les frontières nord du Portugal en lui enlevant son matériel, il se porta par une conversion à droite vers Castello-Branco et Alcantara jusqu'à la frontière méridionale; il marchait ainsi pour chercher l'armée du maréchal Victor qui opérait par la Vieille-Castille et l'Estramadure sur le Portugal; le maréchal Victor, intrépide officier suivait avec persévérance le plan primitif de campagne, qui était de marcher sur Lisbonne par Plazencia, tandis que le maréchal Soult s'avancerait par Oporto. L'échec éprouvé par l'armée du nord n'arrêta pas le maréchal Victor; il n'y avait nul moyen d'envahir l'Andalousie tant que le Portugal n'était pas délivré; comment marcher sur Séville et Cadix si l'on pouvait être menacé sur sa droite par les Anglais et les Portugais réunis? le maréchal Victor avait hâte d'attaquer l'ennemi, qui venait de faire sa jonction avec l'armée de Cuesta. Sir Arthur Wellesley, encouragé par ses succès dans le nord du Portugal donnait à son plan plus de hardiesse ; en se portant sur Plazencia et Talavera de la Reyna, il menaçait Madrid, Tolède et Ségovie. Aussi, dans la capitale des Espagnes tout fut en agitation. Le parti populaire s'était déjà prononcé contre Joseph ; une conspiration menaçait de renouveler la journée néfaste du 2 mai. Joseph avait à Madrid une garnison : la garde royale de quatre régiments, et le corps du maréchal Jourdan protégeaient la capitale; abandonnerait-on encore une fois Madrid sans livrer bataille, et pour se retirer à Vittoria? A cette lâcheté Napoléon eût brisé la couronne sur le front de son frère; des guérillas parcouraient la ville répandant le bruit que les Anglais et les partisans de Ferdinand VII, le roi bien aimé, s'avançaient en masse ; alors le maréchal Jourdan résolut d'aller au secours du maréchal Victor qui manœuvrait avec une grande rapidité militaire jusqu'à Talavera de la Reyna, à vingt cinq lieues de Madrid ; là ne pouvait-on pas livrer bataille, et fallait-il toujours fuir devant l'ennemi ?

L'état des forces respectives qui allaient s'engager dans un combat était celui-ci : à l'appel du 25 juillet, les Anglais comptaient un peu plus de 22,000 hommes; les Espagnols, sous la conduite de Cuesta marchant avec eux s'élevaient à 35,000 hommes, mais mal disciplinés, tout à fait incapables de tenir une ligne de bataille dans une affaire sérieuse ; il n'y avait de véritables Anglais que 17,000 hommes, tout le reste était auxiliaire. L'armée du maréchal Victor, la seule solide, comptait 27,000 hommes, Joseph l'avait joint avec sa garde de 6,000, et le maréchal Jourdan avec sa réserve, ce qui portait à 42,000 hommes avec 90 bouches à feu : les forces reunies de Joseph pour défendre sa monarchie. Jourdan n'était pas d'avis qu'on les engageât toutes ; il voulait qu'on opérât une feinte retraite sur Madrid pour attendre les divisions des corps de Soult et Mortier qui marchaient vers le midi pour reprendre leurs communications ; l'intrépide Victor n'était pas habitué à ces sortes de tempéraments ; se trouvant en face de l'ennemi il voulait le combattre ; il attaqua donc une forte avant-garde de l'armée anglo-espagnole qui s'était portée au-dessus de Talavera de la Reyna ; il la culbuta avec sa vigueur accoutumée. Après ce premier résultat qui attestait la supériorité des troupes de France, la tactique commandait d'attendre le maréchal Soult dont les avant-postes étaient à Plazencia. Quels retards n'avait pas éprouvés le maréchal ? Ney ne lui obéissant qu'avec dépit, murmurait sans cesse. Le maréchal Soult par une marche forcée, pouvait arriver à Talavera dans quelques jours encore, et c'est ce que voulait éviter sir Arthur Wellesley en acceptant franchement la bataille à Talavera.

L'armée qui allait attaquer sir Arthur Wellesley, le 28 juillet, sur la terre ardente de l'Estramadure, était ainsi composée du corps du maréchal Victor, de la division de Sébastiani, d'une partie de la garnison de Madrid et des gardes de Joseph. L'avis du maréchal Victor fut de briser avec impétuosité les lignes anglaises qui s'appuyaient sur Talavera ; les plans de bataille de sir Arthur étaient toujours conçus sur les mêmes bases ; elles ont été celles de sa vie entière, à savoir : le choix d'une position avantageuse pour faire une longue résistance. Ce qui consittue le talent militaire du duc de Wellington, c'est la connaissance qu'il possède des troupes anglaises et de leurs qualités ; elles sont admirables pour la défensive ; une fois retranchées dans une position bien prise, les charges viennent expirer à leurs pieds ; c'est comme un mur d'airain inflexible. Sir Arthur avait aussi étudié le caractère de l'ennemi qu'il combattait; admirable dans une première attaque, le Français se décourage facilement, il se démoralise quand son impétuosité est passée. Ainsi la stratégie de sir Arthur Wellesley est toute défensive ; c'est une méthode prudente qui opère des résultats plus lents, mais plus immanquables que des combinaisons hardies et aventureuses.

A Talavera de la Reyna, cette stratégie se montra dans ses qualités et ses défauts; rien de plus impétueux, de plus bravement conduit que l'attaque du maréchal Victor contre les lignes anglaises; mais aussi rien de plus froid, rien de plus méthodique que la résistance des Anglais; les charges du général Sébastiani, les attaques à la baïonnette conduites par le maréchal Jourdan, vinrent tomber devant l'impassible méthode des Anglais et les feux bien nourris qui distinguèrent leur infanterie. A Talavera de la Reyna, sir Arthur Wellesley coucha sur le champ de bataille; les pertes furent considérables, mais il n'y eut pas de succès positif [1] ; seulement sir Arthur garda un seul jour ses positions au milieu des rangs brisés. Quel spectacle plus sanglant! Les bulletins français présentèrent cette bataille comme une victoire due au brillant courage de celui qui s'appelait le roi d'Espagne et à ses braves troupes, tandis que le parlement anglais votait des

---

[1] « El resultado de esta batalla tan renida como indecisa no produxo, á los exercitos combinados las ventajas que debian ser consignentes, a causa del movimiento de las troupas francesas que baxaron a Plazencia, y amenazaron cortarles su communicacion con Portugal. » (Notes d'Azanza, ministre de Joseph.)

RÉSULTAT DE LA BATAILLE DE TALAVERA (AOUT 1809).

remercîments à sir Arthur Wellesley, et que le roi le décorait du titre de Lord vicomte Wellington. C'est désormais sous ce titre de lord Wellington que nous désignerons l'adversaire le plus heureux et le plus ferme de la puissance de Napoléon.

Ce qui préserva Madrid, ce ne fut donc point la bataille de Talavera [1], incertaine au moins dans ses résultats, mais l'arrivée des trois corps des maréchaux Ney, Soult et Mortier, qui s'avancèrent par Plazencia, tandis que lord Wellington opérait sa retraite par Tuxillo, Badajoz, et reprenait ses lignes au-delà des frontières [2]. Le plan de campagne se modifiait; on n'attaquait plus le nord du Portugal, pays si triste à voir, on le prenait par le centre en liant les opérations à la conquête de l'Andalousie. Joseph put alors se dire tranquille à Madrid, des armées considérables protégeaient sa couronne; les corps de Sébastiani et de Victor furent dirigés vers l'Andalousie; ils purent contempler en passant la Sierra-Morena, les débris encore fumants du corps d'armée de Dupont, des tentes déchirées, des ossements épars; et comme les légions de Rome, dont parle Tacite, ils purent indiquer en quel lieu avait péri la 10e ou 20e cohorte, ou bien en baissant les yeux, ils virent comment les aigles s'étaient couvertes d'un voile à la face des Anglais et des Espagnols insurgés. Les armées françaises allaient bientôt revoir Cordoue et atteindre Séville; c'est dans ces villes de voluptés que le général Sébastiani laissa d'impérissables souvenirs de la fierté et de la hauteur de son commandement, tandis que lui, dans les bazars et

---

[1] La perte des Anglais fut très considérable; l'état officiel la porte à plus de 5,000 hommes, et l'on sait que les bulletins anglais ne dissimulent jamais les pertes.

[2] Joseph dans un ordre du jour, sous la date du 9 août, disait : « Le 28 juillet, attaqués dans une position jugée inexpugnable, 80,000 hommes n'ont pu lutter contre 45,000 Français ; les Anglais ont fui en désordre de toutes parts. »

les almacens mauresques, rappelait les mœurs des Abencerrages et se couronnait de fleurs, en buvant le vin de Xérès et de Rota, au milieu des Andalouses aux mantilles élégantes [1].

Dans la Catalogne et le royaume de Valence, la guerre conservait un caractère plus sévère, car elle était conduite par Gouvion Saint-Cyr et Suchet; là on suivait une campagne comme au temps de Louis XIV et du maréchal de Noailles; on faisait le siége des villes en ouvrant la tranchée au milieu des éclats de bombe et des obus; partout où était Gouvion Saint-Cyr il accomplissait son devoir; c'était un homme au caractère antique, taillé sur le modèle de Dessolles; cherchant à gagner noblement son bâton de maréchal, parce qu'il le méritait comme un des plus habiles généraux de division. Gouvion Saint-Cyr bloquait Gironne avec une ténacité d'autant plus remarquable qu'il était délaissé sans moyens et comme perdu dans cette campagne de la Péninsule où les plus admirables actions restaient ignorées, car l'Empereur ne les réchauffait pas de son regard. Suchet se déployait dans le royaume de Valence au milieu de ses belles campagnes, pour se mettre en communication avec l'Andalousie et soutenir Madrid par la Manche aux plaines immenses jusqu'à la Sierra Morena. Le maréchal Soult secondait Mortier contre les Espagnols réunis à Puente-del-Arsobispo. A l'aide de ces grandes forces réunies, les routes furent dégagées, les armées en communication les unes avec les autres, et l'on put opérer sur de très larges bases dans la Péninsule.

Lorsque tant de colonnes la parcourent et la sillonnent comme des dragons de feu, l'Espagne subira-t-elle le

---

[1] Voyez l'article sur M. Sébastiani dans la *Revue des Deux-Mondes* et les lettres de Napoléon qui y sont rapportées.

joug odieux que Napoléon veut lui imposer? N'a-t-elle plus de ressources dans son énergie? Faut-il que les toréadors ne jouent plus avec les cornes du taureau, que les filles de Cordoue et de Grenade suspendent leurs guitares aux saules qui couvrent les tombes de leurs amants? Les juntes seront-elles muettes et la vigueur des Espagnols épuisée? Que sont devenus les braves guérillas de Mina, de Sanchez, de Merino, de el Cosinero, el Medico, el Pastor, el Capucino et de ce vigoureux l'Empecinado (l'implacable) qui a laissé mémoire dans tous les chants de l'Espagne? L'Empereur des Français, au panache sanglant, va-t-il venir de son camp de l'Autriche pour détruire ce qui reste de la nationalité espagnole? Les cathédrales de la Manche, de la Navarre, de Cadix ou de Grenade, qui ont carillonné de joie en apprenant qu'à Essling l'antéchrist a été vaincu, vont-elles maintenant porter le deuil à la fatale nouvelle que ce démon incarné a vaincu à Wagram et signé l'armistice de Znaïm?

CHAPITRE VII.

BATAILLE DE WAGRAM.

ARMISTICE DE ZNAÏM.

L'Empereur à Schœnbrünn.— Travaux du génie. — Le général Bertrand. — L'armée dans l'île de Lobau. — Pénurie du soldat. — Situation des Autrichiens. — Déploiement de la campagne. — L'armée d'Italie. — Combat de Raab. — L'armée de Dalmatie. — Marmont. — Préparatifs pour le passage du Danube. — La nuit du 4 au 5 juillet. — Position de l'archiduc Charles. — Manœuvre par éventail. — Première journée de Wagram. — Résultat indécis. — Bataille du 6. — L'archiduc attaque en se déployant. — Napoléon se concentre. — La colonne d'artillerie et de la garde impériale. — Masséna. — Bernadotte et les Saxons. — Le centre de Macdonald. — Chances de la bataille. — Caractère incertain des deux journées de Wagram. — Pertes énormes. — Récompenses. — Les maréchaux. — Les princes. — Causes diplomatiques de la retraite de l'archiduc en Bohême. — Suite des mouvements de Napoléon. — Dissension entre les archiducs. — Influence de faiblesse de l'archiduc Charles et du prince de Lichtenstein. — Armistice de Znaïm.

Juin et Juillet 1809.

Dans les salles immenses du palais de Schœnbrünn, là où se voient encore les portraits des vieux ducs d'Autriche couverts de leurs armures, et de la grande Marie-Thérèse entourée de ses magnats, Napoléon travaillait avec cette activité laborieuse qui préparait les vastes conceptions de son génie; comme il avait pris sur lui toute la responsabilité de la concentration hardie de l'armée dans l'île de Lobau, il sentait la nécessité impérieuse de la sauver d'un désastre; car il jouait ici sa vie, son existence d'empereur, sa réputation de capitaine. Ce caractère de bronze laissait à peine apercevoir ses émotions vives et profondes, et il en avait pourtant; son activité ne tenait compte de rien; ses nuits étaient sans sommeil, ses journées se passaient sur les belles cartes géographiques de Müller, suivant du doigt tous les mouvements, toutes les moindres chances de chaque marche militaire, marquant avec des épingles d'or les plus légers accidents de terrain; sa correspondance embrassait les divers corps qui avaient pour centre commun Vienne et le Danube. Berthier était auprès de lui avec les aides-de-camp; jamais il ne s'était montré plus affable et plus empressé envers l'armée; il avait tant besoin de ses services! et il n'ignorait pas les murmures de quelques-uns des corps qui frémissaient sous sa main. Pouvait-il compter sur les Saxons, les Bavarois? tous ces Allemands ne lui échapperaient-ils pas par une défection soudaine, au souvenir de la patrie commune? Nul ne sait ce qu'il eut à souffrir dans ce palais de Schœnbrünn; seul il sut être ferme à côté de si graves circonstances. A cette époque, il croyait encore à sa fortune [1].

La pensée de Napoléon pour une nouvelle bataille reposait principalement sur les miracles de l'arme du génie. Le Danube, ce grand fleuve qui enlace de ses mille bras l'Allemagne méridionale, devait être étudié jusqu'à ses derniers replis; le serpent avec ses écailles verdoyantes, qui glisse à travers les prairies, les montagnes, les sombres forêts, était examiné à la loupe par l'Empereur. Une bataille ne pouvait se donner que

---

[1] Comparez sur tous ces événements l'ouvrage remarquable du général Pelet et les notes impartiales dans les mémoires du général Savary.

sur la rive gauche du fleuve; on avait eu l'exemple récent des pertes que pouvait éprouver l'armée par suite de la rupture des ponts et d'un passage tenté de face. On dut se consacrer à la construction solide de ces ponts; un bataillon de marins, des compagnies d'équipages étaient venus de Cherbourg et de Brest au Danube; l'arsenal de Vienne avait mille ressources en bois de construction, en fer, en acier, et le général Bertrand acquit une véritable renommée dans ces ouvrages de l'arme du génie qui devaient lier la rive droite à l'île de Lobau et plus tard à la rive gauche; il fallait éviter les désastres d'Essling; ces ponts furent des chefs-d'œuvre, on aurait dit qu'ils avaient été jetés sur une rivière tranquille par des ingénieurs au milieu d'un peuple sans guerre; on ne s'explique même pas comment l'archiduc Charles put paisiblement laisser de si grands travaux, batteries, chantiers, retranchements, s'opérer sans prendre lui-même l'initiative contre l'armée de Napoléon; en histoire il y a des fautes militaires qui ne se justifient pas.

La grande masse de l'armée était toujours dans l'île de Lobau, où se trouvaient groupés 40,000 hommes sous l'épée glorieuse de Masséna; ces dignes enfants échappés de la bataille d'Essling avaient eu considérablement à souffrir toute espèce de privations dans l'isolement au milieu des eaux du Danube. Pendant la première partie de leur séjour dans l'île, les blessés restaient sans être pansés, les malades sans médicaments; le zèle héroïque de M. Larrey et des chirurgiens suppléait autant que possible à ce manque absolu de toutes choses[1]; les subsistances étaient rares, le vin manquait absolument; les soldats, dans leur style plaisant et moqueur, disaient en

---

[1] J'ai entendu, dans un voyage d'Italie que je fis avec M. Larrey, ces détails de sa propre bouche, avec cet orgueil d'un honnête homme qui a fait son devoir.

montrant le Danube : «que là était leur garde-magasin de vins;» on mangeait des chevaux, les casques des cuirassiers servaient de marmites, et c'était un spectacle curieux à voir que cette armée résignée dans un espace de deux lieues d'étendue et par tous les côtés baigné de larges flots, en face d'un ennemi formidable, au milieu d'une population soulevée. Quand les communications furent un peu rétablies avec la rive droite, les vivres devinrent moins rares; mais tels étaient les ravages des armées, que dans les plaines les blés étaient coupés, les bestiaux enlevés avec la rapidité de l'éclair; jamais la guerre ne s'était présentée sous un plus horrible aspect. On fuyait cette armée comme l'incendie qui lézarde une immense forêt de sapins sur les Alpes.

L'Empereur resta plus de vingt jours sans visiter l'île de Lobau; on ne sait pourquoi il hésitait à venir dans cette île, ce spectacle peut-être le faisait souffrir; craignait-il les sinistres paroles de Fouché et ces eaux lui faisaient-elles peur? Avait-il ce frisson qui prit César au cœur lorsque les légions murmuraient contre lui? Le petit nombre de fois que Napoléon vint à Lobau, ce fut à l'improviste; il parcourait le rivage, suivant avec sa lorgnette les positions des Autrichiens, s'exposant de sa personne hautement, parce qu'il le fallait bien; qui n'aurait pas donné d'héroïques exemples quand on avait tant d'héroïsme autour de soi? L'aspect de l'île était triste; cette armée avait confiance dans quelque miracle, mais depuis un mois comment s'expliquer l'inaction de l'Empereur? les vieux de la garde se rappelaient les temps qui suivirent la bataille d'Eylau, lorsque Napoléon séjournait à Varsovie au milieu des pompes avec une maîtresse [1], tandis qu'eux, les

---

[1] Voir chapitre 13, tome VI de ce livre.

vétérans d'Égypte et d'Italie, bivouaquaient dans les neiges et les frimas de la Pologne. A Eylau, Napoléon surpris, inactif, s'était réveillé par la bataille de Friedland ; ici, de nouvelles scènes de gloire allaient sans doute éclairer l'horizon, que la bataille d'Essling avait un moment obscurci. On ne pouvait obtenir la paix à Vienne qu'après un succès éclatant.

Sur la rive gauche du fleuve, les Autrichiens, dirigés par l'archiduc Charles, se disposaient à recevoir au feu de quatre cents pièces d'artillerie les héroïques soldats de Napoléon ; quelques-uns des généraux allemands, d'une certaine valeur stratégique, s'impatientaient qu'on laissât paisiblement les Français dans l'île de Lobau, sans tenter de grandes opérations militaires contre eux. Dans l'étonnement et l'inquiétude d'une première retraite des Français, n'était-il pas facile de les briser sous une artillerie foudroyante et le soulèvement de Vienne et des populations ? ne pouvait-on pas réduire à capituler des soldats exténués de faim et de fatigues dans une île presque inondée ? La timidité de l'archiduc Charles ne se prêtait pas à ces manœuvres rapides, peut-être doit-on dire à sa justification : « qu'il connaissait le personnel de ses troupes, composées en partie de recrues hongroises, de landwerhs; elles n'étaient pas assez solides pour tenter un système offensif sur de si larges proportions contre une armée que commandait Masséna ; l'archiduc Charles, développant ses masses en face de l'île de Lobau à Essling, Eberdsdorff et Deutsch-Wagram, fortifiait ses positions ; il s'attendait à être attaqué avec vigueur, et dans son système, « une fois Napoléon sur la rive gauche du Danube, il pourrait plus facilement, au moyen des levées en masse et des insurrections, opérer contre l'armée française, coupée de ses ressources de l'Elbe et du Rhin par les landwehrs, les partisans de Schill et du duc de Brunswick-OEls. »

Des négociations diplomatiques d'une haute importance, d'ailleurs, étaient alors engagées avec la Prusse et la Russie même [1]; les Anglais devaient débarquer en Hollande et en Italie, lord Bathurst en faisait la promesse à Vienne, et toutes ces diversions arrivant avec simultanéité jointes aux premiers échecs éprouvés par l'empereur Napoléon, devaient le jeter dans un danger si imminent qu'en aucun cas il n'aurait pu s'en sauver que par des sacrifices. On attendait donc à Vienne les résultats de tous ces événements pour commander à l'archiduc un effort militaire qui pourrait en finir avec Napoléon en l'attirant dans le cœur même de la monarchie pour manœuvrer contre lui avec toutes les ressources; le prince Charles avait besoin de l'archiduc Jean pour la sûreté de sa stratégie; il fallait opérer un mouvement sur la gauche, dans la Styrie, pour empêcher la jonction d'Eugène de Beauharnais et de Macdonald avec Marmont qui amenaient des troupes fraîches et décidées au secours de l'Empereur; Eugène avait suivi la marche de l'archiduc Jean qui devait venir se réunir au prince Charles sous Vienne. Marmont, après une marche

---

[1] Napoléon s'éclairant alors sur la réalité des alliances, disait des Russes.

« Bien m'a valu de ne pas compter sur des alliés comme ceux-là; que pouvait-il m'arriver de pis en ne faisant pas la paix avec les Russes? et quel avantage ai-je à leur alliance, s'ils ne sont pas en état de m'assurer la paix en Allemagne? Il est plus vraisemblable qu'ils se seraient aussi mis contre moi, si un reste de respect humain ne les eût empêchés de trahir aussitôt la foi jurée; il ne faut pas s'abuser: ils se sont tous donné rendez-vous sur ma tombe, mais ils n'osent s'y réunir. Que l'empereur Alexandre ne vienne pas à mon secours, c'est concevable; mais qu'il laisse envahir Varsovie à la face de son armée, on peut en croire tout ce que l'on veut; ce n'est pas une alliance que j'ai là, et j'y suis dupé. Il croit peut-être me faire une grande grâce en ne me faisant pas la guerre; parbleu! si j'avais pu me douter de cela avant de commencer les affaires d'Espagne, je m'inquiéterais peu du parti qu'il pourrait prendre. Et puis, on dira que je manque à mes engagements et que je ne peux pas rester tranquille. »

lointaine du fond de l'Adriatique et des travaux inouïs, devait faire également sa jonction avec l'armée impériale; cette stratégie se déployant sur un large terrain amena des combats indécis et la bataille de Raab vivement disputée. Le plan d'Eugène Beauharnais réussit en plein; l'archiduc Jean ne put empêcher la jonction des armées italienne et française; Eugène et Macdonald donnèrent la main aux opérations militaires de l'Empereur qui n'hésita plus dès lors à prendre l'offensive. Un mouvement très marqué se fit apercevoir sous la tente; Napoléon vint plus souvent dans l'île de Lobau; le prince Charles dut s'apprêter à défendre la rive gauche bientôt attaquée par les Français; l'archiduc fit fortifier Essling, Gross-Aspern, et des batteries formidables furent établies sur le Danube pour empêcher le passage; elles répondaient aux beaux ouvrages élevés dans l'île de Lobau.

Alors Napoléon à Schœnbrünn suivait avec une attention vive et profonde tous les rapports de l'arme du génie, il faisait lever les plans, dessiner avec exactitude les fortifications élevées par l'archiduc Charles. Un de ces plans est tellement exact qu'il indique même le terrain où tomba le maréchal Lannes, le nombre des bouches à feu, les embrasures des batteries. D'après ces rapports, l'Empereur s'aperçut bien qu'il était difficile de prendre en face de telles fortifications; lorsque la bataille d'Essling avait été livrée, les troupes étaient passées en face de Gross-Aspern, position importante, centre d'opération pour toute une campagne dans la Hongrie ou la Moravie. Cette fois le plan de Napoléon pour passer le Danube fut conçu d'après d'autres idées; se bornant à faire quelques démonstrations devant Essling et Gross-Aspern, son armée devait passer le fleuve à Wittau et Probsdorff, dans la grande anse de terre que forme le Danube, à droite de l'île de de Lobau; maître de cette position l'Empereur pouvait tourner les retranchements d'Essling et de Gross-Aspern, prendre les Autrichiens à revers [1] en s'appuyant sur Essling même, occupé par un mouvement hardi de l'armée française. Ce plan était habile comme ceux que traçait Napoléon; il rendait inutiles toutes les précautions de l'archiduc Charles pour recevoir les Français devant des positions inexpugnables; les Autrichiens devaient livrer bataille dans des conditions égales, et le passage du Danube s'effectuerait presque sans obstacles.

Dans la soirée du 4 juillet Napoléon se rendit de sa personne dans l'île de Lobau, les ponts étaient prêts pour le passage sur les points indiqués; une grande touffe de bois verdoyants et profonds se trouve dans l'angle du Danube à l'extrémité méridionale. Ces beaux arbres aux feuillage épais, épargnés par la mitraille, avaient toute la fraîcheur des ormes du Prater au mois de juin : ce lieu s'appelait Mühlleiten; les habitants de Stadtl-Enzersdorff allaient faire là leurs pêches le samedi, tant la rivière est riche et abondante. Ce bois épais fut destiné à couvrir la première manœuvre

---

[1] Les instructions dictées par l'Empereur à l'île de Lobau sur le passage du Danube sont d'une précision admirable, les voici.

Ordre.

Ile Napoléon, le 4 juillet 1809.
Passage du général Oudinot.

« Ce soir à huit heures, les quatre bacs et les bateaux pontés, destinés à faire le pont de bateaux, partiront de manière à arriver à leur emplacement à neuf heures, nuit faite.—A huit heures le général de brigade Conroux et 1500 hommes s'embarqueront au pont.—A neuf heures, les bateaux portant ces troupes appareilleront avec les barques armées, et iront débarquer dans l'endroit convenu; ainsi ce débarquement aura lieu à neuf heures et demie. — Une batterie de six pièces de canon commencera son feu aussitôt qu'elle verra arriver les bateaux, et on aura soin que les pièces, placées pour prendre d'écharpe la batterie ennemie, finissent leur feu aussitôt que nos bateaux commenceront le leur.—Le général de brigade Thareau se trouvera à la batterie, et fera embarquer sur les bacs le reste de la brigade Conroux. A cet effet,

des Français pour la jetée des ponts; ils étaient déjà construits avec une admirable prévision, tous en bois de chêne avec des chaînes de fer, des grappins; le génie avait tout prévu, et tandis qu'une violente canonnade envoyait des milliers de boulets vers Essling, point vers lequel on voulait simuler le passage, le général Oudinot, avec une partie de ses valeureux grenadiers, devait traverser le fleuve. Les instructions que l'Empereur adresse aux divers officiers pour cette opération militaire sont admirables de précision; les moindres accidents sont prévus; le passage des îles, la marche des bateaux, la jetée des ponts, tout est retracé comme s'il s'agissait d'une parade : c'est la brigade Conroux qui doit s'embarquer la première dans des bacs, et avec elle six pièces de canon, puis la brigade Thareau; et les soldats doivent s'emparer des îles verdoyantes du Danube qui toutes ont reçu les noms des généraux de l'armée : *Masséna, Alexandre* (Berthier, ne peut plus signer que d'un nom souverain), *Montebello, Espagne*. Ces soldats se déployèrent un peu à gauche du bois dont j'ai parlé, pour protéger l'équipage du pont; il était neuf heures du soir, le temps était obscur, le ciel chargé d'épaisses nuées, de temps à autre des bouffées de vent qui agitaient les flots du Danube annonçaient la tempête et l'orage, les pon—

les bacs entreront vides dans la rivière, on jettera une cinquenelle, et on se servira de tous les bateaux pour passer toute la division Thareau.—Le pont de bateaux commencera aussitôt la batterie prise; et le capitaine de pontonniers fera faire son pont. —Une compagnie de sapeurs passera avec des officiers du génie pour couper des arbres, faire une tête de pont, et tracer le chemin sur la Maison-Blanche.

Instruction pour le général Thareau.

« La première chose à faire est de s'emparer de toute l'île de Hausl-Graund jusqu'au canal, de jeter les trois ponts sur le petit canal. Alors une division marchera sur le village de Mühlleiten, une autre sur la Maison-Blanche. Le colonel Baste prendra possession de toute l'île de Rohr-Tsith comme cela a été dit, et flanquera non seulement le Zanet, mais encore la plage jusqu'au village de Schonau, et fera connaître tout ce qu'il y aura là de nouveau. Une barque armée remontera aujourd'hui le Danube le plus tôt possible, ira se porter pour menacer du côté de Gross-Aspern, et veiller à ce que l'ennemi ne puisse faire

tonniers et les marins intrépides fixèrent les ponts, tandis que les grenadiers d'Oudinot allaient se former en bataille dans le bois sous l'abri des ténèbres et du feuillage.

On dut alors presser le passage ; il était beau à voir, Napoléon, l'œil en feu, parcourant toute l'île de Lobau, hâtant les préparatifs, passant les ravins, le plus souvent tenant le bras d'un de ses aides-de-camp; ces mots seuls sortaient de sa bouche : « Allons promptement ; activité et rectitude. » Et toutes ces troupes couraient en rangs pressés, comme si elles traversaient les ponts des Tuileries et du Carrousel. A ce moment l'orage éclatait, des nuages entr'ouverts laissaient percer des mille jets de flammes, et les cataractes du ciel vomissaient d'immenses nappes d'eau ; les détonations de mille bouches à feu, le tonnerre, le sifflement du vent, le murmure des eaux du Danube considérablement enflé, le passage de ces divisions, artillerie, cavalerie, infanterie, tout cela formait un spectacle sublime à voir. Rien d'étonnant que toutes les émotions vulgaires fussent usées pour l'Empereur, quand il avait eu ces spectacles immenses devant les yeux; son imagination brûlante devait lui rendre désormais monotones tous les plaisirs pacifiques d'un gouvernement régulier; quand une fois il s'était fait à cette terrible

aucun mouvement sur les îles Masséna.— Une autre se portera du côté de Stadlau pour le même objet.

Passage de l'île Alexandre.

« Aussitôt que l'on saura que le passage du général Oudinot a réussi, on commencera le passage de l'île Alexandre, et on tâchera de faire la jonction des deux colonnes le long de la rivière. A cet effet, les bacs passeront d'abord cinq pièces de canon et 15 à 1600 hommes, ou plutôt autant d'hommes de la division Boudet que les cinq bacs en pourront porter. — Le pont d'une pièce servira sur-le-champ à passer le reste de la division Boudet et les divisions Molitor et Saint-Cyr. Les bacs passeront l'artillerie jusqu'à ce que les deux autres ponts soient jetés. Au même moment l'on donnera l'ordre aux batteries de l'île Lannes, de l'île d'Espagne, aux grandes batteries intermédiaires à celles de l'île du Moulin, de commencer leur feu, lequel sera continué toute la nuit avec la plus grande activité. —Un officier du génie, avec la plus grande partie des sapeurs, tracera sur-le-champ, avec beaucoup de sacs à terre et de

destinée, il devait la subir ; comme un joueur, il ne devait se plaire qu'à ces coups de dés qui déchirent les entrailles, devant ces monceaux d'or qu'il peut perdre ou gagner; Méphistophélès couronné, il se raillait des éléments et des hommes. Tous les plaisirs du monde s'effacent devant le cœur qu'une telle passion dévore; on sacrifie tout pour le feu qui ronge; et pour certaines imaginations le genre humain se résume en une carte : on la joue jusqu'à la mort.

Cette carte, Napoléon l'avait alors bien placée, car jamais passage de fleuve ne fut mieux accompli, avec un ordre plus parfait. Le lendemain, quand le soleil apparut après la tourmente orageuse de la nuit, 150,000 baïonnettes furent massées dans la plaine qui fait face au bois de Mühlleiten; elles resplendissaient comme des torrents de flammes. Masséna formait la tête à gauche; fier homme de guerre, brisé d'une chute à l'île de Lobau, il demanda néanmoins à conduire la bataille dans sa calèche, sans craindre les boulets ; à sa droite, formant comme le centre, se déployait la belle division d'Oudinot, si remarquable par la tenue de ses grenadiers ; à l'extrémité de cette même droite se montrait Davoust, si longtemps séparé de ses compagnons d'armes de l'île de Lobau par les flots du Danube ; en seconde ligne, Bernadotte, les Bavarois et les Saxons, que le général caressait avec une grâce in-

---

gabions, une tête de pont formée de quatre ou cinq redoutes, faisant un système de quinze à seize cents toises. Aussitôt que ces redoutes seront en premier état de défense, on placera les pièces de position et les mortiers dans ces redoutes. — Le bateau armé qui sera du côté de Gross-Aspern cherchera des positions où l'ennemi n'ait pas de batteries pour tirer et faire diversion. Un officier du génie sera spécialement chargé de reconnaître sur-le-champ le petit canal de l'île où débarquera le général Oudinot, il verra s'il est guéable. On pourrait construire, sur le chemin allant à Zanct, un petit ouvrage pour assurer la droite. — Les bateaux armés doivent donner de l'inquiétude sur toute la rive gauche, et faire un grand fracas de leur artillerie, mais ils doivent spécialement flanquer la droite du général Oudinot. »

Par ordre de l'Empereur, le major-général,
Alexandre.

finie; pensait-il alors se faire une couronne allemande? au centre, les Italiens, qui avaient fait leur jonction sous Eugène et Macdonald; puis, à l'extrémité de la ligne, Marmont, avec ses divisions venues de Croatie et de Dalmatie; enfin, en réserve, la magnifique garde, jeune et vieille, et un corps tout entier de cuirassiers, superbe cavalerie qui avait ébranlé les ponts sous les pas de ses forts chevaux. Toutes ces divisions étaient massées de manière qu'elles ne tenaient pas un espace carré de plus d'une lieue en face du bois de Muhlleiten. Sur l'ordre de l'Empereur, elles commencèrent à se développer par éventail, division par division, régiment par régiment, avec un ordre admirable; et ces troupes, qui naguère semblaient une masse de baïonnettes inertes, s'étendirent comme des fleuves d'acier fondu, brillant au soleil sur toute la ligne qui s'étend depuis Wittau jusqu'à Deutsch-Wagram.

Les Autrichiens furent prévenus de ce mouvement offensif de l'armée française : une masse de 150,000 hommes ne se déploie pas dans quelques minutes; il était déjà plus de deux heures de l'après-midi lorsque la manœuvre des divisions fut complétée [1]; depuis six heures du matin elle se continuait sans que les Français eussent rencontré que des troupes légères qui venaient

---

[1] Rien ne peut mieux faire comprendre la véritable stratégie de la bataille de Wagram que l'extrait des deux bulletins français et autrichien; on verra par la différence de langage, la différence aussi des hommes; Napoléon est sublime dans le récit d'une bataille; il déguise la vérité, mais avec de vives et grandes couleurs.

Extrait du bulletin français.

« Le 5, aux premiers rayons du soleil, tout le monde reconnut quel avait été le projet de l'Empereur, qui se trouvait alors avec son armée en bataille sur l'extrémité de la gauche de l'ennemi, ayant tourné tous ses camps retranchés, ayant rendu tous ses ouvrages inutiles, et obligeant ainsi les Autrichiens à sortir de leurs positions, et à venir lui livrer bataille dans le terrain qui lui convenait. Ce grand problème était résolu; et, sans passer le Danube ailleurs, sans recevoir aucune protection des ouvrages qu'on avait construits, on forçait l'ennemi à se battre à trois quarts de lieue de ses redoutes. On présa-

voltiger autour de leurs masses. Les Autrichiens avaient attendu le passage des Français, vis-à-vis Essling et Gross-Aspern; par suite de l'habile manœuvre de l'Empereur, les fortifications devenaient inutiles; Essling, au contraire, pouvait servir d'appui à Napoléon, qui le prenait à revers; l'archiduc vit la portée de cette belle stratégie, et il déploya lui-même de grandes forces pour faire face à la bataille qu'on lui offrait. Ici commença la première journée de Wagram; le soleil était à son déclin, six heures sonnaient à la grande horloge lorsque Napoléon ordonna l'attaque du centre de l'archiduc; elle commença par le feu à mitraille de l'artillerie de la garde; cette vigoureuse démonstration du centre masquait des tentatives sur les deux ailes; durant trois heures de nuit, pendant les chaleurs de juillet, les feux furent vifs et croisés; dans cette plaine de Marchfeld si vaste, si bien disposée pour un champ de bataille, les mouvements furent confus et lents dans les ténèbres; toutes les divisions ne donnèrent pas avec le même dévouement; partout elles rencontrèrent une vive résistance; le Saxon agissait mollement; Allemands contre Allemands se battaient avec répugnance; Bernadotte ne put les conduire fièrement au combat. S'il y eut d'abord les merveilleuses attaques de Macdonald et de Lamarque,

---

gea dès lors les plus grands et les plus heureux résultats.

« A huit heures du matin, les batteries qui tiraient sur Enzersdorff avaient produit un tel effet, que l'ennemi s'était borné à laisser occuper cette ville par quatre bataillons. Le duc de Rivoli fit marcher contre elle son premier aide-de-camp, qui n'éprouva pas une grande résistance, s'en empara, et fit prisonnier tout ce qui s'y trouvait.

« Le comte Oudinot cerna le château de Sachsengang, que l'ennemi avait fortifié, fit capituler les 900 hommes qui le défendaient, et prit douze pièces de canon.

« L'Empereur fit alors déployer toute l'armée dans l'immense plaine d'Enzersdorff.

Bataille d'Enzersdorff.—Cependant l'ennemi, confondu dans ses projets, revint peu à peu de sa surprise, et tenta de ressaisir quelques avantages dans ce nouveau champ de bataille. A cet effet il détacha plusieurs colonnes d'infanterie, un bon

PREMIÈRE JOURNÉE DE WAGRAM (5 JUILLET 1809). 195

la division Dupas eut aussi des désertions incroyables : des bataillons entiers disparurent; une terreur panique saisit les soldats même d'Oudinot et de Macdonald qui s'étaient couverts de gloire à la face du soleil; les Saxons de Bernadotte se montrèrent inquiets, insubordonnés; le maréchal ne put opérer régulièrement. Une confusion étrange se mit au milieu de ces mille feux d'artillerie, éclaircis par des charges de cuirassiers autrichiens.

A onze heures à peine le feu avait cessé dans une confusion, un pêle-mêle de nuit. Napoléon ne fut point content de cette première journée; il s'était passé des choses inexplicables : avait-il l'assurance de livrer le lendemain une bataille plus heureuse? Toute l'armée s'abandonnait au sommeil, la tête sur les sacs, étendue à terre, tandis que lui, assis sur un tambour, à la lueur de quelques feux, consultait ses généraux pour fixer la direction militaire d'une nouvelle et grande affaire. Il prévoyait tout avec une attention remarquable; son admirable manœuvre par éventail n'avait pas complétement réussi; ses troupes, trop étendues, avaient fléchi. Bernadotte même, à qui Napoléon avait exprimé des reproches sur la conduite des Saxons, lui avait dit ses craintes sur les désertions de ses soldats; le maréchal avait ajouté : « Sire, nous n'avons plus les troupes

---

nombre de pièces d'artillerie et toute la cavalerie, tant de ligne qu'insurgés, pour essayer de déborder la droite de l'armée française : en conséquence, il vint occuper le village de Rutzendorf. L'Empereur ordonna au général Oudinot de faire enlever ce village, à la droite duquel il fit passer le duc d'Auerstadt, pour se diriger sur le quartier-général du prince Charles, en marchant toujours de la droite à la gauche.

« Depuis midi jusqu'à neuf heures du soir on manœuvra dans cette immense plaine; on occupa tous les villages, et à mesure qu'on arrivait à la hauteur des camps retranchés de l'ennemi, ils tombaient d'eux-mêmes et comme par enchantement; le duc de Rivoli les faisait occuper sans résistance. C'est ainsi que nous nous sommes emparés des ouvrages d'Essling et de Gross-Aspern, et que le travail de quarante jours n'a été d'aucune utilité à l'ennemi. Il fit quelque résistance au village de Raasdorf, que le prince de Ponte-

du camp de Boulogne. » Napoléon le nia d'abord ; mais ses manœuvres du lendemain constatèrent qu'il n'avait plus dans le soldat cette confiance des temps d'Austerlitz et d'Iéna.

A l'aurore resplendissante, Napoléon ordonna un mouvement de concentration de ces mêmes troupes qu'il avait trop étendues ; ses ailes étaient immenses, il les replia comme ces grands oiseaux de proie qui, pour prendre un vol plus rapide et plus ardent, se replient sur eux-mêmes, et jettent ensuite leurs vastes ailes ; avec les soldats d'Austerlitz, l'Empereur aurait donné une autre direction à son mouvement. Debout à la pointe du jour, Napoléon monte dans la voiture de Masséna, et le consulte comme son vieux général des campagnes d'Italie : il paraissait convenu qu'une grande attaque se porterait au centre de l'armée autrichienne ; on se massait par division, lorsqu'un effroyable bruit de canon se fait entendre, des baïonnettes paraissent dans toutes les directions du champ de bataille, des colonnes profondes s'avancent. C'est l'archiduc qui attaque lui-même : que s'est-il donc passé dans le camp des Autrichiens ? comment se fait-il qu'ils osent maintenant prendre l'offensive contre le grand capitaine qui tant de fois a brisé leurs masses ?

Après la première journée, l'archiduc Charles, légè-

Corvo fit attaquer et enlever par les Saxons. L'ennemi fut partout mené battant, et écrasé par la supériorité de notre feu ; cet immense champ de bataille resta couvert de ses débris.

« *Bataille de Wagram.* — Vivement effrayé des progrès de l'armée française, et des grands résultats qu'elle obtenait presque sans efforts, l'ennemi fit marcher toutes ses troupes, et à 6 heures du soir il occupa a position suivante : sa droite, de Stadlau à Gérasdorf ; son centre de Gérasdorf à Wagram, et sa gauche de Wagram à Neusiedel. L'armée française avait sa gauche à Gross-Aspern, son centre à Raasdorf, et sa droite à Glinzendorf. Dans cette position la journée paraissait presque finie, et il fallait s'attendre à avoir le lendemain une grande bataille ; mais on l'éviterait, et on coupait la position de l'ennemi en l'empêchant de concevoir aucun système, si dans la nuit on s'emparait du village de Wagram ; alors sa ligne, déjà immense, prise à la hâte et par les chances du combat, laisserait er-

DEUXIÈME JOURNÉE DE WAGRAM (6 JUILLET 1809).

rement atteint d'une balle morte, avait passé la nuit en conseil de guerre, assisté de ses généraux les plus éclairés; les Autrichiens disaient hautement : « que le succès de la première journée leur était resté et qu'il fallait en profiter le lendemain. » Les ordres les plus exprès avaient été expédiés à l'archiduc Jean pour qu'il eût à presser son mouvement de jonction ; ce prince était alors à Presbourg, et quelques marches forcées pouvaient l'amener sur le champ de bataille et décider la victoire. Dans la nuit du 5 au 6, l'archiduc Charles tenait une ligne assez étendue depuis Wagram jusqu'au bord du Danube; tous ces corps étaient en ordre parfait, et l'on voyait briller le général de Rosenberg avec ses divisions de cavalerie; Bellegarde, d'une renommée grande déjà; Hohenzollern, qui s'était mesuré plus d'une fois avec les Français; le prince Jean de Lichtenstein, Klénau, Kollowrath, Reuss, Hiller, généraux de distinction, entouraient l'archiduc dont la ligne s'était un peu étendue, afin de donner la main à l'archiduc Jean qu'on attendait de Presbourg; le prince Charles avait passé la nuit à dicter les ordres d'attaque, et le soleil se levait à peine, qu'il ordonna un mouvement rapide, offensif, sur toute la ligne, et c'est ce canon que les Français avaient entendu.

rer les différents corps de l'armée sans ordre et sans direction, et on en aurait eu bon marché sans engagement sérieux. L'attaque de Wagram eut lieu; nos troupes emportèrent le village; mais une colonne de Saxons et une colonne de Français se prirent dans l'obscurité pour des troupes ennemies, et cette opération fut manquée.

« On se prépara alors à la bataille de Wagram. Il paraît que les dispositions du général français et du général autrichien furent inverses. L'Empereur passa toute la nuit à rassembler ses forces sur son centre, où il était de sa personne, à une portée de canon de Wagram. A cet effet le duc de Rivoli se porta sur la gauche d'Atterklaa, en laissant sur Asspern une seule division, qui eut ordre de se replier en cas d'événements sur l'île de Lobau. Le duc d'Auerstadt recevait l'ordre de dépasser le village de Gross-Hoffen pour s'approcher du centre. Le général autrichien, au contraire, affaiblissait son centre pour garnir et augmenter ses extrémités, auxquelles il donnait une nouvelle étendue.

« Le 6, à la pointe du jour, le prince de

Napoléon parcourait ses lignes à cheval, pour disposer la grande journée : « Qu'est-ce que c'est ? qu'est-ce que c'est ? » répéta-t-il à plusieurs reprises, en voyant l'agitation du soldat. L'Empereur, un peu surpris de cette audace de l'archiduc, l'attribuait au désordre qui s'était mis la veille dans quelques parties de sa ligne ; il voulait avant tout voir clair dans l'échiquier, comme il le disait habituellement : l'ennemi prenait ainsi l'offensive sur la droite. A l'aspect de ces masses, l'armée d'Italie que commandait Eugène fit sa retraite devant une attaque aussi furieuse. Lorsque l'horloge de Wagram sonnait quatre heures, Rosenberg débouchait sur la division de Davoust avec intrépidité ; où voulait en venir l'ennemi ? l'archiduc Jean l'avait-il rejoint ? Quel était le sens de cette attaque imprévue, de ce vaste déploiement de force ? qui pouvait ainsi l'autoriser à déployer ses ailes ? L'Empereur ordonne alors d'opposer au général Rosenberg les cuirassiers de Grouchy, avec de l'artillerie, tandis que lui se porte avec sa garde vers la gauche du prince Charles, où il présume que la jonction avec l'archiduc Jean est opérée.

La position de Deutsch-Wagram devenait le point important ; Napoléon l'avait senti avec cette prescience qui n'abandonna jamais ce grand capitaine : montrant

---

Ponte-Corvo occupa la gauche, ayant en seconde ligne le duc de Rivoli. Le vice-roi le liait au centre, où le corps du comte Oudinot, celui du duc de Raguse, ceux de la garde impériale et les divisions des cuirassiers formaient sept ou huit lignes.

« Le duc d'Auerstadt marcha de la droite pour arriver au centre. L'ennemi, au contraire, mettait le corps de Bellegarde en marche sur Stadlau. Les corps de Kollowrath, de Lichtenstein et de Hiller liaient cette droite à la position de Wagram, où était le prince de Hohenzollern, et à l'extrémité de la gauche, à Neusiedel, où débouchait le corps de Rosenberg, pour déborder également le duc d'Auerstadt. Le corps de Rosenberg et celui du duc d'Auerstadt, faisant un mouvement inverse, se rencontrèrent aux premiers rayons du soleil, et donnèrent le signal de la bataille. L'Empereur se porta aussitôt sur ce point, fit renforcer le duc d'Auerstadt par la division de cuirassiers du duc de Padoue, et fit prendre le corps de Rosenberg en flanc

du doigt le village de Wagram, il semble dire : « Là-bas est la victoire ! » Son geste animé l'exprime mieux que sa parole ; il va au-devant du maréchal Masséna qui roule dans sa calèche, comme s'il était dans les beaux parcs sablés de son château, ou plutôt comme ces héros de l'antiquité qui conduisaient leurs chars fougueux au milieu des batailles, le javelot en main : « Le village d'Atterklaa, s'écrie Masséna, voilà le centre et la clef de la position, il nous le faut avant Wagram. » Atterklaa au milieu d'une plaine immense paraissait comme un mamelon, et dominait le centre de la ligne ; une fois au pouvoir des Français, l'armée autrichienne était coupée. L'archiduc a compris l'importance de la position : si donc le village est attaqué avec vigueur, il est défendu avec ténacité par Bellegarde. Qui dira les exploits des 4e et 24e régiments, jeunes hommes intrépides qui sont un moment maîtres du village ? Pris à revers par les Autrichiens, leurs deux colonels sont blessés et prisonniers ; Masséna est toujours au milieu du feu, sa calèche roule sur les balles, ses chevaux s'embarrassent dans les boulets ; la bataille est brûlante ; la terre tremble !

Le désordre se met dans la division Carra-Saint-Cyr ; les Saxons fuient, des régiments disparaissent : Masséna

par une batterie de douze pièces de la division du général comte de Nansouty. En moins de trois quarts d'heure le beau corps du duc d'Auerstædt eut fait raison du corps de Rosenberg, le culbuta et le rejeta au-delà de Neusiedel, après lui avoir fait beaucoup de mal.

« Pendant ce temps la canonnade s'engageait sur toute la ligne, et les dispositions de l'ennemi se développaient de moment en moment ; toute sa gauche se garnissait d'artillerie ; on eût dit que le général autrichien ne se battait pas pour la victoire, mais qu'il n'avait en vue que le moyen d'en profiter. Cette disposition de l'ennemi paraissait si insensée que l'on craignait quelque piège, et que l'Empereur différa quelque temps avant d'ordonner les faciles dispositions qu'il avait à faire pour annuler celles de l'ennemi et les lui rendre funestes. Il ordonna au duc de Rivoli de faire une attaque sur un village qu'occupait l'ennemi, et qui passait un peu l'extrémité du centre de l'armée. Il ordonna

est obligé de faire donner des coups de sabre aux Saxons qui hésitent; qu'il était beau, dans la plaine, au milieu des fuyards, l'épée à la main, et invectivant ces lâches qui profanaient leur drapeau! L'aile gauche était ainsi en pleine déroute et tellement désorganisée qu'elle fut forcée de se retirer sous le canon de l'île de Lobau : cent cinquante pièces amoncelées par l'archiduc sur un seul point labourent la plaine au loin, et les cuirassiers Saint-Sulpice eux-mêmes ne peuvent en soutenir le feu. C'est alors que, sur l'ordre de l'Empereur, se forma la première colonne d'attaque, marchant droit au centre de l'archiduc qui s'était trop étendu vers la droite; Macdonald est à sa tête avec ses trois divsions; la garde va se placer derrière comme réserve, cette vaste manœuvre doit décider la victoire. « Le centre autrichien doit être foudroyé comme une forteresse, » s'écrie Napoléon. Tous les efforts sont là. L'Empereur dit à chaque colonel : « Allons, de la vigueur, chargez à fond. » Trois divisions de cuirassiers et toute la cavalerie de la garde soutiennent Macdonald; les Autrichiens se forment en carrés, soutenus de leurs batteries : les cuirassiers sont ramenés en désordre; le cheval de Bessières est tué d'un boulet, lui-même a la cuisse effleurée et tombe au milieu de la charge. La colonne est ainsi

---

au duc d'Auerstadt de tourner la position de Neusiedel, et de pousser de là sur Wagram, et il fit former en colonne le duc de Raguse et le général Macdonald, pour enlever Wagram au moment où déboucherait le duc d'Auerstadt.

« Sur ces entrefaites on vint prévenir que l'ennemi attaquait avec fureur le village qu'avait enlevé le duc de Rivoli; que notre gauche était débordée de 3,000 toises; qu'une vive canonnade se faisait déjà entendre à Gross-Aspern, et que l'intervalle de Gross-Aspern à Wagram paraissait couvert d'une immense ligne d'artillerie. Il n'y eut plus à douter : l'ennemi commettait une énorme faute, il ne s'agissait que d'en profiter. L'Empereur ordonna sur-le-champ au général Macdonald de disposer les divisions Broussier et Lamarque en colonne d'attaque, il les fit soutenir par la division du général Nansouty, par la garde à cheval, par une batterie de soixante pièces de la garde et par quarante pièces des différents corps. Le général comte de

arrêtée devant cette formidable résistance; que faire? Napoléon inquiet parcourt à cheval la ligne, et demande à haute voix : « Drouot, Drouot, les pièces des batteries de la garde! Il faut à tout prix soutenir la colonne; allons, Drouot, dix mille boulets! écrasez les masses de l'ennemi! »

Ici, l'Empereur veut répéter l'intrépide manœuvre du général Sénarmont foudroyant les lignes russes à Friedland. Bientôt cent pièces de la garde sont en batterie; les Autrichiens les font charger par des masses de cavalerie. Quel affreux carnage! trois des colonels ou généraux de la garde ont les bras emportés; une partie des canonniers hachés sur les pièces; l'artillerie ne peut plus se mouvoir, les canonniers sont là gisants sous leurs canons; la garde à pied et à cheval vient soutenir son artillerie; elle hésitait encore lorsque les masses de Macdonald s'avancent en colonnes serrées. Napoléon est au milieu du danger; à ses côtés des officiers d'état-major sont emportés par le canon dans cet effroyable engagement.

Tel était à dix heures l'état de la bataille; la gauche des Français avait disparu comme un torrent qui se perd dans le Danube; le centre de l'archiduc subissait l'attaque la plus furieuse, la plus intrépide, et son aile droite, emportée par une grande ardeur, refoulait les masses con-

---

Lauriston, à la tête de cette batterie de cent pièces d'artillerie, marcha au trot à l'ennemi, s'avança sans tirer jusqu'à la demi-portée du canon, et là commença un feu prodigieux qui éteignit celui de l'ennemi, et porta la mort dans ses rangs. Le général Macdonald marcha alors au pas de charge. Le général de division Reille, avec la brigade de fusiliers et de tirailleurs de la garde, soutenait le général Macdonald. La garde avait fait un changement de front pour rendre cette attaque infaillible. Dans un clin d'œil le centre de l'ennemi perdit une lieue de terrain; sa droite, épouvantée, sentit le danger de la position où elle s'était placée, et rétrograda en grande hâte. Le duc de Rivoli l'attaqua alors en tête. Pendant que la déroute du centre portait la consternation et forçait les mouvements de la droite de l'ennemi, sa gauche était attaquée et débordée par le duc d'Auerstadt, qui avait enlevé Neusiedel, et qui, étant monté sur le plateau, marchait sur Wagram. La division Broussier et la divi-

fusés jusque dans le fleuve. Le moment était décisif; Macdonald se reforme en colonne serrée, terrible colonne soutenue par la cavalerie de la garde et les cuirassiers de Nansouty; l'Empereur lui-même mène sa vieille garde comme réserve; c'est environ 45,000 hommes en masse qui s'avancent comme un dragon immense hérissé de fer et de feux. Quel spectacle que ces baïonnettes étincelantes, ces manœuvres au milieu des campagnes où les blés ondulent! Les flancs de l'armée autrichienne s'ouvrent devant le monstre qui jette des milliers d'obus dans cette plaine de baïonnettes. Pendant une demi-heure, la colonne marche : l'archiduc lui ouvre passage; puis, par une manœuvre habile, il fait prendre cette colonne en revers; elle a trop compté sur elle-même; les grenadiers hongrois pénètrent jusqu'au milieu de ses rangs; les cuirassiers de Lichtenstein la sabrent, et, le croirait-on? cette glorieuse colonne, d'après un témoin oculaire, le plus chaud admirateur de Napoléon, fut réduite à 1,500 hommes, et cependant Macdonald avançait toujours! Napoléon voit que tout le sort de la bataille dépend de cette masse qui ouvre les flancs autrichiens; il dit à Nansouty quelques paroles : « A vous, général, la bataille! » Aussitôt les cuirassiers s'ébranlent, ils sont arrêtés par une grêle de boulets : « Soutenez

sion Gudin se sont couvertes de gloire.

« Il n'était alors que dix heures du matin, et les hommes les moins clairvoyants voyaient que la journée était décidée, et que la victoire était à nous.

« A midi le comte Oudinot marcha sur Wagram pour aider à l'attaque du duc 'Auerstadt. Il y réussit et enleva cette importante position. Dès dix heures l'ennemi ne se battait plus que pour sa retraite; dès midi elle était prononcée et se faisait en désordre, et beaucoup avant la nuit l'ennemi était hors de vue. »

Bulletin autrichien de la bataille de Wagram les 5 et 6 juillet 1809.

« Le 4 juillet l'ennemi avait complété le nouveau pont qui, de l'île de Lobau, traversait une branche du Danube. Il fut favorisé dans cette opération par la nature du terrain et par une immense quantité d'artillerie. L'armée impériale et royale était rangée sur la hauteur qui est derrière le ruisseau Russ, étendant son aile droite au-delà de Sussenbrünn et Kagran, et sa gauche au-delà de Markgrafen-Neusiedel; le centre était posté près de Wagram. L'en-

Nansouty, » dit encore Napoléon aux grenadiers à cheval de sa vieille garde, et le général Walther se précipite comme la foudre. Effort impuissant! les rangs sont arrêtés par les terribles boulets qui les sillonnent, et pourtant ce sont de fières troupes! Alors il ordonne d'engager les tirailleurs et les fusiliers de la garde. « Ménagez ces hommes pourtant, dit Napoléon au général Reille, ne vous aventurez pas; je n'ai plus derrière moi pour réserve que les deux régiments de la vieille garde. »

Dans ce péril, les fusiliers et les tirailleurs, pleins d'intrépidité, rétablissent le combat ; les Autrichiens sont pris en revers; Oudinot à la droite, et Davoust débordant avec Eugène et Marmont, viennent soutenir le centre, et ce fut alors que, par un effort simultané et un changement de front admirablement accompli, Davoust et Masséna reprirent l'offensive. Il était une heure après midi, le 6 juillet; la manœuvre simultanée du centre et des ailes débordées obligea le prince Charles à la retraite. A ce moment, si l'archiduc Jean avait été sur le champ de bataille, la destinée de Napoléon était compromise; son retard sauva l'Empereur d'une situation difficile; le génie fit le reste. Le prince Charles opéra son mouvement rétrograde sans être inquiété; le 6, au soir, ses légions étaient à trois lieues du champ de Wagram.

nemi ayant passé sur la rive gauche du Danube dans la nuit du 4 au 5, il en parut de grand matin des masses immenses qui se développaient dans la plaine. Peu avant midi il attaqua sur tous les points de la ligne l'armée impériale et royale; mais ses principaux efforts se dirigeaient vers le centre, qu'il paraissait avoir l'intention de forcer. Ses attaques, quoique continuellement répétées avec la plus grande impétuosité et soutenues par une immense artillerie du plus gros calibre, échouèrent toutes ce jour-là. Le feu ne cessa qu'à dix heures du soir. L'armée impériale et royale avait dans cette journée maintenu toutes ses positions et fait un nombre considérable de prisonniers, parmi lesquels se trouvaient beaucoup de soldats saxons, badois, wurtembergeois, italiens et portugais.

« Le 6, à quatre heures du matin, l'ennemi renouvela ses attaques avec des masses encore plus considérables et une plus grande impétuosité que la veille ; néanmoins ses efforts contre le centre et l'aile droite

Le simple récit de ces grandes journées a dû indiquer les pertes énormes qu'éprouvèrent les deux armées; Wagram fut une suite de belles manœuvres; cette bataille est peut-être, pour la stratégie, la plus forte, la plus puissante, quand elle est envisagée dans son ensemble; il faut remonter à l'origine pour l'apprécier. Après l'échec d'Essling et de Gross-Aspern, Napoléon persiste à se concentrer dans l'île de Lobau; il fait de cette île, par des ouvrages inouïs, un poste solide, une forteresse redoutable qui soutient son centre de bataille dans les opérations qu'il a conçues; poste retranché dont il aura besoin en cas de retraite. Quand ces opérations paraissent bien arrêtées, lorsque l'île de Lobau se joint de tous côtés, par la rive droite et la rive gauche, il opère avec sécurité le passage du Danube, il emploie l'habileté la plus active. L'archiduc oppose aux travaux de l'île de Lobau des ouvrages considérables dans les villages d'Essling et de Gross-Aspern : Napoléon les rend inutiles; il passe le Danube à deux lieues plus bas, et le matin du 5 juillet son armée, si formidable, se masse dans un espace d'une lieue : c'est une manœuvre de concentration; puis il étend comme un bel éventail d'acier ses colonnes qui se déploient sur une grande ligne. A cette manœuvre l'archiduc Charles oppose une stratégie à peu près semblable : en étendant ses ailes et

---

non seulement n'eurent pas de succès, mais même l'aile droite remporta de tels avantages, que l'on avait droit de s'attendre à la victoire la plus complète, lorsque l'ennemi, amenant de nouvelles divisions, enfonça, par sa supériorité de nombre, l'aile gauche près de Markgrafen-Neusiedel, et réussit après un engagement opiniâtre à la forcer à la retraite. Une des ailes de l'armée impériale et royale étant ainsi exposée, S. A. I. et R. l'archiduc et généralissime a ordonné la retraite par le chemin de Stammersdorf et du Bisamberg. En conséquence, l'armée occupe une nouvelle position qui couvre la communication avec la Bohême. Cette retraite s'est effectuée dans le meilleur ordre et sans éprouver aucune perte matérielle.

« L'ennemi a considérablement souffert à l'aile droite et au centre. On lui a fait 6,000 prisonniers, dont trois généraux ; on lui a pris également douze pièces de ca-

gardant ses positions, il reste maître du terrain dans cette première journée, sorte de pas d'armes de nuit, car les grands coups se portèrent de 7 à 11 heures du soir. Le lendemain les Autrichiens attaquent, en déployant à leur tour des ailes formidables; alors Napoléon leur oppose un système de concentration de toutes ces masses, une colonne immense qui se place au centre, tandis que l'archiduc brise et poursuit l'aile gauche jusqu'au Danube et arrête l'aile droite; puis un changement de front sous le feu de l'ennemi force l'archiduc à la retraite; c'est donc une suite de belles manœuvres de part et d'autre, et l'on doit dire ici que les talents furent bien balancés. La victoire fut conquise par d'immenses sacrifices !

C'est ce qui explique comment les pertes furent si considérables parmi les soldats de Napoléon; quels efforts extraordinaires ne fallut-il pas opérer pour briser successivement les bataillons ennemis et éteindre le feu de quatre cents pièces de canon qui vomissaient la mort sur le champ de bataille? Les bulletins si curieusement mensongers de l'Empereur portaient les pertes à 1,500 morts et quelques milliers de blessés; et la triste vérité constatée par les rapports est que 35,000 hommes furent mis hors de combat. Les Autrichiens s'étaient battus bravement, et cette fois avec la même ténacité, le même éclat que

non, et il a été à tous égards si affaibli dans les deux journées, qu'il n'a pas tenté depuis de poursuivre davantage l'armée impériale et royale. Le général Lassalle est au nombre de ses morts.

« L'armée impériale et royale a aussi une grande perte à déplorer ; elle a perdu dans le général Nordmann un officier d'un grand mérite. Les généraux Pierre Veczay, d'Aspres et Wuckassowick sont sans espoir de guérison ; les généraux prince de Hesse-Hombourg, de Stutterheim et l'aar sont grièvement blessés ; S. A. I. le généralissime lui-même et le prince de Lichtenstein ont reçu des coups de fusil ; mais leurs blessures sont légères et n'auront pas de suites dangereuses. Il ne reste plus qu'observer que l'armée entière a donné de nouveau en cette occasion de telles preuves de courage et de persévérance, que notre perspective future ne doit inspirer aucune crainte. »

les Russes : ce n'était plus les soldats d'Ulm, trahis, trompés par des généraux incapables ou vendus; mais des Allemands bien conduits, défendant leur patrie, braves comme leurs ancêtres. L'archiduc eut lui-même plus de 27,000 hommes hors de combat, des généraux, des officiers supérieurs; et toutes ces pertes furent supportées avec un grand orgueil, parce qu'il s'agissait de la patrie et de ses plus nobles intérêts. Les gardes donnèrent encore à Wagram, et il fallut que le danger fût bien menaçant pour que Napoléon, indépendamment de son artillerie, fît charger tout à la fois les grenadiers à cheval, les fusiliers, les chasseurs, ne gardant en réserve que les deux vieux régiments de grenadiers, dernier espoir de la bataille. Le soir fut triste; bien des généraux et des officiers ne se montrèrent plus autour de l'Empereur, dans ce magnifique cortége qui rayonnait comme les étoiles autour du grand astre. Dans cette campagne les pertes étaient énormes : Lannes était tué d'un boulet, Bessières blessé; à Eckmühl, Cervoni mort; à Essling, Espagne; Lassalle à Wagram; tous au sépulcre dans un glorieux cortége. Les vieux de l'armée d'Italie s'en allaient: des milliers de blessés étaient laissés sans pansement au milieu des blés, que les obus incendiaient; on aurait dit ces bûchers ardents sur lesquels les anciens brûlaient les cadavres.

Il fallait relever le moral de l'armée par de grandes récompenses. L'Empereur se réservait de les rendre officielles le jour de la Saint-Napoléon. Le 15 août[1] n'était

---

[1] Ce ne fut que lors de la Saint-Napoléon, le 15 août, que la création de ces dignités princières fut annoncée au Sénat.
Message de l'Empereur au Sénat.
« Sénateurs, nous avons jugé utile de reconnaître par des récompenses éclatantes les services qui nous ont été spécialement rendus dans cette dernière campagne par nos cousins le prince de Neufchâtel et les maréchaux ducs d'Auerstadt et de Rivoli. Nous avons pensé d'ailleurs qu'il convenait de consacrer le souvenir, honorable pour

pas loin ; dès le soir de la bataille il en annonça l'ordre lui-même : d'abord l'Empereur créa trois princes qui durent emprunter leur titre au lieu même de la victoire. Berthier fut créé prince de Wagram ; qu'avait-il fait, lui, pour mériter tant de faveurs ? et n'avait-il pas compromis l'armée dans la première partie de la campagne, avant Eckmühl? Mais Berthier était le favori, le confident, celui qui savait le mieux se résigner à supporter les récompenses comme les boutades de l'Empereur ; et ces caractères, Napoléon les aimait. Était-il possible de ne pas tenir compte de l'héroïque et habile conduite de Masséna dans cette campagne? il portait déjà le titre de duc de Rivoli, ancien souvenir d'une victoire; il reçut celui de prince d'Essling : à Essling Masséna avait été le héros, le général intrépide, le véritable sauveur de l'armée. Enfin, Davoust s'était admirablement comporté à Eckmühl en préservant l'armée des fautes de Berthier ; comme Masséna, il joignait à son titre de duc d'Auerstadt celui de prince d'Eckmühl.

L'Empereur ne fit rien pour Bernadotte; son ressentiment se manifestait toujours. Dans cette campagne Bernadotte conduisant les Saxons avait relevé le moral de son corps d'armée avec une certaine persévérance. Les Saxons, travaillés par un double sentiment de nationalité et de jalousie contre les Français, combattaient avec répu-

nos peuples, de ces grandes circonstances où nos armées nous ont donné des preuves signalées de leur bravoure et de leur dévouement, et que tout ce qui tendait à en perpétuer la mémoire dans la postérité était conforme à la gloire et aux intérêts de notre couronne.

« Nous avons en conséquence érigé en principauté, sous le titre de *principauté de Wagram*, le château de Chambord, que nous avons acquis de la Légion d'honneur, avec les parcs et forêts qui en dépendent, pour être possédé par notre cousin le prince de Neufchâtel et ses descendants, aux clauses et conditions portées aux lettres-patentes que nous avons ordonné à notre cousin le prince archi-chancelier de l'Empire de faire expédier par le conseil du sceau des titres.

« Nous avons érigé en principauté, sous le titre de *principauté d'Eckmühl*, le château de Bruhl, que nous avons acquis de la

gnance contre la patrie allemande ; puis ces régiments, composés presque en entier de recrues, n'étaient pas encore fermes devant le feu. Bernadotte avait néanmoins tiré tout le parti possible de cette troupe, et dans la soirée du 5, les Saxons s'étaient bien battus ; Bernadotte avait cru nécessaire de leur prodiguer les éloges ; Napoléon en conçut de la colère, il y vit un dessein de caresser la nation allemande dans le but de se créer une sorte de popularité. De là cet ordre du jour mal réfléchi dont l'Empereur irrité ne comprit pas toute la portée [1].

Trois maréchaux furent également créés à la suite de ce combat de géants : c'étaient Macdonald, Oudinot et Marmont : Macdonald, vieux nom des armées de la République, caractère intègre et sûr, qui avait donné à Moreau les marques de la plus touchante sympathie ; Macdonald s'était conduit en héros dans cette grande journée en conduisant la colonne serrée qui rompit le centre des Autrichiens. Oudinot méritait le bâton d'honneur depuis Austerlitz ; n'avait-il pas constamment dirigé cette réserve de grenadiers dont la renommée obtenait un si mémorable retentissement en Europe ? Et à Friedland, quelle

Légion d'honneur, avec les domaines qui en dépendent, pour être possédée par notre cousin le maréchal duc d'Auerstadt et ses descendants aux clauses et conditions portées aux lettres-patentes qui lui seront également délivrées.

« Nous avons en même temps érigé en principauté, sous le titre de *principauté d'Essling*, le château de Thouars, que nous avons également acquis de la Légion d'honneur, avec ses dépendances actuelles, pour être possédée par notre cousin le maréchal duc de Rivoli et ses descendants, aux clauses et conditions portées aux lettres-patentes qui lui seront délivrées.

« Nous avons pris des mesures pour que les domaines desdites principautés soient augmentés de manière à ce que les titulaires et leurs descendants puissent soutenir dignement le nouveau titre que nous leur avons conféré, et ce au moyen des dispositions qui nous sont compétentes.

« Notre intention est, ainsi qu'il est spécifié dans nos lettres-patentes, que les principautés que nous avons érigées en faveur desdits titulaires ne donnent à eux et à leurs descendants d'autres rangs et prérogatives que ceux dont jouissent les ducs, parmi lesquels ils prendront rang selon la date de l'érection des titres.

« Donné en notre camp impérial de Schœnbrünn, le 15 août 1809. »

Signé, Napoléon.

[1] Je le ferai connaître plus tard.

admirable conduite lorsque, son cheval criblé de balles et son habit de mitrailles, il s'offrit si beau aux yeux de l'Empereur! Marmont était l'aide-de-camp chéri d'Italie et d'Égypte; officier instruit, aux formes polies, il venait de commander en chef dans l'armée d'Illyrie, et il fallait récompenser cette campagne au milieu des populations moitié grecques, moitié turques; campagne qui avait grandi non seulement la réputation militaire, mais encore l'esprit d'ordre du général Marmont, jeune et ardent alors.

Sur le champ de bataille même de Wagram [1] ces promotions eurent lieu avec tout l'éclat et la pompe militaire; les trois maréchaux furent proclamés par l'Empereur lui-même, qui mit une grâce parfaite et une dignité bienveillante dans ces concessions de dignités à des hommes qui l'avaient si bien servi. Il dit à Macdonald des paroles solennelles : « Touchez là, tout est oublié, et je vous enverrai votre bâton de maréchal pour signe de réconciliation. » Il l'embrassa à la face de toute l'armée, et Macdonald touché s'écria : « Entre vous et moi, sire, c'est à la vie, à la mort. » Ces scènes touchantes donnaient une impulsion nouvelle aux soldats, elles relevaient leur moral; ce n'étaient pas des paroles perdues : et que ne devait pas cet Empereur à la belle armée qui mourait pour lui? A travers tant de deuil, Wagram de-

---

[1] Le lendemain de la bataille, Napoléon ordonnait la fortification de Vienne comme appui sur ses derrières.

« Sa Majesté ordonne : 1º La ville de Vienne sera armée, et mise dans le cas de soutenir un siége. Les bastions seront retranchés et fermés à la gorge, de manière qu'ils puissent servir de citadelle contre les habitants.

« 2º Les armes, poudres et magasins de vivres seront placés dans les bastions, de manière à être à l'abri des insurrections de la populace.

« 3º Il sera disposé, pour la défense de Vienne, cent bouches à feu de tout calibre, approvisionnées à cinq cents coups par pièce.

« 4º Des magasins de vivres seront formés pour une garnison de 6,000 hommes pendant six mois.

vait laisser quelque empreinte de triomphe et de joie.

Pendant ce temps l'archiduc Charles opérait sa retraite dans l'ordre le plus régulier, avec ses divisions marchant dans la grande tenue militaire; il laissait peu de prisonniers, peu de bagages; aucun de ses corps n'était entamé; les Autrichiens disputèrent pas à pas le terrain; on marchait comme par étapes, avec la même rectitude; l'archiduc était servi par les populations; les pertes qu'il avait éprouvées n'égalaient pas celles des Français; peu de troupes furent perdues ou prisonnières. Mais ce qui dut frapper vivement Napoléon, ce fut la direction que prit l'armée autrichienne après Wagram; elle n'opérait pas sa retraite vers la Hongrie, pays aux plus vastes ressources pour le recrutement, et où l'Empereur croyait qu'il aurait à la poursuivre; l'archiduc prenait le côté de la Bohême, c'est-à-dire le nord de la monarchie; cette marche sur Znaïm et Inglau tenait à des combinaisons diplomatiques : le cabinet de Vienne n'avait pas renoncé à l'espérance de décider la Prusse à une prise d'armes générale contre Napoléon; Essling et Wagram même devaient montrer qu'avec de la persévérance on pouvait renverser le colosse; le point faible et vulnérable n'était-il pas indiqué? les troupes autrichiennes s'étaient couvertes de gloire, Essling et Wagram avaient augmenté leur renommée; si la campagne de 1805

« 5° Le pont de Vienne sera rétabli sur pilotis tel qu'il était.

« 6° On travaillera sans délai à établir une tête de pont ayant un réduit, et embrassant par des redoutes un développement de quinze à dix-huit cents toises ; le réduit sera fermé à la gorge, de manière qu'il puisse tenir indépendamment, à l'instar des fortifications de la Vistule à Praga.

« 7° L'artillerie des batteries de l'île Napoléon sera employée en partie à l'armement de Vienne.

« 8° Le général commandant l'artillerie prendra des mesures pour faire venir de France trois cents milliers de poudre.

« 9° Les fortifications de Passau, de Lintz, de Melk et de Gottweig, ainsi que l'armement de ces ouvrages, seront terminés dans le plus court délai.

Napoléon.

avait affaibli le moral des Autrichiens, tout était réparé par deux belles journées; la honte de Ulm était effacée. En se rapprochant de la Bohême, l'archiduc pouvait ainsi appuyer une insurrection en Prusse; les Anglais promettaient un débarquement dans les villes anséatiques, le colonel Schill se dirigeait sur Stralsund, et tout cela pouvait seconder la stratégie de l'archiduc en Bohême; près de la Saxe et de la Prusse, on prendrait Napoléon par le flanc et les derrières; on briserait ses communications sur l'Elbe et le Rhin.

Mais le temps n'était pas encore arrivé où cette simultanéité de plans et d'énergie devait présider aux résolutions de l'Europe; le nom de Napoléon inspirait une trop grande terreur, et il en profitait pour pousser vigoureusement la campagne contre l'archiduc Charles; il marchait donc à la tête de ses légions victorieuses pour ressaisir les moyens de livrer une nouvelle bataille à l'archiduc [1], couper et sabrer ses divisions; infatigable, il savait surtout profiter de la victoire. Dès le lendemain de la bataille, Masséna, toujours à l'avant-garde, poursuit les Autrichiens; il souffre horriblement de sa chute, mais qu'importe au glorieux capitaine? il lui faut presser l'archiduc; il est suivi par Davoust et Marmont. N'était-ce pas trop s'éloigner de

---

[1] Au milieu des camps Napoléon songeait à Paris et au *Te Deum*; il parlait au clergé de manière à apaiser la querelle du pape.

Circulaire aux évêques.

« M. l'évêque de . . . . . . les victoires d'Enzersdorff et de Wagram, où le Dieu des armées a si visiblement protégé les armes françaises, doivent exciter la plus vive reconnaissance dans les cœurs de nos peuples. Notre intention est donc qu'au reçu de la présente, vous vous concertiez avec qu . de droit pour réunir nos peuples dans les églises, et adresser au ciel des actions de grâces et des prières.

« Notre Seigneur Jésus-Christ, quoiqu'issu du sang de David, ne voulut aucun règne temporel; il voulut au contraire qu'on obéît à César dans le règlement des affaires de la terre. Héritier du pouvoir de César, nous sommes résolu à maintenir le pouvoir de notre trône, et l'intégrité de nos

Vienne ? Supposez maintenant un échec dans cette position, ou un revers de fortune comme il en arrive dans la guerre ; il y aurait eu une déroute à la Charles XII, au milieu des populations soulevées.

Napoléon sait tout cela et il s'en inquiète peu, l'audace l'avait tant de fois sauvé qu'il marchait toujours ; il savait que l'union la plus intime n'existait pas dans le camp autrichien ; l'archiduc Charles, si remarquable général, n'avait, je le répète, rien de cette force morale qui sauve les empires ; il ne savait prendre aucune de ces résolutions qui donnent à une cause une grande énergie ; brave de sa personne, tacticien distingué, il savait conduire une armée, la faire vaincre quelquefois ; mais son esprit était pusillanime et incapable d'une résolution hardie ; de là toutes ces dissensions nées parmi les généraux autrichiens et les archiducs même ; le prince Charles reprochait à l'archiduc Jean de n'être arrivé que tardivement sur le champ de bataille de Wagram, et il avait raison ; Jean à son tour reprochait à son aîné de n'avoir pas profité d'Essling et de la première journée de Wagram ; la modestie extrême du prince Charles lui faisait croire que nul ne pouvait disputer la victoire à Napoléon ; il n'avait pas foi en lui-même, et son inquiétude des suites de cette guerre devint telle qu'il donna sa démission en pleine cam-

---

droits. Nous persévérons dans le grand œuvre du rétablissement de la religion, nous environnerons ses ministres de la considération que nous seul pouvons leur donner.

« Au milieu des soins des camps, et des alarmes et des sollicitudes de la guerre, nous avons été bien aise de vous donner connaissance de ces sentiments, afin de faire tomber dans le mépris les œuvres de l'igno- rance et de la faiblesse, de la méchanceté ou de la démence, par lesquelles on voudrait semer le trouble et le désordre dans nos provinces. On ne nous détournera pas du grand but vers lequel nous tendons, et que nous avons déjà en partie heureusement atteint, le rétablissement des autels de notre religion, en nous portant à croire que ses principes sont incompatibles, comme l'on, prétendu les Grecs, les Anglais, les Protes-

pagne, découragement qui n'a pas d'exemple. Le commandement fut dès lors confié au prince de Lichtenstein, dont j'ai déjà si souvent parlé.

Fatale influence que celle du prince de Lichtenstein sur les destinées de l'Autriche! non point que M. de Lichtenstein ne fût un bon officier; on l'avait vu se battre dignement à Austerlitz, à Essling et à Wagram; mais il avait une irrésistible tendance pour la paix; brave de sa personne, il briguait toujours l'honneur d'être aux avant-postes; il s'enthousiasmait comme l'archiduc Charles pour Napoléon. Certes, si l'Empereur des Français méritait bien qu'on eût pour lui un culte héroïque, un prince de l'empire romain devait-il sacrifier les intérêts de son souverain à l'éblouissement de cette grandeur? Ce fut sous l'influence du prince Jean de Lichtenstein que l'on conclut l'armistice de Znaïm. Où étaient les périls? Qui était compromis dans les mouvements militaires? Était-ce l'archiduc, qui manœuvrait dans son propre pays en s'appuyant même sur la Saxe et la Prusse? Non certes; qu'était-il besoin d'une suspension d'armes? L'armistice fut néanmoins proposé par les Autrichiens; l'initiative vient du prince de Schwartzenberg qui s'adressa au maréchal Marmont. Napoléon délibéra peu; et l'accepta avec empressement. Par cet armistice qui devait durer un mois, les deux citadelles de Brünn et de Gratz étaient évacuées; celles du Tyrol étaient abandonnées par

tants, les Calvinistes, avec l'indépendance des trônes et des nations.

« Nous savons que ceux qui voudraient faire dépendre de l'intérêt d'un temporel périssable l'intérêt éternel de consciences et des affaires spirituelles sont hors de la charité, de l'esprit et de la religion de celui qui a dit : *Mon empire n'est pas de ce monde.*

« Donné en notre camp impérial de Znaïm, en Moravie, le 13 juillet 1809. »

Napoléon.

l'Autriche; la reprise des hostilités serait dénoncée vingt-quatre heures d'avance[1].

L'armistice de Znaïm fut encore une faiblesse du prince Jean de Lichtenstein; on n'était pas d'accord sous les tentes des Autrichiens, la division régnait parmi les archiducs. Le salut de l'Autriche devait être confié à des mains plus fermes; elle ne devait pas faire la guerre aveuglément, à l'étourdie; mais une fois résolue, il fallait la conduire avec vigueur. Si après Austerlitz les Autrichiens ne s'étaient pas séparés des Russes, la Prusse arrivait à temps et Napoléon était compromis. Si après Wagram on eût persisté dans la carrière commencée, on avait encore à livrer deux ou trois batailles avant de subir le traité de paix humiliant et onéreux signé à Vienne.

---

[1] L'armistice de Znaïm, signé le 12 juillet, portait. Art. 1. Suspension d'armes. — Art. 2. Établissement d'une ligne de démarcation entre les deux armées. — Art. 3. Évacuation des citadelles de Brünn et de Gratz. — Art. 4. Celle du Tyrol par les troupes autrichiennes. — Art. 5. Évacuation des magasins. — Art. 6. Conservation des positions réciproques en Pologne. — Art. 7. Suspension d'armes d'un mois et dénonciation de reprise d'hostilités vingt-quatre heures d'avance. — Quant aux art. 8 et 9, ils n'étaient que le développement de cette convention.

CHAPITRE VIII.

L'ALLEMAGNE, LA FRANCE, L'ANGLETERRE.

WALCHEREN, PAIX DE VIENNE.

Développement de l'insurrection allemande. — Les Anglais et les tentatives du duc de Brunswick-OEls. — Courses du major Schill. — Sa mort glorieuse. — Le Tyrol. — Succès de Hoffer. — Effet de la bataille de Wagram en France. — Exagération des bulletins. — La vérité connue. — Agitation des partis politiques. — Intelligences entre les conspirations de Portugal, de France et d'Allemagne. — Les Anglais à Walcheren. — Mobiles politiques de leur campagne. — Fouché. — Mission de Bernadotte. — Son but. — Éventualités de la mort de l'Empereur. — Partis de la paix et de la guerre à Vienne. — Premières négociations. — Le prince Jean de Lichtenstein.—Le comte de Bubna. — M. de Metternich. — Fermentation des esprits en Allemagne. — Stabs. — Projet d'assassinat. — Signature de la paix. — Napoléon et la bourgeoisie de Vienne. — Les murailles renversées. — Exécutions militaires. — Hoffer fusillé.—Les jeunes et nobles compagnons de Schill exécutés, ou aux galères. — Triste pacification de l'Allemagne.

Juin à Novembre 1809.

L'armée française avait subi bien des chances de fortune avant d'arriver au triomphe disputé de Wagram et à l'armistice de Znaïm ; les bulletins retentissants de l'Empereur n'avaient pas suffisamment couvert, aux yeux des Allemands indignés, les échecs que cette armée avait éprouvés; des publications autrichiennes s'étaient répandues sur toute la Germanie, en Prusse, en Saxe, en Bavière, et la conduite incertaine des Saxons à Wagram avait démontré que les sociétés secrètes travaillaient l'esprit des Allemands, si dessiné pour l'insurrection. Des partis nombreux couvraient la Saxe, la Prusse, et même la Franconie ; des officiers du plus haut mérite avaient pris en main la cause nationale pour briser la domination française.

Dès le commencement de la guerre, le duc de Brunswick-OEls avait offert ses services à l'Autriche ; prince allemand, brave général, il avait, selon l'ancien usage qui date de l'époque de Marlborough, reçu un subside de l'Angleterre, en promettant de lever une légion de 2,000 hommes capables de faire campagne. Dans l'hiver de 1808 à 1809, il vint en Prusse pour exécuter sa promesse ; l'Autriche le reconnut prince souverain, mais la Prusse, sur l'ordre de Napoléon, s'étant opposée à ces levées d'hommes, le duc de Brunswick se retira dans la Bohême, ce pays de braves et courageux forestiers, et il y compléta son régiment, bientôt connu sous le nom des hussards de Brunswick. Leur uniforme était singulier et presque sinistre, noir en signe de deuil ; les cavaliers portaient en brandebourg sur la poitrine les côtes d'un squelette, et sur le schako étaient des os de mort croisés comme on en voit sur les sépulcres ; tous juraient de ne pas recevoir de quartier dans les batailles, mais aussi de n'en pas faire. Quand il eut recruté son corps en Bohême, et vécu dans les forêts pour l'exercer, le duc de Brunswick pénétra en Lusace ; il y fit des exploits héroïques, il prit des châteaux, des villes, et, chose fabuleuse, le 11 juin au soir, tandis que Napoléon

---

[1] Un ordre de jour de Berthier traite le duc de Brunswick de brigand. C'était le langage habituel contre l'ennemi.

était à Vienne et les Français dans l'île de Lobau, on vit entrer à Dresde, la capitale de la Saxe, un seul corps d'hommes d'armes; c'étaient les hussards noirs de Brunswick, à l'aigrette rouge en signe de victoire, lugubre et sombre aussi. Le 25, le corps des hussards de Brunswick était à Leipsick; le 14 juillet, il rentre dans Dresde sans résistance.

Que lui importe l'armistice de Znaïm, à lui chef des hussards de la Mort [1]? S'il y a des hommes faibles, le duc de Brunswick a le cœur chaud; il marche en avant pour lutter contre ce Jérôme Bonaparte qui tient la royauté de Westphalie et s'enivre de délices sous son diadème nouveau. Abandonné de la Prusse et de l'Autriche, le duc de Brunswick ne perd pas courage pourtant; se rendre est un mot qu'il ne comprend pas. Il n'a plus d'autre asile que la mer, et, pour l'atteindre, il lui faut traverser plus de cent lieues de pays ennemi en refoulant des armées entières; il réunit ses soldats : « Voulez-vous me suivre? car je ne prétends pas me rendre comme une faible femme; il s'agit pour nous de mourir, et cela je vous le dis sans déguisement. » Le plus grand nombre répond par des acclamations : « Nous voulons un combat à outrance contre les Français ! » Le duc de Brunswick est bientôt pressé par des masses d'hommes; il a autour de lui les généraux saxons Thielmann, les généraux français Gratien et Reubell; il faut qu'il passe par une glorieuse trouée. Que fait le duc de Brunswick? il marche de nuit à travers les forêts jusqu'à l'ancienne capitale de ses pères; le voilà d'abord à Halle, son drapeau rouge flotte avec un crêpe en cravate. A quelque distance,

---

[1] Les campagnes du duc de Brunswick en Allemagne sont le sujet de ballades saxonnes et prussiennes.

il apprend qu'un régiment westphalien de jeunes nobles efféminés qui ont pris parti pour Jérôme repose paisiblement à Halberstadt; le duc se glisse à travers les bois épais comme le Moore de Schiller; il sabre ce régiment de voluptueux, et s'empare de tout son équipage d'or et de pourpre; il a deux chevaux tués sous lui. Couvert de lauriers, riche de son butin, il se présente devant Brunswick; c'est le fils de l'ancien suzerain, pauvre exilé qui vient frapper à la porte de sa capitale; l'héritier est en deuil et sa troupe aussi, car le seigneur est mort à la bataille d'Iéna. Le duc de Brunswick recommande aux habitants de ne point le fêter; la coupe féodale ne doit pas resplendir encore, le vin du Rhin ne pétillera point au foyer domestique; il est pauvre, fugitif, il ne peut rien donner et ne veut rien recevoir; il craint de compromettre les habitants.

A ce moment apparaissent les panaches et les aigrettes de la cavalerie du général Reubell. Les trompettes sonnent; Brunswick n'écoute que son courage : avec ses hussards noirs, qui peut lui résister? il fait donc une charge à fond aux cris de *Teutonia*, *Germania*, passe sur le corps de Reubell, et continue sa route sur le Hanovre; il met en émoi toutes les garnisons; derrière lui les ponts sont coupés; il passe comme la foudre; on le cherche au nord, il est au midi, dans la Franconie, et il a traversé au pas de course le Hanovre. Cette campagne inouïe au milieu de l'Allemagne fut couronnée d'un plein succès; Brunswick s'embarqua sur un bâtiment américain [1], et bientôt l'Angleterre, si impatiente d'accueillir tous les ennemis de la France, lui vota un subside de 15,000

---

[1] Un navire anglais le transporta, ce fut le *Mosquido*; il avait avec lui vingt-deux officiers de son corps.

liv. sterl. Nouvel Arminius[1], sa carrière ne devait point finir obscurément comme un chef de partisans audacieux; plus tard, le duc de Brunswick-OEls, restauré dans ses états, fut frappé de mort par une balle à Waterloo, le jour même où tombait irrévocablement la puissance de Napoléon.

Le major de Schill avait une destinée aussi noble, mais plus courte. Le 29 avril, tandis que la campagne des Français en Allemagne s'ouvrait à peine, le major Schill sortit de Berlin à la tête de son régiment entier, beau corps de cavalerie composé d'une jeunesse brillante toute dévouée aux universités et aux sociétés secrètes; ce régiment était formé des premières familles de Prusse; la reine Louise, l'héroïne, avait attaché la cravate à son étendard, et tous portaient ses couleurs dans les aigrettes qui flottaient à leurs casques. Ce régiment de chevau-légers se répandit dans l'Allemagne au milieu du royaume de Jérôme Bonaparte; dans toutes les villes sur son passage il brisait les armes de Westphalie pour y substituer l'aigle noir de Prusse. Toute la troupe du major de Schill avait pour mot d'ordre *Germania* et *Teutonia*, la patrie, noble symbole. Jérôme, au milieu de ses courtisanes aux yeux bleus, aux tresses d'or, et de ses voluptés enivrantes, mit à prix la tête du noble Schill; comme Hérode, il voulut qu'on lui apportât dans un plat cette noble chevelure. Désavoué par le roi de Prusse, poursuivi par les troupes westphaliennes, Schill est obligé de se réfugier dans le Mecklembourg vers la mer! Le voilà donc poursuivi, harcelé, à Wismar, à Rostock; il se réfugie à Stralsund; acculé vers la Baltique, il ne trouve point de navire qui veuille se charger de lui

---

[1] L'empereur Alexandre lui donna ce titre d'Arminius dans une proclamation aux Allemands en 1813.

et de son régiment ; il n'est pas aussi heureux que le duc de Brunswick ; le voilà, l'intrépide officier, dans cette cité dont il veut faire une nouvelle Saragosse [1] ; les divisions danoises et hollandaises l'entourent, il doit se défendre contre 10,000 hommes : « A moi, braves compagnons! » Schill résiste pied à pied, maison par maison ; des prodiges de valeur signalèrent sa mort, et avant de recevoir la balle qui le jeta raide sur le champ d'honneur, il tua de sa main le général hollandais Carteret ; en le frappant il dit avec un de ces sourires moqueurs que le poëte allemand a su donner à ses héros : « Coquin, va donc préparer là-bas nos logements. » Son âme héroïque alla se réunir à cette flamme du ciel qui animait son cœur enthousiaste. Grâce donc pour cette grande mémoire allemande !

Et Hoffer, le brave montagnard, que faisait-il dans le Tyrol soulevé à sa voix? Sa carabine avait-elle atteint les envahisseurs comme elle avait touché les chamois des Alpes tyroliennes? Hoffer, homme saint dont j'ai visité avec respect le monument, tenait une auberge dans les vallées si riches du Tyrol ; le commerce l'avait rendu opulent parmi les siens, et son habit brun, son gilet rouge, étaient d'un beau drap de Saxe, son feutre du plus fin castor, ses boutons et les épingles de ses filles toutes dorées. Ce ne fut pas lui qui fit l'insurrection, mais

---

[1] Napoléon faisait toujours des publications infâmes contre le noble et brillant major de Schill.

Wismar, 22 mai 1809.

« Le brigand Schill est entré ici hier matin avec quelques centaines d'hommes, qu'il fait monter à 2,000 pour en imposer. Il a quelques petits canons de fer à sa suite. Il a posé des védettes sur divers points, de peur d'être surpris. Au total, les officiers ne dissimulent pas leurs inquiétudes. »

Lubeck, 23 mai.

« Un détachement du corps du brigand Schill est ici depuis deux heures ; l'officier qui le commande s'informe exactement de tous les moyens de se procurer un ou deux bâtiments pour passer en Angleterre. »

Hambourg, 7 juin 1809.

« Les gazettes de Stralsund, qui ont paru

l'insurrection le prit pour chef, car il était imposant; sa stature était haute, ses formes athlétiques, sa longue barbe le faisait remarquer, et sa piété exaltée pour la Vierge sainte lui donnait une grande prépondérance dans ce pays, tout ardent catholique. Nul ne connaissait mieux les hautes montagnes, les cavernes, les grottes, les ravins, les mines, les sources, qui font du Tyrol une merveille. Si au nord de l'Allemagne l'insurrection, un moment heureuse, s'éteignait sous les coups des Français, au midi au contraire elle prenait un vaste développement; l'esprit religieux exaltait toutes les consciences; la Vierge et les bons empereurs d'Autriche, tel était leur double symbole. Le soulèvement des Tyroliens fut si considérable, que deux régiments furent obligés de mettre bas les armes, entourés sur le pic des montagnes. Lorsque les Autrichiens signaient avec faiblesse l'armistice de Znaïm, Hoffer avait tout à fait expulsé les Bavarois du Tyrol; l'aigle de l'Autriche était partout relevée sur les auberges, les ponts, les portes des cités. Un sentiment unanime semble dominer ces populations tyroliennes; si on ne veut pas les rendre à leur bon seigneur l'empereur d'Autriche, elles demandent à être incorporées dans la nation suisse pour former une république, un canton fédéré; elles ne veulent pas se soumettre aux Bavarois, l'objet de leur vieille haine et de leur antipathie de montagnards contre la plaine.

pendant le court séjour que Schill a fait dans cette ville, contiennent des avis et ordonnances signés de son nom, et dont l'extravagance est curieuse, en voici un échantillon :

« M. le major de Schill aurait publié les bulletins de l'armée, si les réparations de la forteresse ne lui demandaient pas tout son temps. Bientôt les ouvrages de la place seront en bon état. On y travaille nuit et jour.

M. le major de Schill a promis de faire de Stralsund une autre Saragosse. Une grande partie de la landwehr s'est déjà rassemblée et est remplie de courage. Les soldats montent la garde avec les bourgeois. Leur conduite est exemplaire. Il est ordonné qu'on donnera à chaque soldat une livre de viande avec légumes, une livre et demie de pain, deux bouteilles de bière, et trois verres d'eau-de-vie. »

Le sens de cette guerre est donc toujours l'insurrection ; l'Autriche n'a cessé un moment de se mettre à la tête de la nationalité allemande, c'est sa politique ; les proclamations de ses généraux, les manifestes de ses hommes d'État, indiquent la tendance qu'elle veut donner à la guerre vive et profonde contre la France ; il suffit de lire les actes de cabinet qui furent publiés à cette époque depuis Essling jusqu'à la bataille de Wagram, pour se convaincre de l'esprit d'énergie que le cabinet de Vienne veut partout imprimer; non seulement en entrant en campagne l'archiduc Charles avait fait un appel au peuple autrichien et à la masse allemande, mais encore une brochure anonyme circulait partout pour inviter toutes les âmes généreuses à seconder les héroïques actions du duc de Brunswick-OEls et de Schill [1] ; il fallait affranchir des millions de citoyens libres jadis, et aujourd'hui affaissés sous le joug. « Peuples d'Allemagne, disait Gentz dans un pamphlet, ce ne sont pas des armées ordinaires qui marchent à votre secours, mais des peuples entiers animés par le saint amour de la patrie ! Voyez le grand héroïsme de l'Espagne, et marchez ! » Le général de Rosenberg avait dit aux Bavarois en entrant sur leur territoire : « Levez-vous, enfants de la Bavière, nous allons vous saluer comme nos

---

[1] Jérôme réprimait tant qu'il le pouvait ce mauvais esprit allemand ; voici un de ses décrets :

« Jérôme Napoléon, etc.

« Considérant que l'abbesse et les chanoinesses présentes au chapitre de Wallenstein à Homberg, ont non seulement favorisé les vues des chefs des révoltés dans notre royaume depuis plusieurs mois, lesquelles ont même brodé les écharpes des insurgés, mais leur ont encore donné 3,000 écus pour les soutenir dans cette révolte, nous avons décrété et décrétons :

« Art. 1er. L'abbesse et les chanoinesses présentes au chapitre de Wallenstein, à Homberg, sont privées de leurs bénéfices.

« 2. Notre ministère des finances fera saisir et séquestrer les biens dudit chapitre, situés dans notre royaume, ou partout ailleurs, et les fera provisoirement administrer, à dater de ce jour, par un commissaire que nous nommerons pour cet effet.

frères. » Le général Radivojevich s'exprimait encore avec plus de chaleur aux habitants de Bareuth : « Consentirez-vous longtemps à subir les lois de l'esclavage? Nous combattons pour l'humanité et la liberté; celui qui ne veut pas combattre pour elle n'est pas digne d'en jouir, il mérite d'être foulé aux pieds. La vie n'est pas le plus grand bien, le plus grand mal c'est la honte; Allemands, jusques à quand souffrirez-vous le joug de l'étranger? combien de temps encore un arrogant doit-il faire plier votre cou? combien de temps Arminius aura-t-il à rougir de ses neveux dégénérés? Est-ce pour cela que les Chérusques livrèrent une bataille aux Teutons? Est-ce pour cela que les Allemands ont remporté la victoire à Hochstaedt, à Blenheim, à Minden? Est-ce pour cela que le grand Charles d'Autriche a livré ses batailles victorieuses? La dernière étincelle de courage est-elle éteinte dans le cœur des Allemands? La couronne civique ne convient-elle plus au front des citoyens? Le cliquetis des chaînes est-il agréable à vos oreilles avec le bruit des ossements du squelette de Palm? Vous paraît-il plus noble, plus digne de l'homme, d'aller au loin dans un pays dont vous n'avez reçu aucune offense, pour y égorger vos frères innocents, que de mourir honorablement en défendant vos foyers?

« 3. Les fonds existants dans la caisse de ce chapitre seront remis audit commissaire, qui en tiendra un compte particulier, et justifiera à notre ministre des finances de cette remise par un double bordereau signé par lui et visé par le maire du lieu ou par son adjoint.

« 4. Il sera envoyé sur-le-champ à Homberg un agent particulier, à l'effet de réaliser les dispositions ci-dessus, et de se mettre en possession de tous les titres, comptes anciens et courants, papiers et renseignements relatifs à cette administration. Il en dressera un double inventaire, et fera provisoirement les fonctions d'inspecteur dudit établissement, sous la direction de notre commissaire royal et de notre ministre des finances.

« 5. Notre directeur-général de la haute police du royaume fera la remise à notredit commissaire royal de tous les deniers et autres objets, tels que papiers, cartons, pièces, etc., qu'il aurait précédemment saisis par notre ordre. »

Sortez, sortez donc, Allemands, du sommeil léthargique de la honte! Réveillez-vous pour l'honneur et le bien de l'Allemagne! Il en est temps encore! »

Le général Am Ende s'adresse aux Saxons dans des termes non moins fraternels, pour les exciter à cette prise d'armes qui a pour but le triomphe de la nationalité: « Saxons, noble peuple, montrez-vous comme de véritables Allemands! Rangez-vous du côté de la juste cause: combattez pour la liberté et l'intégrité de l'Allemagne, et vous vous couvrirez de gloire, tandis que le mépris et l'exécration de vos derniers neveux vous attendent si vous continuez à tenir la même conduite, en employant vos armes pour combattre la liberté de l'Allemagne, et pour mettre l'Europe sous le joug. C'est en respectant rigoureusement les propriétés particulières et en faisant observer la plus sévère discipline à mes troupes que je vous prouverai combien je mérite votre confiance, quelle haute idée j'ai de vous, parce que je sais bien que le plus grand nombre d'entre vous est intérieurement attaché à la bonne cause. Vos autorités resteront en fonctions sous l'inspection des intendants du corps d'armée que je commande. Autant qu'il sera possible on écartera de vous les incommodités de la guerre. Vous n'avez rien à craindre du pillage, et vous pouvez attendre que je ferai promptement droit à toutes les justes plaintes que vous me ferez parvenir. Allemands, *Patria, Teutonia, Germania,* mythe sacré! souvenez-vous-en dans vos jours de bataille! »

Ces écrits enthousiastes exprimaient la véritable opinion de l'Allemagne, même après l'armistice de Znaïm; l'Autriche, indignée de cet armistice, voulait tenter de nouveaux mouvements; sa politique se liait à l'indépendance générale des peuples. Un singulier changement s'était aussi opéré dans l'esprit du cabinet de Vienne; lui, si tranquille, habituellement en dehors de toute action tumultueuse, si timide devant toute publicité, avait pris en quelque sorte une attitude de pamphlétaire, de provocateur; jusqu'alors partisan du sommeil pour l'Allemagne, il sonnait la trompette retentissante pour remuer les masses. Les peuples n'étaient point encore assez préparés, le nom de Napoléon était trop grand, trop redoutable, et rendait les Français trop puissants; le prestige n'était pas complétement effacé, le pacte n'était point rompu; rien d'étonnant dès lors que ces premières tentatives n'aient pas réussi [1]; il fallut quatre ans encore de travail et d'énergie intérieure pour que l'Allemagne se levât dans une insurrection générale contre les Français; et c'est l'histoire de la triste année 1813.

L'esprit et la tendance qu'avait pris la guerre générale en Europe n'avait point échappé aux partis mécontents en France, aux vieux républicains, surtout aux partisans des idées de 1789. Si l'on mettait un soin particulier à cacher les nouvelles qui arrivaient d'Espagne et d'Allemagne autrement que par les bulletins tronqués, on connaissait néanmoins le véritable esprit de l'insur-

---

[1] Je regrette vivement qu'un esprit aussi distingué que M. le général Pelet se soit laissé aller aux déclamations contre l'esprit de liberté et de nationalité en Allemagne; voici comment il s'exprime sur les sociétés secrètes de 1809 :

« L'Allemagne était en grande partie soumise au système de la Confédération du Rhin; mais l'Autriche et la Prusse trouvèrent au milieu d'elle de zélés auxiliaires dans cette foule de princes, de nobles et de membres de l'ordre équestre qui venaient de perdre leurs priviléges. A cette époque l'Allemagne, et surtout le nord de ce pays, était remplie d'associations secrètes : les unes organisées par des métaphysiciens exaltés, par des publicistes enthousiastes dont les théories étaient dirigées contre toute espèce de domination, et avaient en général une tendance assez grande vers les idées républicaines. Ils s'étaient proposé de réformer par leurs leçons la génération actuelle de notre vieille Europe, et portaient d'abord le nom d'*Union morale et scientifique*. D'autres sociétés voulaient travailler par des moyens violents à ce qu'elles appelaient l'indépendance de la patrie allemande, de l'ancienne *Teutonie*; mais leur but secret était de renverser la Confédération du Rhin, et de rétablir l'Em-

rection populaire qui s'élevait en Europe contre Napoléon ; ce n'était plus les rois qu'on avait à combattre, mais les peuples en armes ; ces changements dans le caractère des hostilités n'avaient point échappé à Fouché, l'observateur remarquable, qui s'en était plus d'une fois exprimé avec assez de franchise ; il avait dit à l'occasion de la guerre d'Espagne, si formidable, si énergique : « Ce n'est pas assez seulement de se mettre à dos les rois, mais encore cet homme-là prend plaisir à avoir contre lui les peuples. » Placé au centre même de tous les renseignements, Fouché avait su toutes les trames de la conjuration de Portugal et d'Allemagne qui préparaient un soulèvement contre Napoléon ; le ministre suivait attentivement toutes les phases de la politique nouvelle que M. Canning favorisait de toute sa force ; c'était le soulèvement des peuples de l'Europe contre la dictature de Napoléon ; le monde voulait respirer.

A cette époque même Fouché avait des rapports secrets avec M. de Metternich et le ministère anglais de M. Perceval ; lui et la minorité du Sénat, M. de Talleyrand, le parti patriote en France, les mécontents de toute espèce, n'étaient pas opposés à un soulèvement

pire germanique. La majeure partie de la jeunesse et surtout les étudiants étaient affiliés à ces associations. Chacune d'elles avait ses projets particuliers pour la future organisation de l'Allemagne ; mais par les soins des ennemis de la France, elles avaient été réunies en un seul point, le renversement de notre influence. Elles ont participé vivement au mouvement de 1809, et ont surtout contribué en 1813 aux malheurs de nos armes. Alors et depuis elles ont pris une telle extension, elles ont poussé si loin leurs théories, et surtout l'essai de leurs forces, que les souverains délivrés et restaurés par elles ont fini par en être effrayés et les ont persécutées. On les connaissait d'abord sous le nom de *Tugend-Bund*, *Tugend-Werein*, *Burschens chaft* : le premier de ces noms a prévalu. Plus tard on a divisé ces sociétaires en *Chevaliers noirs*, sous le docteur prussien Jahn ; en *Concordistes*, sous M. Lang ; en *Réunion de Louise*, sous M. de Hostitz, décoré par la reine de Prusse d'une chaîne d'argent : le premier exerçait son influence sur les provinces prussiennes ; le second, sur le midi de l'Allemagne ; le troisième, sur le nord de ce pays. Les barons de Stein et de Hardenberg contribuèrent beaucoup à la propagation et à l'organisation de ces so-

des masses; il était temps d'asseoir l'Europe sur des bases régulières et de faire rentrer les peuples dans leur nationalité, surtout si la mort de Napoléon, naturelle ou violente, venait placer l'Empire dans des conditions fatales en le livrant pour ainsi dire à des lieutenants. Le plan de Fouché, très simple, reposait sur des conjectures réalisables : « l'armée de Portugal pouvait se déclarer contre Napoléon; Moreau, Bernadotte ou Masséna serviraient de pivot à un mouvement républicain en France; l'esprit des juntes et des cortès espagnoles était révolutionnaire; cette insurrection ressemblait aux premiers jours de la révolution française; rien de plus simple que de s'entendre avec l'Espagne, en lui rendant Ferdinand VII, alors à Valençay; pendant ce temps une armée anglaise paraîtrait en Hollande, en Belgique, et parlerait le langage de la liberté et de l'indépendance en proclamant la maison d'Orange; l'Empire n'avait pas 10,000 hommes de troupes sur les frontières belges; on lèverait la garde nationale, le commandement en serait déféré en chef à un général mécontent, ou bien à M. de Lafayette qui boudait à sa terre de Lagrange; on donnerait pour officiers à cette garde nationale des vétérans de Sambre-et-Meuse qui

---

ciétés. En 1809, l'ancien électeur de Hesse avait de grands rapports avec elles. Cependant leur chef direct semble avoir été alors le fils du fameux duc de Brunswick, relégué dans sa principauté d'OEls en Silésie. Ce prince, qui, à la suite des malheurs de sa famille, avait juré haine éternelle à la France; qui a couru, comme plusieurs membres de la noblesse immédiate, dans toutes les cours et les armées de l'Europe pour combattre contre nous; ce prince devint alors une sorte de puissance en Allemagne, et seconda fortement le projet général de soulèvement. Lorsque la guerre dut commencer, l'Autriche traita avec lui comme prince de l'Empire. Il s'engagea à lever à ses frais un corps de 2,000 hommes, qu'il forma à Nachod, sur les frontières de la Silésie, d'où il espérait recevoir beaucoup de sujets prussiens A la même époque, il entretenait des correspondances partout; il organisait les insurrections militaires, celles de Katt dans la vieille Marche, de Dornberg à Cassel, de Schill à Berlin; celles des habitants de Bayreuth, de Mergentheim, du Tyrol, etc. »

n'avaient pas livré leur épée à Napoléon. Tous ces éléments une fois mis en jeu, on supposerait la mort de l'Empereur, on la préparerait même s'il le fallait en le frappant comme César, et il se trouverait tout à la fois un Sénat disposé à établir un gouvernement provisoire et une armée nationale sous des généraux républicains; puis l'insurrection en Espagne, en Allemagne, en Italie par les carbonari, pour briser les royautés éphémères de Joseph, de Louis, de Jérôme; et quant à Murat, on se servirait de son nom, de sa vanité, pour en faire l'instrument de toutes combinaisons politiques; on lui promettrait le royaume d'Italie en l'appuyant sur les sociétés secrètes : Murat était aigri déjà contre Napoléon; on n'aurait pas grand'peine à l'entraîner dans une intrigue; quand tout serait prêt, on mettrait en action le Sénat, servile jusque-là, mais qui contenait tous les éléments d'une sourde opposition, depuis Sièyes jusqu'à M. de Talleyrand. Fouché disposait d'un bon tiers du Sénat; si ce corps était mou, fatigué, abaissé, le jour où Napoléon serait abattu on le verrait comme le Sénat de Rome vouer à l'exécration publique la mémoire de Néron.

Tout cela était parfaitement préparé pour des combinaisons très prochaines, lorsqu'on annonça le débarquement subit de la grande flotte anglaise à Walcheren, signal de plus graves événements [1]. Depuis six mois il

Liste des bâtiments de guerre employés à la grande expédition des bouches de l'Escaut.

San-Domingo,	74	canons.	Achille,	74	canons.
Blake,	74	—	Ajax,	74	—
Monarch,	74	—	Alfred,	74	—
Superb,	74	—	Audacious,	74	—
Aboukir,	47	—	Belle-Isle,	71	—
César,	80	—	Bellona,	74	—
Impetueux,	80	—	Centaur,	74	—

était question en Angleterre d'un immense armement qui devait comprendre plus de quatre-vingt-dix navires de guerre, dont trente-sept vaisseaux de ligne au moins ; on recrutait partout des matelots et des hommes. Quel était le but de cette vaste entreprise et le point sur lequel on allait jeter ces mille fusées à la Congrève ? M. Canning allait-il appuyer son système d'émancipation des colonies espagnoles, qu'il avait préparé par ses émissaires, et faire de l'Amérique un modèle de république fédérative et indépendante si favorable au développement du commerce britannique ?

Cet armement formidable, qui se ralliait sous le pavillon amiral dans la Manche, devait avoir une destination plus immédiate ; l'Angleterre n'ignorait pas les mécontentements qui existaient dans l'intérieur de la France, de la Belgique et de la Hollande ; des émissaires avaient instruit M. Canning de la possibilité d'une restauration de la maison d'Orange. Il résulte du mémoire secret adressé par lord Chatam, commandant en chef de l'expédition de Walcheren, au prince régent, que l'Angleterre comptait sur Fouché et le parti répu-

Courageux,	74	canons.	Résolution,	74	canons.
Denmark,	74	—	Revenge,	74	—
Eagle,	74	—	Royal Oak,	74	—
Gange,	74	—	Sceptre,	74	—
Hero,	74	—	Theseus,	74	—
Illustrious,	74	—	Valiant,	74	—
Marlborough,	74	—	Vénérable,	74	—
Namur,	74	—	Victorious,	74	—
Orion,	74	—	York,	74	—
Powerful,	74	—	Leyden,	64	—
Princess Caroline,	74	—	Adamant,	50	—
Princess of Orange,	74	—	Isis,	50	—
Repulse,	74	—			

Vingt-huit frégates.

Ulysses,	44	—	Lavinia,	40	—
Impérieuse,	40	—	Active,	38	—

blicain dans son mouvement contre la dictature de Napoléon ; une première expédition, dirigée vers l'embouchure de l'Elbe, devait appeler les Prussiens aux armes, s'unir aux partisans de Schill et du duc de Brunswick-OEls ; les armées autrichiennes dans le centre de la Germanie, les Prussiens au nord, les Tyroliens au midi agissaient dans un même but, la délivrance des nationalités européennes ; partout, en Espagne, en Germanie, en Hollande, en Italie, le sentiment de liberté faisait explosion contre la dictature de l'empereur Napoléon. Ainsi la formidable expédition que préparait l'Angleterre sur l'Escaut était comme le centre d'une vaste intrigue, et c'est ce qui explique la marche lente des Anglais et leur long séjour dans l'île de Walcheren. Attaquer l'Empire par les extrémités pour arriver au cœur, tel fut le plan politique et militaire des ennemis de Napoléon.

Dans les derniers jours de juin, la flotte anglaise sortit des ports de la Grande-Bretagne, composée de trente-sept vaisseaux de ligne, de vingt-huit frégates et de navires de transport pour plus de 58,000 hommes. L'amiral Richard Strackam commandait la flotte, et le comte de Chatam l'armée de terre[1], une des plus belles que l'An-

Clyde,	38	canons.	*Phœbe*,	36	canons.
Fisgard,	38	—	*San-Fiorenzo*,	36	—
Hussar,	38	—	*Thalia*,	36	—
Pearlen,	38	—	*Terpsichore*,	36	—
Rota,	38	—	*Bucephalus*,	32	—
Salcette.	38	—	*Circe*,	32	—
Statira,	38	—	*Druid*,	32	—
Aigle,	36	—	*Héroïne*,	32	—
Amethyst,	36	—	*Pallas*,	32	—
Dryad,	36	—	*Unicorn*,	42	—
Euryalus,	36	—	*Aimable*,	32	—
Nymphen,	35	—	*Camilla*,	24	—

Deux flûtes, le *Weymouth* et le *Sérapis*, de 44 canons.

Quatre-vingt-quatre corvettes, brigs, bombardes, cutters, goëlettes, etc., etc., etc.

Total, cent cinquante-trois voiles de guerre.

gleterre ait jamais jetées sur le continent; l'escadre devait pénétrer dans l'Escaut et s'emparer de l'île de Walcheren. Les vents contrarièrent un moment les premières opérations, et cependant le débarquement eut lieu; Flessingue fut assiégé et rendu par le général Monnet; se défendit-il suffisamment? avait-il des intelligences avec les mécontents qui favorisaient l'armée anglaise, et agit-il ainsi par les ordres de Fouché? Traduit devant un conseil de guerre, bien des faits furent révélés. La campagne se réduisit jusqu'alors à la possession de l'île de Walcheren; Flessingue était un point admirable pour attendre le développement des intrigues politiques en Hollande et en France; on espérait les troubles de l'intérieur pour agir plus fortement.

Que faisait-on à Paris à la première nouvelle de ce mouvement armé dans l'Escaut? Fouché seul en savait la portée; les autres fonctionnaires n'aperçurent qu'une expédition ennemie qu'il fallait repousser par la force et l'ardeur d'un mouvement national. L'archichancelier avait tous les pouvoirs en l'absence de l'Empereur; le général Clarke, ministre de la guerre, était resté à Paris, et son dévouement à Napoléon ne pouvait être mis en doute. Après la mort de M. Cretet, Fouché réunissant le double portefeuille de l'intérieur et de la police, avait dans les mains tous les moyens qu'une position aussi élevée pouvait donner.

[1] *État des forces de terre embarquées dans l'expédition sous les ordres du lord comte de Chatam.*

Cavalerie,	2,600 h.	La division sous les ordres du marquis d'Huntley, forte de six régiments, savoir : les 6e, 30e, 91e, 9e, 38e et 42, formant un total de 4,982 hommes, à quoi il faut ajouter les soldats de marine et les matelots qui seraient employés à terre; total 50,000 hommes en y comprenant plus de 6,000 des équipages.
Artillerie,	3,000	
Infanterie de ligne,	30,000	
État-major,	100	
Équipages,	149	
Gardes,	2,878	
Détachement de R. V.	30	
Total.	38,757	

A la nouvelle du débarquement de lord Chatam, le ministre se donna de grands mouvements, comme s'il s'agissait d'imprimer à la nation une énergie patriotique. Fouché rassura l'archi-chancelier sur l'étendue et le développement des forces militaires qu'on pouvait opposer à l'ennemi ; il fallait lever, selon lui, la garde nationale, prouver qu'on pouvait sauver l'Empire sans l'Empereur. L'archi-chancelier, homme faible, toujours enclin à se laisser dominer par ceux qui voulaient fortement, autorisa Fouché à convoquer les gardes nationales[1] ; le ministre se chargea de régulariser cette levée en masse qui rappelait le temps où la patrie était en danger. La convocation de la garde nationale entrait tout à fait dans le plan de Fouché : il s'assurait la direction d'une force publique en dehors de l'Empereur et prête à tout événement ; il pourrait la confier à des officiers dévoués et républicains, et par ce moyen il se trouvait dans le cas de répondre à toutes les éventualités pour repousser les Anglais ou traiter avec eux selon l'occurrence ; il se battait ou il négociait tout à la fois, s'assurant ainsi contre toutes les chances. La circulaire aux préfets pour lever la garde nationale, rédigée en termes vagues, exprimait une pensée remarquable qui

---

[1] Voici la lettre de Fouché, chargé par intérim du portefeuille de l'intérieur, aux maires pour lever la garde nationale.

« Monsieur le maire de . . . ., après la paix de Tilsitt, les Anglais dont la puissance est perdue si la guerre cesse sur le continent, voulurent brûler Copenhague. Aujourd'hui, que l'Autriche est prête de recevoir la paix de son vainqueur, les Anglais veulent Flessingue ; ils menacent de leurs bombes Anvers, dont les chantiers, naguère déserts, ont vu croître si rapidement à la voix de notre Empereur des flottes qui se préparaient à vaincre celles de l'Angleterre.

« Les Anglais se flattent de porter l'incendie sur nos côtes. De son propre mouvement, la France entière volerait à leur défense ; mais il faut régulariser ce noble élan pour la patrie, afin de le rendre utile.

» A quel nombre de soldats peut s'élever l'armée de réserve de Napoléon ? demandent souvent les ministres du cabinet de Saint-James. On peut le leur apprendre aujourd'hui. Cette armée couvre dans sa marche rapide les routes de Paris à Anvers. Qu'ils envoient leurs agents pour la dénombrer ; qu'ils sachent que pas un seul soldat des armées de Napoléon ne quittera

avait son sens mystique et significatif : il faut prouver à l'Europe que la France peut se sauver elle-même; ce qui voulait dire : « Français, que l'Empereur meure ou qu'il soit détrôné, peu importe, il se formera à Paris un gouvernement provisoire capable de traiter sur des bases raisonnables et nationales avec l'Angleterre et les cabinets étrangers; la dictature de Napoléon n'est pas le dernier mot de la France tandis que son ambition sacrifie à l'étranger des myriades d'hommes. »

Pour mener cette pensée à bonne fin, il fallait un général dont on pût disposer à son gré, l'ennemi personnel de Napoléon, et il s'en trouvait beaucoup déjà: Bernadotte, Masséna, Dessoles, Gouvion-Saint-Cyr, Souham. Fouché avait de bonnes notes sur Moreau; plus d'une fois des amis confidentiels s'étaient rendus en Amérique et avaient trouvé Moreau toujours haineux contre Bonaparte Empereur ou Consul; le général n'était point décidé à quitter sa retraite sauvage sur les bords du grand fleuve pour prendre le rôle de Pompée contre César, il fallait préparer les circonstances; et d'ailleurs il était trop éloigné du théâtre des événements. Fouché avait besoin d'un homme immédiatement sous sa main, qui servît ses plans et pût comprendre sa pensée, même à demi-mots, lorsque tout à coup Bernadotte revint à Paris.

ses drapeaux pour venir défendre le territoire de son Empire.

« Quel Français pourrait ne pas prendre les armes lorsque le sol de la France est touché par l'ennemi? Les armées françaises ne sont-elles pas des gardes nationales, et les gardes nationales ne sont-elles pas des armées françaises? L'audace des Anglais ne fait que préparer un nouveau trophée aux trophées qui vont décorer les fêtes de la paix ; et le magnifique arc de triomphe élevé devant le palais des Tuileries verra passer sous ses voûtes la France entière.

« Monsieur le maire de . . . ., vous devez prendre un intérêt particulier à la gloire de cette capitale de l'Empire. Trop souvent nos ennemis l'ont accusée de n'avoir d'énergie que dans le tumulte. Que par un mouvement prompt, ardent et régulier, elle confonde à la fois et les injures de ses ennemis et leurs espérances incendiaires. A l'orient et à l'occident, la France est victorieuse à 200 lieues de ses frontières, elle va triompher aussi dans son sein, pour qu'il ne lui manque aucune espèce de gloire. »

Le maréchal se montrait fort mécontent de l'Empereur qui l'avait très mal traité à la suite de la bataille de Wagram; c'était une méfiance de longue date; on s'observait pour éclater dans l'occasion; à Wagram, Bernadotte commandait les Saxons, très incertains dans leur dévouement à la France depuis la levée de boucliers de Schill. Au milieu même de la bataille, Napoléon lui avait enlevé la division Dupas; néanmoins Bernadotte avait conduit avec fermeté les soldats allemands, il avait exalté outre mesure leur valeur. C'était beaucoup déjà que Bernadotte les eût maintenus sur le champ de bataille de Wagram, lorsque tant d'officiers travaillés par les sociétés secrètes menaçaient de passer à l'ennemi. Bernadotte, moins emporté que l'Empereur, avait voulu, en faisant l'éloge des Saxons, les contenir dans l'alliance qu'ils menaçaient de briser, et c'est pourquoi l'ordre du jour avait exagéré leur service. Napoléon furieux, dans une communication secrète adressée au major-général, s'exprima sur Bernadotte dans des termes maladroits, ardents et inconsidérés, de manière à le blesser [1]; n'avait-il pas assez d'ennemis? fallait-il qu'il s'en fît encore? Entre eux il y eut des explications vives; le Gascon et le Corse, tous deux vindicatifs, rusés, se comprenaient même sans s'expliquer dans la vérité de leur âme; ils devaient se donner tôt ou tard des coups d'épée sur un champ de bataille, et c'est ce qui arriva. Le 9ᵉ corps, que commandait Bernadotte, fut supprimé, et lui-même

---

[1] L'ordre du jour de Napoléon est conçu en ces termes durs et humiliants dont les hommes de cœur gardent la mémoire.

En notre camp impérial de Schœnbrunn.

« S. M. témoigne son mécontentement au maréchal prince de Ponte-Corvo pour son ordre du jour daté de Leopoldau, le 7 juillet, qui a été inséré à une même époque dans presque tous les journaux, dans les termes suivants : « Saxons, dans la journée du 5 juillet, 7 à 8,000 d'entre vous ont percé le centre de l'armée ennemie, et se sont portés à Deutsch-Wagram, malgré les efforts de 40,000 hommes, soutenus par 50 bouches à feu. Vous avez combattu jusqu'à minuit, et bivouaqué au milieu des lignes autrichiennes. Le 6, dès la pointe du jour, vous avez recommencé le combat

quitta le quartier-général sous prétexte que des fatigues de guerre exigeaient sa retraite.

Bernadotte arrivait donc à Paris, une haine profonde au cœur; n'était-ce pas là l'homme tout trouvé pour Fouché? Il n'avait pas à se gêner avec lui; entre eux ils pouvaient s'expliquer et s'entendre : à Bernadotte on ne pouvait contester des talents militaires; général en chef, il pouvait conduire une armée, et Fouché connaissait assez bien l'homme pour comprendre qu'ennemi instinctif de Napoléon, il le lancerait contre lui à la première disgrâce de la fortune; il ne s'agissait que de faire agréer le maréchal par le ministre de la guerre Clarke, si dévoué à l'Empereur, et par Cambacérès; et pour cela Fouché s'y prit habilement : il savait Clarke vaniteux, tout enivré des titres impériaux et de la hiérarchie; Bernadotte n'était-il pas prince de Ponte-Corvo, beau-frère de S. M. le roi d'Espagne et des Indes? En cette qualité de membre de la famille impériale, le commandement lui revenait; n'était-ce pas par-

avec la même persévérance, et au milieu des ravages de l'artillerie ennemie, vos colonnes vivantes sont restées immobiles comme l'airain. Le grand Napoléon a vu votre dévouement; il vous compte parmi ses braves. Saxons, la fortune d'un soldat consiste à remplir ses devoirs; vous avez dignement fait le vôtre.»

Au bivouac de Léolpodau, le 7 juillet 1809.

Le maréchal commandant le 9ᵉ corps,
Bernadotte.

« Indépendamment de ce que S. M. commande son armée en personne, c'est à elle seule qu'il appartient de distribuer le degré de gloire que chacun a mérité. S. M. doit le succès de ses armes aux troupes françaises et non à aucun étranger. L'ordre du jour du prince de Ponte-Corvo, tendant à donner de fausses prétentions à des troupes au moins médiocres, est contraire à la vérité, à la politique et à l'honneur national.

Le succès de la journée du 5 est dû aux corps des maréchaux duc de Rivoli et Oudinot, qui ont percé le centre de l'ennemi, en même temps que le corps du duc d'Auerstadt le tournait par sa gauche. Le village de Deutsch-Wagram n'a pas été en notre pouvoir dans la journée du 5. Ce village a été pris; mais il ne l'a été que le 6 à midi par le corps du maréchal Oudinot. Le corps du prince de Ponte-Corvo n'est pas resté *immobile comme l'airain*. Il a battu le premier en retraite. S. M. a été obligée de le faire couvrir par le corps du vice-roi, par les divisions Broussier et Lamarque, commandées par le maréchal Macdonald, par la division de grosse cavalerie aux ordres du général Nansouty, et par une partie de la cavalerie de la garde. C'est à ce maréchal et à ses troupes qu'est dû l'éloge que le prince de Ponte-Corvo s'attribue. S. M. désire que ce témoignage de son mécontentement serve d'exemple

faitement raisonner? Comment était-il possible que S. Exc. le comte d'Hunebourg, S. A. S. monseigneur le prince de Parme, pussent se refuser d'agréer S. A. S. monseigneur le prince de Ponte-Corvo? tout cela était d'accord, en harmonie avec la hiérarchie du palais; des princes de rangs si illustres devaient s'entendre [1].

Dès lors Fouché, tout à fait à son aise pour diriger la garde nationale, s'exprima librement avec Bernadotte sur toutes les chances : « Je vous donne, dit-il, de bons officiers patriotes; vous verrez bien des habits usés de 1794, un bon personnel; vous retrouverez là des camarades de Sambre-et-Meuse; quelques Jacobins, cela ne gâte rien; traînez cette guerre en longueur, repoussez les Anglais autant que cela est nécessaire; au fond mettons-nous en mesure pour toutes les éventualités; gardons l'enthousiasme national pour la France, et j'espère que vous n'êtes pas de ceux qui veulent se faire emporter les cuisses, comme Lannes, pour donner des résidences et des mai-

pour qu'aucun maréchal ne s'attribue la gloire qui appartient aux autres. S. M. cependant ordonne que le présent ordre du jour, qui pourrait affliger l'armée saxonne, quoique les soldats sachent bien qu'ils ne méritent pas les éloges qu'on leur donne, restera secret, et sera seulement envoyé aux maréchaux commandant les corps d'armée. »   Napoléon.

[1] Le Sénat vota une adresse immédiate à l'Empereur sur l'expédition de Walcheren; il voulait se faire pardonner les intrigues qui avaient leur origine dans son sein.

15 août 1809.

« L'ennemi du repos de l'Europe a débarqué ses troupes sur deux îles de la Zélande. Le cri de guerre a retenti à l'instant sur les rives françaises. Tous les départements voisins ont répondu à ce cri, qui fut toujours le cri de la victoire, et les braves gardes nationales ont accouru de toutes parts pour venger la violation du territoire d'une nation voisine et alliée.

« Dans ces circonstances mémorables, Sire, le Sénat, qui partage si vivement tous les sentiments du peuple français, a besoin de les exprimer à V. M.

« Que toute espérance s'évanouisse sur les bords de la Tamise. Jamais un plus noble enthousiasme n'aura animé le peuple français.

« V. M., Sire, les braves de l'intérieur de l'Empire vous en conjurent, V. M. n'éloignera des rives du Danube ni de celles du Tage aucune de ces légions invincibles qui ont eu si souvent le bonheur de combattre sous les yeux de V. M., et rien ne retardera le moment si désiré par vous où l'olivier de la paix s'élèvera au-dessus de vos aigles triomphantes.

« Partout où il y aura des Français, il y aura une armée; et partout où ils recevront le signal des combats, le génie de V. M. les

tresses à Jérôme Bonaparte; un gouvernement et des garanties contre cet homme-là, voilà ce qu'il nous faut. » Bernadotte comprit cette mission : il étudia le personnel ; généraux, officiers, aides-de-camp, tout fut choisi avec beaucoup de soin parmi les hommes de la Révolution et les mécontents du Consulat et de l'Empire ; puis il tint un langage mesuré vis-à-vis de Clarke, auquel il parla avec enthousiasme de son dévouement à l'Empereur.

C'était un singulier aspect que cette armée qui marchait avec Bernadotte, le drapeau tricolore en tête, sur les rives de l'Escaut; il y avait à peine 5,000 hommes de troupes de ligne; tout le reste offrait un amalgame de toutes les opinions, de toutes les couleurs, des officiers, des cadres qui n'avaient ni uniformes ni organisation : on voyait des matelots enrégimentés avec des cavaliers, des gardes nationales, des grenadiers, des chasseurs avec les vieux uniformes du temps de la République ; plus d'un paysan sortit les saintes reliques des jours de la démocratie; Bernadotte put se rappeler l'époque où, simple officier, il servait dans les rangs des volontaires et tatouait ses bras

animera, parce qu'ils éprouveront partout le même dévouement, le même amour, la même admiration pour V. M.

« Ceux qui, plus éloignés des nouveaux champs de gloire que la victoire prépare au nom de l'honneur, de la patrie et de Napoléon, ne pourront parvenir jusqu'aux cohortes ennemies qu'en traversant une partie de votre Empire, ne ressentiront d'autre peine que la crainte de n'arriver que pour couronner leurs frères du laurier civique et militaire.

« Les bras ne manqueront pas pour lancer ces foudres terribles que la haute prévoyance de V. M. avait fait préparer sur toutes les côtes de son Empire.

« La sagesse du prince dépositaire de votre confiance, le dévouement de vos ministres, le zèle de tous les chefs civils et militaires, ont secondé ces mouvements généreux.

« Ces vétérans de la gloire, qui gémissaient depuis longtemps de ne plus suivre V. M. au milieu des batailles, vont diriger par leur expérience l'élan belliqueux de vos jeunes Français; ils leur montreront les nobles palmes dont V. M. a couvert leurs nobles cicatrices.

« Des généraux illustres, choisis par V. M. et remplis de son esprit, marchent à leur tête.

« Sept sénateurs partagent cet honneur éclatant.

« Vos vaisseaux de l'Escaut, protégés par de formidables batteries, et les protégeant à leur tour, doublent la barrière de fer qui borde les rivages voisins de la Zélande.

« La nation hollandaise, dont le terri-

des mots ineffaçables : « Vive la République; » on aurait pu se croire au son du canon d'alarme en 1792. Fouché était aise de cette espèce de levée de landwerh française; cela pouvait s'entendre avec les sociétés secrètes d'Allemagne, les carbonari d'Italie, les étudiants d'Espagne, qui se décoraient du nom de Brutus et de Cassius.

Pendant ce temps tout se faisait avec lenteur chez les Anglais [1] : les opérations de lord Chatam se ressentaient des négociations diplomatiques avec le parti qui devait se prononcer à Paris; le général l'explique ainsi dans le mémoire secret adressé à lord Wellesley; les Anglais devaient avancer soutenus par l'insurrection allemande et hollandaise; malheureusement toutes deux avaient presque avorté; on attendait dans l'île de Walcheren le résultat des événements, soit à Paris, soit à Schœnbrünn, et de là cette persévérance de lord Chatam à rester dans l'île, au milieu des maladies qui décimaient son armée. On avait promis des insurrections, des mouvements de peuples; Fouché avait envoyé des émissaires secrets pour recommander à lord Chatam de la prudence et de la patience; tout dépendait de

toire est attaqué, lève avec fierté ses antiques bannières qui rappellent tant de hauts faits des valeureux Bataves ; et celui de vos augustes frères qui règne sur eux est à leur tête.

« Tous s'avancent sous l'influence irrésistible et présente en tous lieux du plus grand des héros. Bientôt les Anglais seront repoussés sur leurs vaisseaux !

« Ah ! si nous pouvions cesser d'écouter un moment la voix de l'humanité, avec quelle ardeur nous désirerions que leurs cohortes, osant s'éloigner des flottes destinées à favoriser leur fuite prochaine, s'avançassent sur la terre sacrée des Français ! Aucun Anglais ne reverrait le toit de sa famille.

« Les débris de leurs armes, Sire, seront les trophées dont le peuple français ornera les nombreux arcs de triomphe que sa reconnaissance va élever sur la route triomphale du plus grand des capitaines et du monarque le plus chéri, revenant des champs de l'Autriche à la tête de ses immortelles armées, et faisant proclamer par la victoire la paix du continent.

« Que V. M. I. et R. reçoive avec bienveillance, Sire, le nouvel hommage du respect, du dévouement et de la fidélité du Sénat. »

[1] C'est à ce moment que Napoléon ordonna de traduire le général Monnet devant un conseil de guerre.
Lettre de Napoléon au ministre de la guerre.

« M. le comte de Hunebourg, notre ministre de la guerre, des rapports qui sont sous nos yeux contiennent les assertions

ce qui se passait en Allemagne, où quelques scènes tragiques pouvaient mettre fin au drame qui se jouait sur la scène du monde avec Napoléon ; un complot militaire, un assassinat pouvait terminer la guerre et briser le gigantesque Empire.

L'armistice de Znaïm avait généralement produit une triste impression au milieu de l'Allemagne : qui pouvait expliquer cette faiblesse, cet abandon, lorsqu'une bataille aussi incertaine que celle de Wagram avait décimé les rangs de l'armée française? Quoi! tout était-il perdu? l'Allemagne, pleine de ressources, ne serait-elle pas un appel aux peuples belliqueux qui obéissaient à son sceptre? A la première nouvelle de l'armistice de Znaïm, tout le parti de la guerre en Autriche, François II, l'impératrice, M. de Stadion, M. de Metternich lui-même, si modéré, furent profondément affligés de cette précipitation ; ils ne concevaient pas le motif de l'acte qu'avait signé inopinément le prince de Lichtenstein ; les plaintes qui s'élevèrent contre l'archiduc Charles furent vives, et le prince, toujours plus faible, donna sa démission de généralissime. Ainsi l'armée autrichienne fut laissée sans chef ; l'archiduc, qui connaissait bien son personnel, l'ensemble des corps, les opérations de la guerre, se retira en pleine campagne, et ce fut un caprice, un dé-

---

suivantes : « Le gouverneur commandant la place de Flessingue n'aurait pas exécuté l'ordre que nous lui avions donné de couper les digues et d'inonder l'île de Walcheren aussitôt qu'une force supérieure ennemie y aurait débarqué ; il aurait rendu la place que nous lui avions confiée, l'ennemi n'ayant pas exécuté le passage du fossé, le revêtement du rempart étant sans brèche praticable et intact, dès lors sans avoir soutenu d'assaut, et même lorsque les tranchées des ennemis n'étaient qu'à cent cinquante toises de la place, et lorsqu'il avait encore 4,000 hommes sous les armes ; enfin, la place se serait rendue par l'effet d'un premier bombardement. » Si telle était la vérité le gouverneur serait coupable, et il resterait à savoir si c'est à la trahison ou à la lâcheté que nous devrions attribuer sa conduite.

« Nous vous écrivons la présente lettre close pour qu'aussitôt après l'avoir reçue vous ayez à réunir un conseil d'enquête qui sera composé du comte Aboville, sénateur ; du comte Rampon, sénateur ; du vice-amiral Thévenard, et du comte Songis,

pit, qui coûta bien cher à la patrie. N'était-ce pas assez des malheurs de l'Allemagne? fallait-il encore la division entre ses plus nobles enfants, les archiducs? Le commandement provisoire de l'armée resta donc aux mains du prince Jean de Lichtenstein, le propre signataire de l'armistice ; les forces furent réunies dans ses mains, et lui de sa personne se rendit auprès de François II pour lui faire des remontrances sur son refus de ratifier un acte qui mettait fin à une guerre meurtrière et aux souffrances de la monarchie. François II résista encore, il fut d'une fermeté digne d'éloges ; l'image de la patrie était là ; mais le prince de Lichtenstein revint tant de fois à la charge que l'empereur céda par importunité ; l'armistice une fois ratifié, les premières paroles de paix furent prononcées.

Le prince de Lichtenstein vint ainsi à bout de son œuvre de pacification, et l'archiduc Charles voyait s'accomplir le désir qu'il avait manifesté dès l'origine de la campagne. Quelle serait cette paix et à quelles conditions serait-elle résolue ? L'empereur d'Autriche ne la désirait pas ; l'armistice n'était pour lui qu'un moyen de gagner du temps et de se placer dans une meilleure position militaire et diplomatique : la nomination des plénipotentiaires autrichiens témoigne combien François II repoussait un système d'abaissement et de conditions hu-

---

premier inspecteur général de l'artillerie. Toutes les pièces qui se trouveront dans votre ministère, dans ceux de la marine, de l'intérieur, de la police, ou de tout autre département sur la reddition de la place de Flessingue, tant sous le rapport de sa défense que de tout autre objet qui pourrait intéresser notre service, seront adressées au conseil pour nous être mises sous les yeux avec le résultat de ladite enquête.

« Cette lettre n'étant à autre fin, nous prions Dieu, M. le comte de Hunebourg, qu'il vous ait en sa sainte garde.

« Donné en notre camp impérial de Schœnbrünn, le 7 septembre 1809. »

Napoléon.

« Un conseil de guerre fut ensuite saisi de l'affaire, et condamna à mort par contumace le général Monnet, alors prisonnier en Angleterre. Après les événements de 1814, le général rentra en France et fut réintégré dans son grade. »

miliantes : il désigna M. de Metternich et le comte de Nugent ; M. de Metternich, que Napoléon avait accusé d'être l'auteur principal de la guerre, esprit trop éclairé pour ne point pénétrer toutes les conséquences de la situation présente, dont on pouvait sortir glorieusement avec un peu de volonté et d'énergie ; le comte de Nugent, militaire distingué et très décidé à revoir le champ de bataille si l'honneur de l'Autriche le demandait. Napoléon désigna à son tour M. de Champagny pour son négociateur auprès de M. de Metternich : on fixa pour lieu des conférences Altenbourg, non loin de Vienne, lieu intermédiaire qui paraissait favorable aux négociations ; M. de Metternich appela aux conférences lord Bathurst, l'ambassadeur d'Angleterre à Vienne ; l'empereur de Russie y envoya un aide-de-camp pour suivre les phases du traité, et la Prusse même s'y fit représenter en secret.

Ces conférences prenaient ainsi un caractère de généralité européenne ; l'habileté de M. de Metternich voulait, par un déploiement de toutes les ressources diplomatiques, obtenir les bonnes conditions d'une paix ou d'une guerre qui serait appuyée sur des éléments généraux. Altenbourg devint donc un véritable congrès qui suivait pas à pas les événements de l'Allemagne et de l'Europe : on mit une grande importance au débarquement des Anglais dans l'Escaut, on suivit avec une vive sollicitude toutes les opérations militaires de lord Chatam et les intrigues de la France ; au moindre succès on devait prendre une attitude plus prononcée, une situation diplomatique mieux en rapport avec les résultats d'Essling et de Wagram. M. de Champagny était tout-à-fait incapable de comprendre l'importance que M. de Metternich voulait donner aux négociations diplomatiques à Altenbourg ; on y attendait des nouvelles de Londres, de Berlin, de Saint-Pétersbourg et même de Paris.

Aussi Napoléon, si habile à saisir les parties faibles d'une négociation, vit bien que si l'on suivait les bases posées par le congrès d'Altenbourg, jamais l'on n'arriverait au résultat d'une paix décisive pour sa prépondérance et sa gloire. De lui-même il conçut la pensée d'opposer aux conférences d'Altenbourg d'autres négociations personnelles dont le siége serait Vienne; là, il pourrait plus facilement suivre les affaires, et dominer les esprits faibles qui entouraient François II. Il eut recours une fois encore au prince Jean de Lichtenstein, le constant intermédiaire entre lui et l'empereur François II; il savait toute l'influence que ce prince exerçait sur son maître; il lui proposa donc M. Maret comme son plénipotentiaire direct, l'émanation de sa propre volonté, tandis que le prince Jean de Lichtenstein serait le représentant de l'empereur d'Autriche dans des conférences privées, intimes, qui amèneraient plus facilement la conclusion définitive de la paix. L'Empereur insinua même qu'il verrait avec plaisir le comte de Bubna s'adjoindre au prince Jean de Lichtenstein, tant il avait désir de faire prévaloir l'opinion personnelle et sage de François II dans les négociations d'une paix solide en dehors des intrigues de l'Angleterre; le comte de Bubna était aussi partisan du système français que pouvait l'être le prince Jean de Lichtenstein. Par ce moyen, l'Empereur annulait les conférences d'Altenbourg qui prenaient toutes les allures d'un congrès européen; il craignait l'action de M. de Metternich, préférant négocier d'empereur à empereur.

Il faut bien remarquer, pour suivre l'histoire de ces transactions, qu'il y a deux actions bien distinctes, 1° celle de M. de Metternich, chef du parti véritablement diplomatique, qui devait amener un traité général à Altenbourg, en changeant ses conférences en congrès européen où assisterait M. de Champagny ; 2° l'action personnelle de Napoléon s'exerçant par M. Maret, et celle de François II par le prince Jean de Lichtenstein ou par le comte de Bubna ; l'une absorba l'autre. A cet effet Napoléon employa toutes sortes de moyens ; il effrayait l'empereur François II, tantôt par une menace de révolution qui placerait chaque archiduc dans des souverainetés particulières, et remplacerait même le légitime empereur par le grand-duc de Wurtzbourg ; tantôt il exagérait dans les bulletins ses forces militaires.

Mais ce qui fit évidemment prévaloir les conférences de Vienne sur les transactions d'Altenbourg, ce fut le peu de succès de l'expédition anglaise dans l'Escaut, l'échec des idées patriotiques en Allemagne et la ruine des intrigues de Fouché ; enfin cette activité militaire de Napoléon qui multipliait partout les ressources ; ici faisant miner les murailles de Vienne, là traçant des têtes de pont, des ouvrages avancés, bases d'une occupation perpétuelle des Français en Autriche [1]. Jamais plus d'éclat et plus de bruit : il passait continuellement des revues, il organisait de nouveaux corps, levait des conscrits de manière à ce qu'on pouvait croire que ses ressources se multipliaient à l'infini.

---

[1] Napoléon écrivait même au général russe pour savoir s'il entrerait en campagne.
Lettre du major-général au prince de Galitzin.
Brünn, le 17 septembre 1809.
« L'Empereur me charge, M. le prince de Galitzin, de vous envoyer un aide-de-camp, pour savoir si, dans le cas de la reprise des hostilités, il peut compter que vous entrerez en Moravie. Il désire connaître votre dessein. Voulez-vous marcher seul avec vos troupes, ou vous réunir avec celles du roi de Saxe ? Sa Majesté désire également connaître le nombre des troupes avec lesquelles vous pouvez marcher. Il importe spécialement à l'Empereur, de savoir à quoi s'en tenir sur les mouvements que vous avez ordre de faire. »
Alexandre.

On aurait dit que Schœnbrünn était devenu le palais de Saint-Cloud et des Tuileries; dans ces vastes salles il créait l'ordre des Trois-Toisons, idée d'orgueil et de vanité suprême, car les Trois-Toisons comprenaient tous les ordres souverains de l'Europe; puis il décernait au peuple français une colonne triomphale; la France avait si bien mérité de son Empereur [1] !

Les conférences d'Altenbourg avaient perdu presque en entier leur importance : tout se fit à Vienne entre M. Maret, c'est-à-dire l'Empereur, et le prince Jean de Lichtenstein; Napoléon isola l'Autriche comme toujours, et une fois isolée, il lui imposa les plus dures conditions; M. de Metternich resta tout à fait en dehors de ces négociations si fatales à la monarchie autrichienne; les questions territoriales furent réglées dans des conditions inouïes, tache ineffaçable pour les signataires autrichiens. Quoi! après des batailles douteuses et des pertes égales, le prince Jean de Lichtenstein consentait à abandonner, soit à Napoléon, soit aux princes de la Confédération, soit à la Russie même, plus de 5,000,000 d'âmes! Le traité de Presbourg n'était pas aussi onéreux, et certes l'Autriche avait perdu des batailles bien plus considérables; elle avait été brisée à Austerlitz. L'empereur sacrifiait les domaines les plus productifs, des mines d'argent et de marbre, le riche district de Salzbourg; l'Autriche n'était plus ni puissance italienne ni nation sur l'Adriatique [2]; elle n'avait plus d'impor-

---

[1] « Napoléon, etc.
« Voulant constater par un monument durable la satisfaction que nous avons éprouvée de la conduite de notre grande armée et de nos peuples :
« 1er. Il sera élevé sur le terre-plein du Pont-Neuf un obélisque en granit de Cherbourg de cent quatre-vingts pieds d'élévation, avec cette inscription : *L'Empereur Napoléon au peuple français.*

[2] Principales conditions du traité de paix signé à Vienne, le 14 octobre 1809.
« La présente paix, conclue entre l'Empereur des Français et l'empereur d'Au-

tance au nord, plus de communications directes avec les grands États; elle se plaçait comme un corps sans issues, sans débouchés pour son industrie et son commerce, et encore on lui imposait une énorme contribution; ce n'était pas assez de se soumettre aux sacrifices de territoire qui ruinaient sa monarchie, il fallait donner des masses de ducats à l'empereur Napoléon, c'était là presque toujours la condition des traités.

Cette question d'argent fut entièrement déférée à M. Maret, disputailleur au nom de son maître sur les millions de florins et sur le mode de paiement; on n'en finissait pas; l'Empereur demandait 100,000,000 de francs, l'Autriche n'en offrait que 50, et pour couper le différend, on proposa un terme moyen: 75,000,000 furent stipulés et convenus; ainsi cession de terres, cession d'argent. Tout cela ne pouvait être qu'une trêve; une nation ne se dépouille point ainsi à tout jamais; elle a des malheurs, elle les subit; on lui abaisse la tête, elle se courbe, sauf à saisir le premier instant pour se relever. Quoi d'étonnant qu'après de telles stipulations les cabinets de l'Europe n'aient jamais cru à la paix générale avec Napoléon? ils se reposaient pour reprendre plus tard les armes; la représaille viendrait plus tard, quand l'étoile cesserait de briller.

triche, est déclarée commune aux rois d'Espagne, de Hollande, de Naples, de Bavière, de Wurtemberg, de Saxe, de Westphalie, et à tous les princes de la Confédération du Rhin.

« L'empereur d'Autriche cède et abandonne à l'Empereur des Français, pour en être disposé par ce dernier: 1° les pays de Salzbourg et de Berchtolsgaden; la partie de la Haute-Autriche située au-delà d'une ligne partant du Danube auprès du village de Strass, de là la route jusqu'à Schwanstadt, sur l'Alter, et continuant en remontant le cours de cette rivière et du lac de ce nom jusqu'au pont où ce lac touche la frontière du pays de Salzbourg; 2° le comté de Goritz, le territoire de Montefacolne, le gouvernement et la ville de Trieste, la Carniole avec ses enclaves sur le golfe de Trieste, le cercle de Willach en Carinthie, et tous les pays situés à la droite de la Save, en partant du point où cette

16*

La convention fut signée le 14 octobre au soir par le prince de Lichtenstein et M. Maret. La veille de ce traité, un événement sinistre vint en précipiter la conclusion ; l'Allemagne se révéla sanglante un poignard à la main ! l'Empereur était à Schœnbrünn ; par suite d'un cartel d'échange, de nombreux prisonniers français étaient rendus à leurs régiments, et Napoléon voulait les voir, leur demander « par quelles causes ils avaient eu le malheur de rendre leurs armes ? » Il descendait à midi le grand escalier, lorsqu'un jeune homme de dix-huit ans à peine, d'une physionomie pâle, les cheveux blonds et pendants comme *le Fritz* de Schiller, la taille ceinte d'une lanière de cuir brillant, se présente à la parade et demande à parler à l'Empereur. On l'écarte avec cet accent soldatesque de l'état-major qui entourait et gardait la noble vie de César. A plusieurs reprises on le rejette, à plusieurs reprises il revient ; enfin le général Savary le prend rudement par le collet, et il sentit comme un corps dur caché sous son vêtement. Alors Rapp, le fort Alsacien, s'en empare et le conduit au poste de gendarmerie du château [2]. Pendant cette parade scintillante

rivière sort de la Carniole et la suivant jusqu'à la frontière de la Bosnie ; 3º enfin la seigneurie de Radzuns, enclavée dans le pays des Grisons.

« L'empereur d'Autriche cède et abandonne au roi de Saxe les enclaves dépendantes de la Bohême et comprises dans le royaume de Saxe ; il cède également au roi de Saxe, pour être réunie au duché de Varsovie, toute la Gallicie orientale ou Nouvelle Gallicie.

« L'empereur d'Autriche cède et abandonne à l'empereur de Russie, dans la partie la plus orientale de l'ancienne Gallicie, un territoire renfermant 400,000 âmes de population.

« L'Empereur des Français garantit l'intégrité des possessions de l'empereur d'Autriche dans l'état où elles se trouvent d'après le présent traité.

« L'empereur d'Autriche, voulant concourir au retour de la paix maritime, adhère au système prohibitif adopté par la France et la Russie vis-à-vis de l'Angleterre pendant la guerre maritime actuelle. Il fera cesser toute relation avec la Grande-Bretagne, et se mettra à l'égard du gouvernement anglais dans la position où il était avant la guerre présente. »

[2] Voici le récit du général Rapp qui était témoin oculaire de l'attentat de Stabs.

« Un jeune homme se présenta à Schœnbrünn le 13 octobre, pendant que les troupes défilaient : j'étais de service ; Napoléon

TENTATIVE D'ASSASSINAT CONTRE NAPOLÉON (15 OC. 1809).

d'aigrettes, alors que les chevaux caracolaient devant l'Empereur, le jeune homme restait silencieux, les yeux calmes, assis sur un lit préparé dans une chambre; on le fouilla; on trouva sur lui un grand couteau de cuisine affilé et pointu; le jeune homme, avec ses yeux si bleus qu'on aurait dit une jeune fille de dix-sept ans, tira de son sein un petit portrait qu'il contemplait, c'était celui d'une femme; il avait sur lui un portefeuille et une bourse renfermant deux frédérics d'or. Rapp se hâte de l'interroger. « Quel est votre nom? » — « Je ne puis le dire qu'à Napoléon. » — « Quel usage vouliez-vous faire de ce couteau? » — « Je ne puis le dire qu'à Napoléon. » — « Vous vouliez le tuer, et par quels motifs? » — « Je ne puis le dire qu'à Napoléon. »

L'aide-de-camp va prévenir l'Empereur tout ému; le jeune Allemand est amené en sa présence; il conserve toujours l'air de candeur d'une fiancée de Prague ou de Leipsick. Quand il approche de César, il le salue avec respect; Napoléon le considère avec un sentiment de pitié et de crainte, mille pensées roulent dans sa tête : à quoi tient un empire, une pensée d'organisation! et Rapp

---

était placé entre le prince de Neufchâtel et moi. Ce jeune homme, nommé Stabs, s'avança vers l'Empereur; Berthier, s'imaginant qu'il venait présenter une pétition, se mit au-devant et lui dit de me la remettre. Il répondit qu'il voulait parler à Napoléon : on lui dit encore que, s'il avait quelque communication à faire, il fallait qu'il s'adressât à l'aide-de-camp de service. Il se retira quelques pas en arrière, en répétant qu'il ne voulait parler qu'à Napoléon. Il s'avança de nouveau et s'approcha de très près; je l'éloignai, et lui dis en allemand qu'il eût à se retirer; que, s'il avait quelque chose à demander, on l'écouterait après la parade. Il avait la main droite enfoncée dans sa poche de côté, sous sa redingote; il tenait un papier dont l'extrémité était en évidence. Il me regarda avec des yeux qui me frappèrent; son air décidé me donna des soupçons : j'appelai un officier de gendarmerie qui se trouvait là; je le fis arrêter et conduire au château. Tout le monde était occupé de la parade, personne ne s'en aperçut. On vint bientôt m'annoncer qu'on avait trouvé un énorme couteau de cuisine sur Stabs : je prévins Duroc; nous nous rendîmes tous deux au lieu où il avait été conduit. Il était assis sur un lit où il avait étalé le portrait d'une jeune femme, son portefeuille, et une bourse qui contenait quelques vieux louis d'or. Je lui demandai son nom. « Je ne puis le dire qu'à Napoléon. — Quel usage vou-

l'interroge en allemand; il venait de dire à l'Empereur qu'il parlait peu le français : d'où il est? quel est son père? son âge? Il a dix-huit ans; il est fils d'un ministre protestant. « Vous êtes fou, jeune homme, » lui dit Napoléon; et il répond qu'il n'est ni fou, ni malade; s'il a voulu tuer l'Empereur, c'est qu'il fait le malheur de sa patrie, de sa *Teutonia*, l'amante de son cœur, mots d'initiation des sociétés secrètes; il n'est ni l'envoyé ni le complice de personne; il n'avait vu l'Empereur qu'une seule fois à Erfurth, lors de l'entrevue; il croyait alors que Napoléon ne ferait plus la guerre à l'Allemagne, il était un de ses admirateurs; plusieurs fois il était venu à Schœnbrünn avec l'intention de le frapper, l'occasion seule lui avait manqué.

Napoléon éprouve une sorte de frisson à l'aspect de tant de fermeté; il a besoin de faire croire que cet enfant est fou. « Appelez Corvisart, s'écrie-t-il, voyez si ce jeune homme n'est pas malade. » Et Corvisart vint, lui tâta le pouls. « C'est inutile, dit Stabs d'un air calme, je ne suis ni malade ni fou, » et cela fit réfléchir profon-

liez-vous faire de ce couteau?—Je ne puis le dire qu'à Napoléon.—Vouliez-vous vous en servir pour attenter à sa vie?—Oui, monsieur.—Pourquoi?—Je ne puis le dire qu'à lui seul. »

« J'allai prévenir l'Empereur de cet étrange événement; il me dit de faire amener ce jeune homme dans son cabinet, je transmis ses ordres et je remontai. Il était avec Bernadotte, Berthier, Savary et Duroc. Deux gendarmes amenèrent Stabs les mains liées derrière le dos : il était calme; la présence de Napoléon ne lui fit pas la moindre impression; il le salua cependant d'une manière respectueuse. L'Empereur lui demanda s'il parlait français, il répondit avec assurance : « Très peu. » Napoléon me chargea de lui faire en son nom les questions suivantes

« D'où êtes-vous? — De Naumbourg.— Qu'est votre père?—Ministre protestant.— Quel âge avez-vous?—Dix-huit ans.—Que vouliez-vous faire de votre couteau? — Vous tuer.—Vous êtes fou, jeune homme, vous êtes illuminé.—Je ne suis pas fou, je ne sais ce que c'est qu'illuminé.—Vous êtes donc malade?—Je ne suis pas malade, je me porte bien.—Pourquoi voulicz-vous me tuer?—Parce que vous faites le malheur de mon pays.—Vous ai-je fait quelque mal?— Comme à tous les Allemands.—Par qui êtes-vous envoyé? qui vous pousse à ce crime?—Personne; c'est l'intime conviction qu'en vous tuant je rendrai le plus grand service à mon pays et à l'Europe, qui m'a mis les armes à la main.—Est-ce la première fois que vous me voyez?—Je vous ai vu à Erfurth lors de l'entrevue.—

ATTENTAT DE STABS (15 OCTOBRE 1809). 247

dément l'Empereur ; il aurait désiré qu'on lui dît que le jeune Allemand n'était pas dans sa raison, il semblait lui crier : dites que vous êtes fou, j'ai besoin que vous disiez que vous êtes fou ! » car c'était une terrible leçon que lui donnaient les affiliés aux sociétés secrètes ; puis touchant le couteau bien affilé, Napoléon fronça le sourcil et dit : « Diable! cela eût été bien profond jusqu'au cœur; » puis adoucissant la voix, il dit à Stabs : « que s'il lui demandait pardon, toute grâce lui serait accordée. » — « Je ne le puis, répondit le frêle Allemand, moins agité peut-être que l'Empereur. » — « Vous ne craignez donc pas de commettre un crime? » — « Vous tuer n'est pas un crime, c'est un devoir. » On lui parla de la jeune fille dont il portait le portrait. « Ne craignez-vous donc pas de l'affliger? » — « Non, répondit Stabs, elle vous abhorre autant que je vous déteste. » Et à ces mots il fut emmené hors de la présence de Napoléon. Le lendemain le soleil était beau, et on entendit derrière la muraille

N'avez-vous pas eu l'intention de me tuer alors?—Non, je croyais que vous ne feriez plus la guerre à l'Allemagne ; j'étais un de vos plus grands admirateurs.—Depuis quand êtes-vous à Vienne?—Depuis dix jours.—Pourquoi avez-vous attendu si longtemps pour exécuter votre projet?—Je suis venu à Schœnbrünn, il y a huit jours avec l'intention de vous tuer ; mais la parade venait de finir, j'avais remis l'exécution de mon dessein à aujourd'hui.—Vous êtes fou, vous dis-je, ou vous êtes malade?—Ni l'un ni l'autre.—Qu'on fasse venir Corvisart.—Qu'est-ce que Corvisart?—C'est un médecin, lui répondis-je.—Je n'en ai pas besoin. » Nous restâmes sans rien dire jusqu'à l'arrivée du docteur ; Stabs était impassible. Corvisart arriva ; Napoléon lui dit de tâter le pouls du jeune homme, il le fit. « N'est-ce pas, monsieur, que je ne suis point malade?—Monsieur se porte bien, répondit le docteur en s'adressant à l'Empereur.—Je vous l'avais bien dit, reprit Stabs avec une sorte de satisfaction. Napoléon, embarrassé de tant d'assurance, recommença ses questions.

« Vous avez une tête exaltée, vous ferez la perte de votre famille. Je vous accorderai la vie, si vous me demandez pardon du crime que vous avez voulu commettre, et dont vous devez être fâché?—Je ne veux pas de pardon. J'éprouve le plus vif regret de n'avoir pu réussir.—Diable! il paraît qu'un crime n'est rien pour vous?—Vous tuer n'est pas un crime, c'est un devoir. —Quel est ce portrait qu'on a trouvé sur vous?—Celui d'une jeune personne que j'aime. — Elle sera bien affligée de votre aventure!—Elle sera affligée de ce que je n'ai pas réussi, elle vous abhorre autant que

du parc de Schœnbrünn une décharge de mousqueterie, Stabs était fusillé ; il avait demandé à marcher à la mort les mains libres, sans bandeau, afin qu'il pût voir les derniers rayons du soleil, et qu'il pût ouïr le gazouillement joyeux des oiseaux de la campagne ; et comme il entendit l'éclat du canon retentissant, il demanda ce que cela annonçait pour la patrie allemande. On lui dit que c'est la paix qui est signée. « La paix, s'écria-t-il ! oh, Dieu ! je te remercie, l'Allemagne va donc respirer [1]. »

Napoléon garda quelques jours la fatale empreinte de l'événement de Stabs ; il y pensait souvent ; mais alors il s'habituait à ces exécutions politiques qui laissèrent de si déplorables traces. On avait fait fusiller à Vienne plus de 20 bourgeois, sous le simple prétexte d'inspirer de la terreur ; on fut bien plus impitoyable pour la jeunesse des universités qui avait pris les armes ; Schill était mort en combattant, il tombait au moins en vengeant sa vie. Hélas ! que devenaient ses jeunes et nobles com-

moi. — Mais enfin si je vous fais grâce m'en saurez vous gré ? — Je ne vous en tuerai pas moins. » Napoléon fut stupéfait. Il donna l'ordre d'emmener le prisonnier. Il s'entretint quelque temps avec nous et parla beaucoup d'illuminés. »

(Mémoires du général Rapp.)

[1] On avait trouvé sur Frédéric Stabs une lettre adressée à sa famille.

Traduction de la lettre de Frédéric Stabs à ses parents.

25 septembre 1809.

« Je dois, oui, je dois partir pour accomplir les ordres de Dieu. Je pars pour sauver des milliers d'hommes de l'abîme de l'esclavage, et enfin pour me vouer à une mort sainte et glorieuse. Je me prosternai, et, les mains élevées vers le ciel, j'invoquai le Tout-Puissant. Bientôt une lumière resplendissante vint frapper mes yeux ; elle me parut comme Dieu dans toute sa majesté ; le feu de ses regards ressemblait aux éclairs ; ses paroles retentissaient comme les éclats de la foudre. J'entends prononcer ces mots terribles : « Pars, obéis à la voix de ton Dieu ; je serai ton guide ; je t'appuierai de ma main secourable. Arrive au but ; mais ne t'épouvante pas du sacrifice de ta vie. Les voûtes célestes se sont ouvertes, et tu viendras bientôt y jouir près de moi d'une félicité éternelle. » Non, mes chers parents, ne regrettez point votre fils ; félicitez-vous du bonheur dont il va jouir en quittant le tumulte d'une vie si imparfaite, pour les jouissances célestes qui l'attendent.

« Épargnez-vous d'inutiles conseils. J'ai prié Dieu avec ferveur et lui ai dit : « Père céleste, faut-il donc fléchir devant la rigueur de la loi ? » Cette voix foudroyante me

pagnons? tous appartenaient aux grandes familles de Berlin, à la plus haute société, et, chose affreuse à dire! Napoléon les poursuivait de sa vengeance implacable; traduits comme brigands devant la Cour spéciale de Wesel, onze d'entre eux, tous officiers, furent condamnés à mort et moururent en s'embrassant; ils récitaient, ces jeunes hommes, des hymnes à la patrie allemande; ils eurent à peine des défenseurs; ainsi Napoléon le voulait. Les autres subirent un sort plus affreux; tous volontaires dans le régiment de la reine, ils furent conduits la chaîne au cou au bagne de Cherbourg, et ils y restèrent sans qu'il fût permis aux familles mêmes de les réclamer; ils étaient là travaillant, un boulet au pied, comme les misérables souillés de crimes, sans distinction, avec l'habit du bagne : et vous voulez que la Prusse, un moment victorieuse, ne gardât pas de longs et déplorables souvenirs contre Napoléon [1]?

On fut aussi impitoyable pour Jean Hoffer, ce montagnard si puissant. Le traité de Vienne avait stipulé une amnistie pour le Tyrol; Jean Hoffer désire en profiter; il est au sommet des montagnes, il

repondit : « Je te conduirai, que te faut-il de plus? marche et sois intrépide! »

« Dimanche je fus au temple ; on y prêcha sur la mort. Les dernières paroles du sermon affermirent ma constance; elles disaient avec sublimité que l'esprit de l'homme est immortel au-delà de la poussière. »

[1] Onze officiers de la troupe de Schill, conduits d'abord à Verdun, furent, le 17 septembre 1809, traduits à Wesel devant une commission militaire, qui les condamna à mort comme *brigands armés et gens sans aveu*. Le jugement ne fut prononcé qu'à midi, et dès neuf heures du matin les voitures commandées pour conduire les accusés au supplice étaient arrivées dans la citadelle. Dès les six heures du matin, les fosses avaient été creusées pour recevoir leurs cadavres! Lorsqu'on voulut lier par le bras l'un des condamnés, nommé Wedelle, avec son frère : « Eh, dit-il, ne sommes-nous pas assez liés par le sang, pour ne pas avoir besoin de l'être d'une manière si injurieuse? » M J. N. Perwez, défenseur officieux de ces infortunés devant la commission militaire, a fait imprimer : *Défense des officiers de la troupe de Schill*, ou *Justification de Schill et de ses adhérents*, Liége, 1814, in-8º de 32 pages.

peut se défendre, l'hiver avance et les glaciers sont impénétrables. Alors il envoie sa pauvre femme solliciter un sauf-conduit du général français; on le lui accorde; pleine de joie, l'épouse de Jean Hoffer vient porter ce rayon d'espérance; le chef tyrolien descend de la montagne, il se place au milieu des Français, et qu'importe le sauf-conduit? les ordres sont formels, Napoléon n'a-t-il pas dit qu'il fallait tuer l'esprit patriotique en Allemagne? Hoffer est traduit devant une commission militaire à Vérone, condamné à mort et fusillé sans miséricorde. Cet attentat fit une cruelle impression dans les montagnes; Jean Hoffer fut le saint du pays, les sociétés secrètes le vénérèrent comme un héros, et l'Allemagne, tout indignée, jeta ces paroles de tristesse et de prophétie à Napoléon : « Tu es le Witickind des Gaules... Avec l'épée flamboyante de l'Antéchrist, tu perceras l'Orient qui te cache ses femmes, et l'Inde qui te refuse son or... Tu prendras l'or et les femmes... Il y a beaucoup d'histoires écrites sur ton manteau... déploie, déploie ton manteau... Quand tu rentreras triomphant dans ton pays, tu t'asseoiras devant le peuple, et il te dira : Où sont mes enfants?... Le vin de Hongrie ne croît pas sur la tour de Saint-Étienne; dis à tes soldats d'abattre la tour... Les rois ne savent pas courber, comme toi, les cèdres; ils aiment la paix, et tu ne veux que la guerre... La guerre te dévorera... Lis les livres de Kant, et tu me diras d'écrire le bonheur de ton peuple d'oiseaux... C'est moi qui ai fait le pacte des nations, je l'ai gravé sur les rochers; toi tu l'as écrit sur de la peau humaine, en disant : Le Danube n'est plus qu'un ruisseau... Que me donneras-tu? La liberté? Mais tu es ici; tu ne l'as plus toi-même... Sois content, Napoléon... C'est moi qui t'ai reconnu le Witickind des Gaules. »

NAPOLÉON QUITTE L'ALLEMAGNE (OCT. 1809).

A ce moment Napoléon quittait Vienne avec toutes les pompes du souverain ; à peine s'était-il éloigné qu'une bruyante détonation se fit entendre : c'étaient les vieux murs de la ville que la mine faisait sauter. Napoléon voulait ainsi flétrir la capitale de l'Autriche, en lui enlevant la brillante parure, le diadème civique, qu'elle avait sauvé des Turcs sous Jean Sobieski. Napoléon était mécontent des Viennois; ils avaient déployé un esprit public qui avait déplu à l'Empereur des Gaules; pendant son séjour à Schœnbrünn, il était à peine entré deux ou trois fois dans la ville, avec Duroc, incognito ; il avait peur de cet esprit des Viennois, du noble patriotisme qui s'était éveillé ; il ne leur pardonnait pas d'avoir résisté à ses armées en secondant l'archiduc Maximilien pour la défense de la cité. Ainsi, lorsque Napoléon quittait l'Allemagne, il laissait là le germe d'une nouvelle guerre ; le traité de Presbourg avait duré quatre ans, la paix de Vienne ne se prolongea pas davantage : l'Autriche avait assez de sang dans les veines pour se venger de tant d'humiliations !

CHAPITRE IX.

ADMINISTRATION DE L'EMPIRE;

DIVORCE DE NAPOLÉON; PARIS EN 1809.

Retour de l'Empereur. — L'esprit public. — Premières conférences sur le gouvernement. — Explications politiques avec Fouché. — Tendance monarchique de Napoléon. — Changement dans les fonctionnaires. — M. de Montalivet. — M. Molé. — M. Pasquier. — — M. Portalis. — Le général Clarcke. — M. Maret. — Le cabinet particulier. — MM. Meneval, Fain et Mounier. — M. Bigot (de Préameneu). — Conseil des ministres. — Conseil d'État. — Le Sénat. — Le Corps législatif. — Premières communications sur le divorce. — L'idée de postérité et de transmission de la couronne. — Personnalité de Napoléon et de Joséphine. — Leur vie. — Intervention du prince Eugène. — Négociations auprès de l'officialité de Paris. — Nullité de mariage. — Motifs de cassation. — Napoléon isolé. — Actes de son gouvernement. — Les prix décennaux. — État de la littérature. — *Les Martyrs*, par M. de Châteaubriand. — Premières pages de *l'Allemagne*, par madame de Staël. — Livre de M. Daunou sur la puissance temporelle des papes. — M. Chénier. — MM. de Jouy, Étienne, Picard. — M. Delille. — M. Michaud. — M. Lacretelle. — M. Luce de Lancival. — M. Lemercier. — M. Campenon. — Les théâtres. — La musique. — Mélodrames. — Les acteurs. — Caractère des romans. — Modes. — Coutumes.

Avril 1809 à Janvier 1810.

Le traité de Vienne mettait fin à la campagne d'Autriche. Napoléon, comme après Austerlitz, ne quitta point l'Allemagne sans visiter les princes de la Confédération, qui avaient formé son cortége et si puissamment aidé à son succès; il s'arrêta quelques jours à Passaw, dans le vaste palais de l'évêque, traçant lui-même les fortifications [1]; il vint à Munich, où le roi de Bavière le salua comme le vassal le devait au suzerain, d'après le vieil us de la féodalité; l'Empereur daigna visiter aussi le roi de Wurtemberg à Stuttgard, et le grand-duc de Bade à Carlsruhe; la Confédération avait pris une grande part à cette campagne, il voulait le reconnaître; sur son passage on dressait des arcs de triomphes, de jeunes filles jetaient des fleurs, et lui toujours grave, toujours marqué à l'antique, se plaisait à ces témoignages d'enthousiasme public. Son passage fut de courte durée à Strasbourg; il fut conduit à vol d'oiseau à sa résidence de Fontainebleau; le drapeau fut hissé sur le pavillon du centre, et l'éclat de l'artillerie des Invalides annonça que Napoléon allait revoir sa capitale et l'embellir de ses gigantesques projets.

Autour de lui déjà étaient rangés les dignitaires, les fonctionnaires publics, les conseillers; tous tremblants étudiaient ses regards et attendaient ses ordres. Qu'il était changé! Sa physionomie avait quelque chose de sombre, de mécontent; sa figure, habituellement blême, s'était plombée au soleil; ses yeux n'avaient plus rien de doux; enfoncés dans leurs orbites, ils avaient pris une expression sinistre, ils lançaient du feu, comme deux charbons ardents dans la nuit sombre; son front était toujours beau, mais plissé par le souci; sa bouche, naturellement disposée au sourire, grimaçait plutôt qu'elle n'exprimait la satisfaction, la colère ou la joie; son crâne

---

[1] Dans un séjour que je fis à Passaw en 1837, je vis encore la trace des fortifications ordonnées par Napoléon lui-même; Passaw est une position militaire admirable, centre de trois rivières ou fleuves, l'Ilz, l'Inn et le Danube, qui se joignent à ses pieds. C'est un mélancolique spectacle que le murmure de ces eaux.

restait presque entièrement dépouillé de chevelure, son ventre avait grossi dans des proportions extraordinaires, ses hautes épaules enchâssaient sa tête presque jusqu'aux oreilles; c'était le Domitien des médailles romaines; dans la masse de ses traits on voyait que cet homme avait éprouvé de vives et profondes atteintes, des secousses de toute nature; plus d'une fois il avait eu les entrailles brisées; dissimulant par fierté, il essuyait la larme de son œil, expression altière de sa douleur.

Il jeta un regard sur la multitude de fonctionnaires qui l'entourait; ses paroles brèves retentirent comme la foudre, il avait des reproches à faire à tout le monde, il semblait dire: « Que signifient donc ces complots incessants? D'où vient cette fatale habitude d'effrayer l'opinion publique? Quoi! je ne puis quitter une fois Paris sans qu'on parle de ma mort et de mon successeur! on m'environne de trahisons, on suppose toujours que le poignard ou une balle m'atteindra; est-ce crainte? est-ce désir? L'ordre de succession n'est-il pas fixé? Si la fortune dispose de moi, les constitutions de l'Empire n'ont-elles pas établi la hiérarchie de ceux qui succèdent à ma couronne? Ces bruits que l'on répand servent les ennemis de la patrie, ils ont rendu les négociations de la paix si difficiles! les fonds publics, les consolidés sont soumis à d'affreux agiotages; on spécule sur les malheurs de mes armées et sur ma vie; tout cela enfin doit cesser![1] » L'Empereur congédia assez brusquement cette foule éclatante réunie autour de lui dans une crainte silencieuse; il ne retint que l'archi-chancelier Cambacérès, qu'il savait homme de sens et de conseil;

---

[1] M. de Talleyrand racontait qu'il n'avait jamais vu l'Empereur dans une si grande irritation nerveuse.

il avait besoin de le consulter sur bien des faits incertains et inexplicables dans son esprit; Cambacérès fort timide déclara que tout le mal venait d'une idée bien sainte, bien dévouée, la crainte de la mort de l'Empereur. Fallait-il faire un reproche à des sujets de trembler devant des périls auxquels était exposé le représentant du pouvoir, l'image de la monarchie? On n'avait pas confiance dans ses successeurs; il lui fallait une postérité, un enfant, afin de rappeler l'adage de la vieille dynastie: *L'Empereur est mort! vive l'Empereur!* Après Cambacérès, l'Empereur désira voir le général Clarke, en qui il avait toute confiance; il voulait l'interroger sur Bernadotte; comment s'était-il conduit lors de l'expédition de Walcheren? A la fin de cette campagne Napoléon avait remplacé Bernadotte par Bessières, un ordre d'exil fut lancé contre lui; le maréchal refusa de l'exécuter, il avait répondu : « S'il est assez puissant à Vienne pour imposer la paix, il ne l'est pas assez à Paris pour me jeter en exil. » Cette scène écrite par Clarke à l'Empereur avait laissé de profondes empreintes dans son esprit, il en demande des explications; Clarke répondit : « que nul n'aurait osé conspirer contre l'Empereur, le génie du prince planait toujours sur la patrie. [1] »

Ces paroles flatteuses ne répondaient pas à ses questions intimes; Napoléon manda Fouché; il désirait depuis longtemps l'entretenir sur les affaires d'État; avec ce ministre il fallait aller droit au fait, car il enlevait le prestige de toutes les situations pour les réduire à leur vérité simple et claire; la pourpre n'était pour lui que la simple draperie du nu. Napoléon lui parla des bruits qui avaient couru : « Eh bien! voilà encore des complots!

[1] Note communiquée.

des projets! vous avez spéculé sur ma mort. » Fouché ne dissimula rien: « Tout le désordre des idées vient de ce qu'on n'a pas foi en l'édifice; une fois V. M. dans la tombe, chacun se dispute d'avance l'héritage et fait son lot; or, comme V. M. a assez de fierté d'elle-même, assez d'honneur de sa personne pour s'exposer comme le dernier soldat, il en résulte qu'à chaque moment votre ouvrage est menacé. Vous n'avez pas un seul héritier, vous en avez mille, et chacun d'avance se prépare à votre succession comme les lieutenants d'Alexandre. Il faut que V. M. se résolve à un acte indispensable; il lui faut un divorce et un nouveau mariage; l'impératrice Joséphine s'y résignera facilement[1]; il y a deux ans que déjà je pressais V. M. d'accomplir cette œuvre; un mariage vous donne un héritier, il calme l'intérieur, et en vous associant à une grande maison souveraine, il vous assure un appui en Europe. Voyez, décidez-vous, et une fois que le pas sera franchi, vous verrez que tout ce parlage qui vous effraie cessera de lui-même, car on espèrera quelque chose après vous, et maintenant nous sommes obligés de le chercher. »

Ces paroles répondaient parfaitement à la pensée intime de Napoléon; le divorce était pour lui une violente

---

[1] La lettre qu'on va lire de Joséphine lors de son mariage prouve qu'elle n'avait aucun amour pour Bonaparte; elle énumère froidement les motifs qui le lui firent épouser.

« On veut que je me remarie, ma chère amie, toutes mes amies me le conseillent, ma tante me l'ordonne presque, et mes enfants m'en prient! Pourquoi n'êtes-vous pas ici pour me donner vos avis dans cette importante circonstance; pour me persuader que je ne puis refuser cette union qui doit faire cesser la gêne de ma position actuelle? Votre amitié, dont j'ai déjà eu tant à me louer, vous rendrait clairvoyante pour mes intérêts; et je me déciderais sans balancer dès que vous auriez parlé.

« Vous avez vu chez moi le général Bonaparte; eh bien, c'est lui qui veut servir de père aux orphelins d'Alexandre de Beauharnais; d'époux à sa veuve!

« L'aimez-vous? allez-vous me demander — Mais... non. — Vous avez donc pour lui de l'éloignement? — Non; mais je me trouve dans un état de tiédeur qui me déplaît, et que les dévots trouvent plus fâcheux que tout en fait de religion, l'amour étant une espèce de culte. Il faudrait aussi avec lui se trouver toute différente

secousse à se donner une fois pour se débarrasser à toujours; entre lui et Joséphine il n'y avait pas de sentiment profond, nulle correspondance d'intelligence, nulle harmonie d'esprit, pas plus qu'entre une statue de bronze et un colifichet de porcelaine; Joséphine n'avait jamais compris Napoléon, elle n'avait pas d'amour pour lui, mais une certaine vanité de femme qui tenait au rang que le souverain lui avait fait. Elle aimait l'Empereur non par cette exaltation enthousiaste qu'inspirent le génie et la renommée, mais parce que cet homme l'avait couronnée impératrice et reine, et surtout parce que sa position de fortune la mettait à même de satisfaire ses goûts de luxe et de dépense, d'avoir des parures et des cachemires, des toques et des malines.

Joséphine était bonne comme les femmes qui ont beaucoup aimé; son amour légitime d'épouse s'était épuisé avec le comte de Beauharnais, son amour de mère avec Eugène et Hortense, et ses passions de créole sous le Directoire, à une époque dissolue; que pouvait-il rester dans ce cœur pour Napoléon? ses légèretés même étaient demeurées sous la pourpre de la femme du Consul et de l'Empereur. On citait des intrigues, des caprices. Que pouvait-elle rendre à celui qui lui avait tant donné? une complaisance

de ce que je suis; et voilà pourquoi je voudrais vos conseils, qui fixeraient les irrésolutions perpétuelles de mon caractère faible. Prendre un parti a toujours paru fatigant à ma créole nonchalance, qui trouve infiniment plus commode de suivre la volonté des autres.

« J'admire le courage du général, l'étendue de ses connaissances en toutes choses dont il parle également bien; la vivacité de son esprit, qui lui fait comprendre la pensée des autres, presque avant qu'elle ait été exprimée; mais je suis effrayée, je l'avoue, de l'empire qu'il semble vouloir exercer sur tout ce qui l'entoure. Son regard scrutateur a quelque chose de singulier qui ne s'explique pas, mais qui impose même à nos directeurs; jugez s'il doit intimider une femme! Enfin, ce qui devrait me plaire, la force d'une passion dont il parle avec une énergie qui ne permet pas de douter de sa sincérité, est précisément ce qui arrête le consentement que je suis souvent prête à donner.

« Ayant passé la première jeunesse, puis-je espérer de conserver longtemps cette tendresse violente, qui chez le général ressemble à un accès de délire? Si lorsque

extrême, un martyre de résignation; il y avait au fond de son âme de la vanité, de l'habitude, un besoin de se dire la femme de Bonaparte, le désir de grandir la fortune d'Eugène et d'Hortense, et puis beaucoup de jalousie, de haine même contre la famille de son mari : les Beauharnais ne pouvaient pas souffrir les Bonaparte.

Dans Napoléon il se manifestait des sentiments tout à fait opposés à ceux de Joséphine; il avait pris d'abord madame de Beauharnais par ambition, comme il avait souhaité la Montansier pour la fortune; il l'avait reçue des mains de Barras, pour obtenir le commandement de l'armée d'Italie; ce fut une affaire puis un amour; Bonaparte fut empressé, jaloux, dans les premiers temps de ses campagnes d'Italie et d'Égypte; ensuite Joséphine était devenue pour lui une habitude, ou bien son étoile, comme il le disait dans son langage mystérieux. L'Empereur croyait à la fatalité, Joséphine au sort, et Bonaparte aimait à voir dans sa vie un jeu de cartes; presque tous les esprits supérieurs ont cru à la destinée qui pousse les êtres vers un monde mystérieux en dehors de l'humanité. Joséphine était un symbole pour Bonaparte; il avait de l'attachement pour elle

---

nous serons unis il cessait de m'aimer, ne me reprochera-t-il pas ce qu'il aura fait pour moi? Ne regrettera-t-il pas un mariage plus brillant qu'il aurait pu contracter? que répondrai-je alors? que ferai-je? je pleurerai. La belle ressource ! vous écriez-vous. Mon Dieu, je sais que cela ne sert à rien; mais dans tous les temps c'est la seule ressource que j'aie trouvée lorsqu'on blessait mon pauvre cœur, si aisé à froisser. Écrivez-moi promptement et ne craignez pas de me gronder, si vous trouvez que j'ai tort. Vous savez que venant de vous tout est bien reçu.

« Barras assure que si j'épouse le général, il lui fera obtenir le commandement en chef de l'armée d'Italie. Hier, Bonaparte en me parlant de cette faveur qui fait déjà murmurer ses frères d'armes, quoiqu'elle ne soit pas encore accordée : « Croient-ils donc, me disait-il, que j'aie besoin de protection pour parvenir? Ils seront tous trop heureux un jour que je veuille bien leur accorder la mienne. Mon épée est à mon côté, et avec elle j'irai loin. »

« Que dites-vous de cette certitude de réussir? n'est-elle pas une preuve d'une confiance provenant d'un amour-propre

même à la fin de son mariage; mille caprices traversaient son cœur, tantôt pour une actrice, tantôt pour une dame de cour, et Joséphine l'étudiant bien, savait que dans ces sortes de liaisons, le cœur de Napoléon était comme la lave des volcans qui bouillonne un jour, puis qui se fait dure et froide comme le marbre. Joséphine était prévenante pour l'Empereur, et c'est ce qu'il aimait; jamais rien ne lui manquait; nulle plainte ne sortait de la bouche de la femme résignée; elle avait l'air de ne point s'apercevoir de tout ce qu'avait d'insupportable le caractère de Napoléon, dînant à toutes les heures, réveillant femme, domestiques, aides-de-camp au milieu de la nuit, ordonnant, contremandant avec caprice un séjour, un voyage; situation d'esclavage qu'elle avait brillantée en chaîne d'or, en bracelets de pierreries; puis, femme légère et coquette, elle se vengeait un peu avec des cœurs plus aimables de la situation tremblante que lui avait faite Napoléon. C'était la femme orientale qui s'affranchit le soir sous les kiosques du sérail, avec le bel esclave grec, des contraintes du maître.

Entre deux caractères ainsi composés, un divorce ne de-

---

excessif? un général de brigade, protéger les chefs du gouvernement? cela est en effet fort probable. Je ne sais, mais quelquefois cette assurance ridicule me gagne au point de me faire croire possible tout ce que cet homme singulier se mettrait dans la tête de faire; et avec son imagination, qui peut calculer ce qu'il entreprendrait?

« Nous vous regrettons tous ici, et nous ne nous consolons de votre absence prolongée qu'en parlant de vous à tout instant, et en cherchant à vous suivre pas à pas dans le beau pays que vous parcourez. Si j'étais sûre de vous trouver en Italie, je me marierais demain, à condition de suivre le général; mais nous nous croiserions peut-être en route; ainsi je trouve plus prudent d'attendre votre réponse avant de me déterminer.

« Madame Tallien me charge de vous dire qu'elle vous aime tendrement. Elle est toujours belle et bonne; n'employant son immense crédit qu'à obtenir des grâces pour les malheureux qui s'adressent à elle; et ajoutant à ce qu'elle accorde un air de satisfaction qui lui donne l'air d'être l'obligée. Son amitié pour moi est ingénieuse et tendre, je vous assure que celle que j'ai pour elle ressemble à ce que j'éprouve

vait être qu'une forme depuis longtemps préparée sans laisser trace, et c'est ce que Fouché avait compris : de l'orage un moment, des larmes, un mauvais jour; tout serait fini; Napoléon et Joséphine commenceraient une nouvelle vie ; d'ailleurs ce divorce, une raison d'état l'imposait pour préparer un nouveau mariage. Puisqu'on spéculait tant sur sa mort, puisque tous les complots reposaient sur cette base, lorsqu'il aurait un héritier tout serait dit, il n'y aurait plus d'opposition à son œuvre. L'adoption d'Eugène n'était pas un lien assez fort, on ne la respecterait pas, les Bonaparte intrigueraient contre les Beauharnais ! cet acte de paternité fictive ne serait plus garanti, lors même qu'il s'appliquerait à un fils naturel, à l'enfant de ses entrailles, il fallait renouveler la vieille maxime : « *Le roi est mort, vive le roi!* »

Napoléon interrogea Fouché sur la situation de l'esprit public, pouvait-il oser le divorce ? Celui-ci répondit affirmativement. Le ministre réunissait alors deux portefeuilles, l'intérieur *par intérim* et la police; Napoléon ne pouvait les laisser dans les mêmes mains; il demanda à Fouché le portefeuille de l'intérieur, que la mort de M. Cretet laissait vacant; il choisit, pour le remplacer, le directeur-général des ponts-et-chaussées, M. de Monta-

pour vous. C'est vous donner l'idée de l'affection que je lui porte.

« Hortense devient de plus en plus aimable ; sa charmante taille se développe, et si je voulais, j'aurais une belle occasion de faire de fâcheuses réflexions sur le maudit temps, qui n'embellit les unes qu'aux dépens des autres ! Heureusement, j'ai bien d'autre chose en tête vraiment, et je glisse sur les idées noires, pour ne m'occuper que d'un avenir qui promet d'être heureux, puisque nous serons bientôt réunies pour ne plus nous quitter. Sans ce mariage, qui me tracasse, je serais fort gaie en dépit de tout ; mais tant qu'il sera à faire, je me tourmenterai ; une fois conclu, advienne que pourra, je me résignerai. Je me suis fait l'habitude de souffrir, et si j'étais destinée à de nouveaux chagrins, je crois que je les supporterais, pourvu que mes enfants, ma tante et vous me restassiez.

« Nous sommes convenues de supprimer les fins de lettre, adieu donc, mon amie. »
Joséphine.

livet, un des caractères que l'Empereur avait pris en affection ; M. de Montalivet appartenait à une famille distinguée du Dauphiné que Bonaparte avait connue pendant son séjour de garnison à Grenoble ; le Consul, l'Empereur avait toujours ses souvenirs de jeunesse et d'étude profondément gravés, il n'oubliait jamais ses jours difficiles; les formes de M. de Montalivet lui plaisaient parce qu'elles étaient gracieuses, polies, attentives ; sa position lui permettait de beaucoup recevoir, et, sans avoir cette élévation d'intelligence qui pouvait faire seule un grand ministre, il possédait néanmoins de l'application au travail et ce désir de bien faire qui remplace souvent la supériorité d'esprit. Napoléon appréciait beaucoup l'ordre, la probité, une certaine manière d'attirer au gouvernement les lettres, les arts : au ministère de l'intérieur surtout ces qualités étaient indispensables.

La nomination de M. de Montalivet à l'intérieur laissait la direction des ponts-et-chaussées vacante, et l'Empereur y appela M. Molé, qu'il ne perdait pas de vue, car lorsqu'un jeune homme se distinguait par son aptitude il le faisait marcher vite; n'avait-il pas été lui-même général en chef avant trente ans? M. Molé, depuis deux ans auditeur au conseil d'État, maître des requêtes, préfet de Dijon, était appelé à une direction générale à vingt-neuf ans, et, chose remarquable, il n'était point courtisan à la façon de cette multitude abaissée qui entourait le trône. M. Molé aimait l'Empereur, il avait un culte pour le génie administrateur de Napoléon, pour cet esprit d'ordre qui avait fait sortir la France du chaos! Il avait salué en lui l'homme de gouvernement, et à toutes les époques la France avait eu tant besoin d'être gouvernée ! M. Molé se liait alors à deux hommes politiques qui ont cheminé avec lui dans la voie du pouvoir : l'un était M. Pasquier, alors nommé procureur général des sceaux et des titres, esprit d'une haute portée, ferme, instruit, puissant; l'autre était M. Portalis, d'une conscience intègre, un peu faible seulement de caractère, et que l'Empereur appelait à la direction générale de la librairie et de l'imprimerie.

Les cultes avaient été érigés en ministère, confié à un conseiller d'État de distinction M. Bigot de Préameneu [1], avocat de Bretagne professant à Paris, vieux déjà lorsqu'il fut appelé au ministère des cultes. C'était un instrument docile sous la main de Napoléon; aucun antécédent ne l'appelait au ministère des cultes. Aucun acte ne marqua la direction si délicate des cultes, réduite à de simples rapports administratifs; les affaires graves de la religion, les différends avec le pape, étaient réglés directement avec le cabinet de l'Empereur. M. Bigot se bornait à la correspondance insignifiante avec les évêques.

Le général Clarke, bien grandi dans l'idée de l'Empereur, s'était posé avec un rare dévouement lors de l'expédition de Walcheren, et c'était à lui qu'on devait un contrôle attentif de police militaire sur Fouché lors de l'appel des gardes nationales. Napoléon concentra le département de la guerre dans les mains du général Clarke,

---

[1] Comme c'est pour la première fois que je parle de M. Bigot de Préameneu, je dois donner sa notice.

Félix-Julien-Jean Bigot (de Préameneu), était né à Redon en 1750, avocat au parlement de Paris lorsque la révolution éclata, il en embrassa la cause comme la plupart des gens de sa profession, mais avec tout le calme et la modération de son caractère. Lors de l'établissement des premiers tribunaux, qui succédèrent aux anciennes cours, en 1790, il fut élu juge du quatrième arrondissement de Paris, puis envoyé commissaire à Uzès, pour apaiser les troubles qui venaient de s'y manifester. En septembre 1791, M. Bigot fut nommé l'un des députés de Paris à la première législature, où il prit place dans les rangs du parti modéré, ainsi que le témoigne le discours qu'il prononça le 7 janvier 1792.

M. de Cessac garda le matériel; M. Dejean reçut le titre d'inspecteur général du génie; le général Clarke se réserva le choix du personnel, qui était alors si considérable dans un état militaire de 600 mille hommes.

Dans tout le ministère il n'y eut plus que Fouché qui conservait le privilége de quelque indépendance dans la parole; tout le reste demeurait comme affaissé sous la vaste intelligence de Napoléon; aussi Fouché était-il déjà sacrifié dans la pensée, on n'attendait qu'une occasion. Le gouvernement personnel éclatait avec toute sa puissance de centralisation politique; le seul ministre aimé de l'Empereur était M. Maret; comme il résumait le meilleur commis possible, il devait avoir la plus haute place dans la hiérarchie fondée autour de la majesté impériale; le cabinet personnel absorbait tout; il y avait sous M. Maret des jeunes hommes d'intelligence et d'activité, des auditeurs qui faisaient le service intime du cabinet; les trois secrétaires principaux, MM. Meneval, Fain et Mounier, avaient la confiance de l'Empereur; honnêteté, probité et discrétion, voilà ce qu'ils possédaient éminemment, mais avec des nuances bien différentes; M. Mounier a vingt-six ans à peine, plein de spirituelles saillies avec une mémoire prodigieuse des faits, tradition des principes d'honneur et des services de son père; il parlait la plupart des langues de l'Europe. M. Mounier, longtemps chargé comme auditeur d'administrer une des provinces

---

Au mois de mai suivant, il fut élu président. Lorsque le trône de Louis XVI fut définitivement renversé au 10 août 1792, Bigot n'eut plus qu'à se tenir caché; ce qu'il fit tant que dura le gouvernement de la Terreur. On ne le vit reparaître qu'après le 18 brumaire; il fut aussitôt nommé commissaire du gouvernement près de la cour de cassation, et la même année appelé au Conseil d'état, où il présida la section de législation. C'est dans cette place qu'il concourut à la rédaction du Code civil. Il fut récompensé par le titre de comte de l'Empire, et celui de grand-officier de la Légion d'honneur. Lorsque M. Portalis mourut en 1807, M. Bigot le remplaça au ministère des cultes. En 1800, il avait été nommé membre de l'Académie française à la place de M. Baudin.

conquises en Allemagne, s'était fait aimer des vaincus et l'Empereur lui en avait tenu compte. M. Fain, esprit plus sérieux, tenait les archives et les plus secrètes correspondances. M. Meneval se faisait remarquer par l'esprit le plus laborieux; il travaillait d'une manière infatigable, vingt heures par jour, et sans se plaindre; l'Empereur faisait traduire tous les journaux de l'Europe, les feuilles anglaises surtout; plus d'une fois son front se plissait en écoutant les grandes discussions parlementaires qui remuaient le monde; à Londres la boue était jetée sur l'idole; la presse anglaise ne se gênait pas pour lui prodiguer le sarcasme et le mépris, mais il avait un esprit assez élevé pour les entendre; il voulait lire et voir; la calomnie lui rongeait les entrailles; mais il ne disait rien, et son visage restait calme, impassible devant l'insulte comme devant la douleur; souvent même il y prenait ses meilleures informations; il comparait les bulletins de ses généraux avec ceux que donnaient les officiers anglais sur les affaires d'Espagne; c'était par les journaux anglais qu'il contrôlait la plupart des rapports que lui adressaient ses lieutenants de l'armée d'Espagne; il savait qu'en Angleterre un général en chef serait déshonoré s'il diminuait les pertes d'hommes dans le récit des événements de la guerre; tout est grave dans ce pays lorsqu'il s'agit de l'honneur et de la gloire; on ne se joue pas avec la renommée.

Quand les affaires d'État furent ainsi réglées, Napoléon annonça de riches répartitions de récompenses; il le fallait bien, car son armée l'avait admirablement servi; il se montra prodigue de titres; il essaya d'organiser des décorations et son ordre des Trois-Toisons par un règlement plein de grandes idées et de formes retentissantes¹ ; il fit des ducs à foison : après la bataille de Wagram les beaux noms de la vieille armée républicaine furent défigurés par des titres qui ne rappelaient plus cette magnifique origine ; Macdonald dut s'appeler duc de Tarente, Oudinot duc de Reggio ; fiefs un moment créés et que les malheurs de la guerre devaient faire disparaître, tandis que les noms immortalisés sur le champ de bataille resteraient éternels ; le conventionnel Fouché fut créé duc d'Otrante, ni plus ni moins qu'un cordon-bleu de l'ancien régime au petit lever de Louis XIV ; Clarke eut le duché de Feltre, Champagny celui de Cadore, M. Maret celui de Bassano ; Régnier, l'ancien procureur au Châtelet, eut le duché de Massa di Carrara que possédait un archiduc ; M. Gaudin, honnête financier, fut improvisé duc de Gaëte ; princes, ducs, tout cela vint à foison ; et pourquoi pas ? quand on faisait des rois, pourquoi ne pas créer des ducs, des pairs, que sais-je ? Pour les comtes et les barons, il en poussait ici, là, avec des toques de velours et des manteaux d'hermine ; c'était un conte fantastique d'Hoffmann. Qu'étiez-vous devenus, enfants de la mâle république, et quel prodige avait semé tant de noblesse en un seul jour ? Pour les solliciteurs, pour les vieux amis, c'était à perdre la tête ; comment saluer le matin d'un titre nobiliaire l'homme qu'on avait

---

¹ « L'ordre des Trois-Toisons-d'Or, créé par lettres-patentes du 15 août 1809, était composé de 100 grands-chevaliers, de 400 commandeurs et de 1,000 chevaliers. La décoration était en sautoir pour les grands-chevaliers, et à la boutonnière pour les commandeurs et les chevaliers.

« Le prince impérial seul avait de droit la décoration en naissant : les princes du sang ne pouvaient la recevoir qu'après avoir fait une campagne de guerre, ou avoir servi pendant deux ans.

« Les grands-dignitaires ne pouvaient être admis dans l'ordre des Trois-Toisons-d'Or, ainsi que les ministres, qu'après avoir conservé le portefeuille pendant dix ans ; les ministres d'État après vingt ans d'exercice ; les présidents du Sénat, après avoir gardé la présidence pendant trois années. Les descendants directs des maréchaux qui commandèrent les corps de la grande armée pouvaient être admis dans cet ordre lorsqu'ils se seraient distingués dans la carrière qu'ils auraient embrassée. Au-

laissé hier plein de bonne roture, fils d'huissier, clerc de procureur, d'honnête marchand de vin, ou issu de palefrenier en ligne directe? Il y avait à hésiter, car la nuit voyait tant de choses! princes, ducs, comtes, tout cela était né par un coup de baguette au premier mot du magicien. Le Comité de salut public dans sa démocratie puissante n'avait élevé les enfants du peuple qu'à un rang égal; l'Empereur fit plus, il les créa gentilshommes.

Napoléon cependant, préoccupé plus que jamais de la question du divorce, paraissait triste, maussade; les officiers du palais s'en étaient aperçus dès Munich. Il s'exprimait sur la nécessité de rompre souvent les habitudes de sa vie; l'existence était-elle autre chose qu'un grand sacrifice? Dès son arrivée à Fontainebleau, Napoléon traita Joséphine avec froideur, et surtout avec moins de liberté. Chacun s'en apercevait dans l'intérieur du palais, Joséphine paraissait préoccupée; les communications habituelles entre les appartements de l'Empereur et les siens étaient interrompues, les portes fermées[1]; plus d'intimités, plus d'épanchements. Joséphine naturellement causeuse, inquiète, comme les femmes éprouvées, s'adressait à tous pour demander quelles étaient les causes de cet éloigne-

---

cune autre personne que celles ci-dessus désignées ne pouvait être admise dans cet ordre, si elle n'avait fait la guerre et reçu trois blessures.

Pour être grand-chevalier il fallait avoir commandé en chef, soit dans une bataille rangée, soit dans un siége, soit un corps d'armée, dans une armée impériale, dite grande armée.

Les aigles des régiments qui assistèrent aux grandes batailles de la grande armée devaient être décorées de l'ordre des Trois-Toisons.

Une décoration de commandeur devait être donnée à celui des capitaines, lieutenants ou sous-lieutenants de chaque régiment ayant fait partie de la grande armée qui serait désigné comme le plus brave du régiment. Une décoration de chevalier devait être donnée également au sous-officier ou soldat de chacun de ces régiments qui serait désigné comme le plus brave. Le général Andréossy fut nommé grand-chancelier. Cet ordre est tombé.

[1] Voici ce que rapporte M. de Baussct.

ment; en savait-on le motif? Le pressentiment de son âme ne la trompait jamais, elle dut se rappeler plus d'une fois les confidences de Fouché. C'était dans le mois de novembre, au temps d'une saison très rigoureuse; Napoléon fit la route à cheval de Fontainebleau à Paris pour éviter la compagnie de Joséphine; il s'arrêta quelques heures à l'Élysée-Bourbon pour visiter le roi de Saxe. Aux Tuileries il vit peu sa femme, et seulement au dîner; elle, toujours inquiète, le front rembruni, semblait se résigner à ce qui l'attendait, car on avançait dans la saison, et l'idée de divorce était partout. Le 27 novembre, on dîna ensemble encore; enfin le jeudi 30 Napoléon toujours soucieux s'assit à table; à peine adressait-il quelques questions à ceux qui le servaient : « Quel temps fait-il? j'étouffe; il y a trop de feu. » Joséphine cachait ses traits altérés par la douleur et l'âge sous un grand chapeau blanc noué par dessous le menton; habituée à pleurer comme les femmes aux passions vives, aux scènes d'amant, son visage était baigné de larmes. Ce dîner fut silencieux. Ici je dois laisser parler un témoin oculaire de la scène fatale qui allait se passer :

« Le silence le plus profond régna pendant ce dîner;

préfet du palais, sur les journées qui précédèrent le divorce.

« Trois jours après notre arrivée à Fontainebleau, je remarquai quelques nuages de tristesse sur le front de Joséphine, et beaucoup moins de liberté dans les manières de Napoléon à son égard. Un matin après son déjeuner, l'Impératrice me fit l'honneur de causer avec moi dans l'embrasure d'une fenêtre de son salon; après quelques questions insignifiantes sur notre séjour à Schœnbrünn et sur la façon dont nous y passions le temps, cette princesse me dit : « M. de Bausset, j'ai confiance dans votre attachement pour moi ; j'espère que vous répondrez avec franchise à la question que je vais vous faire. » Je l'assurai de mon empressement à lui dire tout ce que je pourrais savoir, et que j'étais d'autant plus à mon aise qu'il ne m'avait été fait aucune espèce de communication qui pût m'engager au silence. « Eh! bien, dites-moi, si vous le savez, pourquoi la communication particulière de mon appartement avec celui de l'Empereur est interrompue? — Je l'ignorais, madame, et

ils ne touchèrent que pour la forme aux mets qui leur furent présentés. Les seuls mots qui furent prononcés furent ceux que m'adressa Napoléon sur le temps. En les prononçant, il se leva de table; Joséphine suivit lentement. Le café fut présenté, et Napoléon prit lui-même sa tasse, que tenait le page de service, en faisant signe qu'il voulait être seul. Je sortis bien vite, mais inquiet, tourmenté, et livré à mes tristes pensées. Je m'assis dans le salon de service, qui d'ordinaire servait de salle à manger pour Leurs Majestés, sur un fauteuil à côté de la porte du salon de l'Empereur; j'observais machinalement les employés qui enlevaient les objets qui servaient à Leurs Majestés, lorsque tout à coup j'entends partir du salon de l'Empereur des cris violents poussés par l'impératrice Joséphine. L'huissier de la chambre, pensant qu'elle se trouvait mal, fut au moment d'ouvrir la porte; je l'en empêchai, en lui observant que l'Empereur appellerait du secours s'il le jugeait convenable. J'étais debout près de la porte, lorsque Napoléon l'ouvrit lui-même, et m'apercevant, me dit vivement : « Entrez, Bausset, et fermez la porte. » J'entre dans le salon, et j'aperçois l'Impératrice étendue sur le tapis poussant des cris et des plaintes déchirantes. « Non, je n'y survivrai

vous me l'apprenez; il est seulement à ma connaissance que des réparations étaient commencées, et qu'elles ont été suspendues parce que le retour de l'Empereur a eu lieu plus tôt qu'on ne l'aurait imaginé. Peut-être aussi qu'on ne prévoyait point que, dans une saison aussi avancée, il vînt résider à Fontainebleau. Votre Majesté peut voir, par une partie de ses ameublements, que les choses ne sont point encore terminées. » Telle fut ma réponse, et dans le fait j'aurais été fort embarrassé d'en faire une autre. Ce n'était pas le cas de parler de mes observations particulières.

Je n'oublierai jamais les derniers mots que cette excellente princesse me fit l'honneur de me dire : « M. de Bausset, croyez qu'il y a là-dessous quelque mystère. » Cette conversation ne fit que fortifier mes idées, qui avaient pris naissance pendant les négociations de Schœnbrünn, quoiqu'il me fût impossible de deviner quel serait le motif du dénouement et la manière dont il serait amené. Je ne tardai pas à en être mieux instruit. »

Mémoires anecdotiques sur l'intérieur du palais.)

point, » disait l'infortunée. Napoléon me dit : « Êtes-vous assez fort pour enlever Joséphine et la porter chez elle par l'escalier intérieur qui communique à son appartement, afin de lui faire donner les soins et les secours que son état exige? » J'obéis, et je soulevai cette princesse, que je croyais atteinte d'une attaque de nerfs. Avec l'aide de Napoléon, je l'enlevai dans mes bras, et lui-même, prenant un flambeau sur la table, m'éclaira et ouvrit la porte du salon qui, par un couloir obscur, conduisait au petit escalier dont il m'avait parlé. Parvenus à la première marche de cet escalier, j'observai à Napoléon qu'il était trop étroit pour descendre sans danger de tomber. Il appela de suite le gardien du portefeuille, qui jour et nuit était placé à l'une des portes de son cabinet, qui avait son entrée sur le palier de ce petit escalier. Napoléon lui remit le flambeau, dont nous avions peu de besoin, puisque ces passages étaient éclairés. Il ordonna à ce gardien de passer devant, prit lui-même les deux jambes de Joséphine pour m'aider à descendre avec plus de ménagement. Mais je vis le moment où, embarrassés par mon épée, nous allions tous tomber; heureusement nous descendîmes sans accident, et déposâmes ce précieux fardeau sur une ottomane, dans la chambre à coucher. L'Empereur se porta de suite au cordon des sonnettes, et fit venir les femmes de l'Impératrice. Lorsque dans le salon d'en haut j'enlevai l'Impératrice, elle cessa de se plaindre; je crus qu'elle se trouvait mal; mais dans le moment où je m'embarrassai dans mon épée au milieu du petit escalier dont j'ai parlé, je fus obligé de la serrer davantage, pour éviter une chute qui aurait été funeste aux acteurs de cette douloureuse scène, parce que nos positions n'étaient pas la suite d'un arrangement calculé à loisir. Je tenais l'Impératrice dans mes bras, qui entouraient sa taille; son dos était appuyé sur ma poitrine, et sa tête était penchée sur mon épaule droite. Lorsqu'elle sentit les efforts que je faisais pour m'empêcher de tomber, elle me dit tout bas : « Vous me serrez trop fort. » Je vis alors que je n'avais rien à craindre pour sa santé, et qu'elle n'avait pas perdu connaissance un seul instant. Pendant toute cette scène je n'avais été occupé que de Joséphine dont l'état m'affligeait; je n'avais pu observer Napoléon; mais lorsque les femmes de l'Impératrice furent arrivées auprès d'elle, Napoléon passa dans un petit salon qui précédait la chambre à coucher, je le suivis. Dans le trouble qu'il éprouvait il m'apprit la cause de tout ce qui venait de se passer, et me dit ces mots : « L'intérêt de la France et de ma dynastie a fait violence à mon cœur... le divorce est devenu un devoir rigoureux pour moi... Je suis d'autant plus affligé de la scène que vient de faire Joséphine, que depuis trois jours elle a dû savoir par Hortense la malheureuse obligation qui me condamne à me séparer d'elle... Je la plains de toute mon âme, je lui croyais plus de caractère, et je n'étais pas préparé aux éclats de sa douleur... » En effet, l'émotion qu'il éprouvait le forçait à mettre un long intervalle à chaque phrase qu'il prononçait, pour respirer. Les mots s'échappaient avec peine et sans suite; sa voix était émue, oppressée, et des larmes mouillaient ses yeux... Il fallait réellement qu'il fût hors de lui pour me donner tant de détails, à moi placé si loin de ses conseils et de sa confiance... Toute cette scène ne dura pas plus de sept à huit minutes... Napoléon envoya de suite chercher Corvisart, la reine Hortense, Cambacérès, Fouché; et avant de remonter dans son appartement il alla lui-même s'assurer de l'état de Joséphine qu'il trouva plus calme et

DIVORCE DE NAPOLÉON (15 DÉCEMBRE 1809). 271

plus résignée. Je le suivis quand il monta chez lui, et je rentrai dans le salon de service après avoir repris mon chapeau que j'avais jeté sur le tapis pour avoir les mouvements plus libres. Pour éviter toute espèce de commentaire, je dis devant les pages et les huissiers que l'Impératrice avait eu une attaque de nerfs des plus violentes. »

Ce récit d'un témoin oculaire enlève un peu le dramatique de la situation et de l'intérêt qu'inspire madame de Beauharnais. L'effet était produit, Joséphine l'attendait depuis trop longtemps pour en être irrésistiblement affectée; il y avait même chez elle un peu de comédie sentimentale, une forme de douleur : « Vous me pressez trop, » avait dit Joséphine évanouie ; et ceci la fait moins plaindre; on ne put craindre pour sa santé. En dehors de la question d'amour-propre et de vanité, elle était peut-être satisfaite de quitter la servitude que Napoléon lui imposait; c'était une chaîne brisée, tissue avec de l'or et du fer; quels rapports pouvait-il y avoir entre le caractère de Napoléon et celui de Joséphine? Aussi l'un et l'autre furent à l'aise une fois l'habitude rompue; Joséphine put s'occuper de sa coquetterie, sans avoir à régler ses volontés sur des caprices; Napoléon lui faisait la part bien belle; lui pourrait aussi s'occuper des affaires d'État, jusqu'à ce qu'un terrible talion d'indifférence lui fût payé par une jeune et froide épouse.

Ce divorce par consentement mutuel devait être sanctionné par les lois de l'État; le Sénat était la grande autorité politique, et Napoléon pouvait en disposer à son gré; il y aurait plus d'un embarras en ce qui touchait le lien religieux et catholique, comment rompre le sacrement que l'Église avait consacré? les lois ecclésiastiques ne s'y opposeraient-elles pas? Napoléon réunit un conseil privé où toutes ces questions furent discutées avec un grand développement[1]; on décida que ce serait Eugène lui-même qui porterait la parole devant le Sénat afin d'y sanctionner l'acte de divorce. Nommé sénateur depuis plusieurs années, Eugène n'avait jamais siégé au Sénat; il dut dans cette circonstance y paraître, et dans quel but? pour annoncer le divorce de sa mère. L'Empereur imposait souvent ces espèces de sacrifices! il appelait cela la force de caractère; on devait immoler les sentiments humains à la pensée d'État.

Le 15 du mois de décembre, vingt jours après l'arrivée de l'Empereur, le conseil de famille se réunit aux Tuileries afin d'assister à l'acte du divorce par consentement mutuel arrêté entre Napoléon et Joséphine; Cambacérès, faisant les fonctions d'officier de l'état civil pour la famille impériale, lut en conseil la lettre privée qu'il avait reçue de Napoléon; cette lettre close l'appelait à se rendre au palais le 15 décembre au soir à neuf heures, pour recevoir des communications très importantes. Aux Tuileries, Cambacérès fut joint par Regnauld

---

[1] Je donne ici les pièces qui tiennent au divorce de Napoléon et de Joséphine.
Acte dressé par Cambacérès le 15 décembre 1809.

« L'an 1809, le quinzième jour du mois de décembre, à neuf heures du soir, nous, Jean-Jacques-Régis Cambacérès, prince archichancelier de l'Empire, duc de Parme, exerçant les fonctions qui nous sont attribuées par le titre II, art. 14, du statut de la famille impériale, et en vertu des ordres qui nous ont été adressés par S. M. l'Empereur et Roi dans sa lettre close en date de ce jour, dont la teneur suit :

« Mon cousin, notre intention est que « vous vous rendiez aujourd'hui, 15 dé-
« cembre, à neuf heures du soir, dans notre « grand cabinet du palais des Tuileries, « assisté du secrétaire de l'état civil de « notre famille impériale, pour y recevoir « de notre part et de celle de l'Impératrice, « notre chère épouse, une communication « de grande importance. A cet effet, nous « avons ordonné que la présente lettre « close vous soit expédiée. Sur ce, nous « prions Dieu qu'il vous ait, mon cousin, en « sa sainte et digne garde. »

A Paris, le 15 décembre 1809.

« Nous nous sommes rendu dans la salle du trône au palais des Tuileries, assisté de Michel-Louis Regnauld (de Saint-Jean-d'Angély), comte de l'Empire, ministre d'état, secrétaire de l'état civil de la famille impériale.

« Un quart d'heure après, nous avons été

ACTE DU DIVORCE (15 DÉCEMBRE 1809).

de Saint-Jean-d'Angély, ministre d'État de la famille impériale ; introduits dans le cabinet de l'Empereur, ils avaient trouvé Joséphine, Eugène, Jérôme, Catherine de Wurtemberg, Louis, Hortense, Julie (la femme de Joseph) Murat, Caroline, madame Lœtitia et Pauline, toute la famille Bonaparte enfin : Napoléon fit connaître d'une manière brève sa volonté d'un divorce que la politique commandait ; il jeta des paroles de regret sur sa séparation avec une femme qui lui avait donné tant de témoignages de dévouement et de tendresse « mais son âme était au-dessus de ses sacrifices » : tout cela en phrases courtes, saccadées. Joséphine répondit avec une résignation un peu dépitée, car elle parlait à la face des Bonaparte, cette famille qui la détestait : « épouse dévouée, elle renonçait pour le bonheur de la France au héros qui l'avait élevée à la grandeur. » Cambacérès, comme archi-chancelier, dressa procès-verbal de ce divorce par consentement mutuel ; Regnauld de Saint-Jean-d'Angély en arrangea les expressions dans les formules légales et leur donna un sens de bienveillance et de douceur, de manière qu'on aurait dit que Napoléon et

introduits dans le grand cabinet de l'Empereur, où nous avons trouvé S. M. l'Empereur et Roi avec S. M. l'Impératrice, et accompagné de LL. MM. les rois de Hollande, de Westphalie et de Naples, de S. A. I. le prince vice-roi, des reines d'Espagne, de Hollande, de Westphalie et de Naples, de Madame, et de S. A. I. la princesse Pauline.

S. M. l'Empereur et Roi a daigné nous adresser la parole en ces termes :

« Mon cousin le prince archi-chancelier, je vous ai expédié une lettre close en date de ce jour pour vous ordonner de vous rendre dans mon cabinet, afin de vous faire connaître la résolution que moi et l'Impératrice, ma très chère épouse, nous avons prise. J'ai été bien aise que les rois, reines et princesses, mes frères et sœurs, beaux-frères et belles-sœurs, ma belle-fille et mon beau-fils, devenu mon fils d'adoption, ainsi que ma mère, fussent présents à ce que j'avais à vous faire connaître.

« La politique de ma monarchie, l'intérêt et le besoin de mes peuples, qui ont constamment guidé toutes mes actions, veulent qu'après moi je laisse à des enfants, héritiers de mon amour pour mes peuples, ce trône où la Providence m'a placé. Cependant depuis plusieurs années j'ai perdu l'espérance d'avoir des enfants de mon mariage avec ma bien-aimée épouse Joséphine ; et c'est qui me porte à sacrifier

Joséphine avaient prononcé une harangue académique, tant la phrase était moulée et éloquente. Dans cet acte, toutes les signatures de la famille impériale furent apposées sans omettre un seul titre ; il n'y avait que rois, reines, comme dans les contes de Perrault, princesses et grandes-duchesses ; la digne madame Lœtitia Ramolini signait tout court, *Madame*, pour imiter les formules de la vieille monarchie des Bourbons.

M. Regnauld de Saint-Jean-d'Angély, chargé de porter cet acte au nom du gouvernement devant le Sénat, dut proposer le sénatus-consulte qui déclarait dissous le mariage civil contracté entre l'empereur Napoléon et Joséphine de Beauharnais ; celle-ci conservait le titre d'impératrice-reine ; en dehors de son douaire, fixé à une rente annuelle de 2,000,000 de francs, elle recevait le domaine de Navarre : M. Regnauld développait en langage pompeux les émotions, les sympathies qu'excitait un si grand dévouement de la part de l'Empereur ; le père de la patrie devait tout sacrifier à ses destinées, même ses affections les plus tendres, thème obligé de

les plus douces affections de mon cœur, à n'écouter que le bien de l'État, et à vouloir la dissolution de notre mariage.

« Parvenu à l'âge de 40 ans, je puis concevoir l'espérance de vivre assez pour élever dans mon esprit et dans ma pensée les enfants qu'il plaira à la Providence de me donner. Dieu sait combien une pareille résolution a coûté à mon cœur ! mais il n'est aucun sacrifice qui ne soit au-dessus de mon courage, lorsqu'il est démontré qu'il est utile au bien de la France.

« J'ai le besoin d'ajouter que, loin d'avoir jamais eu à me plaindre, je n'ai eu, au contraire, qu'à me louer de l'attachement et de la tendresse de ma bien aimée épouse : elle a embelli quinze ans de ma vie ; le souvenir en restera gravé dans mon cœur. Elle a été couronnée de ma main ; je veux qu'elle conserve le rang et le titre d'impératrice, mais surtout qu'elle ne doute jamais de mes sentiments, et qu'elle me tienne toujours pour son plus cher et son meilleur ami. »

« S. M. l'Empereur et Roi ayant cessé de parler, S. M. l'Impératrice-Reine a pris la parole en ces termes :

« Avec la permission de notre auguste et cher époux, je dois déclarer que, ne conservant aucun espoir d'avoir des enfants qui puissent satisfaire les besoins de sa politique et l'intérêt de la France, je me plais à lui donner la plus grande preuve d'attachement et de dévouement qui ait jamais été donnée sur la terre. Je tiens tout de ses bontés ; c'est sa main qui m'a cou-

toutes les harangues. Eugène de Beauharnais, parlant après M. Regnauld, loua trop l'Empereur, car, ainsi que les idoles, Napoléon voulait être adoré par des sacrifices; il ne dit pas assez les sentiments pénibles qu'il devait éprouver en proposant le divorce de sa mère : « lui, son fils adoptif, souhaitait de voir à l'Empereur vieilli une descendance directe! » Napoléon renvoyait sa mère, et Eugène faisait son éloge. Les esprits élevés le blâmèrent d'une si faible condescendance; il y a des actes qu'il faut savoir refuser alors même que la toute puissance les ordonne! Eugène avait près de trente ans déjà, la tête chauve quoique jeune encore; sa stature était petite; sa taille ramassée, de manière à ne frapper ni les imaginations ni le cœur; son dévouement à l'Empereur était absolu, on le mit à l'épreuve. Il parla donc pour le divorce; ainsi le voulait l'inflexible loi d'obéissance; il ne fallait point hésiter, Eugène dut en donner le témoignage : quand Napoléon voulait, nulle résistance ne devait s'élever. Il y eut ensuite une harangue

ronnée; et du haut de ce trône je n'ai reçu que des témoignages d'affection et d'amour du peuple français.

« Je crois reconnaître tous ces sentiments en consentant à la dissolution d'un mariage qui désormais est un obstacle au bien de la France, qui la prive du bonheur d'être un jour gouvernée par les descendants d'un grand homme, si évidemment suscité par la Providence pour effacer les maux d'une terrible révolution, et rétablir l'autel, le trône et l'ordre social. Mais la dissolution de mon mariage ne changera rien aux sentiments de mon cœur; l'Empereur aura toujours en moi sa meilleure amie. Je sais combien cet acte, commandé par la politique et par de si grands intérêts, a froissé son cœur; mais l'un et l'autre nous sommes glorieux du sacrifice que nous faisons au bien de la patrie. »

« Sur quoi LL. MM. II. et RR. nous ayant demandé acte de leurs déclarations respectives, ainsi que du consentement mutuel qu'elles contiennent, et que LL. MM. donnent à la dissolution de leur mariage, comme aussi du pouvoir que LL. MM. nous confèrent de suivre, partout où besoin serait et près de qui il appartiendrait, l'effet de leur volonté, nous, prince archichancelier de l'Empire, déférant aux ordres et réquisitions de LL. MM., avons donné le susdit acte, et dressé en conséquence le présent procès-verbal, pour servir et valoir ainsi que de droit; auquel procès-verbal LL. MM. ont apposé leur signature, et qui après avoir été signé par les rois, reines, princesses et princes présents, a été signé par nous et contresigné par le secrétaire de

de M. de Lacépède : « Napoléon ne régnait que pour le bonheur du peuple, il y sacrifiait toutes ses affections les plus chères ; » le savant naturaliste s'élevait jusqu'à l'histoire, citant parmi les rois qui avaient répudié leurs femmes Charlemagne, Philippe-Auguste, Louis XII et Henri IV. « Que sa vie s'étende au-delà de 30 ans, s'écriait le sénateur ardent, qu'il vive pour le bonheur de la France. » Le Sénat se leva tout entier par enthousiasme ; le scrutin constata sept boules noires, opposition habituelle ; il y eut quatre billets blancs ; on dit que l'abbé Grégoire, voulant parler contre le divorce, fut interrompu, et ne put se faire entendre. Les adresses du Sénat à l'Empereur et à l'Impératrice vinrent couronner cette scène si bien arrangée par Cambacérès et Regnauld de Saint-Jean-d'Angely ; depuis longtemps les actes des corps politiques n'étaient que des formules.

Le mariage civil brisé par la loi, il restait encore le lien religieux, qui ne pouvait se dissoudre aussi facilement, car le Christ a dit : « Ce que le ciel a uni ne peut plus se séparer. » Il faut se rappeler que lors du

---

l'état civil de la famille impériale, qui l'a écrit de sa main.

« Fait au palais des Tuileries, les jour, mois et an que dessus. »

    Signé, Napoléon, — Joséphine, — Madame, — Louis Napoléon, — Jérôme Napoléon, — Joachim Napoléon, — Eugène Napoléon, — Julie, — Hortense, — Catherine, — Pauline, — Caroline, Cambacérès, — Regnauld de Saint-Jean d'Angely.

    Sénatus-consulte.

« Art. 1er. Le mariage contracté entre l'Empereur Napoléon et l'Impératrice Joséphine est dissous.

« 2. L'Impératrice Joséphine conservera les titre et rang d'Impératrice-reine couronnée.

« 3. Son douaire est fixé à une rente annuelle de 2,000,000 de francs sur le trésor de l'État.

« 4. Toutes les dispositions qui pourront être faites par l'Empereur en faveur de l'Impératrice Joséphine sur les fonds de la liste civile seront obligatoires pour ses successeurs. »

    Discours du prince Eugène.

« Prince, sénateurs, vous venez d'entendre la lecture du projet de sénatus-consulte soumis à votre délibération. Je crois devoir dans cette circonstance manifester les sentiments dont ma famille est animée.

« Ma mère, ma sœur et moi nous devons tout à l'Empereur ; il a été pour nous un véritable père : il trouvera en nous, dans tous les temps, des enfants dévoués et des sujets soumis.

« Il importe au bonheur de la France que

couronnement de l'Empereur, le pape avait exigé que le contrat purement civil entre le général Bonaparte et madame de Tascher-Beauharnais fût sanctionné par l'Église avant de poser la couronne sur la tête de Joséphine ; Pie VII ne voulait pas couronner une concubine, et aux yeux de l'Église elle n'était que cela. Le mariage fut donc célébré par le cardinal Fesch, la nuit, sans publicité, à la hâte, car le couronnement devait avoir lieu le lendemain. Ce mariage, valable selon les lois pontificales, ne l'était pas selon le droit français : il y a une différence entre Rome et l'église gallicane ; Rome, qui a gardé la grande maxime catholique qui est « d'unir saintement l'homme et la femme », marie en face de l'autel tout chrétien qui se présente, sans formalité. Dans l'église gallicane, il ne suffit pas de la volonté, il y a des formes, la publication des bans, les témoins ; l'église gallicane est un mélange du droit civil et du droit canon, c'est une jurisprudence plutôt qu'un article de foi. L'officialité diocésaine prit ce prétexte du défaut de publicité ; le mariage fut cassé,

le fondateur de cette quatrième dynastie vieillisse environné d'une descendance directe qui soit notre garantie à tous, comme le gage de la gloire de la patrie.

« Lorsque ma mère fut couronnée devant toute la nation par les mains de son auguste époux, elle contracta l'obligation de sacrifier toutes ses affections aux intérêts de la France : elle a rempli avec courage, noblesse et dignité ce premier des devoirs. Son âme a été souvent attendrie en voyant en butte à de pénibles combats le cœur d'un homme accoutumé à maîtriser la fortune, et à marcher toujours d'un pas ferme à l'accomplissement de ses grands desseins. Les larmes qu'a coûtées cette résolution à l'Empereur suffisent à la gloire de ma mère. Dans la situation où elle va se trouver elle ne sera pas étrangère, par ses vœux et par ses sentiments, aux nouvelles prospérités qui nous attendent, et ce sera avec une satisfaction mêlée d'orgueil qu'elle verra tout ce que ses sacrifices auront produit d'heureux pour sa patrie et pour son Empereur. »

Discours de M. Regnauld de Saint-Jean d'Angely.

« Monseigneur, sénateurs, l'acte solennel rapporté en entier dans le sénatus-consulte que vous venez d'entendre en contient seul tous les motifs.

« Que pourrions-nous ajouter ? quelles paroles pourrions-nous adresser au Sénat français qui ne fussent bien au-dessous des paroles touchantes recueillies de la bouche des deux augustes époux dont votre délibération va consacrer les généreuses résolutions ?

déclaré nul, comme célébré en dehors des conditions légales; la juridiction métropolitaine confirma cette sentence. Paris n'avait point d'archevêque, le vénérable cardinal du Belloy était mort; l'Empereur avait désigné le cardinal Fesch, qui refusa le pallium donné sans l'aveu du pape; noble et digne conduite! L'officialité, en majorité dévouée à Napoléon, examina les nullités légales, et le mariage fut déclaré nul.

Napoléon était ainsi libre les liens du mariage que, jeune homme, il avait contracté par ambition sous l'influence de Barras, et Joséphine pourrait revoir ses amies du Directoire, que son mari avait proscrites. Les premiers jours se passèrent dans une sorte de retraite, on ne se rencontra plus. Joséphine partit pour Navarre, domaine de la maison de Bouillon singulièrement usurpé par l'Empereur contre tous les droits de propriété; là, se livrant à ses goûts, à ses fantaisies, à ses souvenirs, l'Impératrice répudiée prit son parti avec une satisfaction à peine déguisée; l'opinion publique, un peu soulevée contre Napoléon, soutint le parti de Joséphine,

« Leurs cœurs se sont entendus pour faire au plus grand des intérêts le plus noble des sacrifices ; ils se sont entendus pour faire parler à la politique et au sentiment le langage le plus vrai, le plus persuasif, le plus fait pour convaincre et pour émouvoir.

« Comme souverains et comme époux, l'Empereur et l'Impératrice ont tout fait; ils ont tout dit.

« Il ne nous reste qu'à les aimer, les bénir, les admirer.

« C'est désormais au peuple français à se faire entendre. Sa mémoire est fidèle comme son cœur : il unira dans sa pensée reconnaissante les espérances de l'avenir et les souvenirs du passé, et jamais monarques n'auront recueilli plus de respect, d'admiration, de gratitude et d'amour que Napoléon immolant la plus sainte de ses affections au besoin de ses sujets, que Joséphine immolant sa tendresse pour le meilleur des époux, par dévouement au meilleur des rois, par attachement pour le meilleur des peuples.

« Acceptez, messieurs, au nom de la France attendrie, aux yeux de l'Europe étonnée, ce sacrifice, le plus grand qui ait été fait sur la terre ; et, pleins de la profonde émotion que vous éprouvez, hâtez-vous de porter au pied du trône, dans les tributs de vos sentiments, des sentiments de tous les Français, le seul prix qui soit digne du courage de nos souverains, la seule consolation qui soit digne de leurs cœurs. »

Rapport fait par M. Lacépède.

« Monseigneur, sénateurs, vous avez ren-

l'épouse sacrifiée; on exalta sa bonté, son dévouement, son cœur. Quant à lui, Napoléon, il cherchait des distractions bruyantes; sa cour brillait d'un grand éclat, les rois et les princes de la Confédération étaient venus rendre en personne, à Paris, la visite que l'Empereur leur avait faite à son passage en Allemagne. Frédéric de Saxe y était déjà; puis arrivèrent les monarques de Bavière et de Wurtemberg dans une sorte de cour plénière où le suzerain les convoquait. Frédéric de Saxe, avec sa physionomie vénérable, excitait un respect universel; le roi de Wurtemberg, dur de cœur et d'esprit, roi sensuel, à la vaste corpulence; qui cherchait à oublier sa dignité par la rudesse même de son caractère; le roi de Bavière, le plus reconnaissant des souverains, car il avait tout reçu de Napoléon. On voyait tous ces rois à Paris: les uns habitaient l'Élysée-Bourbon, les autres le Luxembourg, le Louvre; ils visitaient beaucoup le monde; il n'était pas rare de les rencontrer chez un dignitaire de l'Empire avec cette bonté et cette familiarité allemande qui avait pris au sérieux toutes ces fortunes.

La cour fut très distraite: les jeux, les spectacles, tout

voyé à votre commission spéciale le projet de sénatus-consulte qui vous a été présenté par les orateurs du conseil d'État.

« Vous avez entendu, sénateurs, la lecture de cet acte mémorable annexé au projet de sénatus-consulte, et que l'histoire transmettra à la postérité comme un monument des affections les plus touchantes, des sentiments les plus généreux, et du dévouement le plus absolu au premier intérêt d'une monarchie héréditaire.

« Les paroles mémorables prononcées par le plus grand des souverains, et par son auguste et bien-aimée épouse, retentiront longtemps dans tous les cœurs français.

« C'est aujourd'hui plus que jamais que l'Empereur a prouvé qu'il ne veut régner

que pour servir ses sujets, et que l'Impératrice a mérité que la postérité associât son nom à celui de l'immortel Napoléon!

« Et telle est donc la condition de ceux que le trône n'élève au-dessus des autres hommes que pour leur imposer des obligations plus rigoureuses!

« Combien de princes qui, ne consultant que le bonheur de leurs peuples, ont dû renoncer aux liens qui leur étaient les plus chers!

« En ne portant même nos regards que sur les prédécesseurs de Napoléon, nous voyons treize rois que leur devoir de souverain a contraints à dissoudre les nœuds qui les unissaient à leurs épouses; et, ce qui est bien digne de remarque, parmi ces treize princes nous devons compter quatre

fut mis à contribution pour remplir le vide que Joséphine laissait dans la vie de Napoléon. La littérature, qui plaçait toujours la France à la tête de l'Europe, grandissait peu dans ces moments d'agitation, de guerre et d'asservissement ; pour en relever l'éclat, l'Empereur conçut une idée vaste, un Panthéon d'intelligence ; il ne procédait jamais qu'ainsi : ce fut la fondation des prix décennaux pour toutes les sciences et les productions de l'esprit ; Auguste voulait avoir son siècle ; Napoléon eût désiré que l'Empire eût sa grande littérature comme l'époque de Louis XIV avait la sienne ; que n'eût-il donné pour saluer un Corneille aux mâles couleurs, un Racine aux vers harmonieux et doux ? Chaque dix ans un prix devait être décerné pour les œuvres sortant de l'ordre vulgaire, dans les sciences, les arts, la littérature sérieuse et dramatique ; ce prix était de 10,000 fr. L'idée était belle, et pourtant aucun des ouvrages auxquels les prix décennaux furent déférés n'est resté debout pour la postérité ; la couronne vint à toutes les conceptions médiocres, les grandes œuvres restèrent en dehors,

des monarques français les plus admirés et les plus chéris, Charlemagne, Philippe-Auguste, Louis XII et Henri IV.

« Ah ! que celui dont la gloire et le dévouement surpassent leur dévouement et leur gloire règne longtemps pour la prospérité de la France et de l'Europe !

« Que sa vie s'étende au-delà des trente ans qu'il a désirés pour la stabilité de son Empire : qu'il puisse voir autour de son trône des princes issus de son sang, élevés dans son esprit ainsi que dans sa pensée, et dignes de leur auguste origine, garantir pour nos arrière-petits-neveux la durée de tous les biens que lui devra notre patrie, et que l'image du bonheur des Français, que lui offriront le présent et l'avenir, soit la récompense de ses travaux et le prix de ses sacrifices !

« Votre commission, sénateurs, vous propose à l'unanimité, 1º d'adopter le projet de sénatus-consulte qui vous a été présenté ; 2º d'adopter aussi deux adresses que je vais avoir l'honneur de vous soumettre, et dont votre bureau présenterait l'une à S. M. l'Empereur et Roi, et l'autre à S. M. l'Impératrice et Reine. »

Adresse du Sénat à l'Empereur.

« Sire, le Sénat vient d'adopter le projet de sénatus-consulte qui lui a été présenté au nom de V. M. I. et R.

« Votre Majesté ne pouvait pas donner à la France un plus grand témoignage de son dévouement absolu aux devoirs qu'impose un trône héréditaire.

« Le Sénat ressent vivement le besoin de vous exprimer combien il est pénétré de

et le *Génie du Christianisme* par M. de Châteaubriand, et la *Corinne* de madame de Staël, et les poésies de Chénier. Dans les sciences, on se moqua de la théorie de la vapeur et des applications du gaz à l'éclairage des vastes cités; tout ce qui fut couronné était d'un terne indicible; l'édit magnifique de l'Empereur avorta par la fausse application; c'est que les corps scientifiques se blessent de ce qui est marqué au coin des vastes idées, ils ne comprennent qu'un terre-à-terre élégant et qu'une vulgarité correcte [1].

Cependant, en dehors de la littérature protégée par l'Empereur, des œuvres d'une vaste importance parurent pour consoler le pays du vide des prix décennaux; à côté du *Génie du Christianisme*, M. de Châteaubriand donna *les Martyrs*, douce et mystérieuse composition, moins grave, moins sévère que le *Génie du Christianisme*; malheureuse concession que l'auteur fit à ses critiques. M. de Châteaubriand fut séduit par l'idée de démontrer sa poétique, en cherchant à prouver que le catholicisme pouvait fournir mille sujets de

tout ce qu'éprouve la grande âme de Votre Majesté.

« La puissance la plus étendue, la gloire la plus éclatante, l'admiration de la postérité la plus reculée, ne pourront pas payer, sire, le sacrifice de vos affections les plus chères; l'éternel amour du peuple français, et le sentiment profond de tout ce que vous faites pour lui, pourront seuls consoler le cœur de Votre Majesté. »

Adresse du Sénat à l'Impératrice.

« Madame, V. M. I. et R. vient de faire à la France le plus grand des sacrifices; l'histoire en conservera un éternel souvenir.

« L'auguste épouse du plus grand des monarques ne pouvait pas s'associer à sa gloire immortelle par un dévouement plus héroïque!

« Depuis longtemps, madame, le peuple français révère vos vertus; il chérit cette bonté touchante qui inspire toutes vos paroles, comme elle dirige toutes vos actions: il admirera votre dévouement sublime; il décernera à jamais à V. M. I. et R. un hommage de reconnaissance, de respect et d'amour. »

[1] Le décret du 28 novembre, concernant les prix décennaux, est conçu d'une manière très large.

« Art. 1er. Les grands prix décennaux seront au nombre de trente-cinq, dont dix-neuf de première classe et seize de seconde classe.

« 2. Les grands prix de première classe seront donnés: 1° aux auteurs des meilleurs ouvrages de sciences mathématiques: l'un, pour la géométrie et l'analyse pure;

poëmes épiques. Si M. de Châteaubriand, au lieu de se laisser entraîner par le besoin d'une démonstration de poëte, avait suivi la puissante inspiration de son génie, il aurait peint dans la grande forme historique les temps primitifs de l'église chrétienne, cette lutte de l'empire puissant et matériel contre l'idée chrétienne, le vaste combat de toutes les écoles de philosophie de la Grèce, de l'Inde, d'Alexandrie, contre la doctrine simple de l'Évangile; sujets bien autrement poétiques qu'un simple drame d'invention avec des personnages faux et des situations souvent forcées. Le christianisme doit toujours nous apparaître avec son empreinte sévère, immense, et qui prête tant à la sublime histoire; ce n'est pas un seul amour qu'il faut peindre dans ce tableau, mais cet amour universel qui forme la vie du Christ.

Quand *les Martyrs* paraissaient avec un si vif et si juste éclat, madame de Staël préparait son livre *de l'Allemagne*, œuvre d'examen littéraire et politique. Il ne faut jamais perdre de vue l'époque où ce livre fut conçu; les sociétés patriotiques couvraient la Germanie : faire connaître alors l'Allemagne était un crime aux yeux de ceux qui l'opprimaient; par l'intelligence, l'Allemagne devait marcher à sa liberté politique; Schiller, Kotzebuë, avaient tant fait pour l'honneur et l'indépendance de leur patrie! faire l'éloge de ces poëtes, tristement insultés par les

---

l'autre pour les sciences soumises aux calculs rigoureux comme l'astronomie, la mécanique, etc.; 2º aux auteurs des deux meilleurs ouvrages de sciences physiques; l'un, pour la physique proprement dite, la chimie, la minéralogie, etc ; l'autre, pour la médecine, l'anatomie, etc.; 3º à l'inventeur de la machine la plus importante pour les arts et les manufactures; 4º au fondateur de l'établissement le plus avantageux à l'agriculture; 5º au fondateur de l'établissement le plus utile à l'industrie; 6º à l'auteur de la meilleure histoire, du meilleur morceau d'histoire générale, soit ancienne, soit moderne; 7º à l'auteur du meilleur poëme épique; 8º à l'auteur de la meilleure tragédie représentée sur nos grands théâtres; 10º à l'auteur de l'ouvrage de littérature qui réunira, au plus haut degré, la nouveauté des idées, le talent de la composition et l'élégance du style; 11º à l'auteur du meilleur ouvrage de philosophie

journaux français, c'était blesser la politique du nouveau Charlemagne; dire que l'Allemagne était grande intellectuellement, c'était lui rappeler sa destinée et les oppressions qui l'accablaient. Madame de Staël, de retour de Vienne à Coppet, cherchait en vain à obtenir l'impression de son ouvrage en France, où *Corinne* retentissait encore; la censure impitoyable ne permettait pas le moindre éclair de liberté; Madame de Staël s'était posée l'ennemie de Napoléon, et cela suffisait pour la faire surveiller et proscrire. N'avait-elle pas lancé des mots piquants, des épigrammes acérées? En vain tendait-elle les bras vers Paris, centre d'esprit où elle pourrait exercer son intelligence, au milieu de ce monde qui sent et juge; tout lui fut refusé. Napoléon se vengeait d'une femme par l'exil; il lui fallait une littérature soumise et louangeuse; rien ne devait rester en dehors de son gouvernement, pas même l'esprit; les corps, il les livrait à l'ange noir des batailles; l'esprit, il le jetait à la censure.

Tout devait se ployer à la dictature, et Delille lui-même abandonnait ses vieilles convictions royalistes pour prendre une place dans la hiérarchie; nommé professeur de poésie au Collège de France, il y commençait ses cours avec un éclat retentissant; Delille n'était plus qu'un poétique traducteur récitant ses œuvres; aucune large

en général, soit de morale, soit d'éducation; 12º au compositeur du meilleur opéra représenté sur le théâtre de l'Académie impériale de musique; 13º à l'auteur du meilleur tableau d'histoire; 14º à l'auteur du meilleur tableau représentant un sujet honorable pour le caractère national; 15º à l'auteur du meilleur ouvrage de sculpture, sujet héroïque; 16º à l'auteur du meilleur ouvrage de sculpture, dont le sujet sera puisé dans les faits mémorables de l'histoire de France; 17º à l'auteur du plus beau monument d'architecture.

« 3. Les grands prix de seconde classe seront décernés : 1º à l'auteur de l'ouvrage qui fera l'application la plus heureuse des principes des sciences mathématiques ou physiques à la pratique; 2º à l'auteur du meilleur ouvrage de biographie; 3º à l'auteur du meilleur poëme en plusieurs chants, didactique, descriptif, ou en général d'un style élevé; 4º aux auteurs

conception, aucune invention de l'esprit; un art infini, une facilité extrême pour la rime poétique, pour la cadence et l'hémistiche; *la Pitié*, la plus remarquable de ses œuvres après la traduction des *Géorgiques*, avait toujours une certaine vogue; le poëme de *l'Imagination* n'avait obtenu qu'un médiocre succès; ses cours au Collége de France étaient suivis; et, chose remarquable, qui constate toute la tolérance de ce caractère, l'abbé Delille avait auprès de lui, comme son élève le plus chéri, un homme, jeune alors, qui avait marqué aux jours mâles de la Convention et du Comité de Salut public, comme l'ami de ce que les Jacobins avaient de plus terrible et de plus ferme, M. Tissot, talent distingué, qui venait de moduler en rimes françaises *les Baisers* de Jean Second et des poésies érotiques dans le goût du xviiie siècle, avec ses grâces licencieuses; on ne comprendrait plus aujourd'hui ces scènes d'élégie sensuelle, ces théories des baisers, ces églogues et ces pastorales. Après les troubles publics on revient aux champs : Virgile écrivit ses *Bucoliques* après les proscriptions de Sylla; Napoléon aimait ces œuvres classiques qui sortent de la pensée qui brûle pour n'être plus qu'une forme qui caresse. Qui le dirait? *la Maison des Champs* de M. Campenon eut un succès! géorgiques, bucoliques, tout ce qui était pas-

---

des deux meilleurs petits poëmes dont les sujets seront puisés dans l'histoire de France; 5° à l'auteur de la meilleure traduction en vers de poëme grec et latin; 6° à l'auteur du meilleur poëme lyrique mis en musique et exécuté sur un de nos grands théâtres; 7° au compositeur du meilleur opéra-comique, représenté sur un de nos grands théâtres; 8° aux traducteurs de quatre ouvrages, soit manuscrits, soit imprimés, en langue orientale ou en langue ancienne, les plus utiles soit aux sciences, soit à l'histoire, soit aux belles-lettres, soit aux arts; 9° aux auteurs des trois meilleurs ouvrages de gravure en taille-douce, en médaille et sur pierre fine; 10° à l'auteur de l'ouvrage typographique le plus exact et le mieux exécuté.

« 4. Outre le prix qui lui sera décerné chaque auteur recevra une médaille qui aura été frappée pour cet objet. »

toral n'était pas redoutable ; au temps des loups, les agneaux sont si timides! Quand un génie de guerre remuait le monde, on était libre de chanter les solitudes de la campagne et la paix de la chaumière.

Les succès dramatiques de l'époque appartenaient à MM. de Jouy, Étienne et Picard ; la scène était à eux, ils en disposaient en maîtres sur le grand théâtre. Depuis *la Vestale*, M. de Jouy avait pris place dans le drame aux formes olennelles ; c'était Licinius, les temples, les autels sacrés, Vesta et les mâles triomphes romains ; son vers pompeux, déclamatoire, ne manquait ni de rimes sonores, ni d'une certaine habitude de scène qui le rendait propre à la tragédie lyrique. M. Étienne lui était bien supérieur par l'esprit d'observation, une facilité de style, une verve souvent étincelante ; *Brueys et Palaprat* se jouait toujours au Théâtre-Français avec succès ; la vieille pièce du Consulat *Une heure de Mariage* faisait souvent les délices de l'Opéra-Comique ; M. Étienne préparait *Cendrillon* de concert avec Nicolo, le musicien à la mode, et l'on parlait déjà de sa plus sérieuse composition, des *Deux Gendres*, qui plus tard fut comparée à *Conaxa*, l'œuvre des jésuites réveillée de ses cendres [1].

M. Picard, le plus fécond des auteurs dramatiques, jetait par centaines de petits actes sur la scène ; si rien de ce qui sortait de sa plume n'était supérieur ni marqué aux grands traits du génie, tout était rempli d'une critique fine, spirituelle ; M. Picard savait prendre les petits côtés de la société, le monde ne lui paraissait que par la face bigarrée ; on riait aux pièces de M. Picard, qui dirigeait alors les solennités de l'Opéra. M. Duval avait vu la scène d'un point de vue plus élevé ; il char-

---

[1] Il ne fut joué qu'en 1812, et les journaux en sont remplis.

pentait bien un drame; son style était plus remarquable et moins enjoué que celui de M. Picard et ses sentiments plus exaltés; depuis *Édouard en Écosse* M. Duval avait acquis de la célébrité en Europe, et *la Jeunesse de Henri V* témoignait d'un progrès remarquable dans l'art; il avait renoncé à écrire le drame politique, l'Empire ne le permettait pas. M. Duval dirigeait le théâtre de l'Impératrice, le vieil Odéon de la République.

Deux pièces retentirent cette année : l'une fut *la Mort d'Hector*, de M. Luce de Lancival [1], œuvre médiocre, mais très louée parce que l'Empereur y prit goût; Hector, c'était LUI; Astyanax, cet héritier qu'il espérait par son divorce. Une tragédie était alors un événement qui suffisait à la réputation d'un auteur; avec une tragédie on avait des places à l'Institut, on arrivait à une renommée. On ne parla pendant quelque temps que de Luce de Lancival, et ce nom qu'est-il devenu depuis? Le *Christophe Colomb* de M. Lemercier fut le premier essai dans le genre d'innovation aux idées classiques; rien n'avait préparé cette invasion des formes hardies, extraordinaires, sur la scène, flots soulevés dans une mer toujours calme et ce qu'on appelait la barbarie dans l'art; malheureusement celui qui tenta cette innovation n'était pas à la hauteur de cette œuvre, il fallait un homme à la parole non seulement hardie, mais au génie impétueux; ce que M. de Châteaubriand avait tenté pour la prose, il fallait l'oser pour le drame; tel ne ne fut pas M. Lemercier, novateur sans éclat. Quand on impose des formes nouvelles, il faut au moins avoir le talent de leur donner une couleur brillante et vive.

[1] M. Luce de Lancival reçut, dit-on alors, 6,000 francs de pension de l'Empereur.

Les théâtres occupaient les esprits; la société pouvait se résumer, comme à Rome sous les empereurs, par les bulletins de bataille et les affiches de la scène; on courait partout où les acteurs paraissaient dans les attitudes augustes ou moqueuses; tragédie, mélodrame, vaudeville, tout était couru avec une ardeur égale : à l'Opéra, c'étaient les voix retentissantes de Laînez, de Laïs et de Dérivis, tous chantant à tue-tête *le Triomphe de Trajan, la Vestale*, ou préludant à *Fernand Cortès*; si la musique harmonieuse de Méhul se faisait entendre dans *Joseph en Égypte*, on préférait, par un étrange goût, les partitions bruyantes de *la Vestale* par Spontini; on les trouvait sur tous les pianos; on se brisait les poumons avec les chœurs, la marche triomphale; on se sacrifiait *sur cet autel sacré;* Paris s'éprit de Spontini, de ses airs étourdissants comme le bruit du tonnerre, tandis que Nicolo allait préluder dans *Cendrillon* aux airs gais et chantants; Boïeldieu, frêle existence, restait à Saint-Pétersbourg, loin d'une patrie chaude et aimée. La danse de l'Opéra continuait d'être aux pieds de Gardel, de Vestris, de Milon, de Branchu et d'Albert; là papillonnaient mesdemoiselles Clotilde, Gardel, Bigottini, Fanny Bias et Hulin, qu'on appelait le joli Amour; c'étaient des fleurs et des paillettes à foison, des bosquets bien verts, des roses bien rouges, des entrechats immenses, des gavottes à perte de vue; le ballet ressemblait beaucoup à une danse sur la corde tendue.

Au Théâtre-Français [1], le personnel n'avait point changé, seul trône respecté au milieu de tant de couronnes brisées; Talma faisait des progrès réels dans l'art par les études de l'antique; il abandonnait les

---

[1] Comme l'Empereur avait une prédilection pour les Français, tout le monde y accourait, et Talma soulevait le parterre.

formes du mélodrame; Damas, les Batistes, Michelot, avec les bonnes traditions du xviiie siècle, secondaient habilement mesdemoiselles Mars, Georges, Volnay, Duchesnois, qui avaient toutes brillé à Erfurth dans le bagage des souverains. Quant à mademoiselle Bourgoing, elle devenait presque un agent diplomatique; depuis l'entrevue d'Erfurth on ne parlait que d'elle à Saint-Pétersbourg; elle partait décidément pour la Russie *avec ou sans mission;* on disait qu'elle y était très demandée.

A cette époque distraite, les journaux ne parlaient que de théâtre ou de gloire[1]; une actrice qui partait était plus remarquée qu'un envoyé de puissance ou qu'un roi venu aux Tuileries pour saluer Napoléon. On avait un Opéra-Italien médiocre, à moins qu'on ne cite Barilli et les signore Mosca et Capra qui jetaient de grandes roulades et de si suaves accords, comme le rapporte cette femme heureuse des jours de joie et de jeunesse[2]. Le Vaudeville avait moins de vogue; qu'était devenu son beau temps au règne de *Fanchon la Vielleuse* de M. Bouilly, où l'on versait des ruisseaux de larmes? on cherchait à réveiller la curiosité par *les Pages du duc de Vendôme*, le succès était passé. Tout vieillissait, même à l'Opéra-Comique: si à l'Académie impériale de Musique mademoiselle Bigottini voyait sa première ride, si le petit Amour Hulin commençait à grossir singulièrement, Elleviou et Martin avaient la douleur presque de leurs cheveux gris; c'était à fendre l'âme que ces premières traces de décrépitude pour les souverains de la scène; quelles vicissitudes pour ces *dévorants* de cœurs! Que ne prenaient-ils leur parti comme les acteurs des Variétés?

---

[1] Les feuilletons de Geoffroy étaient recherchés comme des bulletins. [2] Madame d'Abrantès.

Brunet ne pensait qu'à faire rire, même les hommes d'État accablés des soins du gouvernement; sa gloire était de dérider la figure blême de Cambacérès, dans *le Jocrisse aux enfers*, dans *Pataquès*, dans *Cadet-Roussel-Hector*, spirituelle parodie que M. Merle avait fait de l'*Hector* de M. Luce de Lancival.

Le bon et sanglant mélodrame continuait son règne aux boulevards. Quoi de comparable à *la Citerne*, qui eut à la Gaîté plus de cent représentations? Vous imaginez-vous un innocent jeté dans une citerne, un homme vertueux dans l'eau et à jeun pendant je ne sais combien d'années? Cela eut un succès prodigieux, ce qui faisait dire à Brunet « que les larmes qui furent versées auraient pu alimenter l'affreuse citerne. » Vouliez-vous relever votre courage? il fallait voir *Hariadan-Barberousse*, où paraissaient des pirates aux larges cimeterres, aux turbans de mille couleurs qui, proféraient des jurements à faire trembler la salle. Le public se dégoûtait un peu de l'éternel sujet de la fille séduite et lâchement abandonnée; *Fitz-Henri* ne maudissait plus que très rarement son enfant coupable; on préférait sur la scène le bruit de l'artillerie, les batailles, les siéges; l'esprit militaire se manifestait dans les plaisirs du peuple, et Jean Bart faisait entendre par la bouche du célèbre M. Frénoy, les plus implacables menaces contre les Anglais.

Les œuvres véritablement sérieuses étaient rares; on parlait en vain d'écrire l'histoire, l'Empereur en faisait, mais il ne la laissait pas raconter; il y avait deux empêchements pour que l'histoire pût jamais être hautement écrite : les préjugés philosophiques des écoles du dernier siècle, leur esprit étroit et prévenu; puis, la censure médiocre ou oppressive; beaucoup de faux jugements et point de liberté; et comment alors écrire les annales de la grande nation? M. Lacretelle publiait son *Histoire du xviiie siècle*, œuvre d'un style tendu et faussement coloré où se révèle l'absence de ces études profondes, de cette comparaison des faits, qui seules préparent la connaissance d'un temps et l'intelligence fortement conçue d'une époque ; c'était un livre léger, écrit sur le modèle de l'*Esprit de la Ligue*, avec des anecdotes spirituellement contées ; au fond ce n'était pas un travail sérieux. M. Lacretelle ne comprenait pas le vaste mouvement du xviiie siècle [1], cette destruction de toute une société qui depuis cherche laborieusement à se reconstruire. Il n'avait lu ni une pièce diplomatique, ni un document de parlement, ni un acte de cabinet ; il avait pris des mémoires et les avait arrangés, quelquefois avec bonheur, toujours avec une légèreté de conception et d'étude indicible.

M. Michaud travaillait aussi à son premier volume de l'*Histoire des Croisades*, tentative heureuse d'innovation qui plus tard se développa dans des proportions plus larges. Il faut tenir compte de ce travail. M. Michaud s'était laissé trop empreindre de l'esprit de l'Empire aux formes classiques [2] ; cette influence se retrouve à chaque page, mais il enseignait au moins une grande vérité pratique, c'est que l'histoire ne peut s'écrire que par la chronique, et qu'il faut remonter aux sources ; l'Empire faisait de l'histoire avec de la déclamation de rhéteur, M. Michaud modifia ce mensonge pompeux pour arriver aux proportions descriptives par l'étude de la chronique et des événements. S'il garda trop l'empreinte de l'époque impériale, si la *Jérusalem délivrée* du Tasse

---

[1] Il faut plutôt reprocher cette absence d'étude à l'esprit du temps dans lequel M. Lacretelle écrivait son livre qu'à l'auteur même.

[2] Je fus assez heureux dans ma vie pour entraîner et appuyer plus tard M. Michaud dans cette étude des vieilles chroniques. En 1827 M. Michaud s'était beaucoup modifié.

domina son travail à ce point d'en emprunter les discours, M. Michaud ouvrit la voie à l'érudition coloreé; il n'osa pas tout ce qu'il pouvait, et ce qu'il osa fut beaucoup en face d'une école qui ne supportait que la poésie épique et la philosophie plus ou moins sérieuse des événements.

Il ne manquait pas cependant d'érudits de distinction : M. Daunou, le membre si austère du Tribunat, ce faiseur de constitutions, s'était laissé dompter par la place de garde des archives, et il écrivait par ordre de Napoléon son *Essai sur la puissance temporelle des papes*, pauvre travail, résumé de toutes les idées étroites du jansénisme. Ginguené, esprit plus élégant, jetait dans un public distrait son deuxième volume de l'*Histoire littéraire d'Italie*, analyse critique des travaux comparés de la littérature italienne et des grands poëmes de chevalerie, imitation de Tiraboschi. Chénier lisait aussi à l'Athénée son *Histoire des Troubadours*; abordant le moyen âge sans la foi catholique, il voulait trouver le corps sans l'âme. Enfin, toujours dans la même ligne d'études classiques, paraissait l'*Histoire des républiques italiennes* de M. de Sismondi [1], long travail où Muratori devrait être inscrit et cité à chaque page : je n'aime pas qu'on oublie les longues veilles de ceux qui nous ont précédés.

Était-il possible d'inspirer des études sérieuses à cette génération tout occupée de batailles, de triomphes, de théâtres, de plaisirs et de bals? Quand on joue sa vie tous les jours sur un champ de bataille, comment ne point s'enivrer dans la large coupe? dissipations, modes, cou-

---

[1] M. de Sismondi m'a fait l'honneur, dans son travail sur l'histoire de France, de porter plus d'une fois un jugement sur mes livres; je l'en remercie; lui et moi nous parlons d'un point de vue si divers et d'une méthode si différente qu'il est facile de comprendre comment nous ne nous rencontrons pas. C'est pour moi un malheur et un regret.

tumes ne sont-elles pas l'expression d'un temps ? Voulez-vous savoir comment était mis un jeune homme à la mode en 1809 ? Sur sa tête était un claque d'une grandeur démesurée ; ses cheveux étaient coupés et mille papillottes s'éparpillaient sur son front ; la cravate était essentiellement blanche, le col immense et pointu s'élevait jusqu'à l'œil ; puis venait l'habit, très large du dos, haut du collet jusque sur la tête ; s'il faisait froid, un spencer, descendant jusqu'à la ceinture, laissait apercevoir deux larges basques qui pendaient sur sa culotte courte en nankin ou en daim, selon la saison ; des bas chinés, des souliers à boucles, le tout surmonté de mille rubans de soie qui fouettaient leurs mollets et leurs pieds [1]. J'oubliais une parure : « Nos jeunes gens, dit un *Journal des Modes*, ne portent qu'une montre, et de vil prix ; mais au cordon, toujours apparent, sont suspendus cachets, clefs, bagues en émeraudes, cornalines, jaspes, montés en or et de formes extrêmement variées ; trois ou quatre cordons à la parisienne fourniraient plus de breloques que la boutique entière d'un bijoutier de pro-

---

[1] Veut-on voir encore un échantillon de modes ? le voici :

« Quand on est en costume d'étiquette, on porte des souliers à demi pointus et très couverts ; en négligé, les souliers sont ronds et atteignent à peine le cou-de-pied ; en grand costume, un jeune homme porte une culotte qui descend de sa ceinture jusqu'à son genou ; en négligé, la culotte d'un incroyable passe son estomac et ne finit qu'après son mollet ; l'habit d'étiquette doit être large et étoffé. Rien de plus court, de plus étroit, de plus mesquin que le frac du matin. Le soir un élégant porte un chapeau sous le poids duquel il paraît succomber ; le matin c'est un petit chapeau rond qui paraît léger comme une girouette.

« Le vert est devenu la couleur à la mode ; les femmes portent des grands chapeaux verts, des châles verts, des robes vertes, des capotes vertes dont les pointes aiguës se rapprochent sous le menton.

(Modes d'avril et de mai 1809.)

« Une élégante se revêt d'abord d'un corset qui presse la taille ; elle a ensuite des hauts-de-chausses en forme de pantalon, ou des brodequins qui se lacent sur son cou-de-pied ; par-dessus cet accoutrement elle met une robe d'une étoffe la plus transparente possible. Ce double vêtement met la décence à l'abri. Les dames, à qui l'on reprochait naguère encore d'aller presque nues, portent aujourd'hui deux costumes pour un. Les roses se portent de la couleur qui a pris leur nom, plutôt que blanches, et en paquet plutôt qu'en cordon. Le bleu pâle ou

vince. » C'était le costume complet d'un merveilleux. Pour les dames voici la mode : des chapeaux en forme de casque et colimaçon, beaucoup de boucles sur le front comme les hommes; un spencer et des brandebourgs d'acier; manches étroites en velours ou en soie selon la saison, ou bien des casaques toujours à brandebourgs montées très haut de gorge comme de coutume; des jupes infiniment étroites, puis ce qu'on appelait alors des bottines; enfin mille chaînes d'or se croisant sur la poitrine : en un mot, le costume de vivandière.

Qui sait? ce que nous trouvons si ridicule pour la génération morte, la génération nouvelle nous le rendra peut-être; les modes, les goûts, comme les réputations brillantes, tout fléchit et tout tombe; plus on a jeté de l'éclat, plus on porte le terrible talion du ridicule et de l'oubli. Quelles douleurs pour la jeune artiste, pour la femme gracieuse qui a brillé sur la scène et qui, vieillie, voit d'autres réputations arriver! plus elle a été applaudie, plus elle est délaissée; papillon aux ailes d'or, elle se dépouille de son vêtement de pourpre pour le linceul d'une mort prématurée. Fatale loi de la destinée; on paie bien cher alors les quelques joies passagères, les pluies de bouquets, les enivrements du triomphe!

bleu de ciel est maintenant la couleur par excellence. On pose des plumes bleues sur des chapeaux de paille blanche, liserés en satin bleu, ou bien des plumes blanches à tête bleue : quelques petites-maîtresses adaptent même pareille garniture de plumes à la paille jaune. Le pantalon des enfants n'est pas la seule fantaisie de costume que se permettent les élégantes : habillées tout en blanc, on en voit avec des bottines d'un gris sale.

(Modes de juin et de juillet 1809.)

CHAPITRE X.

APOGÉE DE LA DICTATURE DE NAPOLÉON.

Tentative pour la suppression du Corps législatif. — Ses rapports avec l'Empereur. — Doctrine sur le Sénat. — Le Code pénal. — Le Code d'instruction criminelle. — Esprit de ces deux législations. — Les prisons d'État. — Rétablissement des lettres de cachet. — Dictature intellectuelle. — Censure. — Direction de l'imprimerie et de la librairie. — Envahissement des journaux. — Dictature sur la propriété. — Échange. — Affaire du domaine de Navarre et de la succession de Bouillon. — Dictature commerciale. — Application des décrets de Berlin et de Milan. — Les licences. — Les douanes. — Les cours prévôtales. — Dictature administrative. — Les conseils de préfecture. — Le conseil d'État. — Les conflits. — Privilége des contributions et du trésor. — Théorie du domaine extraordinaire.

Décembre 1809 à Avril 1810.

Lorsqu'à la distance des âges, on jette les yeux sur les Codes Théodosien et Justinien, ces monuments pourprés de l'empire grec alors parvenu à son époque de plus haut despotisme, on voit le prince revêtu d'une puissance solennelle qui embrasse et domine tous les ressorts du gouvernement; non seulement il est le chef de l'administration de l'empire, le César qui conduit les armées, le juge qui distribue la sentence sur les têtes abaissées; mais encore le seul, l'unique maître du commerce, de l'industrie, du trésor, de la propriété de tous : l'empereur est le suprême pontife, le dictateur de la conscience, de la vie et de la fortune des sujets; et sa puissance rayonne à ce point qu'il faut que ses ordres soient exécutés dans la soumission et le respect le plus profond. « Ce que décide l'empereur, c'est la loi pour tous, » dit Théodose dans une de ses Novelles. Eh bien! l'esprit de Napoléon a cette tendance; il marche successivement à son œuvre, il en a étudié le principe en Orient; quelque chose de babylonien et d'assyrien domine dans sa pensée; il ne comprend pas un pays avec des institutions libres, une pensée indépendante, une administration modérée et retenue; pour lui le gouvernement est tout; son antipathie, c'est le parlement d'Angleterre; il ne s'explique pas qu'on puisse faire de grandes choses dans un pays qui possède des assemblées retentissantes et une presse affranchie [1].

Et ce despotisme se justifie pourtant : Napoléon succède à l'anarchie, à l'absence de tout pouvoir politique; le xviiie siècle avait démoli la puissance de l'autorité, il n'y avait plus de droits fixes; au milieu de l'ordre il restait un grand vide, l'autorité était méconnue; il fallait la reconstituer sur de fortes bases. Napoléon saisit cette dictature, il la comprit comme une nécessité rigoureuse; elle allait à son caractère, qui n'aimait aucune intelligence, aucune force en dehors de lui; la patrie se résumait sur sa tête. A l'époque de sa campagne d'Autriche, il avait éprouvé des conspirations menaçantes; tandis qu'il exposait sa vie sur les champs de batailles, on complotait à Paris; les partis divers s'agitaient sourdement, tous agissaient dans la prévoyance d'une succession possible, ils désiraient un renversement. L'Empereur avait dit à Wieland en par-

---

[1] Tous les articles que Napoléon dicte dans le *Moniteur* sont dirigés contre les discussions du parlement, les élections et la presse anglaise.

lant de César : « La seule faute que je lui reproche, c'est que, sachant que l'on conspirait contre lui, il ne se soit pas débarrassé de ses ennemis. » L'Empereur n'avait pas cette trempe molle, insouciante ; si ses ennemis voulaient se débarrasser de lui, il saurait les prévenir et se débarrasser d'eux ; c'est pourquoi on le voit marcher si hautement dès cette époque vers la plénitude du pouvoir absolu et à des précautions inusitées de despotisme sans limites.

Dès que l'Empereur eut touché sa capitale, une pensée vint à lui, décisive, souveraine : il voulut tout à coup se débarrasser du Corps législatif par un acte fort et franc ; il n'en était pas satisfait[1]. Cette assemblée, travaillée par Fouché et les ennemis du gouvernement impérial, avait hésité dans le vote de quelques lois ; ce Corps législatif, composé d'ailleurs de propriétaires paisibles, images de la partie sage, modérée de la population, reflétait un peu l'opinion publique ; il était impossible qu'un certain mécontentement ne s'élevât pas parmi les membres de la législature ; l'opinion tôt ou tard est reine, on ne peut étouffer ses soupirs, ses doléances. Or Napoléon, voulant couper court à cette opposition sourde par une mesure décisive, conçut le projet de la supprimer souverainement ; sa note datée de Valladolid avait d'abord limité les diverses institutions de l'État dans des bornes étroites : le Sénat, le conseil d'État, le Corps législatif ; il avait repoussé avec indignation la pensée d'une représentation nationale en dehors de lui, le seul, le véritable représentant du peuple. Cette idée pourtant fut combattue par Cambacérès et quelques membres du conseil privé, tels que M. Regnauld de

---

[1] Le décret fut même signé. Il n'a pas été publié.

Saint-Jean-d'Angely et M. Rœderer lui-même, le partisan le plus chaud du pouvoir unitaire. Dans la situation où se trouvait le Corps législatif il ne pouvait être un embarras ; simple forme politique, il n'avait pas même la tribune ; quelques orateurs exposaient les motifs, après venaient un simple rapport et un vote; évidemment ce n'était point ici un système de représentation, une forme d'examen qui dominait le pouvoir; on créerait une opposition sérieuse là où il n'y avait jusqu'ici qu'une gêne.

Napoléon reconnut ce qu'il y avait de juste dans cette observation de son conseil intime, sa colère se calma; on le vit donc ouvrir en personne la session du Corps législatif pour exalter de sa bouche les merveilles de son règne. Il vint en cortége impérial à l'ancien palais des Condés ; les rois et les princes de la Confédération le suivaient comme ses vassaux ; il aimait les cortéges resplendissants. L'Empereur parla gravement, mais avec un ton de vanité, de foi en lui-même, qui se ressentait des fortes impressions qu'il voulait laisser de sa puissance[1]. « En Espagne, disait-il, il avait tout soumis, chassé de Madrid le gouvernement fallacieux formé par l'Angleterre ; trois mois de campagne en avaient fini avec la guerre d'Autri-

---

[1] Voici le texte du discours de Napoléon à l'ouverture du Corps législatif, le 3 décembre 1809 :

« Messieurs les députés des départements au Corps législatif, depuis votre dernière session j'ai soumis l'Aragon et la Castille, et chassé de Madrid le gouvernement fallacieux formé par l'Angleterre. Je marchais sur Cadix et Lisbonne, lorsque j'ai dû revenir sur mes pas, et planter mes aigles sur les remparts de Vienne. Trois mois ont vu naître et terminer cette quatrième guerre punique. Accoutumé au dévouement et au courage de mes armées, je ne puis cependant dans cette circonstance ne pas reconnaître ces preuves particulières d'amour que m'ont données mes soldats d'Allemagne.

« Le génie de la France a conduit l'armée anglaise ; elle a terminé ses destins dans les marais pestilentiels de Walcheren. Dans cette importante circonstance je suis resté éloigné de quatre cents lieues, certain de la nouvelle gloire qu'allaient acquérir mes peuples, et du grand caractère qu'ils allaient déployer. Mes espérances n'ont pas été trompées. Je dois des remerciments particuliers aux citoyens des départements du Pas-de-Calais et du Nord. Français, tout ce qui voudra s'opposer à vous sera vaincu et soumis ! Votre grandeur s'accroîtra de toute la haine de vos ennemis. Vous avez

che. C'était le génie de la France qui avait conduit les Anglais à Walcheren ; la Toscane était réunie ; sa conduite avec le pape était digne de son caractère fier et de la pourpre impériale ; il avait laissé l'influence spirituelle au premier pasteur de l'église, annulé la donation des empereurs français ses prédécesseurs. » Ces derniers mots produisirent une vive et grande impression ; l'Empereur prenait officiellement le rôle de Charlemagne, et le comptait comme son prédécesseur, et qui sait ? comme son ancêtre : l'empire d'Occident serait reconstitué, n'était-ce pas le dernier mot de ses efforts ? l'empire d'Occident avec la tiare et la pourpre de Charles-le-Grand.

Napoléon annonçait encore « que tous ses alliés avaient reçu des accroissements de territoire ; les provinces illyriennes lui assuraient une prépondérance politique et commerciale dans le Levant ; si la Porte se réunissait franchement à la France, le puissant Empereur la protégerait ; si elle restait anglaise, il lui réservait une punition exemplaire. Il s'était fait le médiateur de la nation suisse ; des changements devenaient nécessaires en Hollande pour la sûreté des frontières ; la Suède, par son al-

devant vous de longues années de gloire et de prospérité à parcourir. Vous avez la force et l'énergie de l'Hercule des anciens.

« J'ai réuni la Toscane à l'Empire. Les peuples en sont dignes par la douceur de leur caractère, par l'attachement que nous ont toujours montré leurs ancêtres, et par les services qu'ils ont rendus à la civilisation européenne.

« L'histoire m'a indiqué la conduite que je devais tenir avec Rome. Les papes, devenus souverains d'une partie de l'Italie, se sont constamment montrés les ennemis de toute puissance prépondérante dans la Péninsule ; ils ont employé leur influence spirituelle pour lui nuire. Il m'a donc été démontré que l'influence spirituelle exercée dans mes États par un souverain étranger était contraire à l'indépendance de la France, à la dignité et à la sûreté de mon trône. Cependant, comme je reconnais la nécessité de l'influence spirituelle des descendants du premier des pasteurs, je n'ai pu concilier ces grands intérêts qu'en annulant la donation des empereurs français mes prédécesseurs, et en réunissant les États romains à la France.

« Par le traité de Vienne, tous les rois et souverains mes alliés, qui m'ont donné tant de témoignages de la constance de leur amitié, ont acquis et acquerront un nouvel accroissement de territoire.

« Les provinces illyriennes portent sur la Save les frontières de mon grand Empire.

liance avec l'Angleterre, avait perdu la plus belle de ses provinces; un roi sage nouvellement élu pourrait réparer les maux; enfin le Corps législatif, profondément ému, put entendre que le Czar, désormais l'ami de Napoléon, venait de réunir à son empire la Finlande, la Moldavie et la Valachie, et un district de la Gallicie; l'Empereur n'était jaloux de rien de ce qui pouvait arriver d'heureux pour la Russie. Terminant par une de ces phrases habituellement à effet, Napoléon montrait le léopard épouvanté lorsque l'aigle paraîtrait au-delà des Pyrénées; le génie du bien punirait ainsi le génie du mal. » L'Empereur s'était rarement trompé dans ces sortes de prophéties de la gloire : annonçait-il par ces paroles une nouvelle campagne dans la Péninsule? irait-il ressaisir la victoire trop souvent infidèle à ses lieutenants? on n'en disait rien encore; cette harangue de César fut attentivement écoutée comme l'oracle.

Chacune des sessions du Corps législatif était précédée d'une exposition administrative sur l'état de la France par le ministre de l'intérieur, document de rhétorique que l'on jetait au public pour montrer tout le bien que le peu-

Contigu avec l'Empire de Constantinople, je me trouverai en situation naturelle de surveiller les premiers intérêts de mon commerce dans la Méditerranée, l'Adriatique et le Levant. Je protégerai la Porte, si la Porte s'arrache à la funeste influence de l'Angleterre; je saurai la punir si elle se laisse dominer par des conseils astucieux et perfides.

« J'ai voulu donner une nouvelle preuve de mon estime à la nation suisse en joignant à mes titres celui de son *médiateur*, et mettre un terme à toutes les inquiétudes que l'on cherche à répandre parmi cette brave nation.

« La Hollande, placée entre l'Angleterre et la France, en est également froissée. Cependant elle est le débouché des principales artères de mon Empire. Des changements deviendront nécessaires; la sûreté de mes frontières et l'intérêt bien entendu des deux pays l'exigent impérieusement.

« La Suède a perdu par son alliance avec l'Angleterre, après une guerre désastreuse, la plus belle et la plus importante de ses provinces. Heureuse cette nation, si le prince sage qui la gouverne aujourd'hui eût pu monter sur le trône quelques années plus tôt. Cet exemple prouve de nouveau aux rois que l'alliance de l'Angleterre est le présage le plus certain de leur ruine.

« Mon ami et allié l'empereur de Russie a réuni à son vaste empire la Finlande, la Moldavie, la Valachie et un district de la

ple avait reçu de son souverain; ce fut le début de M. de Montalivet; pour la première fois il paraissait à la tribune. Les éléments de ce travail étaient recueillis dans les bureaux du ministère; on y groupait tous les détails; un conseiller d'État élaborait l'œuvre destinée au Corps législatif; il y mettait de la couleur et de la pourpre; le panégyrique était pour l'Empereur qui avait tout fait, l'éloge s'adressait à Trajan. Lui seul était la providence du peuple, le puissant protecteur des arts, du commerce, de la science, la source de toute prospérité publique: qui aurait pu chercher dans ces phrases pompeuses les ravages de la conscription, les tristesses du despotisme, les abus de l'administration, l'état déplorable des affaires commerciales? toutes les voix étaient muettes, et cet exposé allait sur l'aile de la renommée en France et en Europe, pour tromper l'opinion publique sur les forces et les joies du vaste Empire. Tout brillait et reluisait sous la main de Napoléon.

L'Empereur gardait aussi rancune au Sénat, et pourquoi? n'avait-il pas obtenu de lui toutes les levées de conscription, tous les actes qui pouvaient servir son despo-

Gallicie. Je ne suis jaloux de rien de ce qui peut arriver de bien à cet empire; mes sentiments pour son illustre souverain sont d'accord avec ma politique.

« Lorsque je me montrerai au-delà des Pyrénées, le léopard épouvanté cherchera l'Océan pour éviter la mort, la défaite et la honte. Le triomphe de mes armes sera le triomphe du génie du bien sur celui du mal; de la modération, de l'ordre, de la morale sur la guerre, l'anarchie et les passions malfaisantes. Mon amitié et ma protection rendront, je l'espère, la tranquillité et le bonheur aux peuples des Espagnes.

« Messieurs les députés des départements au Corps législatif, j'ai chargé mon ministre de l'intérieur de vous faire connaître l'histoire de la législation, de l'administration et des finances dans l'année qui vient de s'écouler : vous y verrez que toutes les pensées que j'ai conçues pour l'amélioration de mes peuples se sont suivies avec la plus grande activité; que dans Paris, comme dans les parties les plus éloignées de mon Empire, la guerre n'a apporté aucun retard dans les travaux. Les membres de mon conseil d'État vous présenteront différents projets de loi, et spécialement a loi sur les finances ; vous y verrez leur état prospère. Je ne demande à mes peuples aucun nouveau sacrifice, quoique les circonstances m'aient obligé à doubler mon état militaire. »

tisme? Oui, certes, mais il savait qu'une opposition fermentait dans son sein; si le Sénat donnait tout à la volonté de Napoléon, il y avait fatigue à toujours obéir; plus d'un sénateur était entré secrètement dans les intrigues de M. de Talleyrand ou de Fouché pendant la campagne de 1809; toutes les fois qu'il y avait eu une conspiration sérieuse, on avait pris le Sénat pour complice ou bien on l'avait supposé; or, en politique, les partis ont un instinct merveilleux de tout ce qui peut les servir; lorsqu'ils indiquent un homme ou un corps comme une de leurs espérances, c'est qu'ils savent bien qu'ils pourront s'en servir et que de pensée il est à eux; il se fait un pacte mystérieux entre ceux qui espèrent et ceux qui attendent. Un premier décret avait déclaré que le Sénat ne pourrait jamais être convoqué que par l'Empereur ou par l'archi-chancelier, et en tous les cas par un message exprès; l'Empereur voulait éviter ici ces convocations extraordinaires qu'une conspiration politique aurait pu surprendre pour prononcer sa déchéance. On ajouta comme dispositions pénales « que tous les actes du Sénat intervenus sans la convocation expresse de l'Empereur seraient nuls de plein droit. Désormais les princes du sang impérial, plus assidus parmi les sénateurs, surveilleraient les démarches des idéologues malveillants ou niais qui voulaient rejeter la France au temps d'anarchie et de terreur dont le 18 brumaire l'avait heureusement délivrée. » Tel était le langage habituel de l'Empereur en désignant ce banc d'opposition du Sénat : MM. Lanjuinais, Lambrecht, Grégoire et Garat.

Cette dictature au sommet des corps politiques, Napoléon voulait l'appliquer aux formes judiciaires et à la pénalité de sa jurisprudence; il n'y a pas de despotisme sans un Code cruel qui embrasse toutes les actions de la vie ; il n'y a pas de Code applicable si l'instruction n'est pas favorable au pouvoir absolu, et si les formes judiciaires ne sont pas courbées sous la volonté du dictateur. De là, pour Napoléon, l'obligation de préparer les Codes pénal et d'instruction criminelle[1], l'organisation des cours d'appel sous des conditions plus assouplies. Ainsi, Sénat, Conseil d'État, Corps législatif abaissés sous ses mains ; ensuite la loi, et les Codes du pays, rédigés dans l'exclusive pensée du pouvoir ; telles furent les conditions de la dictature.

L'action du gouvernement dans la justice fut consacrée par trois monuments remarquables par leur esprit et leur perfection unitaire. Si l'on étudie le Code pénal dans son ensemble et dans ses détails, on verra qu'il est rédigé bien plus pour la protection du gouvernement que pour la garantie des particuliers[2] : les attentats contre la sûreté du pouvoir y sont multipliés à l'infini ; la terrible peine de mort y est prodiguée comme si l'esprit du Comité de salut public dominait encore, et avec cette peine la fatale confiscation des biens, empruntée aux lois du Bas-Empire et au système féodal. Si vous avez concerté un complot, la mort ; si vous avez pratiqué des machinations, la mort ; si vous tentez une sédition, la mort ! toujours cette affreuse perspective de la peine capitale qui dans les troubles civils ar-

---

[1] L'un et l'autre de ces codes furent promulgués en 1809 et en 1810.

[2] L'exposé des motifs du Code pénal fut très brièvement développé par M. Treilhard ; cela différait de la belle et grande discussion du Code civil.

Discours prononcé par M. Treilhard, conseiller-d'État. — Séance du 1ᵉʳ février 1810.

« Messieurs, après l'interruption momentanée de vos travaux, S. M. I. veut que leur reprise soit honorée par l'examen et la discussion d'un ouvrage très important, d'un *Code pénal*.

« Le Code Napoléon a établi l'État des hommes et leurs propriétés sur des bases inébranlables.

« Le Code de procédure civile aplanit les avenues du temple de la justice en débarrassant l'instruction des affaires d'une foule d'actes aussi ruineux pour les plaideurs qu'inutiles pour les juges.

« Le commerce se félicite de la promulgation d'un Code qui doit le replacer sur

rive, comme le messager sanglant des partis ; le crime de lèse-majesté puni comme à Rome sous Tibère. Révélez le secret de votre ami, qu'importe que vous ayez désapprouvé l'acte séditieux? révélez ! révélez ! Puis nulle liberté, ni le droit de se réunir, ni les écrits, ni la parole libre ; un prêtre même ne peut correspondre avec son supérieur, s'il est étranger. Tout est délation dans la société telle que le Code pénal l'institue. Est-ce un mal, est-ce un bien ? Ici, Napoléon a son excuse : dans une société violemment secouée par l'esprit de révolution, il faut des compressions puissantes; les âmes ont été si remuées, qu'il est nécessaire de les contenir par des peines sanglantes. Un Code est l'expression des mœurs ; là où elles sont paisibles, les lois sont douces, patriarcales ; mais lorsqu'il faut ramener la force du pouvoir, le respect pour l'ordre, la morale publique trop compromise, alors il faut des peines implacables, et Napoléon ne manqua pas à sa mission.

Le Code d'instruction criminelle est la mise en action des lois pénales; il se ressent de la pensée dictatoriale de l'Empereur : plus de jury d'accusation; une chambre du conseil qui prononce souverainement et renvoie le prévenu devant les assises ; le jury est restreint dans les conditions qui tiennent aux crimes contre les personnes ; le gouvernement a des cours spéciales pour les délits et crimes

---

ses plus fermes appuis, la bonne foi et l'économie.

« Un Code d'instruction criminelle garantit la sûreté publique et individuelle en facilitant la recherche des crimes et en forçant leur poursuite ; il offre des moyens infaillibles pour atteindre les coupables, et il réunit aussi tout ce qui peut calmer l'inquiétude de l'innocence persécutée.

« Que manque-t-il encore à notre législation? un *Code pénal* qui inflige au coupable la peine qu'il a encourue ; une peine juste, proportionnée au crime, car la société doit la justice même à ceux qui se déclarent ses ennemis, et la justice exclut également l'excès de l'indulgence et de la sévérité.

« Ainsi, pendant qu'une suite non interrompue de prodiges élève au plus haut degré la gloire des Français, des lois sages auront préparé notre bonheur domestique : il n'en est point sans la libre et paisible jouissance de notre personne, de notre état, de notre famille, de nos propriétés.

politiques, sortes de commissions mi-parties civiles et militaires. Toutes les fois qu'il s'agit de sa propre sûreté, il ne s'abandonne pas au jugement par jury ; les assises sont restreintes aux crimes privés, le pouvoir ne veut pas se placer à discrétion ; la caution n'est admise que dans des cas fort rares ; la liberté est une exception, la mise en arrestation une règle ; les mandats d'amener sont tellement faciles, qu'ils sont tout prêts en blanc chez le ministre de la police : la dénonciation d'un agent suffit pour cela ; dans cette société qu'il faut ramener à l'ordre, à la règle, le pouvoir est tout, l'individu n'est rien.

Avec cette immense extension que prennent les cours spéciales, tribunaux d'exception, les assises voient leurs juridictions restreintes ; les tribunaux d'appel sont organisés sous le titre de cours impériales, comme s'il fallait constater plus formellement ici que la justice est une émanation de l'Empereur et une dépendance de son autorité. On modifie le personnel de la justice par la nécessité d'une institution nouvelle [1] ; on épure la magistrature ; généralement les choix sont meilleurs : on exclut la plupart des conseillers que la tourmente révolutionnaire a trop élevés ; Cambacérès a goût pour la vieille magistrature, il y cherche ses préférences ; on crée des juges-auditeurs avec des prérogatives qui blessent un peu le

---

Ces bienfaits, nous ne pouvions les obtenir que d'une bonne législation ; ils se feront sentir tous les jours et à tous les instants, et c'est aussi tous les jours et à tous les instants que le peuple français doit en bénir l'auteur.

« Législateurs, vous recueillerez une portion de sa reconnaissance, puisque S. M. I. vous associe à ses méditations. Hâtez-vous, messieurs, de procéder au complément de votre organisation pour nous mettre en état de terminer, en vous présentant le premier livre du Code pénal, la mission honorable dont S. M. a daigné nous charger. »

[1] La loi sur les cours impériales est du 20 avril 1810. En voici quelques articles.

« Art. 1er. Les cours d'appel prendront le titre de *Cours impériales* ; les présidents et autres membres de ces cours prendront le titre de *Conseillers de Sa Majesté* dans lesdites cours.

« 2. Les cours impériales connaîtront des matières civiles et des matières criminelles, conformément aux codes et aux lois de l'Empire.

DÉCRET SUR LES PRISONS D'ÉTAT (1810).

principe de l'inamovibilité; le pouvoir a besoin de se manifester partout; le juge n'est irrévocable que sous certaines conditions; la dictature s'organise : Code pénal, Code d'instruction criminelle, cours spéciales, restriction du jury, tout cela résulte d'une même pensée. L'Empereur ne comprend rien en dehors de lui; s'il lui plaît de faire sanctionner un acte contre les personnes et les propriétés, il veut en rester maître.

Et pourtant Napoléon ne se croit pas assez sûr de cette justice : les hommes qui forment corps, tels que les magistrats, ne s'abdiquent jamais; quand ils jugent, ils sont tous en la présence de Dieu, présence terrible et redoutable; l'Empereur a plus de foi dans la police : avec elle, il dispose sûrement et secrètement des individus; il ne doit compte qu'à lui-même; point de publicité, aucune garantie. La police et la guerre sont les deux ressorts que la révolution lui a laissés, et il s'en sert dans leur plus violente acception; il est si facile par la police d'atteindre un ennemi dangereux! les tribunaux pourraient le refuser, la police le livre. Un décret organise les prisons d'État [1] dans toute l'étendue de l'Empire; elles existent de fait; les larges tours de Vincennes ne sont-elles pas remplies de prisonniers arbitrairement

---

« 3. Les cours impériales siégeront dans les mêmes villes où les cours d'appel ont été établies; elles comprendront dans leur ressort les mêmes départements. Les cours de justice criminelle sont supprimées : elles continueront néanmoins leur service jusqu'au moment de l'installation des cours impériales.

« 4. Le nombre des juges des cours impériales ne pourra excéder à Paris soixante, et dans les autres cours quarante; il ne pourra être à Paris au-dessous de quarante, et dans les autres cours au-dessous de vingt.

« 5. La division des cours impériales en chambres ou sections, et l'ordre du service, seront fixés par des règlements d'administration publique. Si l'Empereur juge convenable de créer des sections nouvelles, ou d'en supprimer dans les cours impériales, il y sera également pourvu par des règlements d'administration publique, sans toutefois déroger à ce qui est prescrit par l'art. 4 ci-dessus. »

[1] Le décret concernant les prisons d'État, du 3 mars 1810, offre une grande curiosité : les motifs sont un grand sophisme comme l'Empereur savait en faire :

détenus? Il ne fait que régulariser un ordre de choses existant sous le Directoire et Consulat.

Jusqu'ici la dictature considérait comme un provisoire ces détentions de police ; désormais, il faut savoir que les prisons d'État sont un système régulier, un mode d'organisation, un état normal pour le pouvoir; elles sont publiquement consacrées, en vertu d'une disposition solennelle : les principes qui motivent le décret sont curieux à étudier comme pensée d'un pouvoir fort : l'Empereur avoue hardiment qu'il existe des détenus dans les prisons spéciales sans l'intervention de la justice : ceux-ci ont attenté contre le gouvernement ; traduits devant les tribunaux, ils seraient condamnés, des raisons supérieures veulent qu'ils ne le soient pas ; les uns sont des chefs de guerre civile que les cours n'avaient pu atteindre par leurs arrêts; les autres sont des individus dangereux que des motifs politiques ne permettent pas de mettre en jugement; pour d'autres, les preuves ne sont pas assez constantes. D'après ces motifs longuement développés, l'Empereur établit que tout individu peut être détenu d'après l'avis du conseil privé, c'est-à-dire de la police de Napoléon ; un rapport est fait, le souverain statue de son chef et le citoyen est arrêté. Toute prison d'État est confiée à la gendarmerie sous l'inspection du ministre; on ac-

---

« Napoléon, etc. Sur le rapport de notre ministre de la police générale :

« Considérant qu'il est un certain nombre de nos sujets détenus dans les prisons de l'État, sans qu'il soit convenable ni de les faire traduire devant les tribunaux, ni de les faire mettre en liberté; que plusieurs ont, à différentes époques, attenté à la sûreté de l'État, qu'ils seraient condamnés par des tribunaux à des peines capitales ; mais que des considérations supérieures s'opposent à ce qu'ils soient mis en jugement; que d'autres, après avoir figuré comme chefs de bandes dans les guerres civiles, ont été repris de nouveau en flagrant délit, et que des motifs d'intérêt général défendent également de les traduire devant les tribunaux ; que plusieurs sont ou des voleurs de diligences, ou des hommes habitués au crime, que nos cours n'ont pu condamner, quoiqu'elles eussent la certitude de leur culpabilité, et dont elles ont reconnu que l'élargissement serait contraire à l'intérêt et à la sûreté de la société;

corde deux francs par jour à chaque prisonnier; il peut recevoir les secours de sa famille; on ne le persécute pas, mais il est frappé dans sa liberté d'une manière absolue; toute communication avec l'extérieur lui est interdite; quelquefois le pauvre prisonnier, privé même d'encre et de plumes, peut s'abîmer dans sa pensée, à la face des murailles grisâtres, et, la tête brûlante, il doit se convaincre que cette situation est éternelle. Si, comme Palafox, il avait défendu l'indépendance de la patrie, on lui réservait Vincennes! si, jeune et ardent patriote d'Allemagne, il avait rêvé la Germanie libre, comme sa fiancée, il avait encore Vincennes! Républicains à conviction, nobles officiers de la Vendée, tout cela était jeté pêle-mêle dans une prison d'État.

Pouvait-il y avoir une dictature plus absolue? La garantie du conseil privé pour l'arrestation d'un homme était puérile; le conseil privé n'était-il pas toujours l'Empereur? Ce décret sur les prisons d'État donnait une extension démesurée au système des lettres de cachet; c'était plus que la Bastille devenue une véritable prison d'aristocratie aux derniers jours de la monarchie : la Bastille, maison de grand seigneur, où les belles marquises couraient pour voir le duc de Richelieu sur l'esplanade. Sous l'Empire, les prisons d'État avaient un caractère sinistre : Vincennes se rappelait le duc d'Enghien fusillé dans

qu'un certain nombre ayant été employés par la police en pays étranger, et lui ayant manqué de fidélité, ne peut être ni élargi, ni traduit devant les tribunaux sans compromettre le salut de l'État; considérant cependant qu'il est de notre justice de nous assurer que ceux de nos sujets qui sont détenus dans les prisons de l'État le sont pour causes légitimes, en vue d'intérêt public, et non par des considérations et passions privées; qu'il convient d'établir pour l'examen de chaque affaire des formes légales et solennelles; et qu'en faisant procéder à cet examen, rendre les premières décisions dans un conseil privé, et revoir chaque année ces causes de la détention pour reconnaître si elle doit être prolongée, nous pourvoirons également à la sûreté de l'État et à celle des citoyens; notre conseil d'État entendu, nous avons décrété et décrétons ce qui suit :

« 1. Aucun individu ne pourra être dé-

ses fossés, là où les corbeaux viennent battre leurs ailes sur le haut donjon. Le château d'If, triste solitude au milieu de la mer agitée; les vagues s'y brisent en bruit monotone contre les murailles humides; puis Fenestrelle, où résida le Masque de fer, aventure mystérieuse brodée sous la régence comme une légende de succession; Ham et Saumur, destinés à toutes les époques à entendre les soupirs des prisonniers dans les nuits sans sommeil; le fort de Joux, où mourut, à la face des neiges éternelles, ce Toussaint Louverture, l'homme du tropique, qui rêvait le rôle de Bonaparte à Saint-Domingue; la jalousie du Consul en avait fini avec cette vie; il le plaça, Toussaint, l'homme des savanes sous le soleil brûlant, au fort de Joux, dans les glaciers du Jura.

Quand la dictature était indulgente, elle se bornait à vous exiler hors de France ou de Paris, dans un rayon précisément tracé, et cela par un simple ordre du ministre; si vous aviez dit une parole imprudente, un mot de plainte, une dénonciation venait à la police, et tout aussitôt un avis du ministre vous exilait, ou bien vous assignait une résidence que vous ne pouviez quitter; tel vieux patriote vivait en proscrit à Avignon, à Orléans, à Aix, à Saumur, sous la plus active surveillance de la police; là, toutes ses actions étaient comptées

tenu dans une prison de l'État qu'en vertu d'une décision rendue sur le rapport de notre grand-juge ministre de la justice, ou de notre ministre de la police, dans un conseil privé, composé comme il est établi dans les dispositions de l'acte des constitutions du 16 thermidor an x, titre 10, article 86.

« 2. La détention autorisée par le conseil privé ne pourra se prolonger au-delà d'une année, qu'autant qu'elle aura été autorisée dans un nouveau conseil privé, ainsi qu'il va être expliqué.

« 3. A cet effet, dans le cours du mois de décembre de chaque année, le tableau de tous les prisonniers d'État sera mis sous nos yeux dans un conseil privé spécial.

« 4. Le tableau contiendra les noms des prisonniers d'État, leurs prénoms, leur âge, leur domicile, leur profession, le lieu de leur détention, son époque, ses causes, la date de la décision du conseil privé ou

et pesées. Souvent ce régime s'appliquait à de jeunes femmes, à des dames de grande compagnie; on les faisait quitter Paris le matin subitement avec toute la brutalité d'un ordre militaire, en robe de chambre, en souliers de satin; on devait se rendre à quarante ou cinquante lieues de la capitale, dans un château bien noir de province; et pour mériter cette peine, un mot, une épigramme suffisait. Madame de Chevreuse ne pouvait toucher Paris, madame de Staël vaguait errante sans pouvoir atteindre ce ruisseau de la rue du Bac qu'elle préférait au lac de Genève, si beau pourtant! La police ne lui laissait aucun repos; fière de son talent, madame de Staël ne voulait capituler ni sur ses opinions ni sur ses amis.

Telle était la tristesse de ces temps pour les hommes qui ne se rattachaient pas à l'Empereur, qu'on avait toujours peur de trouver un espion là où on cherchait un ami; il se rencontrait à chaque pas un dénonciateur qui vous préparait une prison d'État ou un exil, selon les caprices. Le général Savary se vantait avec un peu d'orgueil de ce que partout où il y avait trois hommes réunis il y avait un agent de police; c'était comme ces temps dont parle Tacite sous Tibère, lorsqu'on s'examinait, les yeux hagards, avant de se confier un secret, une parole; l'image du prince était partout : « N'insultez pas sa statue couronnée de lauriers; agenouillez-vous

des conseils privés qui l'auront autorisée.

« 19. La garde et l'administration de chaque prison d'État sera confiée à un officier de gendarmerie, qui aura sous ses ordres la troupe affectée à la garde de la prison, et déterminera les mesures de précaution et de sûreté pour empêcher l'évasion.

« 23. Les commandant, concierge et gardiens seront responsables, chacun en ce qui le concerne, de la garde des détenus.

« 36. Il n'y aura de prison d'État que dans les lieux ci-après désignés.

« 37. Nul prisonnier d'État ne pourra être détenu, si ce n'est en dépôt ou pour passage, dans d'autres lieux que les prisons d'État désignées par nous.

« 38. Les prisons d'État sont établies dans les châteaux de Saumur, Ham, If, Landskrovn, Pierre-Chatel, Fenestrelle, Camp'ano et Vincennes. »

devant-elle. » L'Empire était une idolâtrie ; on livrait au cirque ceux qui refusaient de brûler l'encens. La dénonciation terrible de Camille Desmoulins contre la Terreur aurait pu s'appliquer à cette société telle que la dictature l'avait constituée, car on proscrivait les soupirs.

Tout fut complet dans cette théorie du despotisme ; l'Empereur ne voulut pas laisser l'intelligence en dehors de son pouvoir ; s'il la récompensait lorsque, abaissée devant lui, elle adorait ses actes en préparant ses desseins, il la brisait quand elle conservait le respect d'elle-même par son indépendance : la censure la plus forte, la plus oppressive, fut établie comme une règle ; la pensée eut ses prisons d'État. Cette surveillance sur tout ce qui s'écrivait en France eut deux caractères ; non seulement prohibitive, elle supprimait des pages entières, des chapitres, des phrases ; mais encore elle en imposait aux auteurs ; ce n'était pas en manuscrit qu'il fallait envoyer l'ouvrage à la censure, cela eût donné trop de peine ; lorsqu'il était en bonnes feuilles, imprimé, fini, à ce moment le censeur imposait des cartons, bouleversait l'œuvre à son gré. Tout devait être écrit dans la pensée de l'Empereur : parlait-on de Rome ? on ne pouvait oublier le parallèle de César et de Napoléon. Dissertait-on sur l'Angleterre ? eh bien ! il fallait foudroyer Carthage et la perfide Albion ; les belles phrases de la police devaient prendre place dans une œuvre d'histoire et de poésie ; à ces conditions le permis de la censure était apposé. Souvent un éditeur était ruiné par le refus de laisser publier un ouvrage achevé ; s'il déplaisait même après la censure, un simple ordre de la police suffisait pour le faire saisir. Madame de Staël a raconté toutes les souffrances qu'elle éprouva pour l'impression de *Corinne* et de *l'Allemagne*, dont elle ne put même pas surveiller l'impression ; pauvre exilée, elle se rapprochait de Paris pour corriger son œuvre, et on menaça de la faire enlever si elle osait franchir le cercle que la police lui avait imposé.

Les journaux, aujourd'hui si libres, n'avaient pas seulement un censeur attaché à leur feuille ; pour eux c'était un bouleversement de propriétés ; l'Empereur partait du principe que toute gazette était dans le domaine public, et qu'il pouvait en disposer à son gré ; nul autre que le gouvernement n'avait le droit de s'adresser au pays ; il n'y avait pas de journaux sans cette condition. De là son système de répartir des pensions sur les fonds des journaux : tel écrivain avait-il jeté de l'encens à la statue de Napoléon? il recevait sa récompense par une action de propriété dans le *Moniteur* ou dans le *Journal des Débats*, on distribuait des indemnités aux écrivains bien méritants sur la propriété des feuilles publiques; la *Gazette de France* en était accablée; économie toute trouvée pour le trésor privé de l'Empereur. Les gens de lettres tout à fait du ressort de la police étaient payés sur les fonds de ce département, manière de protéger en avilissant. Pour couronner l'œuvre, on créa une direction générale [1] de la

---

[1] Voici les principaux articles du décret contenant réglement sur l'imprimerie et la librairie du 5 février 1810, véritable loi de censure.

« Art. 1er. Il y aura un directeur général chargé, sous les ordres de notre ministre de l'intérieur, de tout ce qui est relatif à la librairie et à l'imprimerie.

« 2. Six auditeurs seront placés auprès du directeur-général.

« 3. A dater du 1er janvier 1811 le nombre des imprimeurs dans chaque départements sera fixé, et celui des imprimeurs à Paris sera réduit à soixante.

« 10. Il est défendu de rien imprimer ou faire imprimer qui puisse porter atteinte aux devoirs des sujets envers le souverain, et à l'intérêt de l'État. Les contrevenants seront traduits devant nos tribunaux, et punis conformément au Code pénal, sans préjudice du droit qu'aura notre ministre de l'intérieur, sur le rapport du directeur général, de retirer le brevet à tout imprimeur qui aura été pris en contravention.

« 11. Chaque imprimeur sera tenu d'avoir un livre coté et paraphé par le préfet du département, où il inscrira, par ordre

librairie et de l'imprimerie, confiée à un conseiller d'État; on ne put être imprimeur et libraire qu'avec brevet.

Ce n'était pas assez de la garantie de la censure, de la propriété usurpée sur les journaux; il fallait avoir des libraires, des imprimeurs sous sa main, de telle sorte qu'ils fussent eux-mêmes espions de la pensée. La police put faire fermer des établissements, ruiner les industries, sans autre motif que sa volonté; tout cela n'était que de petites choses aux yeux du pouvoir, les intérêts privés devaient se confondre dans la suprême loi de la dictature. Comme la police donnait le brevet, elle le retirait, rien de plus simple; un livre avait-il le malheur de déplaire, la police le faisait mettre au pilori sans formes; un journal avait-il fait un article imprudent, le lendemain on déclarait qu'il ne paraîtrait plus; les familles ruinées, les actionnaires, on en tenait peu de compte, il ne fallait nulle résistance, tout devait s'assouplir sous la main du pouvoir. La direction de la librairie fut le plus souvent un gouffre fatal pour l'intelligence : tout ce qui se rattachait à l'esprit et à la parole était soumis à la surveillance d'un pouvoir inquiet qui redoutait l'histoire; et pourtant

de dates, le titre de chaque ouvrage qu'il voudra imprimer, et le nom de l'auteur s'il lui est connu. Ce livre sera représenté à toute réquisition, et visé, s'il est jugé convenable, par tout officier de police.

« 29. A dater du 1er janvier 1811, les libraires seront brevetés et assermentés.

« 30. Les brevets de libraire seront délivrés par notre directeur-général de l'imprimerie, et soumis à l'approbation de notre ministre de l'intérieur : ils seront enregistrés au tribunal civil du lieu de la résidence de l'impétrant, qui y prêtera serment de ne vendre, débiter et distribuer aucun ouvrage contraire aux devoirs envers le souverain et à l'intérêt de l'État.

« 33. Les brevets de libraire ne pourront être accordés aux libraires qui voudront s'établir à l'avenir, qu'après qu'ils auront justifié de leurs bonne vie et mœurs et de leur attachement à la patrie et au souverain.

« 34. Aucun livre en langue française ou latine, imprimé à l'étranger, ne pourra entrer en France sans payer un droit d'entrée.

« 35. Ce droit ne pourra être au-dessous de cinquante pour cent de la valeur de l'ouvrage.

« 41. Il y aura lieu à confiscation et amende au profit de l'État, dans les cas sui-

l'Empereur n'était-il pas une tête éminemment historique?

Voici d'autres oppressions. Un prêtre montait-il en chaire pour annoncer la parole de Dieu et révéler les vérités du christianisme, s'il y avait dans ses sermons la moindre allusion aux souffrances du pays, un soupir de peuple, un désir d'allégement; s'il ne disait pas aux conscrits de partir; si, ministre de paix, il n'entonnait pas les chants de guerre, non seulement on lui interdisait la chaire, mais encore on le jetait dans une prison d'État sans rémission; si sa parole d'église était plus hardie, on le considérait comme fou, on le revêtait de la camisole de force; cela s'était vu. Plus criminel encore s'il osait correspondre avec le souverain pontife persécuté; si, membre du clergé, il élevait ses yeux sur le père commun des fidèles; alors on le mettait au secret; privé de son bréviaire, il ne pouvait plus prier; le despotisme pesait sur lui avec violence par la persécution du corps et de l'esprit: mandements des évêques, lettres pastorales, tout devait se faire par ordre de la police; on ne regardait plus la religion que comme un moyen, une volonté pour seconder le gouvernement, faciliter la con-

vants, sans préjudice des dispositions du Code pénal: 1º si l'ouvrage est sans nom d'auteur et d'imprimeur; 2º si l'auteur ou l'imprimeur n'a pas fait, avant l'impression de l'ouvrage, l'enregistrement et la déclaration prescrite aux articles 11 et 12; 3º si l'ouvrage ayant été demandé pour être examiné on n'a pas suspendu l'impression ou la publication; 4º si l'ouvrage ayant été examiné, l'auteur ou l'imprimeur se permet de le publier, malgré la défense prononcée par le directeur-général; 5º si l'ouvrage est publié malgré la défense du ministre de la police générale, quand l'auteur, éditeur ou imprimeur n'a pu représenter le procès-verbal dont il est parlé article 24; 6º si, étant imprimé à l'étranger, il est présenté à l'entrée sans permission et sans être estampillé; 7º si c'est une contrefaçon, c'est-à-dire si c'est un ouvrage imprimé sans le consentement et au préjudice de l'auteur ou de l'éditeur, ou de leurs ayants cause.

« 48. Chaque imprimeur sera tenu de déposer à la préfecture de police cinq exemplaires de chaque ouvrage, savoir: deux pour la bibliothèque impériale, un pour le ministre de l'intérieur, un pour la bibliothèque de notre conseil d'État; un pour le directeur-général de l'imprimerie. »

scription et l'impôt. De là tous ces mandements politiques qu'on imposa aux évêques : il y en eut de très dévoués à l'Empereur ; le plus souvent les formules et les thèmes furent donnés par le ministre des cultes; les correspondances de M. Bigot de Préameneu en font foi.

La propriété de l'homme n'était pas plus respectée que les productions de l'esprit ; Napoléon, à la manière orientale, croyait que tout formait dans l'État le patrimoine du prince : osant ainsi d'étranges actes contre la propriété privée, il tirait des lettres de change forcées sur les banquiers, sur les fournisseurs, et il fallait promptement les acquitter sans mot dire; telle maison de banque, telle ville commerçante, fut obligée de payer un million dans la huitaine. Cette manière d'avanies était passée à la mode; l'Empereur disait : « que ces hommes avaient trop gagné sur l'État ; il fallait leur faire rendre gorge; » d'ailleurs il porte un haut mépris à la banque : ce sont des agioteurs sans esprit public; il n'est pas mal qu'on les associe aux sacrifices de la patrie, telle est la pensée de Napoléon, héritier en cela du Comité de salut public qui proscrit les fermiers généraux et les accapareurs.

La propriété de la terre n'est pas plus affranchie de l'invasion commune ; nul peut-être ne la remue avec plus de caprice; l'Empereur en dispose arbitrairement: il donne, enlève des propriétés, des apanages, selon son libre arbitre, opérant ainsi un ravage dans les titres et les transmissions de la terre : un émigré est-il dans ses bonnes grâces, il obtient tout, le vieux château de ses pères, son hôtel, ses parcs séculaires ; tombe-t-il en disgrâce, on les lui enlève. Les de Luynes par exemple recouvrent leurs biens ; puis, en disgrâce, Napoléon menace de faire réviser le procès du maréchal d'Ancre;

il donne par traité Compiègne à Charles IV, et le lui retire deux mois après; Chambord passe en dix mains. Le plus frappant exemple de cette instabilité, de ce mépris pour le sol, est celui du comté d'Évreux, et de la terre de Navarre. M. Roy avait acquis la jouissance de cette vaste propriété [1] par un traité passé avec M. le duc de Bouillon, soumis à l'approbation du gouvernement, et ratifié par un arrêté des Consuls. M. le duc de Bouillon mort, Bonaparte, au mépris de tous les droits, s'empare de la terre de Navarre; M. Roy résiste, publie un mémoire; l'opinion se soulève contre cette spoliation, car M. Roy avait pris pour épigraphe : « Il y a des juges à Berlin. » Cette terre de Navarre reste aux mains du gouvernement jusqu'au traité de Bayonne; elle est assurée au prince des Asturies, clause qui reste sans exécution, car Valençay devient la prison des princes. En 1808, l'Empereur se souvient de Navarre : un décret ordonne que les détenteurs actuels seront privés non seulement du sol, mais de la jouissance. Vainement on oppose que ce sont des propriétés particulières achetées par contrat? l'Empereur ne s'arrête pas à ces considérations de justice, M. Roy est expulsé brutalement de Navarre; un

---

[1] M. Roy avait acquis la jouissance de Navarre et des forêts du comté d'Évreux, par un traité passé avec M. le duc de Bouillon et son conseil, le 15 nivôse an IX.

Mais, comme M. de Bouillon avait précédemment éprouvé des difficultés administratives, M. Roy exigea que le traité si important qu'il avait souscrit avec lui fût soumis à l'approbation du gouvernement avant de recevoir son exécution : cette garantie lui parut nécessaire au moment où il a dû être obligé d'avancer et de payer à M. de Bouillon des sommes considérables.

Le 12 messidor an IX (1er juillet 1801), les consuls prirent l'arrêté suivant : « Le traité passé le 15 nivôse an IX, entre Jacques-Léopold-Godefroy de Latour-d'Auvergne et Antoine Roy, conformément à la soumission de ce dernier, sera exécuté selon la forme et teneur de ladite soumission. »

M. Roy était en pleine jouissance des biens qui étaient l'objet du traité, lorsque la mort de M. de Bouillon donna au premier Consul la pensée de s'en emparer.

M. Roy résista et fit imprimer un mémoire qui souleva l'opinion publique contre les actes de violence commencés au nom du gouvernement.

Bientôt, l'Empereur assigna Navarre

nouveau décret le réunit au domaine, et à l'époque du divorce cette même terre de Navarre, reconnue appartenant à M. le duc de Bouillon, puis à M. Roy, cédée au prince des Asturies, réunie au trésor, est enfin donnée à Joséphine de Beauharnais. Est-ce là le respect de la propriété? N'y a-t-il pas je ne sais quoi d'oriental dans cette manière de traiter les conventions particulières? Cette mobilité est fatale pour la valeur des propriétés; il est curieux de voir à quel vil prix sont vendues les fermes, les domaines, les maisons à Paris. Lorsque l'on suit les adjudications de cette époque, on trouve des maisons sur le boulevard des Italiens dont le prix s'élève à peu près à 100,000 fr.; elles en valent 600,000 aujourd'hui. Qui pouvait être sûr de sa fortune avec un tel système? Tout pouvoir qui n'a pas de frein est un danger.

Cette dictature si absolue ne se restreint point pour le commerce; elle ne lui laisse pas même la liberté de s'aventurer; n'est-il pas déjà assez opprimé par les décrets de Berlin et de Milan? Tous les intérêts doivent se soumettre aux pensées politiques telles qu'il les a conçues! Il faut que ses plans s'exécutent; selon lui, les commerçants sont des égoïstes qui ne savent rien sa-

---

au prince des Asturies en retour des royaumes des Espagnes et des Indes. Le traité est signé à Bayonne, le 10 mai 1808, par le maréchal du palais Duroc, au nom de l'Empereur, et par don Juan Escoïquiz, au nom du prince.

Mais peu de temps après le prince des Asturies n'obtint plus que la prison de Valencay en partage.

Le 17 octobre 1808, l'Empereur ordonne: « Qu'il soit dressé, sans délai, l'état des châteaux, parcs et fermes de Navarre; et que les locataires et autres qui demeurent dans le château l'évacuent de suite. »

Le ministre des finances lui fait inutilement observer que Navarre et ses dépendances sont des propriétés particulières.

Le 14 décembre 1808, le préfet de l'Eure écrit à M. Roy: « Les intentions définitives de l'Empereur sont qu'il soit pris sans délai possession du château de Navarre et de ses dépendances; que les meubles en soient retirés avant le 1er janvier, et que l'on ait à ne pas perdre un moment pour l'exécution du décret du 21 octobre. »

Le 3 janvier 1809, un décret daté d'Astorga porte : « Tous les biens immeubles

crifier; comme les marchands de Venise, de Gênes et d'Amsterdam, ils sont en dehors des grands intérêts. C'est la guerre de la révolution contre le négociantisme. Partant de cette idée, l'Empereur se crée le seul commerçant; nul navire ne peut être expédié même pour des ports neutres sans une licence de Napoléon : par licence, on entend un acte émané du souverain qui permet à tel navire de sortir du port, première infraction faite au système continental; l'Empereur lui-même l'autorise par son exemple, il exploite la première brèche faite à son idée. Comme au temps de Théodose et de Justinien, le prince se fait commerçant, et trafique en pacha; il n'y a plus de liberté que celle qu'il concède, tout est à lui; si l'on respire, c'est par sa licence; il a déclaré que la France pouvait se passer de denrées coloniales; maintenant il veut bien qu'on puisse avoir du sucre et du café, mais à condition qu'on prendra permis de sa main; ces licences coûteuses s'achètent pour les lointaines expéditions jusqu'à 100,000 francs; ce sont les amis du prince, les courtisans qui en profitent; quand Napoléon n'en accumule pas le produit dans son trésor, il les donne comme dot à des filles de généraux, à des chambellans; le commerce les sollicite la bourse à la

de la succession Bouillon, actuellement séquestrés, tant ceux existant à Sédan et dépendances que les autres biens patrimoniaux de M. de Bouillon, sont définitivement réunis au domaine de l'État. »

Depuis, l'Empereur a constitué les forêts du comté d'Évreux et la terre de Navarre en douaire à l'impératrice Joséphine : il a érigé en duché la terre de Navarre en faveur d'Eugène Beauharnais et de sa descendance : il en a laissé la jouissance à l'impératrice Joséphine.

Le fils d'Eugène Beauharnais a obtenu du gouvernement de la restauration l'autorisation de vendre les biens affectés à ce majorat, par adjudication, à la charge d'en employer le prix en acquisitions de rentes sur le grand-livre.

C'est ainsi que cette magnifique propriété a été réduite en poussière, et n'existe plus.

Une ordonnance du roi du 28 juin 1816 a rétabli les représentants de M. le duc de Bouillon dans tous les droits dont ses héritiers avaient été violemment dépouillés par des actes révolutionnaires, et qui n'auraient pas été aliénés, sauf indemnité pour ceux qui auraient été vendus.

main, il n'est pas assez abîmé[1] ! On fait entrer le prix de la licence dans les frais d'expédition; on vient de tous les ports, de la Hollande, des villes anséatiques, de la Méditerranée, pour acheter du grand commerçant, du monopolisateur, les permissions de vendre et d'acquérir les produits que la nature a librement offerts à la spéculation des hommes. Le décret de licence est en pleine vigueur; on impose des conditions puériles; il faut exporter une égale valeur de marchandises manufacturées en France pour constituer l'échange; alors viennent les faux connaissements; les spéculateurs achètent à Paris les vieux fers, les mauvais romans, du papier en rames; on en élève le prix, et une fois en mer on s'en débarrasse, car le bénéfice résulte seul des marchandises coloniales que l'on transporte.

Toutes ces fausses idées de commerce sont protégées par une formidable ligne de douanes, l'armée de ce vaste monopole, les bras de ce géant qui opprime l'industrie du monde; on compte plus de 20,000 douaniers depuis l'Escaut jusqu'à la Méditerranée; un tribunal spécial est créé pour juger tous les délits commis par la contre-

---

[1] L'Empereur faisait publier de singuliers articles sur la liberté du commerce; en voici un très piquant dans lequel il conseille par raison de santé de substituer un verre de vin le matin à une tasse de café; lui qui aimait beaucoup le café!

« Lorsque les puissances de l'Europe ont simultanément rompu toute communication avec l'Angleterre, on a dû prévoir que cette mesure si nécessaire au repos du continent produirait une hausse dans le prix des denrées coloniales. Cette privation momentanée a dû être considérée par tous les esprits réfléchis comme un moyen d'affaiblir de plus en plus les ressources de l'ennemi commun, et de le forcer à chercher dans la paix le rétablissement d'un commerce sans lequel il ne peut subsister. Mais la rapidité avec laquelle s'élève le prix du sucre et du café n'est pas l'effet du blocus seulement, c'est le résultat d'un grand nombre de circonstances qui peuvent toutes cesser d'un moment à l'autre. Quelques individus ont spéculé sur les privations du public. Si rien n'est plus honorable que l'état du négociant probe et éclairé qui fait sa fortune en enrichissant son pays, qu'elle est pénible et avilissante la position de l'agioteur qui se place dans la nécessité de souhaiter ce qui est nuisible à sa patrie, et de craindre ce qui pourrait lui être avantageux! L'entrée dans nos ports d'un navire venant de nos colonies, ou de la prise d'un de nos corsaires, les

bande; à côté des cours spéciales, on institue des cours prévôtales; dès l'instant qu'il y a un système prohibitif, la contrebande prend une immense extension, et pour la comprimer, il faut des exécutions atroces. Napoléon ne s'arrête à rien; il veut élever jusqu'à sa pensée gigantesque les intérêts, les opinions et les consciences. C'est une terrible juridiction que la sienne, une dictature qui n'écoute rien. Voulez-vous penser? c'est par ma licence; écrire? c'est par ma licence; agir? c'est par ma licence; commercer? c'est encore par ma licence. Créant ainsi une sorte de société à brevet, où la vie même est une concession; sous ce point de vue, il hérite de la terrible pensée du Comité de salut public; il veut avec les mêmes moyens atteindre un but différent.

L'administration publique se formule dans les conditions de cette formidable dictature. Le préfet, l'image de l'Empereur, est redouté à son égal; il domine tout ce qui ressort du gouvernement; le conseil de préfecture, il le dirige et le préside. Or, le conseil est chargé d'examiner et de juger les affaires contentieuses, les dissidences entre l'autorité et les particuliers en matière de propriété; les arrêtés du conseil de préfecture dépendent

expéditions des neutres, la mise dans la circulation des nombreuses denrées coloniales séquestrées dans diverses parties de l'Empire; tous ces événements sont des malheurs pour lui; le seul mot de paix le ferait frémir; et si par l'effet rapide d'une de ces combinaisons politiques, qui ne parviennent à la connaissance du public que lorsqu'elles sont terminées, un rapprochement venait à s'opérer tout à coup, l'accapareur se trouverait tout à la fois ruiné et déshonoré.

« Au reste, au milieu de l'abondance de toutes les choses nécessaires à la vie, la cherté du sucre et du café nous impose-t-elle donc un sacrifice si pénible? ne serait-il pas ridicule que des personnes se crussent malheureuses, parce qu'elles sont obligées de changer quelque chose à leur manière de se nourrir et de renoncer à quelques habitudes qui n'ont rien de commun avec la santé? En substituant, par exemple, chaque matin, à sa tasse de café un verre d'excellent vin qui coûterait moins cher, ne ferait-on pas un déjeuner plus sain, plus fortifiant et plus agréable? Il n'est point de nation qui n'envie le pain et le vin de France, qui sont à si bon marché, et que nous seuls ne savons pas apprécier, parce que l'homme qui n'écoute pas sa raison dédaigne ce qu'il possède, et ne recherche que ce dont il est privé. »

du conseil d'État, lequel est aussi dans les mains de l'Empereur. Le préfet peut soulever des conflits, le conflit ramène l'affaire devant le conseil d'État, ce qui rend le pouvoir dominateur entre l'administration et les citoyens; le pouvoir se juge lui-même. Le conseil d'État interprète la loi, l'examine, la recueille; son autorité rationnelle, dissertatrice, seconde la dictature et la justifie par ses avis; il l'éclaire par l'expérience et les lumières. Tout est sacrifié aux idées de pouvoir. S'agit-il de finances? le trésor a le privilége sur tous; pour les contributions, il passe même avant la subsistance qui nourrit le pauvre; les multitudes disparaissent devant l'unité de l'Empereur.

De cette immense foi en lui-même, de cette puissance active qu'il veut se donner, Napoléon conclut qu'il lui faut un domaine extraordinaire, un trésor à lui, idée encore empruntée à l'Orient [1]. Les antiques souverains de la France confondaient leurs biens avec celui de l'État dans un commun patrimoine, car ils étaient personnes inhérentes à la patrie; jamais roi n'eût désiré avoir domaine à part. Napoléon a un trésor privé où rentrent tous les produits de ses spéculations; il remplit les caves

---

[1] Voici les principaux articles du sénatus-consulte relatif à la dotation de la couronne, au domaine extraordinaire et au domaine privé, du 30 janvier 1810.

« Art. 1er. La dotation de la couronne se compose des palais, maisons, terres, bois, parcs, domaines, rentes, manufactures, compris dans les dispositions des articles 1 et 4 de la loi du 26 mai. — 1er juin 1791.

« 3. Les palais de Turin, Stupinitz, Parme et Colano, feront partie des biens de la couronne; il y sera joint une dotation en terres et domaines produisant un revenu net annuel de 1,400,000 fr.

« 5. Le palais Pitti à Florence, et ses dépendances; le palais de la Crocetta, le Poggio impérial, le Poggio de Cajano, le Castello de Protenillo, la villa Caffagiolo et les palais de Pise et de Livourne, feront partie des biens de la couronne. Il y sera joint une dotation en terres et domaines produisant un revenu net annuel de 1,500,000 fr.

« 6. Les diamants, perles, pierreries, tableaux, statues, pierres gravées et autres monuments des arts, qui sont, soit dans les musées des arts, soit dans les palais impériaux, feront partie de la dotation de la couronne.

des Tuileries; les lettres de change qu'il tire forcément sur les banques ou sur les villes libres, les impôts qu'il perçoit, les tributs qu'on lui adresse, tout cela s'empile en lingots; il a des palais, des receveurs de domaines à lui : cette propriété, réglée par un décret spécial, est la fortune du dictateur, ce sont ses ressources, ses moyens de récompense; avec cela, il peut solder les mille consciences assouplies qui se tournent vers sa destinée; Napoléon aime l'or, mais nul ne sait faire un emploi plus intelligent de ses dons, de ses libéralités; elles vont toujours vers les hommes les plus utiles à ses desseins; il donne, mais à condition qu'on le servira en aveugle.

Jusqu'ici il ne s'empare que de la société matérielle, des moyens qui peuvent la placer sous sa main; mais il vise à un rôle plus difficile, il veut proclamer son pouvoir absolu en matière religieuse. Les empereurs romains prenaient parmi leurs titres celui de *pontifex*, ainsi qu'on le voit sur les médailles antiques; pourquoi n'oserait il pas le même rôle? L'empereur de Russie est autocrate, le roi d'Angleterre a sa suprématie politique sans rapport avec le pape; ces idées plaisent à Napoléon, il ne veut pas briser le pontificat (ce serait changer les croyances), il veut le dompter.

« 9. Les meubles meublants, voitures, chevaux, etc., font également partie de la propriété de la couronne, jusqu'à concurrence d'une valeur de 50,000,000 de francs. Les empereurs peuvent augmenter, soit par testament, soit par donation entre vifs, le mobilier de la couronne.

« 20. Le domaine extraordinaire se compose des domaines et biens mobiliers et immobiliers que l'Empereur, exerçant le droit de paix et de guerre, acquiert par des conquêtes et des traités, soit patents, soit secrets.

« 21. L'Empereur dispose du domaine extraordinaire, 1° pour subvenir aux dépenses de ses armées; 2° pour récompenser ses soldats et les grands services civils ou militaires rendus à l'État; 3° pour élever des monuments, faire faire des travaux publics, encourager les arts, et ajouter à la splendeur de l'Empire.

« 31. L'Empereur a un domaine privé,

Ici se trouve une résistance à laquelle la dictature ne s'attendait pas. Napoléon agit en maître pour la religion; il lance des décrets, il fait publier dans le *Bulletin des lois* la déclaration de 1682 même avec la formule latine; pour la première fois, peut-être, depuis la vieille monarchie, les protocoles du clergé sont donnés comme lois de l'Etat on déclare que les évêques doivent s'y conformer et que tous signeront cette déclaration. L'Empereur, suprême pontife, parle impérativement; il se revêt du sacerdoce pour commander l'obéissance; mais dans l'ordre moral et religieux, l'obéissance ne vient qu'à l'autorité spirituelle; s'il y a des tribunaux pour punir les délits matériels, tout ce qui tient à l'église reste en dehors; ce n'est plus une punition, c'est une persécution; le prêtre que le dictateur condamne pour la résistance à une loi oppressive, se dit martyr, il résiste, et dans le fond de sa conscience, il est plus fort que ceux qu'il appelle ses bourreaux. Napoléon peut tout oser tant qu'il s'agit de questions purement politiques; les hommes se ploient, les consciences s'assouplissent; on lui résiste pour tout ce qui touche à la morale et à la foi religieuse.

Ainsi, on peut considérer la période qui s'écoule depuis le retour de la campagne d'Autriche jusqu'au mariage de Napoléon comme l'époque de la régularisation

provenant soit de donations, soit de successions, soit d'acquisitions; le tout conformément aux règles du droit civil.

« 36. L'Empereur dispose de son domaine privé, soit par acte entre vifs, soit par disposition à cause de mort, sans être lié par aucune des dispositions prohibitives du Code civil.

« 42. L'Empereur âgé de 16 ans pourra disposer par acte de dernière volonté jusqu'à concurrence de 12,000,000.

« 47. Les princes ne peuvent exercer aucun droit à l'hérédité du domaine privé, s'ils n'ont été élevés dans la maison impériale dont il est parlé à l'article 26 du statut du 30 mars 1806.

« 51. Tout diamant et pierre précieuse taillés ou gravés, d'une valeur au-dessus de 300,000 francs, tout tableau de peintres morts depuis cent ans, toute statue, médaille ou manuscrit antique, seront réunis de droit au mobilier de la couronne. »

complète de la dictature impériale; on ne prend plus aucunes précautions, le pouvoir a de la franchise dans sa force, il pose les principes les plus absolus. Le Consulat est une magnifique époque de reconstruction sociale : le Consul restaure les principes tombés, il élève solidement un grand édifice; l'Empereur ne sait pas assez se préserver des abus et des excès du pouvoir qu'il institue pour sauver la société; c'est en général la tendance de l'autorité et des partis, ils ne savent jamais se poser dans des conditions modérées ; souvent ils poussent l'énergie du gouvernement jusqu'au despotisme, l'orgueil de la gloire jusqu'à la conquête désordonnée; et à leur tour les partis entraînent la liberté jusqu'à l'anarchie.

Qu'arriva-t-il de cette situation violente? S'il se fit un mouvement réactionnaire en Europe au nom des nationalités brisées, en France, le pays protesta au nom de la liberté et de la paix contre cette intolérable dictature; puisqu'on étouffait, il fallait bien chercher un soulagement ; de là cette immense opposition contre Napoléon. Lui, toujours fort, toujours habile, veut chercher un point d'appui dans le pays en imprimant une vaste intelligence à son administration; il croit trouver en Europe sa force dans son mariage avec l'archiduchesse Marie-Louise. Il a besoin d'une alliance de famille dans les grandes races.

CHAPITRE XI.

MARIAGE AVEC L'ARCHIDUCHESSE MARIE-LOUISE.

Préoccupation d'un mariage pour Napoléon. — Russie. — Autriche. — Saxe. — Premières ouvertures de M. de Caulaincourt. — Fausse position. — Alexandre. — L'impératrice-mère. — L'opinion moscovite. — Autriche. — Avénement du comte de Metternich. — Situation nouvelle de la diplomatie. — Envoi de M. Otto. — Madame de Metternich à Paris. — Premiers mots sur le mariage. — Bal masqué. — L'Empereur et madame de Metternich. — Communication au prince de Schwartzenberg. — Lettre de madame de Metternich. — Premières ouvertures à l'empereur François II. — Marie-Louise. — Résignation. — Demande officielle. — Parti français en Autriche. — Napoléon et le prince Charles. — Berthier à Vienne. — Célébration des fiançailles. — Refus de l'archevêque de Vienne. — Attestation de M. Otto. — Voyage de Marie-Louise. — Compiègne. — Fâcheuse impression que lui fait Napoléon. — Résignation et obéissance. — Joie enfantine de l'Empereur. — Mariage. — Protestation des cardinaux. — La nouvelle Impératrice à Paris. — Fêtes. — Maison de l'Impératrice. — Esprit de la cour. — Formes et étiquette. — Hiérarchie nobiliaire. — Orgueil et vanité des nouveaux titulaires. — Satires des journaux anglais. — Pamphlets sur la famille impériale, sur les dignitaires. — Moqueries de l'aristocratie.

Novembre 1809 à Avril 1810.

Dès que le divorce avec Joséphine de Beauharnais, depuis si longtemps prévu, eut été accompli, il ne fut plus question en Europe que du prochain mariage de l'empereur Napoléon; les motifs publics de sa récente séparation étaient connus de tous : c'était le désir d'avoir une postérité, et d'appuyer son système sur une alliance de famille ; dès lors tous les cabinets qui avaient des filles à marier durent se préparer à une démarche prochaine de la part de cet homme prodigieux qui allait lever tribut au sein des familles souveraines. A cette époque, tel était le prestige du nom de l'Empereur qu'il devait trouver peu d'opposition dans les cours de l'Europe ; on considérait une alliance de famille comme un principe de stabilité, comme un premier pas vers la paix générale, but des efforts de l'Europe entière : faire passer l'esprit conquérant de Napoléon sous le frein des affections conjugale et paternelle paraissait un grand résultat pour la politique générale, une sorte de halte dans le mouvement impétueux imprimé par la Révolution française : à Paris, à Munich, à Dresde, à Vienne, à Berlin comme à Saint-Pétersbourg, il n'était question, dans des termes plus ou moins hautains ou favorables, que du mariage de Napoléon [1].

En parcourant l'état des familles souveraines, Napoléon n'avait de choix que dans les cours de Russie, d'Autriche ou de Saxe ; quelques esprits honorables et démocratiques s'imaginaient la possibilité d'un mariage

---

[1] *Dépêche adressée à M. de Hardenberg.*
« Un objet qui distrait maintenant Napoléon des vastes projets que je lui suppose, c'est le mariage qui probablement se prépare. V. E. sans doute en sait à cet égard beaucoup plus que nous, réduits aux bavardages de ces mystérieux habitués du palais qui savent ou veulent paraître tout savoir. Ces gens-là parlent, les uns de la fille d'un maréchal (Masséna), homme dont Napoléon prise bien plus la valeur que les talents et dont il méprise le caractère, étranger, transfuge, qui porta le fer et le pillage dans son propre pays, fils d'un cabaretier, dont l'origine humilierait son orgueil ; d'autres désignent soit une princesse de Saxe, qui ne lui donnerait point un allié puissant et nouveau ; soit une princesse russe, mais elle n'a pas encore quatorze ans, et l'aînée lui fut refusée à Erfurth, où l'union des deux empereurs était plus intime qu'elle ne l'est aujourd'hui ; enfin, l'archiduchesse Marie-Louise, dont l'âge et les convenances sont plus réelles, l'alliance plus utile. Au reste, la cour des Tuileries met une extrême vanité à répandre que les deux cabinets les plus puissants sollicitent comme une faveur la main de Napoléon. Cependant qu'y gagnerait la Russie? Quels avantages l'Autriche en retirerait-elle ? »

bourgeois; pourquoi, disait-on, n'épouserait-il pas la fille d'un maréchal, d'un de ses compagnons de victoire? C'était mal connaître le caractère aristocratique de Napoléon; voulant aller de plein droit avec les familles souveraines, il ne reconnaissait qu'à quelques maisons de premier ordre en Europe l'honneur de s'allier à lui. La Russie avait alors trois grandes-duchesses: la première, Marie-Paulowna, sœur d'Alexandre, avait épousé le prince de Saxe-Weimar; la seconde, du nom de Catherine-Paulowna [1], jeune sœur du Czar, depuis duchesse de Holstein-Oldenbourg, belle et spirituelle; la dernière, Anne-Paulowna, atteignait à peine sa quinzième année. En Autriche, il n'y avait qu'une seule archiduchesse qui fût en âge d'être mariée, c'était Marie-Louise dont j'ai parlé; l'Empereur en avait-il gardé souvenir depuis Vienne [2]? Enfin, la princesse qui eût paru le plus convenir par son âge et le dévouement de son père à Napoléon, c'était Marie-Auguste-Antoinette, princesse royale de Saxe, alors agée de vingt-sept ans [3]; la Saxe eût accepté avec enthousiasme l'alliance de l'Empereur des Français. Mais telle est la tendance des gens un peu avancés dans la vie qui cherchent un mariage, Napoléon trouvait cette princesse de Saxe trop vieille déjà, et d'ailleurs cette famille ne lui paraissait pas assez puissante; l'Empereur n'épouserait ici qu'une vassale; il lui fallait s'allier plus haut, à moins que comme Charlemagne il ne s'unît à une multitude de ces femmes de barons qui prêtaient foi et hommage au puissant Empereur.

[1] Les écrivains qui ont parlé des grandes-duchesses, sans en excepter le plus récent, ont constamment confondu la grande-duchesse Catherine et Anne Paulowna.

[2] On a dit à tort que le mariage avec l'archiduchesse Marie-Louise fut une des conditions du traité de Vienne; cela est inexact; il put en être question entre le prince de Lichtenstein et Napoléon, mais rien ne fut écrit.

[3] M. Meneval l'a confondue avec Marie-Amélie, fille de Maximilien Ier, frère du roi Frédéric-Auguste; Marie-Amélie, nièce du roi, avait seize ans.

QUESTION DU MARIAGE DE L'EMPEREUR (1809).

Si Napoléon avait suivi ses prédilections, une alliance russe lui eût parfaitement convenu; il n'est point exact que quelque chose de positif ait été arrêté dans les entrevues [1] sur le mariage de Napoléon avec une grande-duchesse : à Tilsitt il est puéril de dire qu'Alexandre promit sa sœur; à Erfurth il fut question de mille objets divers; quand Napoléon se laissait aller à ses brillantes et fortes causeries, il traitait tous les sujets; embrassant toutes les situations d'avenir, il put jeter un mot sur son divorce et la possibilité d'une alliance ; Alexandre à son tour devait lui repondre avec sa parole si douce, si favorable; mais tout cela ne dut être qu'un pourparler; Alexandre se retranchait dans l'idée que toutes les questions de famille rentraient dans le pouvoir domestique de sa mère, cette Marie, princesse de Wurtemberg, la grave et fière impératrice ; d'ailleurs à Erfurth quelle grande-duchesse aurait-il pu demander? Ce n'était point Anne, comme on l'a dit, car elle n'avait alors que treize ans; il n'y avait que Catherine, à sa vingtième année, et qu'un amour de fiancée liait depuis un an déjà au duc de Holstein-Oldenbourg. Alexandre dans toutes ses conversations dut toujours s'en rapporter au jugement de sa mère, la seule souveraine dont la volonté s'exerçât sur la famille.

Toutefois, dès que le divorce fut accompli, Napoléon

---

[1] La dépêche suivante de M. Maret est très équivoque :

A M. de Caulaincourt :

« Dans l'entrevue d'Erfurth , l'empereur Alexandre doit avoir dit à l'Empereur Napoléon qu'en cas de divorce, la princesse Anne, sa sœur, était à sa disposition. S. M. veut que vous abordiez la question franchement et simplement avec l'empereur Alexandre, et que vous parliez en ces termes : Sire, j'ai lieu de penser que l'Empereur des Français, pressé par toute la France, se dispose au divorce. Puis-je mander qu'on peut compter sur votre sœur? Que V. M. veuille y penser deux jours, et me donne franchement sa réponse, non comme à l'ambassadeur de France, mais comme à une personne passionnée pour les deux familles. Ce n'est point une demande formelle que je vous fais, mais un épanchement de vos intentions que je sollicite. »

voulut tenter une démarche près de la puissante race des Romanoff; M. de Caulaincourt avait toujours l'ambassade de Russie; dans la situation difficile qu'il s'était faite, il n'avait ni la volonté ni l'énergie suffisante auprès d'Alexandre auquel il avait demandé alors une attestation pour se disculper de la mort du duc d'Enghien : singulière et triste position pour un ambassadeur. La dépêche de M. Maret, le secrétaire d'État, adressée à M. de Caulaincourt, évidemment dictée par l'Empereur lui-même, demandait une explication franche sur la possibilité d'une alliance avec une grande-duchesse russe : Napoléon écrivit au Czar un billet d'homme à homme, d'ami à ami; il aurait pu résumer ce billet dans ces mots : « Puis-je compter sur votre sœur? me la donnerez-vous?» Quelle sœur? Catherine ou Anne? Catherine, fiancée d'un jeune et noble prince; Anne, nubile à peine, et qu'on demandait pour un homme de quarante-deux ans déjà, divorcé avec une femme de quarante-six !

Et à quelle famille demandait-on ce sacrifice? aux empereurs de toutes les Russies, à la mère la plus hautaine, à une nation pour laquelle Napoléon était un objet de fanatique antipathie, à ce parti russe qui se nourrissait de pamphlets anglais sur l'origine et la famille des Bonaparte! Alexandre pouvait bien oublier par politique cette disproportion de rang, cette distance de famille; mais tous en tenaient compte autour de lui. D'après les préjugés russes, l'impératrice-mère pouvait donner sa fille à un simple prince allemand, elle n'eût jamais consenti à la sacrifier, comme elle le disait, à un Bonaparte, à celui qu'elle ne considérait que comme le juge inflexible qui avait frappé de mort le duc d'Enghien. Aussi la réponse d'Alexandre, polie d'expressions, mais douteuse dans les termes, et les dépêches de M. Caulaincourt, ne laissèrent plus de doute sur le refus que faisait la cour de Russie d'une alliance personnelle avec Napoléon. Ce fut là un de ces dépits que l'Empereur renferma au fond du cœur; il s'était trop engoué du portrait qu'on lui avait fait de cette enfant de la Newa qu'une mère et qu'un frère lui donneraient pour femme. Un jour qu'il y avait foule aux Tuileries, il demanda au général Savary, qui avait séjourné longtemps à Saint-Pétersbourg : « Cherchez-moi une femme parmi ces groupes qui ressemble à la grande-duchesse; » et Savary eut quelque peine à lui trouver un portrait de ces jeunes grandes-duchesses, frêles et gracieuses fleurs, dans ces beaux palais de Saint-Pétersbourg; il se complaisait d'avance à baiser ces cheveux blonds et bouclés, cette figure amincie, ces mains blanches, ce beau front de la race slave et allemande mêlées dans un noble sang. Eh bien! déçu de tout cela, il n'avait plus d'illusions à se faire; dès ce moment la vengeance était dans son cœur de Corse, et la guerre contre la Russie déclarée. Tôt ou tard, lui si profondément épris de la tragédie classique renouvellerait une de ces guerres de la Troade pour faire repentir un peuple et une dynastie de leurs mépris de race.

Dans l'éventualité de ces négociations, l'Empereur avait également tourné les yeux vers l'Autriche. Après la paix signée à Vienne, une révolution s'était opérée dans le cabinet autrichien; le comte de Stadion, forcé de quitter les affaires par la chute rapide, profonde, de son système, donna sa démission aux mains de l'empereur François II. Homme d'État de premier ordre, il avait tenté de réaliser alors ce qui plus tard se montra si énergique, la pensée de la nationalité allemande; malheureusement la guerre n'avait pas réussi, le découragement s'était mis dans les conseils; il fallait en relever le moral; le comte de Bubna, le prince Jean de Lichtenstein, étaient trop dévoués au parti français; il fallait un homme à la tête puissante, ferme, réfléchi, qui eût alors l'expérience des affaires et la connaissance parfaite du système de Napoléon.

Alors, l'empereur François II manda auprès de lui le comte de Metternich[1]. Nul ne possédait au plus haut point que François II les qualités d'honnête homme, esprit de probité simple et sévère avec toute la candeur allemande; il déclara donc à M. de Metternich dans l'abandon de son âme : « qu'il l'avait choisi pour diriger les affaires de l'empire dans une situation si difficile. » M. de Metternich hésita d'abord en face de ce poids immense : quelle n'était pas la complication des affaires, les périls qu'on avait à subir, les épreuves par lesquelles on devait passer! Avant d'accepter un tel fardeau, le comte de Metternich dut nettement exposer les bases de son système au souverain qui l'honorait de sa confiance : ces bases furent faciles et logiques : « Accepter fortement une situation quand une fois elle est arrivée, se décider mûrement et tardivement; mais une fois la décision prise, aller jusqu'au bout. Si on prenait pour base la paix avec Napoléon, il fallait lui être fidèle jusqu'aux exigences incompatibles avec l'existence de la monarchie autrichienne; alors la guerre, mais la guerre sans découragement, jusqu'à la fin, sans mauvais traité, avec tous les moyens dont on pourrait user; en un mot, unité de système, plus de division; se confier à lui sans contrôle importun et faible; plus d'oscillation dans les ressorts diplomatiques ou militaires; une direction ferme, sage, droite, sans imprudence, mais sans peur. » Telles furent les bases adop-

---

[1] M. de Metternich a bien voulu me développer au Johannisberg, dans une longue causerie, le motif qui le déterminait alors à accepter la haute direction des affaires d'Autriche ; je crois avoir rendu exactement sa pensée politique.

tées par la politique de M. de Metternich, lorsqu'il accepta la direction des affaires à Vienne, et il reçut à ce sujet toutes les assurances de son souverain et les pleins pouvoirs de chancelier d'Etat [1].

La sagacité du premier ministre autrichien avait pu deviner d'avance qu'il serait question d'un mariage avec une archiduchesse ; le général prince de Schwartzenberg, désigné pour l'ambassade de Paris, était dévoué au système de fermeté modérée dont M. de Metternich s'était posé le symbole, et le comte Otto remplaçait à Vienne le général Andréossy : dans les dépêches de ces ambassadeurs, si l'on parcourt toutes les échelles des éventualités, il n'est question encore d'une alliance de famille que comme d'une chance; on s'entretient des bruits publics sur le divorce de Napoléon. L'idée d'un mariage était toute naturelle, on y répète toutes sortes de conjectures ; mais cette correspondance diplomatique n'indique aucune demande formelle, aucune démarche officielle, pas de projet d'avenir ; on peut croire même que lors du passage de M. de Narbonne à Vienne, pour se rendre à Trieste auprès de mesdames de France, il y eut aussi quelques causeries entre le comte de Metternich et M. de Narbonne, babillard si brillant; comme tout le monde parlait du mariage et des princesses qui seraient préférées, le mot d'archiduchesse dut être nécessairement prononcé par le gentilhomme qui avait vu la brillante époque de la cour de Marie-Antoinette. Je le répète, jusque-là il n'y eut que des pourparlers ; l'Empereur Napoléon n'avait rien fait connaître. La première communication officielle

---

[1] J'écrivis à Wisbaden, quelques heures après la causerie de M. Metternich, les propres paroles de cette conversation.

fut singulièrement préparée: dans l'esprit de Napoléon tout devait-il se produire d'une façon étrange?

Je dois remonter un peu haut. Après le départ si brusque de M. de Metternich, enlevé, pour ainsi dire, sur l'ordre de la police, l'ambassadrice était restée à Paris; la comtesse de Metternich, femme spirituelle, s'y plaisait beaucoup; ne comptant aller à Vienne qu'aux premiers jours du printemps, elle était pour le chancelier d'État un gracieux moyen d'information; madame de Metternich voyait le monde; très estimée de Napoléon, elle jouissait de beaucoup de crédit et de confiance auprès de lui, et depuis l'arrivée du prince de Schwartzenberg, elle trouvait dans cette famille des liens d'une noble intimité [1] qui lui rendaient le séjour de Paris agréable. C'était au temps du carnaval, des folies et des fêtes; Napoléon, après son divorce, avait pris plaisir au bal masqué pour s'y distraire sans doute; il y venait déguisé, toujours suivi de Savary et de Duroc; sa démarche était si connue, si caractérisée, puis ces deux masques qui le suivaient si attentifs, que tout le monde reconnaissait l'Empereur; lui-même avait des notes si précises de police qu'il reconnaissait chaque masque et chaque domino, de manière que tout cela était un déguisement pour

---

[1] Je tiens encore tous ces détails sur les pourparlers du mariage de la bouche de M. de Metternich.

Le général Savary a donné une autre version, mais je la crois très secondaire; a voici:

« M. de Sémonville, sénateur, avait été autrefois ambassadeur de France en Hollande, où il avait connu M. de Florette, qui était employé à la légation autrichienne dans ce pays.

« Un certain soir, Sémonville, étant chez l'ambassadeur d'Autriche (prince de Schwartzenberg), y rencontra Florette, et dans un à-part que les diplomates aiment toujours, Sémonville l'entretint des affaires du temps, et du bruit qui courait du mariage prochain de l'Empereur avec une princesse de Russie; mais que cela n'était encore qu'un projet, parce que rien n'était arrêté; en même temps il témoigna au chevalier de Florette son étonnement de ce que la cour d'Autriche, qui avait de telles princesses, ne faisait aucune démarche pour

rire, un mensonge de convention. Dans un de ces bals masqués, l'Empereur vint droit à madame de Metternich qu'il avait su facilement reconnaître, et sans plus de déguisement, il lui dit : « Bonjour beau masque, bonjour madame de Metternich. » Et il lui débita une multitude de ces riens, de ces plaisanteries qui, dans la bouche de Napoléon, n'étaient pas avec les femmes d'un ton toujours convenable et parfait. Madame de Metternich les fit bientôt cesser par ces paroles : « Votre Majesté est trop bien connue pour que le respect me permette envers elle autre chose qu'un langage grave et sérieux. » Alors l'Empereur, comme s'il continuait une causerie de masque, lui dit : « Eh bien ! madame de Metternich, si vous étiez fille, me prendriez-vous pour mari ? » Madame de Metternich répondit en saluant avec respect : « Quoique Votre Majesté me prenne à l'improviste, je lui répondrai que si je prenais un mari, j'aimerais qu'il restât plus souvent chez moi et pas si souvent chez les autres. » — « Ah ! ah ! méchante, dit l'Empereur, toujours la même ; répondez franchement, voici de la diplomatie : croyez-vous que si je demandais l'archiduchesse Marie-Louise, elle voulût de moi et qu'on me la donnât. » — « La question est trop grave, sire, elle sort des plaisanteries d'un bal masqué. » Madame de Metternich se trouva ici dans un embarras

---

les faire préférer, ajoutant que cela était maladroit, parce que c'était le seul moyen de réparer les affaires ; qu'il était d'ailleurs connu en Autriche que, cette occasion une fois manquée, elles pourraient encore aller pis.

» Le chevalier de Florette, soit qu'il soupçonnât quelque chose d'officiel dans cette communication, ou qu'il la regardât comme une simple conversation, ne manqua pas de répondre à M. de Sémonville comme un homme qui était enchanté de l'entendre ; et pour connaître le fond de la vérité de ce qu'il lui disait, il lui répliqua que l'on serait sans doute très flatté à Vienne de recevoir une proposition de cette nature, mais que la bienséance ne permettait pas de parler de princesses dont le nom devait être respecté, et qu'avant tout il fallait savoir comment cela serait reçu aux Tuileries. »

(Notes du général Savary.)

difficile à décrire : que répondre à une question ainsi jetée ? « Eh bien ! madame de Metternich, si je vous priais d'en écrire à votre mari, continua l'Empereur, et d'en faire une question réelle, que feriez-vous ? » — « Mais V. M. m'a dit plus d'une fois qu'elle n'aimait pas les femmes qui se mêlaient d'affaires politiques ; M. le prince de Schwartzenberg est notre ambassadeur à Paris, pourquoi ne pas s'adresser à lui ? » — « C'est un mariage, question de femmes ; écrivez toujours, madame de Metternich, écrivez toujours, » dit l'Empereur en riant, et il insista avec une grande ténacité en disant un dernier bonjour à son domino.

Tout encore masquée, madame de Metternich alla chez le prince de Schwartzenberg, lui raconter la conversation qui venait d'avoir lieu entre elle et l'empereur Napoléon en plein bal. Un courrier partit dans la nuit même pour Vienne, avec des lettres de madame de Metternich et de l'ambassadeur ; il fit le trajet en quatre jours. M. de Metternich, qui savait déjà les difficultés qu'un mariage trouvait à Saint-Pétersbourg, ne fut pas le moins du monde étonné des ouvertures qui lui furent faites; la forme seule lui parut bizarre ; il courut chez l'empereur François II pour lui communiquer les dépêches secrètes de sa femme et du prince de Schwartzenberg. François lut avec attention la lettre de madame de Metternich, et réfléchit quelques instants : « Quel était le véritable sens de l'alliance de famille que proposait Napoléon ? un moyen de mettre un frein à l'ambition de l'homme prodigieux qui agitait le monde de son épée ; on apaisait la guerre en imprimant un mouvement pacifique en Europe ; on réparait les maux de la monarchie autrichienne qui avait tant besoin de repos. » L'empereur comprit les hautes considérations que lui exposa M. de Metternich; il ne fut question ni de mésalliance ni de mariage morganique. François II dit avec sa bonté paternelle : « Allez voir ma fille Marie-Louise de ma part; exposez-lui notre situation, et avant d'agir, ayez son consentement. »

Marie-Louise, comme une jeune fille allemande [1], ne fit aucune objection; que pouvait-elle dire à dix-huit ans? Elle déclara qu'en tout elle suivrait la volonté de son père, et puisque la sûreté de sa maison dépendait d'une alliance avec l'empereur des Français, elle consentait aux sacrifices que cette position demandait; elle dit tout cela les larmes aux yeux, néanmoins avec assez de fermeté pour faire comprendre qu'elle ne serait point un obstacle à la sécurité de la monarchie autrichienne. Pouvait-elle faire une autre réponse? Marie-Louise, élevée dans les principes de la cour d'Autriche, qui sont d'une grande dignité de race, ne pouvait aimer Napoléon, ni le comprendre, ni l'admirer; cet homme qu'on lui donnait s'était deux fois déjà montré à Vienne et à Schœnbrünn en vainqueur; il avait indignement traité son père et sa famille dans ses bulletins, en menaçant de le détrôner; il avait dépouillé sa maison : les portraits qu'on lui faisait de lui jusque-là n'avaient rien de flatté. Depuis trois ans les pamphlets qui circulaient dans les cours d'Allemagne représentaient l'empereur Napoléon comme un homme brusque, grossier, sans galanterie, dur avec les femmes, ne les prenant que comme des distractions vulgaires : quelles journées d'amour et de douceur domestique à espérer? qu'allait-elle devenir, pauvre jeune fille, loin de la patrie, dans une cour inconnue, au sein d'une famille jalouse,

---

[1] Ces détails, je les dois encore au prince de Metternich.

au milieu d'un peuple qui avait fait monter sa tante Marie-Antoinette sur l'échafaud? ne serait-elle pas aussi pour ce peuple l'*Autrichienne?* Son palais était juste en face de la place Louis XV où la sombre exécution de Marie-Antoinette avait eu lieu; l'archi-chancelier, qui porterait la parole au nom du Sénat, était un régicide; un tiers des conseillers d'État portaient au front ce mot de régicide; celui qui, ministre de la police, veillerait sur elle, encore un régicide; plus d'un de ces habits pourprés qui environneraient son trône s'étaient rougis dans le sang de sa race! quelle résignation pour une impériale fiancée d'Autriche, pour la petite-fille de Marie-Thérèse!

Cependant un courrier partit pour annoncer au prince de Schwartzenberg le consentement de la cour de Vienne au mariage de l'archiduchesse Marie-Louise avec l'empereur Napoléon. Rien ne fut public jusqu'alors, tout demeura dans le mystère des négociations[1]. Ces négociations eurent pour théâtres à la fois Paris et Vienne; à Paris, on régla la convention matrimoniale; ce contrat fut arrêté selon la vieille formule de la monarchie entre le prince de Schwartzenberg et M. de Champagny. A Vienne,

---

[1] Dès que le mariage fut arrêté on dut entamer une correspondance très intime avec l'ambassadeur français à Vienne.
Lettre de la main de Duroc à M. Otto, pour les dispositions relatives au mariage.
Rambouillet, le 20 février 1810.
« Monsieur le comte, le télégraphe de Strasbourg annonce que la convention signée à Paris a été ratifiée le 16. L'empereur ne recevra votre courrier que demain. Le prince de Neufchâtel partira le 25 au matin. Le général Lauriston part aujourd'hui et vous remettra cette lettre.

« J'ai l'honneur d'envoyer ci-joint à V. E. le projet d'itinéraire que S. M. désirerait qui fût suivi, à moins de fortes objections contre. Vous verrez qu'il est calculé de manière qu'il y a cinq jours de plus pour les accidents.

« Les lettres que l'on recevra demain de V. E. éclairciront ce qui est relatif au mariage. Si cela ne fait pas de difficulté à Vienne, le prince de Neufchâtel épousera par procuration; sinon il y aura un pouvoir en blanc pour tel prince de la famille impériale dont S. M. laisse le choix à l'empereur d'Autriche, pour ne rien faire qui ne lui soit agréable. Aussitôt que l'on saura par vos lettres quel est l'itinéraire que vous vous proposez, et dont celui-ci

il fut réellement question d'une alliance politique à laquelle la maison d'Autriche se prêtait sans arrière-pensée. L'opinion de M. de Metternich était : « qu'il devait résulter d'un rapprochement de famille des avantages plus ou moins immédiats dans la vie des deux monarchies ; pour cela, il fallait que Napoléon se départit de quelques-unes de ses idées sur la démarcation générale de l'Europe ; il fallait faire trêve à l'ambition, pour devenir un prince pacifique; l'Empereur avait assez de conquête, il fallait maintenant stabiliser et raffermir. » Le prince de Schwartzenberg fut chargé de toutes les questions de détails sur les stipulations matrimoniales ; elles ne sont pas longues en ce qui touche les dots des archiduchesses, invariablement fixées à 50,000 ducats d'or tout neufs ; moyennant quoi elles renoncent à toute prétention, à tout avantage dans la succession de l'Empire.

La jeune archiduchesse ne quittait point Schœnbrünn, sous la surveillance de l'impératrice et de son père ; il y avait tristesse dans le palais : l'archiduc Charles, le prince de Lichtenstein et M. de Bubna seuls, représentant le parti français, manifestaient une satis-

ne peut être qu'une modification, la maison qui doit faire le service près de l'Impératrice partira pour aller l'attendre à Braünau ; elle sera composée : de la dame d'honneur, d'une dame d'atours, d'un chevalier d'honneur, un premier écuyer, quatre dames du palais, quatre chambellans, un aumônier (évêque), un préfet du palais, un maître des cérémonies, deux écuyers, un maréchal des logis, un médecin, un chirurgien ; le général Lauriston fera les fonctions de capitaine des gardes.

« Il sera envoyé des maîtres d'hôtel, cuisiniers, valets de chambre, femmes de chambre, femmes de garde-robe, d'atours, enfin tout ce qui est nécessaire pour le service de l'Impératrice.

« On enverra également à Braünau une partie du trousseau, afin que, depuis le moment de la remise, l'Impératrice soit habillée et coiffée à la française, et qu'elle paraisse ainsi à Munich et à Stuttgard, et qu'elle y soit comme une Impératrice.

« L'Empereur ira au-devant de S. M. entre Compiègne et Soissons, il la ramènera à Compiègne, où elle couchera ; et, pour suivre l'étiquette, l'Empereur reviendra à Paris. Le lendemain l'Impératrice viendra à Saint-Cloud, où elle restera avec la cour jusqu'au moment du mariage. L'Empereur ira la voir tous les jours, mais il reviendra toujours coucher à Paris. Le mariage se fera aux Tuileries.

« J'ai cru devoir donner ces détails à

faction indicible; les autres archiducs étaient fatalement préoccupés : ces jeunes hommes tenaient aux vieux préjugés d'honneur de leur maison ; fortement opposés au traité de Vienne, combien n'étaient-ils pas hostiles à un mariage de famille! Dans l'idée altière de cette noblesse, le malheur se subit, se répare dans un temps meilleur; un déshonneur, une mésalliance, jamais.

Le parti allemand, très déclaré contre Napoléon, avait entraîné avec lui l'opinion catholique. « A qui s'allait unir l'innocente et jeune princesse? à un homme marié et divorcé, sorte de bigame, excommunié par le pape. » En Autriche, les principes religieux sont puissants, le catholicisme exerce une immense influence sur les esprits : déjà l'archevêque de Vienne s'opposait à bénir l'union ; où était la preuve de la dissolution du mariage avec Joséphine de Beauharnais? De deux choses l'une, ou cette femme n'était pas l'épouse légitime, et alors Marie-Louise succédait à une concubine; ou bien Joséphine était légitimement mariée, et alors le rôle de concubine était pour Marie-Louise. Le peuple de Vienne prenait passion pour la jeune archiduchesse qui allait être livrée comme la Marguerite de Goëthe, à Faust couronné empereur [1].

Cependant les dépêches de M. Otto annoncèrent que

V. E. parce qu'ils peuvent lui être agréables. Je la prie de m'instruire, de son côté, de tout ce qui peut avoir quelque rapport avec le service du palais relativement à l'Impératrice, à ses habitudes, à sa manière de vivre et à sa nourriture, l'Empereur ne désirant rien tant sinon que S. M. n'ait rien à désirer.

« Je renouvelle à V. E. l'assurance de ma haute considération. »

Signé, le duc de Frioul.

Note jointe à cette lettre. — Projet d'itinéraire.

« Le prince de Neufchâtel part le 25 février à deux heures du matin, il arrive le 4 mars à Vienne ; et comme le général Lauriston a tout préparé d'avance, il fait ses visites le même jour, la demande le 5, le mariage le 6 : la princesse part le 8, couche à Molk, le 9; Lombach, le 10; Braünau, le 11; *id.*. pour la remise le 12; Munich, le 13; *id.*, le 14; Ulm, le 15; Stuttgard, le 16; *id.*, le 17; Strasbourg, le 18 ; *id.*, le 19 ; Nancy, le 20 ; *id.*, le 21 ; Châlons, le 22 ; Soissons, le 23; Compiègne, le 24; Saint-Cloud, le 25 ; *id.*, le 26 ; *id.*, le 27 ; *id.*, le 28 ; *id.*, le 29, mariage à Paris. »

[1] M. Otto, l'ambassadeur français, fut obligé de donner l'attestation suivante :

« Je soussigné, ambassadeur de S. M.

tout était fini à Vienne; Napoléon se hâta de communiquer au Sénat la nouvelle officielle du mariage qu'il se proposait de contracter avec l'archiduchesse Marie-Louise. Le message fut court, en termes convenables et pacifiques; trois jours après un autre acte conféra la succession du grand-duché de Francfort à Eugène de Beauharnais, en échange de son droit sur l'Italie [1]. L'Empereur avait déjà ses desseins sur ce royaume qu'il voulait peut-être réunir à l'Empire français, comme plus tard la Hollande et les villes anséatiques, ou bien voulait-il le donner à un des fils qu'il espérait de son nouveau mariage; il n'avait plus à se gêner sur ces remaniements de couronnes et de souverainetés, la victoire et la fortune souriaient puissantes à ses drapeaux; il groupait, il démembrait avec la même liberté d'action les royaumes, les territoires. Le Sénat, ému de ces communications, fit des adresses enthousiastes pour remercier l'Empereur de ce qu'il daignait l'associer au choix de son cœur, aux combinaisons de son avenir; « l'impératrice Marie-Louise attacherait la grâce à ce

---

l'Empereur des Français, roi d'Italie, atteste que j'ai vu et lu les originaux des deux sentences des officialités diocésaine et métropolitaine de Paris concernant le mariage entre LL. MM. l'Empereur et l'Impératrice Joséphine, et qu'il résulte de ces actes que, conformément aux lois ecclésiastiques catholiques établies dans l'Empire français, cedit mariage a été déclaré de toute nullité parce que, lors de la conclusion de ce mariage, on avait négligé les formalités les plus essentielles requises par les lois de l'Église et, de tout temps, reconnues, en France, nécessaires pour la validité d'un mariage catholique.

« J'atteste, en outre, que, conformément aux lois civiles existantes lors de la conclusion de ce mariage, toute union conjugale était fondée sur le principe qu'elle pourrait être dissoute au gré des contractants.

« En foi de quoi j'ai signé la présente déclaration, et y ai fait apposer le cachet de mes armes.» Comte Otto.

Fait à Vienne, le 3 mars 1810.

[1] Voici les divers messages de l'Empereur au Sénat. Ils sont curieux par la pensée et l'expression:

« Sénateurs, nous avons fait partir pour Vienne, comme notre ambassadeur extraordinaire, notre cousin le prince de Neufchâtel, pour faire la demande de la main de l'archiduchesse Marie-Louise, fille de l'empereur d'Autriche.

« Nous ordonnons à notre ministre des relations extérieures de vous communiquer les articles de la convention de mariage entre nous et l'archiduchesse Marie-Louise

diadème qui brillait déjà par le génie et la valeur. » Dès ce moment, l'Autriche et la maison de Habsbourg, si récemment insultée dans des termes de mépris, fut exaltée par la presse de l'Empire ; on ne parla que de ses vertus, de ses grandeurs, de son histoire qui se mêlait à l'origine de toutes les dynasties. C'était alors un titre aux yeux de Napoléon que l'antiquité de l'origine ; on en revenait à louer les races royales et la maison de Lorraine. Ce changement s'était produit comme par un coup de théâtre ; il avait suffi d'une parole de l'Empereur pour que le mépris se transformât en adulation. Ainsi cet esprit supérieur brisait les souvenirs, le passé, les sentiments, tout ce qui est puissance sur l'homme.

Dans les formules des têtes couronnées, un mariage par procuration précède le contrat régulier ; Berthier fut désigné pour solliciter la main de l'Impératrice à Vienne ; c'était le compagnon des batailles de l'Empereur, le major-général de l'armée, un des anciens parmi les anciens ; mais ce choix était malheureux par rapport à l'Allemagne : impitoyable maréchal, il

laquelle a été conclue, signée et ratifiée.

« Nous avons voulu contribuer éminemment au bonheur de la présente génération. Les ennemis du continent ont fondé leur prospérité sur ses dissensions et son déchirement ; ils ne pourront plus alimenter la guerre en nous supposant des projets incompatibles avec les liens et les devoirs de parenté que nous venons de contracter avec la maison impériale régnante en Autriche.

« Les brillantes qualités qui distinguent l'archiduchesse Marie-Louise lui ont acquis l'amour du peuple de l'Autriche ; elles ont fixé mes regards. Nos peuples aimeront cette princesse pour l'amour de nous jusqu'à ce que, témoins de toutes les vertus qui l'ont placée si haut dans notre pensée, ils l'aiment pour elle-même.

« Donné en notre palais des Tuileries, le 27 février 1810. » Napoléon.

Adresse du Sénat à l'Empereur :

« Sire, V. M. I. et R. a bien voulu annoncer au Sénat son mariage prochain avec l'archiduchesse Marie-Louise, fille de l'empereur d'Autriche.

« Le Sénat ressent vivement, Sire, l'allégresse que tous les Français vont éprouver en apprenant un événement aussi mémorable.

« L'auguste princesse, que vont accompagner les vœux des peuples de l'Autriche, ne parviendra jusqu'aux rives de la Seine qu'entourée du tribut de l'amour reconnaissant de vos peuples.

« Et quelle haute destinée que celle de Napoléon et de Marie-Louise !

« Le bonheur du monde est dans vos

avait présidé aux exécutions militaires à Vienne. N'était-ce pas Berthier encore qui avait formé le conseil de guerre et fait fusiller le libraire Palm? Était-ce une insulte aux Allemands, une humiliation nouvelle dont on les abreuvait? Berthier était accompagné d'une suite nombreuse, avec tout le luxe que savait déployer Napoléon quand il voulait éblouir les esprits; les officiers du palais de l'Empereur le précédaient de quelques jours, et ce nom était si éblouissant parmi les cours, que les souverains d'Allemagne accueillaient comme des princes de la famille les simples aides-de-camp de l'Empereur, les préfets du palais. Les rois ordonnaient qu'on vînt les prévenir de jour et de nuit quand arriverait un officier même subalterne de l'Empereur, afin de convenir avec eux du cérémonial et de la réception qu'il fallait faire à celui qui signait alors du titre d'*Alexandre*, prince de Neufchâtel. On traversait l'Allemagne en pompe, et l'adulation fut plus vive encore à Bade, à Stuttgard, à Munich, lorsqu'on apprit que Caroline, la femme de Murat, était désignée pour aller au-devant de la jeune archiduchesse; on se précipita

mains, Sire, et le vôtre va être confié à cette jeune princesse dont les qualités brillantes ont fixé vos regards.

« Puisse la France lui devoir bientôt des jeunes princes qui, sous les yeux paternels de V. M., apprennent à se rendre dignes du grand nom qui leur sera transmis!

« Quelle reconnaissance les Français lui décerneront! ils l'aimeront pour l'amour de vous; ils la chériront surtout pour la félicité que vous lui devrez; et, comme la postérité, ils confondront dans leurs hommages le plus grand des monarques et celle qui embellira la vie la plus glorieuse.

« Que cette vie précieuse soit aussi la plus prolongée! c'est le désir le plus ardent du Sénat et du peuple français. »

Napoléon voulait associer le Sénat à tous les actes qui tenaient à son divorce et à son mariage, et c'est pourquoi il lui adressa le décret qui donnait à Eugène la succession du duché de Francfort :

« Sénateurs, les principes de l'Empire s'opposant à ce que le sacerdoce soi réuni à la souveraineté temporelle, nous avons dû regarder comme non avenue la nomination que le prince primat avait faite du cardinal Fesch pour son successeur.

« Nous avons aussi voulu reconnaître les grands services que le prince primat nous a rendus, et les preuves multipliées que nous avons reçues de son amitié; nous avons ajouté à l'étendue de ses États, et nous les avons constitués sous le titre de

autour d'elle en sollicitant l'honneur de lui faire sa cour : c'était un si noble titre alors que celui de sœur de Napoléon !

Le cérémonial fut partout réglé ; l'Empereur y avait apporté un soin minutieux ; sa correspondance avec M. Otto témoigne de l'importance qu'il mettait même à des riens [1] ; par ses ordres, toutes les archives étaient fouillées, la plupart des dépêches sont écrites ou corrigées de sa main. Il est curieux de voir un génie de l'ordre de Napoléon écrire à son ambassadeur pour lui parler du nombre de femmes de chambre, de toilette, de formules; on dirait un fiancé heureux et fier du beau jour qui se prépare dans sa vie de jeune homme. On prit pour modèle le mariage de Louis XVI avec la malheureuse Marie-Antoinette : la cérémonie de la demande de Marie-Louise, les honneurs que l'on rendrait à Berthier, l'envoyé de Napoléon; la remise de l'archiduchesse, le vêtement français qu'elle porterait après Braünau : dans tous les territoires on lui rendrait les honneurs dus à une Impératrice couronnée, les cloches à pleine volée, le canon retentirait, la garnison sous les

---

grand-duché de Francfort. Il en jouira jusqu'au moment marqué pour le terme d'une vie consacrée à faire du bien.

« Nous avons en même temps voulu ne laisser aucune incertitude sur le sort de ses peuples, et nous avons en conséquence cédé à notre cher fils le prince Eugène Napoléon tous nos droits sur le grand-duché de Francfort. Nous l'avons appelé à posséder héréditairement cet état après le décès du prince primat, et conformément à ce qui est établi dans les lettres d'investiture dont nous chargeons notre cousin le prince archi-chancelier de vous donner connaissance.

« Elevé au grand-duché de Francfort, nos peuples d'Italie ne seront pas pour cela privés de ses soins et de son administration ; notre confiance en lui sera constante comme les sentiments qu'il nous porte.

« Donné en notre palais des Tuileries, le 1er mars 1810. »   Napoléon.

[1] Napoléon s'occupait à fixer lui-même le cérémonial.
Lettre de Napoléon à M. Otto, ambassadeur à Vienne, pour les dispositions relatives au mariage.
Monsieur le comte Otto,

« Votre courrier du 16 n'est arrivé qu'aujourd'hui 25, à six heures du matin. Il paraît qu'il a été retenu au passage des Vosges. Le prince de Neufchâtel, qui est prêt, partira à dix heures avec cinq ou six aides-de-camp et une suite de trois ou quatre voitures ; mais il fera tant de diligence que j'espère qu'il arrivera à Vienne

armes; et quand elle approcherait de Napoléon, elle se précipiterait à ses pieds, et celui-ci devait la relever avec galanterie; comme l'Assuérus, il toucherait Esther de son sceptre. Il y avait dans le formulaire dicté par Napoléon un grand orgueil de lui-même, le sentiment de la fierté victorieuse. On y remarquait un besoin d'imiter tout ce que les rois de France avaient fait avant lui, et l'Empereur rappelle même l'état des présents que Louis XVI avait envoyés à Marie-Antoinette.

Dans le palais de Schœnbrünn, le mariage rencontrait de nouveaux obstacles; des scrupules étaient nés dans l'âme de l'empereur François, et il s'en ouvrit franchement à M. Otto : « Le mariage avec Joséphine était-il réellement dissous? et au moins sa fille Marie-Louise ne serait pas une concubine. » L'archevêque de Vienne faisait également de nombreuses difficultés, déclarant qu'il ne bénirait pas une telle union; et il fallut l'intervention persévérante de M. de Metternich, et le certificat de M. Otto tel que je l'ai fait connaître, attestant sur l'honneur que les actes de l'of-

le 3 au soir. Le duc de Cadore va vous envoyer les pleins pouvoirs nécessaires pour signer la convention telle qu'on la demande; je viens de la lire et je ne vois aucune difficulté qui s'oppose à ce que vous la signiez. Il n'y en aura pas davantage à ce qu'une dame de compagnie accompagne l'archiduchesse pendant le voyage, je préfère même une dame de compagnie à une femme de chambre. Le télégraphe de Strasbourg m'ayant annoncé, à Rambouillet, le passage de votre courrier le 22, j'ai fait partir sur-le-champ mon aide-de-camp Lauriston qui sera arrivé depuis longtemps. Je vous envoie cette lettre par le page de service, afin de gagner cinq ou six heures sur le courrier que vous enverra le duc de Cadore, que je dois voir à mon lever. Préparez tout ce qui est nécessaire, soit pour l'entrée, soit pour la présentation du prince de Neufchâtel, et n'épargnez rien pour que tout se fasse avec la magnificence convenable. Nous avons ici l'état des présents que le roi a faits lors de la remise de la dauphine à Strasbourg; on en enverra de pareils pour la remise de la princesse à Braünau. Le prince de Neufchâtel n'est chargé d'aucun présent. Nous n'avons pas trouvé de traces qu'il en ait été donné aucun à Vienne. Cependant, si cela était d'usage, vous vous hâteriez d'en instruire le prince de Neufchâtel, et d'y pourvoir. Je suppose qu'il y a erreur dans la note où on paraît désirer que ce soit un frère de l'archiduchesse qui l'épouse. Je ne crois pas que le prince impérial soit majeur; cependant, comme le désire M. de Metternich, les lettres

ficialité de Paris qui dissolvaient le mariage existaient réellement dans la forme régulière.

L'opposition au mariage devenait ainsi très vive à Vienne; on faisait naître des obstacles à chaque pas. La jeune archiduchesse, tristement préoccupée, n'avait aucune raison d'aimer l'homme auquel elle était destinée; elle se séparait de sa maison, de son père qu'elle adorait; ce n'était point un fiancé aux cheveux noirs d'Italie, de Naples, de Sardaigne, comme l'avaient obtenu les autres archiduchesses; ou bien un prince de Bavière ou de Bade, aux formes élancées, élégantes, et parlant la langue de Schiller, de Gœthe et de Wieland; mais un Empereur usé déjà dans la vie, épais de corps, au teint plombé, d'une année de moins à peine que son père, n'ayant aucun de ses goûts, de ses habitudes; colosse ressemblant à ce Charlemagne au bras de fer, que Gœthe a reproduit dans ses ballades. L'archiduc Charles fut celui qui la consola le plus, et le prince de Lichtenstein lui fit un portrait brillant de cette France, de cet Empire sur lequel elle allait régner; les archiducs Jean et Maximilien, l'impératrice d'Autriche même,

sont envoyées avec les noms et les adresses en blanc, vous direz à M. de Metternich que l'Empereur nommera le prince qu'il voudra. Si l'âge n'y fait rien, je désire que ce soit le frère de l'archiduchesse qui sera un jour empereur. Si le défaut de majorité est un obstacle, je désirerais que ce fût le prince Charles; mais vous devez sentir que, dans l'état de division où est la famille, je m'abstiendrai de le demander. Consultez dans ce pays, pour savoir s'il n'y a aucun inconvénient à ce que le prince Charles soit chargé de cette fonction. Si la nomination du prince Charles n'est pas agréable à l'Empereur, il pourrait nommer l'archiduc Reinier. Au reste, l'empereur fera là-dessus ce qu'il voudra, et je m'en rapporte au choix qu'il fera. Vous trouverez dans le *Moniteur* ci-joint la composition de la maison de l'Impératrice. Je n'ai point nommé de nouvelles dames, quoique mon intention soit d'en nommer sept ou huit de l'âge de l'Impératrice, mais je ne le ferai que lorsque cette princesse sera arrivée à Paris.

« Sur ce, je prie Dieu qu'il vous ait en sa sainte garde. »

A Paris, le 25 février 1810. Napoléon a ajouté ici de sa main : « A sept heures du matin.» *Signé*, Napoléon.

Note jointe à cette lettre sur la maison de l'Impératrice.

« La dame d'honneur est madame la duchesse de Montebello, femme de vingt-neuf ans, d'une réputation parfaite et portant un nom cher à l'Empereur, et égale-

étaient opposés au mariage, ils ne voulurent y assister que par l'ordre exprès de l'empereur. Il y eut des scènes de palais qui retentirent au dehors jusqu'à Napoléon.

Que d'amertume à Vienne au milieu de cette population fidèle, lorsque Berthier arriva pour demander la main de la jeune princesse au nom de l'Empereur des Français ! la bourgeoisie fut indignée du choix de l'ambassadeur ; n'était-ce pas Berthier qui tout récemment avait fait sauter les murailles de la cité? On fut obligé de lui construire un pont tout neuf sur les décombres des remparts abimés par la mine. Le maréchal Berthier n'avait aucunes formes brillantes ni gracieuses; il était plein de tics, de manies, se rognant les ongles, peu soigneux de ses vêtements; on pouvait lui reprocher, à lui qui avait vécu dans les camps, des habitudes guindées, il prenait la morgue pour la dignité. Berthier joua son rôle d'ambassadeur le moins mal possible; chargé de lettres de l'Empereur pour François II, l'impératrice, l'archiduchesse Marie-Louise et le prince Charles, il s'acquitta de sa mission avec une étiquette un peu raide; il débita un discours en forme de demande officielle en employant les termes consacrés[1] ; les réponses furent

---

ment cher en France et dans l'armée, jouissant d'ailleurs d'une grande et brillante fortune, et d'un grand état de maison.

« La dame d'atours est madame la comtesse de Luçay, femme de trente-six ans, épouse du premier préfet du palais.

« Le chevalier d'honneur est le comte de Beauharnais, secrétaire. Ce n'est pas celui qui a été membre de l'Assemblée constituante.

« Le premier écuyer est le prince Aldobrandini, frère du prince Borghèse, qui a ici une grande fortune. Il est marié à la fille de madame de Larochefoucauld qui a été à Vienne. »

[1] *Discours du maréchal Berthier à l'empereur d'Autriche.*

« Sire, je viens au nom de l'Empereur, mon maître, vous demander la main de l'archiduchesse Marie-Louise, votre illustre fille.

« Les éminentes qualités qui distinguent cette princesse ont assigné sa place sur un grand trône.

« Elle y fera le bonheur d'un grand peuple et celui d'un grand homme.

« La politique de mon souverain s'est trouvée d'accord avec les vœux de son cœur.

« Cette union de deux puissantes fa-

également aussi brèves; on voyait qu'il y avait de l'embarras de chaque côté. Berthier parlait des éminentes qualités de Marie-Louise, pour faire le bonheur d'un grand homme et d'un grand peuple; François II lui répondit en père : « il se séparait tristement de sa fille chérie, mais ce poignant sacrifice cimenterait l'alliance de deux empereurs et de deux peuples. » Berthier, en s'adressant à la jeune princesse, parla de sa grâce et de ses attraits qui la rendaient digne d'un glorieux trône. Marie-Louise répondit avec une résignation triste : « qu'elle suivrait en tout la volonté de son père. » Cette audience fut froide, courte, embarrassée; on jeta tout ce calme sur le compte de la régularité essentielle du cérémonial. Berthier remit à l'archiduc Charles la procuration de l'Empereur Napoléon pour épouser en son nom Marie-Louise; flatterie adroite adressée au parti français. Il y eut ici échange de compliments militaires; c'était de soldat à soldat. La réponse de l'archiduc fut pleine de satisfaction admirative pour Napoléon; lui, le brave capitaine, pouvait apprécier l'Empereur, parce qu'il l'avait vu sur les champs

milles, sire, donnera à deux nations généreuses de nouvelles assurances de tranquillité et de bonheur. »

Réponse de l'empereur.

« Je regarde la demande en mariage de ma fille comme un gage des sentiments de l'Empereur des Français, que j'apprécie.

« Mes vœux pour le bonheur des futurs époux ne sauraient être exprimés avec trop de vérité; il sera le mien.

« Je trouverai dans l'amitié du prince que vous représentez de précieux motifs de consolation de la séparation de mon enfant chéri; nos peuples y voient le langage assuré de leur bonheur mutuel.

« J'accorde la main de ma fille à l'Empereur des Français. »

Berthier à l'archiduchesse Marie-Louise.

« Madame, vos augustes parents ont rempli les vœux de l'Empereur mon maître.

« Des considérations politiques peuvent avoir influé sur la détermination de nos deux souverains; mais la première considération, c'est celle de votre bonheur : c'est surtout de votre cœur, madame, que l'Empereur mon maître veut vous obtenir.

« Il sera beau de voir unis sur un grand trône, au génie de la puissance, les attraits et les grâces qui la font chérir.

« Ce jour sera heureux pour l'Empereur mon maître si V. A. I. m'ordonne de lui dire qu'elle partage les espérances, les vœux et les sentiments de son cœur. »

Réponse de l'archiduchesse Marie-Louise.

« La volonté de mon père a constamment été la mienne; mon bonheur restera toujours le sien.

de bataille; il se dit donc heureux de penser que cette alliance effacerait jusqu'aux arrière-pensées des dissensions politiques. Rien ne s'opposait dès lors à la célébration du mariage par procuration, selon le cérémonial usité; M. Otto affirma de nouveau par écrit à l'empereur François II et à l'archevêque de Vienne l'existence de l'acte de dissolution catholique du mariage avec Joséphine; cela suffit, et les prières de l'Église furent dites sur la tête de l'archiduchesse. Désormais Marie-Louise, Impératrice des Français, va s'asseoir sur ce trône que la gloire et la fortune avaient fondé!

Tandis qu'à Vienne toutes les cérémonies du mariage s'accomplissaient avec pompe (mais avec une pompe triste et affligée), à Paris, l'empereur Napoléon ne contenait plus sa joie d'enfant d'épouser une archiduchesse d'Autriche. L'opinion publique n'était pas pour ce mariage, que de tristes rapprochements rendaient pénible; Napoléon au contraire, follement épris, passait ses journées à étudier les blasons, à écrire des billets, à choisir les dames d'honneur de la nouvelle Impératrice, ses chevaliers, ses

« C'est dans ces principes que S. M. l'Empereur Napoléon ne peut que trouver le gage des sentiments que je vouerai à mon époux; heureuse si je puis contribuer à son bonheur et à celui d'une grande nation! Je donne, avec la permission de mon père, mon consentement à mon union avec l'Empereur Napoléon. »

Berthier à l'impératrice d'Autriche.

« Madame, l'Empereur mon maître m'a spécialement chargé de témoigner à V. M. I. tous les sentiments dont il est pénétré pour elle.

« Il sentira bientôt toutes les obligations qu'il vous a pour les bons exemples et les soins qu'a reçus de vous l'archiduchesse Marie-Louise.

« Elle ne pouvait pas apprendre d'un meilleur modèle à concilier la majesté du trône avec l'amabilité et les grâces, qualités que V. M. I. possède à un si haut degré.

Réponse de l'impératrice.

« C'est dans le moment, intéressant pour mon cœur, où je fixe à jamais la destinée de ma fille chérie, que je suis enchantée de recevoir de V. A. Sérénissime l'assurance des sentiments de Sa Majesté l'Empereur et Roi.

« Habituée en toute occasion à conformer mes vœux et mes idées à ceux de S. M. l'empereur, mon bien aimé époux, je me réunis à lui dans sa confiance à atteindre le but qu'il se promet d'une si heureuse union.

« Vivement touchée de l'opinion beaucoup trop favorable que S. M. l'Empereur

écuyers, avec un soin presque puéril. C'était de la vieille monarchie avec les beaux pages de la reine ; Caroline sa sœur, la mieux élevée de toutes, était partie pour aller au-devant de la jeune fiancée ; on lui avait donné pour l'accompagner comme première dame d'honneur la maréchale Lannes, madame de Luçay, dame d'atours, puis encore mesdames de Montmorency, de Mortemart et de Bouillé ; l'évêque de Metz (Jauffret) devait être son aumônier, le prince Aldobrandini Borghèse, premier écuyer, M. de Beauharnais son chevalier d'honneur, MM. d'Aubusson, de Béarn, d'Angosse et de Barrol ses chambellans, M. Philippe de Ségur son maréchal-des-logis ; véritable cour souveraine qui devait s'agrandir encore ; Napoléon avait fait ce choix lui-même ; tout était parfaitement en rapport avec la grandeur du mariage qu'on allait contracter. Il s'était fait fournir des listes de toutes les familles du faubourg Saint-Germain ; aucune ne pouvait refuser de servir une archidu-

---

et Roi a conçue de moi, je ne saurais m'attribuer des mérites qui ne sont dus qu'à l'excellent naturel de ma chère fille et à la douceur de son caractère. Je réponds pour elle que son unique but est de convenir à S. M. l'Empereur et Roi, en se conciliant en même temps l'amour de la nation française. »

Berthier à l'archiduc Charles.

« Monseigneur, l'Empereur mon maître, ayant obtenu de l'empereur votre illustre frère la main de l'archiduchesse Marie-Louise, m'a chargé d'exprimer à V. A. I. le prix qu'il met à ce qu'il veuille bien accepter sa procuration pour la cérémonie du mariage.

« Si V. A. I. y donne son assentiment, j'ai l'honneur de lui présenter la procuration de mon maître. »

Réponse de l'archiduc Charles.

« J'accepte avec plaisir, mon prince, la proposition que S. M. l'Empereur des Français veut bien me transmettre par votre organe, également flatté par son choix que pénétré du doux pressentiment que cette alliance effacera jusqu'à l'arrière-pensée des dissensions politiques, réparera les maux de la guerre, et préparera un avenir heureux à deux nations qui sont faites pour s'estimer, et qui se rendent une justice réciproque. Je compte entre les moments les plus intéressants de ma vie celui où, en signe d'un rapprochement aussi franc que loyal, je présenterai la main à madame l'archiduchesse Marie-Louise au nom du grand monarque qui vous a délégué, et je vous prie, mon prince, d'être vis-à-vis de la France entière l'interprète des vœux ardents que je forme pour que les vertus de madame l'archiduchesse cimentent à jamais l'amitié de nos souverains et le bonheur de leurs peuples. »

chesse. Le cortége traversa Stuttgard, Munich, pour se rendre à Braünau, petite ville sur les limites de la Bavière et de l'Autriche, lieu fixé pour la réception de la jeune princesse ; on devait là renouveler la cérémonie de la remise telle qu'on l'avait longuement étudiée dans l'ancien formulaire de France.

Hélas ! à ce moment Marie-Louise quittait Vienne au milieu des pleurs d'un peuple tout entier, qui la suivait comme une victime sacrifiée. Après son départ on vit presque une émeute pour la redemander[1], la pauvre fille qui se donnait pour l'Autriche ; plus d'une ballade fut faite sur Marie-Louise couronnée de fleurs se consacrant à la patrie ; Gentz la compare à ces jeunes vierges dont parle l'Arioste, attachées sur un rocher pour être dévorées par le monstre de mer ; la chaîne de Marie-Louise seulement était d'or. L'émotion fut si grande à Vienne, qu'après qu'elle eut été réprimée, M. de Metternich se crut obligé de dire à M. Otto : « Vous voyez à quel point d'exaspération est ce peuple ; il faudrait un rien pour rompre nos bons rapports heureusement établis. Dites-le bien à l'Empereur, afin qu'il limite ses exigences à l'égard de notre monarchie. » A Braünau la foule était immense ; de vingt lieues on était ac-

---

[1] A peine Marie-Louise avait-elle quitté Vienne, que des rassemblements se formèrent dans les rues ; on y déplorait le sort de la jeune princesse et celui de son père. « Elle est immolée, disait-on, à l'intérêt politique ; Dieu sait quels mauvais traitements lui sont réservés ! la seule personne amie qu'il lui a été permis d'emmener va lui être enlevée. Quel fruit son malheureux père recueillera-t-il de son humiliation ? N'était-ce point assez d'avoir sacrifié le malheureux Hoffer, qui a payé de sa vie son dévouement à notre cause, et tant d'amis de l'Autriche dans la Dalmatie et dans l'Illyrie qu'on livre à la France avec ces provinces ? L'empereur devait-il aller jusqu'à sacrifier sa fille ? Mieux valait continuer la guerre que d'acheter la paix à une condition si humiliante. On se relève de tout, excepté de l'avilissement. » Le peuple s'échauffait par ces discours, et les rassemblements prenaient un caractère sérieux. M. de Metternich, averti par la police, les fit dissiper ; on arrêta quelques individus qui paraissaient en être les chefs.

couru pour assister au spectacle de la remise de l'archiduchesse ; un pavillon couvert de drap d'or était construit, divisé en trois pièces : le salon d'Autriche, le salon de France, et un autre au milieu, plus grand que les deux autres ; sur un côté se tenaient ces femmes de brillante noblesse qui l'avaient vue jeune, et qui subissaient avec douleur cette séparation d'avec leur princesse, et parmi elles les Appony, les Lazanski, les Kaunitz, les Zichy, qui toutes allaient se séparer selon l'habitude à Braünau ; de l'autre côté les dames que l'Empereur avait désignées, les Montmorency, les Mortemart, les Bouillé, qui devaient recevoir l'Impératrice.

La cérémonie de la remise s'accomplit à Braünau avec toutes les formes de la vieille étiquette ; Marie-Louise abandonna ses dames autrichiennes [1], ses vêtements de Vienne et de Hongrie, pour se revêtir des riches parures que l'Empereur lui avait envoyées d'après les modes alors si disgracieuses en France. On trouva généralement l'archiduchesse froide, timide ; son front était beau, son nez petit, le cou gros, la poitrine pleine, très blanche de peau, la main trop petite pour sa taille, l'air fort embarrassé en présence de toute cette cour qui l'environnait de ses hommages ; elle parlait français, mais avec un accent germanique très prononcé, de manière pourtant à montrer sa bouche autrichienne fort jolie. Caroline Murat, jalouse

---

[1] Le cortége autrichien se composait de quatre-vingt-trois voitures ou fourgons ; quatre cent cinquante-quatre chevaux de trait et huit de selle devaient être employés à chaque station de poste. Voici la liste des personnages qui formaient le cortége : le prince Paar, grand-maître des postes impériales. Le prince Trauttmansdorff, premier grand-maître de l'empereur d'Autriche, et son commissaire plénipotentiaire pour la remise.

Le comte d'Edling, grand-maître de l'archiduchesse Marie-Louise.

La comtesse de Lazanski, sa grande-maîtresse.

La princesse Trauttmansdorf, les comtesses d'Odonèll, de Saureau, d'Appony, de Blumeggen, de Trann, de Podtolzki, de Kaunitz, de Huniadi, de Chatek, de Palfy, et de Zichy, dames du palais.

Les comtes d'Haugwitz, d'Urbana, Joseph de Metternich, Ernest d'Hoios, Felix de

de son naturel, put faire remarquer combien le goût de son frère était triste ; elle répéta ce vieil adage jeté contre mademoiselle de Lavallière : « Soyez boiteuse, ayez quinze ans. » On traversa l'Allemagne au milieu de mille hommages, des corbeilles de fleurs et des arcs de triomphe, des salves d'artillerie, des honneurs surtout rendus par l'armée, qui célébrait ainsi l'hyménée de son glorieux Empereur. En France tout fut plus solennel encore : la nouvelle Impératrice fut obligée de subir les discours officiels des préfets, des commandants, des maires dans les petites et grandes villes ; ainsi le voulaient l'usage et les formules que l'Empire avait rétablis dans toute leur étiquette.

A Compiègne l'entrevue souveraine devait s'accomplir et les formules de mariage se répéter entre les deux époux. Napoléon plein d'impatience avait fait pendant la route d'incessantes galanteries pour imiter les façons de Louis XIV à sa jeune fiancée : des pages partaient à chaque moment pour porter des lettres, des bouquets et même des faisans de la chasse impériale ; il avait lu cela dans les chroniques royales, et il le faisait ; les habitudes de cour étaient pleinement reconstituées : l'entendez-vous ? des faisans de la chasse ! comme un roi féodal, comme Henri IV ou comme Philippe V d'Espagne aux princesses de Savoie ; pourquoi pas la patte du cerf, ou la hure du sanglier ? Le temps était affreux, la pluie battante, conti-

---

Mier, d'Haddik, Henri de Wurmbrand, François de Zichy, de Balthyani, le landgrave de Furstemberg, le prince de Sizendorff et le prince Paul d'Estherazi, chambellans de l'empereur d'Autriche.

M. d'Hudelitz, conseiller aulique des affaires étrangères.

M. le baron Lorch, conseiller actuel de la régence d'Autriche.

M. Mozel, conseiller concipiste aulique.

Un médecin, un chirurgien, un chapelain, deux assistants et une foule d'autres employés du service des grands-officiers de la maison d'Autriche.

Un détachement de la garde noble hongroise, monté à chaque station par les régiments de cavalerie placés sur la route de Vienne à Braünau.

Ce personnel dépassait le nombre de 300 individus, sans y comprendre les militaires.

nuelle, lorsqu'à un relais de poste, à Courcelles, entre
Soissons et Compiègne, un homme se plaça sous le porche de l'église pour se mettre à l'abri des larges gouttes
d'eau que le vent poussait dans sa figure : il était en grandes
bottes, en redingote grise, avec un chapeau sur les yeux
tout trempé de pluie ; cet homme à la tournure épaisse, au
corps ramassé, au ventre dominant, avait à peine aperçu
les voitures et le cortége de Marie-Louise, qu'il s'avance,
ouvre lui-même la portière et se place d'un bond à côté
de l'Impératrice ; Caroline Murat n'eut que le temps de
dire : « C'est mon frère, c'est l'Empereur. » Marie-Louise
très effrayée eut besoin de ces paroles pour être rassurée.

Cette entrevue si brusque lui laissa de fâcheuses impressions : les filles de la maison d'Autriche sont élevées
avec soin, timidement, à l'écart des hommes, dans des
mœurs de couvent ; elle s'imaginait que l'Empereur l'accueillerait dans les pompes du palais, lui debout, elle agenouillée, dans la formule des maisons de Bourgogne et
de Lorraine ; qu'un mariage consacré par l'Église précéderait tout témoignage d'affection et de tendresse ; le
portrait qu'on lui avait envoyé de l'Empereur et qu'elle
portait à son cou était flatté. Marie-Louise en fut fâcheusement affectée ; cet homme qui se plaçait à côté d'elle
était trempé de pluie (Napoléon se croyait toujours
sur un champ de bataille) ; il l'embrassait avec un empressement qui devait surprendre une jeune fille timide et bien élevée. Le cortége prenant le grand galop
arriva le soir à Compiègne. Là il n'y eut pas de cercle ;
les manières cavalières de Napoléon continuant au
plus haut degré, il emmena Marie-Louise dans sa
chambre à coucher, et, sans célébration de mariage,
sans aucune de ces formes qui préparent aux yeux
d'une jeune fiancée le passage d'une vie ancienne à la

LE MARIAGE DE NAPOLÉON (MARS 1810).

vie nouvelle, Napoléon imposa à l'archiduchesse un long tête-à-tête qui ne finit que le lendemain à dix heures du matin ; c'était agir en conquérant, il tranchait la difficulté que pouvaient faire naître les oppositions de l'Église ; il prenait ses droits avant qu'on les lui donnât.

Il y eut des propos parmi les courtisans, de ces petits mots comme les traditions de cour [1] en attribuaient sous Louis XIV quand le souverain était heureux d'une nouvelle favorite ; mais Marie-Louise garda un sentiment pénible de ce manque de délicatesse et de respect de soi ; le formulaire avait annoncé de la chevalerie ; que lui donnait-on en échange ? plus tard, elle ne dissimulait pas que cette manière soldatesque avait singulièrement refroidi les sentiments qu'elle aurait pu éprouver pour son époux. Napoléon avait brisé la pudeur ; et comme il n'y avait pas d'amour pour l'époux que la politique lui donnait, que pouvait-il lui rester ? On eût pardonné cette impatience à un jeune homme épris, que la passion entraîne ; l'Empereur avait quarante-deux ans et il menait son mariage comme une intrigue de grisette, commencée en voiture et terminée à souper.

La cérémonie [2] du mariage vint ensuite, et la cour

---

[1] Voyez les mémoires de M. de Bausset.

[2] « L'archi-chancelier était à côté d'une table recouverte d'un riche tapis de velours, sur laquelle était un registre que tenait M. Regnauld de Saint-Jean-d'Angély, secrétaire de l'état civil de la famille impériale. Après avoir pris les ordres de l'Empereur, le prince archi-chancelier lui demanda à haute voix : « Sire, V. M. a-t-elle intention de prendre pour sa légitime épouse S. A. I. madame l'archiduchesse d'Autriche, ici présente ? » L'Empereur répondit : « Oui, monsieur. » Alors l'archi-chancelier, s'adressant à l'Impératrice, lui dit : « Madame, est-ce la libre volonté de V. A. I. de prendre pour son légitime époux S. M. l'Empereur Napoléon, ici présent ? » Elle répondit : « Oui, monsieur. » Alors l'archi-chancelier, reprenant la parole, déclara, au nom de la loi et des constitutions de l'Empire, que S. M. l'Empereur Napoléon et S. A. I. madame l'archiduchesse Marie-Louise d'Autriche étaient unis en mariage. M. Regnauld présenta l'acte à signer à l'Empereur, puis à l'Impératrice, et ensuite à tous les membres de la famille impériale, l'oncle de l'Impératrice, grand-duc de Wurtzbourg, était présent, il signa aussi, ainsi que les personnes dont l'office leur permettait d'avoir cet honneur. » (Actes de la Chambre des Pairs.)

déploya ses magnificences : Cambacérès, conventionnel régicide, lut à haute voix, comme archi-chancelier, à la nièce de Marie-Antoinette, l'acte civil qui existe encore à la Chambre des Pairs en seize pages de formules très hautes, très puissantes. La cérémonie de l'église fut non moins éclatante au milieu de ces disgracieuses toilettes que le pinceau d'Isabey n'a pu corriger : pour les femmes, les hautes tailles, les robes droites sans grâce, comme des bâtons épais; pour les hommes, l'habit à la française, haut de col, l'énorme jabot, la culotte courte à boucles ; ces pompes ressemblaient à ces vieux carrosses des rois d'Espagne, lourds et tout d'or. Mais ce qui fut profondément remarqué, ce qui excita la plus vive colère de l'Empereur, ce fut l'absence de la majorité des cardinaux : un petit nombre parut à la cérémonie; comme s'ils protestaient au nom de la morale contre un mariage qui était à leurs yeux frappé de bigamie; au milieu de la puissance, l'idée religieuse [1] se manifestait une fois encore pour défendre la sainteté inviolable de l'union domestique; le pape, comme au moyen âge, prenait le parti de l'épouse délaissée contre les excès

---

[1] « Le ministre des cultes avait convoqué tout le haut clergé qui se trouvait à Paris, ainsi que les évêques les plus voisins. Tous assistèrent en habits pontificaux ; il n'y manqua que les cardinaux, qui, excepté deux qui se présentèrent à la messe, ne prirent pas même le soin de faire connaître les motifs de leur absence. Le mariage n'en eut pas moins lieu; le cortége retourna dans le même ordre au château des Tuileries, où l'Empereur resta quelques jours pour recevoir les félicitations de toutes les autorités des différents corps administratifs. Il avait la conduite insolente des cardinaux dans l'esprit ; il blâma d'abord le ministre de la police de n'avoir point su leur projet ou de ne l'avoir pas prévenu, mais les cardinaux n'y perdirent rien. Il commença par les exiler de Paris, et les envoya demeurer dans des lieux différents, à cinquante lieues de la capitale au moins. Ces cardinaux se trouvaient à Paris depuis que le pape avait été amené à Savone. L'Empereur attendait qu'il eût un moment de loisir pour s'occuper des affaires ecclésiastiques, et à cette fin il avait mandé près de lui le sacré-collége. Le mariage arriva avant qu'il pût y donner quelques soins, et ces prélats saisirent cette occasion de montrer le mauvais esprit dont ils étaient animés. »

(Notes du général Savary.)

des passions et de la politique. Aussi l'Empereur comme les féodaux ne se tint plus de colère : il jeta ses yeux ardents sur la place vide et s'écria : « Les sots! les sots! ils m'outragent! » Comme les barons des vieux temps, il aurait brisé le crâne à ces clercs insolents.

La présence d'une archiduchesse à la cour en changea toutes les mœurs, toutes les habitudes. A travers la marche vers les idées nobiliaires que Napoléon favorisait, il s'était maintenu quelques formules, quelques noms démocratiques ; l'esprit soldat se montrait ; les hommes de fer ne s'étaient pas tout à fait ployés ; ils avaient reçu les gentilshommes avec de la défiance et bien des murmures. L'arrivée de l'archiduchesse donna le complément aux mœurs nobiliaires; on rallia le faubourg Saint-Germain ; il n'y eut plus de grandes bouderies; la défection du comte Louis de Narbonne en amena beaucoup d'autres. Tout fut prodigué aux noms de l'ancienne cour : un Rohan devint grand-aumônier de la nouvelle impératrice; on voyait se presser autour d'elle les Mortemart, les Montmorency, les Talhouet, les Bouillé, les Brignolle ; le personnel des chambellans comptait des hommes de la plus haute naissance, les Périgord, les Beauveau, les Montbadon, les Lafeuillade, les Croy, les Contade, les Montesquiou, les Nicolaï, les Turenne, les Noailles, les Brancas, les Gontaut, les Saint-Aulaire, les d'Angosse ; les formes polies de tous ces hommes bien élevés étaient remarquées par l'Empereur, qui aimait fort les gens de bonne naissance.

Les débris de la révolution, qui avaient leur fierté aussi, furent contraints de se façonner à ces mœurs; les généraux qui avaient glorieusement porté l'habit militaire durent l'échanger contre un costume à la française : à Trianon, palais chéri de la nouvelle Impératrice, Junot,

Ney, furent obligés de se dépouiller du noble vêtement qu'ils portaient dans cent batailles, pour prendre l'habit de soie semé de fleurs, brodé de jasmins et de roses, les manchettes, les jabots et l'épée d'acier; cela fit murmurer d'abord, mais un mot de Napoléon était si puissant! Dès lors on n'entendit plus que des titres, on ne vit plus que des cordons; on fut chamarré de croix : la Légion d'honneur, les Trois-Toisons, la Réunion, la Couronne de Fer ; on ne parlait que d'altesse, de monseigneur, de majesté, de princes, de ducs, de comtes, de barons; une transformation magique s'était ainsi opérée dans cette société, les noms étaient défigurés : parlait-on du citoyen Fouché, ce fougueux proconsul que nous trouvons dans l'histoire? c'était S. Exc. monseigneur le duc d'Otrante; le jacobin Merlin, de la loi des suspects, c'était S. Exc. M. le comte Merlin ; le patriote Cambacérès, c'était S. A. S. le prince de Parme; les vieux généraux républicains de l'armée de Sambre-et-Meuse étaient aussi altesses sérénissimes, ducs, princes, eux qui s'étaient tant de fois moqués des altesses; l'histoire de France était à refaire, on ne pouvait plus reconnaître les noms propres ; on aurait dit qu'une génération avait succédé à une autre génération.

Quoi d'étonnant que cette cour si empesée fût l'objet des sarcasmes et même d'affreuses calomnies dans les feuilles anglaises? L'aristocratie européenne savait le côté faible de ces parvenus ; rien ne les blessait autant que de raconter leur origine, de parler de leurs positions primitives et de leurs aïeux. Lorsque la France s'agenouillait devant ces altesses, lorsqu'on n'entendait que les titres, les blasons, il paraissait en Angleterre des pamphlets d'une étrange nature sur l'illustre famille impériale. Quelques gentilshommes se vengeaient de leur exil par les souvenirs ; les Anglais faisaient non seulement de la caricature, mais encore de ces histoires sanglantes qu'on ne saurait trop flétrir parce qu'elles sont d'infâmes calomnies. Ainsi, lorsque l'Europe retentissait des titres de Madame-Mère, du roi des Espagnes, des rois de Naples, de Westphalie, de Hollande, de la princesse Borghèse, de la grande-duchesse de Toscane, appartenant à la famille Bonaparte, les Anglais racontaient dans leurs journaux l'origine plus que bourgeoise de tous ces noms et les professions vulgaires ou abaisssées de leur vie primitive.

Ces pamphlets faisaient le désespoir de cette cour nouvelle, où l'on entendait retentir tant de titres. Lorsqu'on annonçait, dans un salon, un roi ou une altesse impériale, un prince, un duc de nouvelle fabrique, tout de suite il venait à l'idée de l'aristocratie que telle tête couronnée avait fait un autre métier, et tout cela excitait le sourire aux lèvres de rose de plus d'une grande dame. Pourquoi tous ces hommes ne gardaient-ils pas les noms qui devaient les illustrer dans la patrie? Pourquoi se laisser défigurer? Pourquoi les échanger contre un blason? Et quand on avait une épée glorieuse, qu'avait-on besoin de parchemins et de titres nobiliaires? Est-ce pour cela que la République les avait enfantés? Lannes, Masséna, Ney, étaient assez glorieux pour refuser des titres que la fortune donne et que la destinée enlève. Le beau coursier brille par le feu des regards, par la crinière flottante, par le pied impétueux qui soulève la poussière; les ornements l'importunent, le rendent disgracieux et pesant.

CHAPITRE XII.

DÉVELOPPEMENT DU SYSTÈME FÉDÉRATIF

ET DIPLOMATIQUE DE NAPOLÉON.

L'Angleterre après l'expédition de Walcheren. — Négociations pour la paix. — Bases repoussées par lord Wellesley. — Théâtre de la guerre des deux puissances. — Espagne et Portugal. — Le vicomte de Wellington. — Les maréchaux Soult et Masséna. — Campagne d'Andalousie et de Portugal. — Réunion définitive de Rome à l'Empire. — — Sénatus-consulte. — Discussions avec la Hollande. — Correspondance de Louis Bonaparte.—Son abdication.— Mission de M. Decazes. —Réunion de la Hollande à l'Empire.—Les villes anséatiques.—Le Valais. — Relations avec le Danemarck. — Rapports avec la Suède. — Élévation de Bernadotte. — Traité. — Le système continental. — — Situation des esprits en Allemagne. — Changement de ministère en Prusse. — Mort de la reine Louise. — M. de Hardenberg aux affaires. — Système d'observation de la Russie. — Changement de ministère. — Premier voyage de M. de Czernicheff. — Correspondance avec M. de Metternich et l'Autriche.

Janvier à Novembre 1810.

Le mariage de Napoléon, l'influence d'une jeune épouse, la joie prochaine de la paternité, avaient fait espérer aux classes paisibles une paix solide après l'immense ébranlement qu'avait éprouvé la société française depuis la Révolution. Napoléon avait quarante-deux ans; à cet âge de la vie on n'a plus l'imagination ardente d'un jeune homme; on ne suit plus les contes orientaux où tout est or; les légendes de l'ambition prennent quelque chose de sérieux et de stable; la maturité arrive dans l'esprit; après avoir conquis il fallait conserver; après la tempête, le repos. Ainsi raisonnaient le peuple en France et les cabinets en Europe : ils espéraient qu'enfin ils pourraient assurer un peu d'ordre, un peu de sécurité pour les peuples; les idées de paix se manifestaient partout; Napoléon en offrait comme gage sa situation nouvelle d'époux, et bientôt son naïf bonheur de père ; on put croire que le puissant Empereur se laisserait aller aux douceurs de la vie domestique.

Les hommes politiques de quelque importance, MM. de Talleyrand et Fouché, avaient toujours pensé qu'il n'y aurait de paix durable et profonde pour le monde que lorsqu'on se serait entendu avec l'Angleterre, la puissance active de la coalition : tant que la Grande-Bretagne serait en dehors des transactions, on ne pouvait espérer un traité définitif, car elle seule donnait l'impulsion; sa diplomatie habile fournissait les subsides et les moyens aux cabinets, elle était pour eux une grande providence; quand ils avaient signé une trêve avec la France, l'Angleterre la minait en sous-œuvre, elle n'était satisfaite qu'en amenant une rupture sur le champ de bataille; sa diplomatie remuait le monde. C'était donc vers cette puissance que devaient se tourner tous les efforts des amis de la paix; si l'Angleterre consentait à traiter sur des bases stables l'Europe, espérant enfin une sécurité générale, il pourrait s'opérer une circonscription nouvelle dans les souverainetés; les œuvres des congrès de Westphalie, d'Utrecht, pourraient se renouveler dans des stipulations rajeunies : on remanierait le monde comme après toutes les révolutions morales, la découverte de l'Amérique, la réforme de Luther ; les violentes secousses de la Révolution française avaient amené des morcellements et des agglomérations de territoires, il fallait les régulariser.

La situation politique de l'Angleterre faisait espérer un changement notable à sa politique, et le moment paraissait bien choisi ; l'expédition de Walcheren, faite sur une si vaste échelle, avait échoué ; le principal auteur de cette expédition, lord Castlereagh, avait subi un terrible échec à la face de son pays ; un soulèvement général d'opinions avait protesté contre lui ; il n'avait pas réussi, et c'est un crime en politique. M. Canning lui-même, qui avait conduit la diplomatie pendant l'année 1809, s'étant permis quelques railleries sur son collègue, il y eut par suite un duel au pistolet ; Canning fut légèrement blessé. Tout cela fit du bruit, de l'éclat ; tant il y a que ni l'un ni l'autre ne purent rester au ministère ; ils donnèrent simultanément leur démission et furent remplacés presque immédiatement après l'ouverture du parlement. L'esprit du ministère ne changea pas ; M. Perceval resta toujours ministre dirigeant [1] ; il s'adjoignit quelques nouveaux collègues qui pouvaient donner plus de force et plus de prépondérance à son cabinet dans des circonstances si graves ; le secrétaire d'État pour l'intérieur fut lord Liverpool, qui avait fait partie du ministère pacifique d'Addington ; lord Palmerston reçut le département de la guerre. Le choix le plus significatif fut celui de lord Wellesley, au département des affaires étrangères ; lord Wellesley, frère aîné du vicomte de Wellington, appartenait à des opinions très modérées ; ancien gouverneur de l'Inde, il s'était fait remarquer par la rectitude de ses idées

---

[1] *Annual Register*, 1810.

CHANGEMENT DANS LE MINISTÈRE ANGLAIS (1810).

et la fermeté de son gouvernement. On pouvait espérer avec lui des tendances moins anti-françaises que celles de Canning et de Castlereagh; mais tel est l'esprit public en Angleterre, que lord Wellesley adopta complétement les idées et les plans de guerre du dernier cabinet, à ce point que, prenant la défense du comte de Chatam qui commandait l'armée de terre à Walcheren, lord Wellesley déclara que le général s'était pleinement justifié de son séjour dans cette île pestiférée, dans un mémoire secret présenté au roi [1]; ce mémoire ne fut pas communiqué au parlement et ne reçut aucune publicité; il contenait le détail des intrigues et des négociations développées à Paris à l'époque de l'expédition en Hollande, intrigues qui devaient seconder le projet de la Grande-Bretagne et amener une révolution patriotique à La Haye, à Amsterdam et à Paris, si curieuse révélation dans la circonstance. La publication d'un tel document eût compromis trop de personnes en France, dans les Pays-Bas, en Italie; il ne fallait pas compliquer encore une situation si malheureuse.

Bientôt se présenta au parlement le bill de la régence; la folie du roi, incurable déjà, s'était accrue par la douleur que lui causait la mort de la princesse Amélie; il fallait pourvoir à l'unité de gouvernement dans la crise, un régent devait diriger l'État. Le bill définitif de régence fut discuté au parlement, les whigs visant au ministère le soutinrent vigoureusement; le prince de Galles reçut le sceau privé, et le pouvoir fut concentré dans ses mains sous la couronne royale. Le prince régent confirma le ministère, à l'étonnement général; toutefois, on espérait en Angleterre et en France

---

[1] Ce mémoire indique formellement les négociations des Anglais avec les mécontents de France et de Hollande et avec le ministre Fouché.

que les whigs obtiendraient l'appui du prince pour une négociation pacifique. Des lettres écrites au comte Grey et à lord Holland avaient encore grandi ces espérances; un ministère whig devait tout naturellement amener la paix du continent.

Les hommes d'État auraient désiré profiter de toutes ces circonstances pour amener un rapprochement entre les deux nations rivales [1]; Napoléon paraissait alors le désirer, car le pays souffrait sous le système des prohibitions. Avant tout il fallait partir de bases bien précises, afin qu'une négociation arrivât d'elle-même à un bon résultat. Ces négociations dataient de loin : on se rappelle la lettre commune écrite après l'entrevue d'Erfurth au roi d'Angleterre par les deux souverains qui étaient convenus des bases principales d'un remaniement européen à Tilsitt ; à Erfurth, ces mêmes démarches s'étaient répétées. Alors la réponse de M. Canning ne s'était point fait attendre : « L'Angleterre déclarait qu'elle ne voulait traiter qu'aux préliminaires suivants : » 1° que le roi d'Espagne, Ferdinand VII, serait partie contractante dans le traité; 2° l'indépendance du Portugal serait également admise ; 3° on reconnaîtrait dans le système

---

[1] Les pièces de cette négociation offrent un intérêt considérable pour fixer l'histoire des relations entre la France et l'Angleterre. *Instructions données par M. le ministre hollandais à M. Labouchère.*
Amsterdam le 1er février 1810.

« L'objet de la commission dont, à la demande du soussigné, M. Pierre-César Labouchère s'est chargé, est de faire connaître au gouvernement d'Angleterre qu'en conséquence des renseignements parvenus au ministère hollandais, et qui ont toute l'apparence d'authenticité, le destin de la Hollande, c'est-à-dire le maintien ou la perte de son existence politique, dépend des dispositions qui pourraient avoir lieu de la part du gouvernement anglais pour parvenir à une prompte paix avec la France, ou du moins pour faire un changement réel dans les mesures adoptées par le susdit gouvernement par rapport au commerce et à la navigation des neutres.

« Ledit sieur Labouchère doit par conséquent se rendre, avec toute la promptitude possible, à Londres, où, de la manière et par les voies qu'il trouvera les plus convenables, il cherchera à porter le susdit état des choses à la connaissance du ministère anglais et de toute autre personne qui pourrait servir au but proposé, et il

européen l'existence de la maison de Naples et de Sicile dans la personne d'un Bourbon. » Ces bases, envoyées à M. de Champagny et au comte Romanzoff, étaient trop opposées au système dynastique de Napoléon pour qu'on pût les admettre à Paris. L'Empereur, partant de points opposés, voulait qu'on reconnût en droit ce qui existait en fait, c'est-à-dire les royautés de Joseph et de Murat en Espagne et à Naples ; ces reconnaissances faites, il se serait entendu avec la Grande-Bretagne pour les conquêtes qu'elle avait accomplies depuis dix ans dans l'Inde, l'Amérique et la Méditerranée ; l'Angleterre n'avait pas besoin de cette sanction. M. Canning, brisé par un mouvement parlementaire, fut remplacé par lord Wellesley, et c'est auprès de ces ministres qu'on essaya des démarches pour obtenir de meilleures conditions de paix.

Plusieurs voies furent employées pour obtenir ce résultat, véritablement désiré en France, en Hollande, sur tous les points maritimes : en ce moment on négociait avec la Grande-Bretagne un cartel d'échange de prisonniers ; ces négociations actives se suivaient par l'organe de M. de Moustier et M. Mackensie : des notes

---

lui sera permis en cas de besoin de faire savoir qu'il remplit cette mission avec le consentement du gouvernement hollandais, qui, à cause de l'authenticité des susdits renseignements, portant que sans le susdit changement dans le système de l'Angleterre, la perte de l'indépendance de la Hollande est absolument inévitable, avait cru pouvoir fermer les yeux sur toutes les considérations et difficultés pour tenter tout ce qui pourrait servir à maintenir l'existence politique du pays.

« Le sieur Labouchère est chargé de faire envisager au gouvernement anglais combien il serait avantageux à l'Angleterre que la Hollande ne tombât pas sous la domination souveraine de l'Empire français, et qu'elle restât toujours une puissance indépendante. S'il prouve au gouvernement anglais cette conviction, ou s'il parvient à la faire naître, il tâchera de l'engager à contribuer au maintien de l'existence politique de la Hollande, en se prêtant promptement à des négociations tendant à parvenir à une paix générale ; ou du moins, dans le cas où de pareilles négociations ne pourraient être promptement entamées et déterminées, en donnant des assurances satisfaisantes de ses intentions de faire quelques changements dans le sys-

nombreuses étaient rédigées en invoquant le principe du droit des gens ; malheureusement les bases en étaient très éloignées les unes des autres. L'Angleterre ne voulait admettre en échange que les hommes à son service réellement pris en guerre, tandis que Napoléon exigeait que l'on échangeât contre ses marins et ses soldats les Hanovriens et les Allemands dont il s'était emparé depuis la campagne de 1805 et les Espagnols pris dans la guerre de la Péninsule. Par ces moyens seuls, le nombre des prisonniers pouvait égaler celui des malheureux Français gémissant sur les pontons en Angleterre ou dans les îles d'Espagne. L'Angleterre s'y refusa nettement : la France, selon elle, partait de bases inadmissibles; les négociations traînant en longueur, on espérait qu'elles pourraient se transformer en un rapprochement si désirable pour les deux nations.

La seconde tentative de négociation fut faite en Hollande par la maison célèbre de M. Labouchère; cette maison avait d'immenses relations avec la Grande-Bretagne : sous prétexte d'intérêts commerciaux, on pouvait se rapprocher des ministres anglais. Ici l'Empereur, ne paraissant pas personnellement, n'était pas censé accomplir une première démarche et désirer trop ardemment la paix : la

tème adopté par les décrets du conseil d'Angleterre du mois de novembre 1807, et dans les mesures qui en ont été les conséquences.

« Il doit surtout appuyer sur ce dernier objet, afin, dira-t-il, de s'opposer à l'empressement de la France d'occuper la Hollande. Il ajoutera que, dans le cas où un relâchement ou un changement du susdit système serait adopté, on pourrait se flatter qu'outre la non-occupation de la Hollande, la guerre, tant qu'elle doit encore durer, prendrait enfin de nouveau la tournure et la marche moins désastreuse qu'elle avait il y a trois ans, et qu'il en résulterait un peu plus de probabilité d'un rapprochement, en ce qu'alors on ne verrait plus aucun motif pour l'Empereur des Français de laisser subsister les décrets de Berlin et de Milan, que S. M. I. n'a pris qu'en conséquence des ordres du conseil anglais de novembre 1807.

« Si cependant le gouvernement anglais, après avoir prêté l'oreille à ses insinuations, fait des difficultés pour s'expliquer là-dessus définitivement avant d'être informé positivement des intentions du gouvernement français à cet égard, le sieur Labou-

Hollande exposait à l'Angleterre les dangers d'un refus trop obstiné de faire un traité raisonnable. Napoléon la menaçait d'une réunion irrévocable si la paix n'était pas signée promptement avec la France; la Hollande ne répondait plus de son indépendance; invariablement assimilée à l'Empire français, elle fermerait ses ports à l'Angleterre. Par cette menace, on espérait entraîner lord Wellesley à la paix sur des bases établies par Napoléon. M. Labouchère s'était rendu à Londres avec des instructions personnelles de Louis Napoléon; il insista auprès de lord Wellesley : la réponse fut toujours la même. « L'Angleterre, répondait-on à Londres, est engagée avec la junte espagnole, le prince régent du Portugal et Ferdinand de Naples et de Sicile, elle ne peut rien reconnaître en dehors de ces bases. »

Enfin, une autre négociation était tentée secrètement par Fouché lui-même, qui, compromis dans l'expédition de Walcheren, avait conservé de nombreuses relations à Londres; le ministre se servit de l'intermédiaire de M. Ouvrard et d'autres agents plus intimes, qui de la Hollande devaient se rendre à Londres, de sorte que l'Angleterre était informée par trois voies différentes du désir qu'avait Napoléon d'arriver à une paix

chère doit demander que le gouvernement anglais déclare s'il veut faire dépendre sa résolution d'arriver à des négociations de paix, ou du moins à un changement dans les susdits ordres de novembre 1807, des insinuations susdites et encore particulièrement de l'évacuation de la Hollande par les troupes françaises, et du rétablissement de tout sur le pied où se trouvaient les choses avant la dernière invasion des Anglais en Zélande, en ajoutant telles autres conditions sur lesquelles le susdit gouvernement pourrait croire devoir insister avant de prêter la main aux mesures proposées, afin qu'on ait ainsi des données sûres avant de lui faire connaître les intentions du gouvernement français.

« On recommande au sieur Labouchère le secret le plus rigoureux sur toute cette affaire, ainsi que la plus grande prudence et discrétion dans l'exécution de la commission à lui confiée. »

Traduction d'une note de communication verbale du marquis de Wellesley à M. Labouchère, le 12 février 1810.

« La malheureuse situation de la Hollande a fait naître depuis longtemps dans ce pays-ci des sentiments d'intérêt et de

avec elle, et de cette impérieuse nécessité de traiter qui se faisait sentir partout. Ces tentatives relevaient l'opinion nationale au milieu même des sacrifices immenses que le peuple anglais faisait pour la guerre; jamais il n'avait déployé plus d'énergie.

L'examen attentif de l'état politique de l'Angleterre rendait ridicule ce que l'on publiait en France sur l'abaissement de son crédit et la perte de son commerce; une activité extraordinaire régnait partout, même dans les districts manufacturiers : des milliers de machines étaient en jeu; l'acier se façonnait en armes, le fer se travaillait artistement, les draps, les étoffes trouvaient de nouveaux débouchés; on dépensait les subsides parmi les enfants de la Grande-Bretagne, leurs habits étaient manufacturés dans des villes populeuses; des vaisseaux construits dans les chantiers; le bois, le chanvre, travaillés de mille sortes, donnaient une activité inaccoutumée à la classe ouvrière; les premiers symptômes d'indépendance qui se montraient en Amérique ouvraient de nouveaux continents au commerce. Les prises enrichissaient les corsaires, les officiers et les matelots de la marine royale, qui partageaient le butin d'après les lois britanniques. Quand une nation demandait des subsides, c'était à la condition d'ouvrir ses ports à la Grande-Bretagne qui les inondait de ses marchandises; l'orgueil

---

compassion, et ces sentiments s'accroissent naturellement à chaque surcroît des maux auxquels la Hollande est en proie; mais la Hollande ne peut s'attendre que ce pays-ci fasse le sacrifice de ses propres intérêts et de son honneur.

« La nature de la communication qui a été reçue de la part de M. Labouchère permet à peine que l'on fasse la moindre observation touchant une paix générale; elle ne fournit pas même un motif à répéter les sentiments que le gouvernement anglais a si souvent déclarés sur cette matière. On peut néanmoins remarquer que le gouvernement français n'a pas manifesté le moindre symptôme d'une disposition à faire la paix, ou à se départir en aucune manière des prétentions qui jusqu'ici ont rendu inutile la bonne volonté du gouvernement anglais pour terminer la guerre.

« La même observation peut s'appliquer à la conduite du gouvernement français

national pouvait se réjouir de toutes les captures accomplies chaque année sur le commerce ennemi; la Martinique, la Guadeloupe, l'île de France tombaient au pouvoir des Anglais; nous n'avions plus de comptoirs dans l'Inde. L'étrange système de Napoléon de brûler les marchandises anglaises, dénué de tout principe d'économie politique, donnait une plus grande extension, s'il était possible, aux manufactures; ce qui se brûlait sur les neutres n'existait plus, il fallait le remplacer sur le marché. Si Napoléon avait supprimé les goûts des consommateurs, rien de mieux; mais puisqu'ils existaient, il fallait les satisfaire; et, chose curieuse, Joséphine et Marie-Louise n'employaient, par contrebande, que des marchandises anglaises. Rien ne réjouissait plus les districts manufacturiers que lorsque plusieurs milliers de ballots d'étoffes étaient brûlés sur les places publiques; c'étaient des commandes de plus. En France, au contraire, ce spectacle avait quelque chose d'effrayant : la population des campagnes était mal vêtue, mal nourrie; et on anéantissait dans les flammes de quoi habiller des milliers d'êtres humains, et tout cela sous le puéril prétexte de tuer les manufactures anglaises. On payait à des prix excessifs le sucre et le café, et on en jetait des monceaux de sacs à la mer : un système qui faisait de si épouvantables violences pour vivre ne pouvait durer. La paix

dans la guerre qu'il fait au commerce, guerre dans laquelle il a été l'agresseur, et qu'il poursuit avec un acharnement qui ne se dément pas un instant. C'est à tort que dans la note remise par M. Labouchère, il est dit que les ordres du conseil d'Angleterre ont donné lieu aux décrets français contre la navigation du commerce des neutres. Les ordres du conseil n'ont point été le motif, mais la conséquence des décrets français. Les décrets français sont encore en vigueur, nulle mesure n'a été prise pour leur rappel. Il n'est point raisonnable de s'attendre que nous nous relâchions en aucune manière des mesures de défense personnelle que commande notre sûreté et qui puisse nous mettre à l'abri des attaques de l'ennemi, parce que lui-même souffre des mesures qu'il a prises, et cependant ne témoigne aucune disposition à s'en relâcher. »   (Sans signature.)

était le cri unanime, et cependant les deux nations se précipitaient l'une sur l'autre avec un nouvel acharnement.

Le véritable théâtre de leur querelle armée n'était plus la mer; sur l'Océan la partie ne pouvait être égale; la France n'avait plus un seul navire dans les grandes eaux, ses escadres étaient brûlées sur les côtes; l'intrépidité incontestable des marins français ne pouvait lutter contre de telles forces; on se bornait à quelques évolutions dans les rades. Le champ de bataille entre les deux peuples était le Portugal et l'Espagne, lice choisie, lieu des combats qu'on voulait livrer; l'armée anglaise, toujours sous les ordres de sir Arthur Wellesley, créé lord vicomte de Wellington[1], opérait dans le Portugal depuis la bataille incertaine de Talavera de la Reyna avec des précautions infinies, qui supposaient la volonté de circonscrire la campagne dans cette portion de la Péninsule. Lord Wellington[1], restreint aux frontières du Portugal, avait sous ses ordres une armée anglaise de 55,000 hommes soutenue de l'insurrection portugaise, et de 12 à 15,000 hommes portugais ou espagnols parfaitement organisés, manœuvrant avec la même régularité que les troupes britanniques. Les Portugais avaient un esprit plus facile de discipline que les Espagnols: ils se battaient avec énergie non seulement comme des guérillas, mais encore dans des champs de bataille réguliers. Napoléon, voulant en finir avec cette guerre qui rongeait l'Empire comme une plaie

---

[1] Napoléon insultait lui-même aux manœuvres de lord Wellington : il dictait les phrases suivantes :

« Nous souhaitons que lord Wellington commande les armées anglaises; du caractère dont il est, il essuiera de grandes catastrophes. Ni l'un ni l'autre de ces généraux (sir John Moore et lord Wellington) ne montrent cette prévoyance, caractère si essentiel à la guerre, et qui conduit à ne faire que ce qu'on peut soutenir et à n'entreprendre que ce qui présente le plus grand nombre de chances de succès. Lord Wellington n'a pas manifesté plus de talents que les hommes qui dirigent le cabinet de Saint-James. Vouloir soutenir l'Espagne contre la France, et lutter sur le continent avec la France, c'est former

NOUVELLE CAMPAGNE DE PORTUGAL (1810).

sanglante, avait profité de la paix d'Allemagne pour faire filer au-delà des Pyrénées 50,000 hommes d'excellentes troupes : lui-même, annonçant qu'il se mettrait à la tête de ses armées, avait dit au Corps législatif « qu'à son approche le léopard épouvanté fuirait dans son repaire. » Le soin de son Empire, les attraits du ménage et d'une prochaine paternité ne lui permirent pas de tenir sa promesse ; il se borna donc à tracer le plan d'une vaste campagne dans la Péninsule.

Napoléon réunit aux Pyrénées sept divisions formant 90,000 hommes qu'il confia au maréchal Masséna, le vieux guerrier qui avait sauvé l'armée à Essling. Les instructions du maréchal étaient de refouler au pas de course l'armée anglaise de lord Wellington jusque sur Lisbonne, de l'acculer sur la mer après s'être emparé d'Astorga et de Ciudad-Rodrigo. Pour atteindre ce résultat, le maréchal devait opérer par Salamanque, secondé par les corps de Mortier et de Victor, s'appuyant sur Badajoz, et pénétrant en Portugal par le centre. Masséna commandait en chef ; on plaçait sous ses ordres immédiats Junot, Ney et Régnier : Mortier et Soult devaient suivre toutes les instructions de Masséna pour appuyer les opérations. C'était donc une nouvelle campagne de Portugal, conçue sur les mêmes éléments que celles de Junot et de Soult, avec des forces plus considérables. Tout fut prêt dès le printemps de 1810, mais il y eut peu d'unité dans les préparatifs de la

---

une entreprise qui coûtera cher à ceux qui l'ont tentée, et qui ne leur rapportera que des désastres. »

(*Moniteur* du 27 septembre 1809.)

«Ce général de Cipayes (lord Wellington) a eu l'extrême imprudence de s'avancer jusqu'au milieu de l'Espagne, sans savoir ni ce qu'il avait devant lui, ni ce qu'il avait sur ses flancs ; il fuit alors en toute hâte,

il a raison : s'il fut jamais un général imprévoyant, c'est assurément lord Wellington. S'il commande encore longtemps les armées anglaises, nous pouvons nous flatter d'obtenir de grands avantages des brillantes combinaisons d'un général qui paraît si neuf dans le métier de la guerre.»

(*Moniteur* du 9 octobre 1809.)

T. VIII.

campagne; les maréchaux étaient trop grands personnages; nul ne voulait obéir; Junot, Ney, marchaient avec un luxe, un éclat inaccoutumé; Junot avait même auprès de lui sa femme, la gouvernante de Paris, avec des équipages et des fourgons : que de vieilles rancunes contre Masséna ! on était jaloux de lui ! Pourquoi lui obéir? N'était-il pas simple maréchal comme eux ? Masséna, avec moins de vanité, était avide d'argent; s'il se moquait des titres, des dignités, il aimait les écus, les vases d'or, les trésors des églises: c'était vieille coutume d'Italie. Avec ces causes de discorde, comment accomplir une campagne?

Lorsque Napoléon préparait ainsi les éléments d'une forte expédition de Portugal, la situation de Joseph en Espagne s'améliorait militairement; des divisions considérables de conscrits et de vieilles troupes, envoyées vers le midi de la monarchie espagnole, permettaient aux maréchaux Soult, Mortier et Victor d'opérer en grand dans l'Andalousie, province dont les champs embaumés avaient dévoré tant de braves troupes depuis Baylen; tous ces corps devaient s'appuyer les uns sur les autres, se donner la main, car la campagne de Portugal n'avait de chance de succès que par l'occupation entière du Midi : Cadix était comme la sœur de Lisbonne, leurs diadèmes brillaient d'un éclat égal. Les dissensions, les fautes de la junte de Séville préparèrent aux Espagnols la défaite d'Ocaña[1], bataille perdue qui ouvrit aux Fran-

[1] Dans cet abaissement de la patrie espagnole, la junte de Séville, réfugiée à Cadix, ne perdit pas courage; voici ce qu'elle publiait:

« Nos ennemis annoncent la paix de l'Allemagne, ils nous menacent déjà de puissants renforts, ils nous engagent à implorer la clémence du vainqueur; outrage sans exemple que la postérité refusera de croire! Ces barbares ne rougissent pas de nous imputer les maux que leur injuste agression a fait fondre sur nous! Ils nous rendent responsables de ceux que prolongera notre résistance! Depuis quand le bourreau a-t-il le droit d'accuser la victime? ont-ils oublié qui donna le signal

çais tout le midi de l'Espagne. L'expédition d'Andalousie eut un plein succès : les maréchaux Soult, Victor, Sébastiani soumirent Cordoue, Grenade, Séville même, et virent les murs de Cadix ; ces troupes se baignèrent dans le Guadalquivir, pays opulents, aux églises richement décorées ; le passage des Scythes et des Huns ne laissa pas plus de traces de désordre et de dévastation ; il y eut des pillages qui jetèrent de longues traces de ressentiment au cœur de ces peuples. La nécessité souvent commandait ces tristes exécutions ; l'armée d'Andalousie, sans solde, sans distributions régulières, devait se créer des ressources ; telle était un peu l'imprévoyance de Napoléon. Rien ne peut rendre l'aspect des villes d'Andalousie : plus d'un fier général perdit l'énergie de sa volonté, sa force de guerre, sous ce doux climat, au milieu des orangers, des citronniers, des lauriers-roses qui mêlent leurs riches chevelures sur la route de Grenade à Séville. La junte se réfugia derrière les murs de Cadix ; bientôt le duc d'Albuquerque et des troupes espagnoles vinrent chercher un abri dans ce beau port contre les légions victorieuses de la France.

L'armée de Masséna avait à traverser des pays ingrats, des landes incultes, ou des rochers escarpés où broutaient quelques chèvres amaigries ; Soult n'avait-il pas été naguère forcé d'abandonner son artillerie dans sa première campagne ? cette terre était-elle donc destinée à voir les

des combats ? Croient-ils que des cœurs espagnols seront infidèles à leurs devoirs parce qu'il leur manque des appuis ? Si la fortune nous frappe, redoublons d'efforts ; plus les périls seront grands, plus grande sera la gloire ! Esclaves du tyran, abjurez des sophismes qui ne sauraient nous séduire. Dites franchement que, vous croyant les plus forts, vous voulez être les plus injustes des hommes. Nous ne prendrons ni l'oubli des devoirs pour sagesse, ni la lâcheté pour prudence. Placés par vous entre l'ignominie et la mort, nous succomberons plutôt que de nous soumettre. Pillages, meurtres, dévastation, n'épargnez aucun crime ! Fatigués d'horreurs, quels fruits en retirerez-vous ? Les pages de notre histoire sont pures, nous ne les souillerons

échecs de nos armes partout ailleurs victorieuses? D'où cela venait-il? C'est que l'on avait à opérer dans des pays pauvres, montagneux, inconnus, sur lesquels même il n'y avait pas de cartes géographiques bien tracées. Sur un sol si favorable pour la défense, lord Wellington n'eut qu'à suivre la plus simple stratégie : il savait que le maréchal Masséna avait contre lui les peuples, les villes, les campagnes, les guérillas; or, pour subsister, cette armée devait dévaster le pays; plus elle serait nombreuse, plus elle aurait à endurer la faim, la soif, dans des contrées incultes qui ne s'abreuvaient que des torrents grossis par les pluies. Masséna a trois grands corps d'armée qui opèrent simultanément, et doivent obéir à ses ordres, Ney, Junot et Régnier s'avancent avec lui; Bessières les appuie au nord. Après la prise d'Astorga et de Ciudad-Rodrigo, il n'y a plus qu'à marcher en avant, la route est ouverte; l'insubordination la plus grande règne dans cette armée; Ney ne veut pas obéir à Masséna; Junot, aide-de-camp favori, le déteste cordialement; Régnier déclare qu'aussi ancien que Masséna, il ne veut pas recevoir ses ordres; on se plaint de la mauvaise humeur du vieux général et de ses précautions militaires; les vivres manquent; la désertion se met dans les troupes, réduites à moins de 80,000 hommes à l'entrée en campagne.

On marche, car Napoléon l'a ordonné impérativement,

---

point. L'esclave couronné qu'on nous impose n'est pas digne de commander à des hommes dont il n'obtiendra jamais que haine et mépris. Braves Espagnols, voyez vos maisons démolies, vos temples abattus, vos campagnes désolées, vos familles errantes et dissipées dans les montagnes ou précipitées dans le tombeau. Pourriez-vous livrer la religion au sacrilège, la patrie à l'abjection, votre roi...? A ce nom sacré rappelez-vous la trame d'une perfidie sans exemple! Ce roi gémit dans les fers; il vous implore, il compte sur vous. Tout peuple qui veut fermement son indépendance finit par la conquérir; la victoire, trop souvent un présent du sort, devient tôt ou tard le prix d'une inébranlable constance. » (La junte au peuple.)

il faut en finir avec cette guerre dans la Péninsule ; on doit s'avancer directement sur lord Wellington et le refouler vers Lisbonne. L'armée anglaise s'est retranchée sur des rochers à six lieues de Viseu, à Bussaco, au pied des hautes montagnes qui le séparent de Coïmbre, la ville antique ; là se livre une première et sanglante bataille ; les Anglais attaqués de front repoussent d'abord nos héroïques divisions, mais un corps détaché les tourne par les sentiers inconnus. Masséna paie cher ce premier succès ; 5,000 hommes sont restés en face de ces retranchements, parmi les ronces et les oliviers sauvages. Lord Wellington est en pleine retraite ; on peut donc marcher sur Lisbonne ; Lisbonne est le cri du soldat, car là est l'abondance et le trésor !

L'armée s'ébranle, et se met à la poursuite des Anglais ; lord Wellington opère avec régularité son mouvement rétrograde par la côte vers Lisbonne ; l'infatigable Masséna le poursuit ! Quel est son étonnement lorsque, dépassant Vimeiro, aux approches de Torrès-Vedras, il aperçoit, perdu dans les nuées, un système de ligne immense établi sur des fortifications inexpugnables, combiné par le Tage, les hauteurs et la mer ! C'est un véritable camp retranché dans la forme romaine, on a coupé des montagnes à pic, les rivières se lient aux rochers ; 300 pièces de canon sont en batterie : sur un point elles s'appuient à l'Océan, sur l'autre au Tage ; ces lignes de Torrès-Vedras, hérissées de batteries avec des fusées à la Congrève, peuvent labourer à plus d'une lieue de distance. Masséna demeure interdit à la face de cette œuvre gigantesque ; il parcourt cette ligne et la contemple dans toute son étendue, il cherche partout un passage, un sentier, une échappée ; il veut les franchir, c'est en vain ; le vieux maréchal, avec l'œil d'un oiseau de proie, contemple la cime de ces montagnes, sa longue-vue peut à peine l'atteindre. Voilà donc toute une armée retenue en présence de ces terribles lignes!

Ce n'était pas sans étude, sans motifs, que lord Wellington avait conçu ce système de fortifications qui couvrait Lisbonne; il savait les ravages du Portugal par l'armée française, sur ses pas elle rencontrait des pays brûlés, des villes désertes, de telle sorte qu'accablée de privations, elle ne pouvait trouver aucune ressource même dans les villes; si donc on lui opposait une longue résistance, elle succomberait sous les privations et la maladie; l'automne arrivait avec ses pluies; Masséna ne serait-il pas contraint à une retraite ou à une capitulation comme l'armée de Junot ou celle du maréchal Soult? la prise de Lisbonne pouvait seule sauver les Français, parce que là on trouverait des secours, des approvisionnements; couvrir Lisbonne, l'empêcher de tomber dans leurs mains, c'était condamner l'armée envahissante à s'abreuver de la pluie des torrents, à se nourrir d'herbes et de glands sauvages. Ainsi était le fatal état de cette armée, lorsque Masséna tournait sans cesse autour de ces lignes de Torrès-Vedras comme le lion autour de sa cage aux barreaux de fer; le maréchal se vit dans la nécessité d'une retraite; il fallait rétrograder à travers ces champs arides, ces rochers rougeâtres, sans aucune ressource. Pauvre armée! que de souffrances au milieu de ces plaines de sable! que de privations à travers ces guérillas! On dit alors que l'Empereur avait soulevé des obstacles au vieux maréchal; après Wagram, l'opposition avait attribué à Masséna toute la gloire de la campagne de 1809, et cela faisait mal à l'Empereur.

Ce fut un grand échec que cette mauvaise issue de la campagne de Portugal; Napoléon avait beaucoup promis, il tenait bien peu. Cadix et Lisbonne devaient tomber en ses mains et les Colonnes d'Hercule s'abaisser devant ses aigles; alors il pourrait exécuter sa grande pensée; l'Empire français était trop étroit, trop vulgaire; il se proclamerait empereur d'Occident; renouvelant ainsi le titre de Charlemagne, il en étudiait l'histoire, il faisait déterminer les frontières de son empire par les corps savants; le jour que Lisbonne et Cadix auraient salué les aigles, des milliers de coups de canon auraient annoncé qu'un nouvel empereur d'Occident apparaissait au monde! Dans ce système, depuis longtemps Rome avait été réunie par un simple décret; rien n'était encore régularisé; c'était plutôt un gouvernement militaire qu'une administration politique; le pape, captif à Savone, n'habitait plus la ville éternelle, et une consulte administrait Rome comme un département. L'Empereur dut songer à régulariser l'occupation des États romains, objet d'un sénatus-consulte rédigé à peu près dans les mêmes termes que le décret primitif de Napoléon [1] : les États de Rome formeraient deux départements, Rome et Trasimène, désormais confondus dans la masse

---

[1] « L'État de Rome est réuni à l'Empire français, et en fait partie intégrante. Il formera deux départements, le département de Rome et le département de Trasimène. Le département de Rome aura sept députés au Corps législatif; le département de Trasimène en aura quatre. Il sera établi une sénatorerie dans les départements de Rome et de Trasimène. La ville de Rome est la seconde ville de l'Empire. Le maire de Rome est présent au serment de l'Empereur à son avénement : il prend rang, ainsi que les députations de la ville de Rome, dans toutes les occasions, immédiatement après les maires et les députations de la ville de Paris. Le prince impérial porte le titre et reçoit les honneurs de roi de Rome. Lors de leur exaltation, les papes prêteront serment de ne jamais rien faire contre les quatre propositions de l'Église gallicane, arrêtées dans l'assemblée du clergé en 1682. Les quatre propositions de l'Église gallicane sont déclarées communes à toutes les églises catholiques de l'Empire. Il sera préparé pour le pape des palais dans les différents lieux de l'Empire où il voudrait résider. Il en aura nécessairement un à Paris et un à Rome. 2,000,000 de revenus en biens ruraux, francs de toute imposition, et sis dans les différentes parties de l'Empire, seront assignés au pape. Les dépenses du sacré collége et de la propagande sont déclarées impériales. »

du territoire de l'Empire. Rome serait la seconde ville ; l'Empereur pourrait s'y faire sacrer après l'avoir été dans la basilique de Notre-Dame, par un mélange des idées romaines et carlovingiennes ; le pape, privé de tout pouvoir temporel, reconnu chef de la religion catholique, aurait un palais à Rome, à Paris, à Milan ; on fixait même sa dotation à deux millions, comme pour les Bourbons d'Espagne ; la consulte-d'état cessait désormais ses fonctions ; des préfets seraient désignés pour administrer Rome. Toujours antique dans ses conceptions, l'Empereur avait les plus magnifiques projets sur la ville éternelle, qu'il voulait visiter un jour, mais revêtu de la pourpre des empereurs d'Occident : il saluerait encore la Monza de Milan ; Rome pour la première fois verrait son consul, son pontife impérial ; les médailles seraient jetées au peuple, et lui, sur un char de triomphe, s'élancerait au Capitole. Napoléon se croyait assez grand pour contempler de face les ombres des César et des Auguste !

D'autres territoires venaient s'agglomérer dans l'Empire français [1]. Napoléon voulait tout ployer à son système ; ce qui faisait résistance, homme ou chose, lui

---

[1] Ce fut au reste la grande époque des réunions, elles étaient accomplies dans l'idée de préparer l'empire d'Occident.

Sénatus-consulte qui réunit à l'Empire français les pays situés sur la rive gauche du Rhin, etc. Du 24 avril 1810.

« Art. 1er. Tous les pays situés sur la rive gauche du Rhin, depuis les limites des départements de la Roër et de la Meuse-Inférieure, en suivant le thalweg du Rhin jusqu'à la mer, sont réunis à l'Empire français. Les pays situés entre le cours du Waal, la rivière Dogne, et les frontières du département des Deux-Nèthes, de la Meuse-Inférieure et de la Roër, formeront un département sous le nom de département des Bouches-du-Rhin : Bois-le-Duc en sera le chef-lieu.

« 2. Les pays situés à l'ouest de la rivière Dogne, avec les îles de Schouven, Tholen, Nord et Sud-Beveland, et l'île de Walcheren entière, sont réunis au département des Deux-Nèthes.

Sénatus-consulte organique portant réunion du Valais au territoire français.

« Art. 1er. Le Valais est réuni au territoire de l'Empire français.

« 3. Il formera un département, sous le nom de département du Simplon. »

était odieux ; il ne calculait rien, ni les intérêts, ni les opinions, ni les devoirs. La Hollande, création de l'esprit commerçant, ne pouvait s'abstenir du commerce : supposez un système qui vit par la mer, par les relations avec les deux mondes, et que vous privez tout à coup de ses communications ; supposez une algue marine que le cataclysme a déposée sur le monde, et que vous privez de l'eau salée ; supposez des cétacés sans l'Océan ; voilà ce que pouvait être la Hollande sans commerce. De là résultaient des embarras indicibles dans les rapports de l'Empire avec Amsterdam, Rotterdam et La Haye ; Louis Bonaparte n'en pouvait plus sous sa couronne d'épines [1] ; prenant au sérieux sa royauté, il aimait les commerçants, et il écoutait leurs plaintes ; les banquiers lui répétaient : « qu'avec le système continental la Hollande serait perdue », et Louis transmettait à Napoléon les griefs de ceux qu'il lui avait donnés pour sujets ; souvent même il agissait contre les volontés de son frère. Napoléon répondait : « que la Hollande, le seul obstacle à son système continental, était tout anglaise ; sorte de

---

[1] Napoléon parlait à Louis dans les termes les plus impératifs. C'était à ne pas y tenir et comme roi et comme homme.
Extrait d'une lettre de Napoléon à son frère Louis.
23 décembre 1809.
« Voici mes intentions :
« 1º L'interdiction de tout commerce et de toute communication avec l'Angleterre.
« 2º Une flotte de 14 vaisseaux de ligne, de 7 bricks ou corvettes armés et équipés.
« 3º Une armée de terre de 25,000 hommes.
« 4º Suppression des maréchaux.
« 5º Destruction de tous les priviléges de la noblesse contraires à la constitution que j'ai donnée et que j'ai garantie.

« V. M. peut faire négocier sur ces bases avec le duc de Cadore, par l'entremise de son ministre ; mais elle peut être certaine qu'au premier bâtiment qui sera introduit en Hollande, je rétablirai la défense des douanes ; qu'à la première insulte qui sera faite à mon pavillon, je ferai saisir à main armée et pendre au grand mât l'officier hollandais qui se permettra d'insulter mon aigle. V. M. trouvera en moi un frère, si je trouve en elle un Français ; mais si elle oublie les sentiments qui l'attachent à la commune patrie, elle ne pourra trouver mauvais que j'oublie ceux que la nature a placés entre nous. »
Lettre de Napoléon à Louis.
Lille, le 23 mai 1810.
« Mon frère, au moment où vous me

factorerie pour le comptoir de Londres, c'était par là que les correspondances et les marchandises prohibées pénétraient dans le cœur de l'Allemagne. » De telles infractions ne pouvaient durer; il fallait être pour lui ou contre lui; le système continental était le droit commun pour sa pensée fédérative.

Une correspondance très active se continuait ainsi entre Napoléon et son frère; des plaintes aigres retentissaient sans cesse; la plus grande froideur régnait entre eux; Louis vint à Paris à l'occasion du mariage et exprima hautement les dégoûts dont il était abreuvé à Amsterdam; il fit des remontrances, des plaintes ardentes. Pour toute réponse, l'Empereur ordonna au maréchal Oudinot de pénétrer avec un corps de troupes jusqu'à Amsterdam afin de faire exécuter ses décrets; l'occupation militaire serait permanente. C'est ainsi qu'il avait procédé à Rome : avant de la réunir, le général Miollis s'était emparé violemment du château Saint-Ange; cette occupation de la Hollande publiquement accomplie blessa au cœur Louis Napoléon, maladif déjà; et un matin, sans que rien pût faire présumer une résolution énergique, Louis quitta La Haye en laissant

---

faites les plus belles protestations, j'apprends que les gens de mon ambassadeur ont été maltraités à Amsterdam. Mon intention est que ceux qui se sont rendus aussi coupables envers moi me soient livrés, afin que la vengeance que j'en tirerai serve d'exemple. Le sieur Serrurier m'a rendu compte de la manière dont vous vous êtes conduit à l'audience diplomatique. Je vous déclare donc que je ne veux plus d'ambassadeur de Hollande à Paris. L'amiral Werhuel a ordre d'en partir dans les vingt-quatre heures. Ce ne sont plus des phrases et des protestations qu'il me faut; il est temps que je sache si vous voulez faire le malheur de la Hollande, et par vos folies causer la ruine de ce pays. Je ne veux pas non plus que vous renvoyiez les Français qui sont à votre service. J'ai rappelé mon ambassadeur; je n'aurai plus en Hollande qu'un chargé d'affaires. Le sieur Serrurier, qui y est resté en cette qualité, vous communiquera mes intentions. Je ne veux plus exposer un ambassadeur à vos insultes. Ne m'écrivez plus de vos phrases ordinaires; voilà trois ans que vous me les répétez, et chaque instant en prouve la fausseté !

« C'est la dernière lettre de ma vie que je vous écris. »

Napoléon.

dans les mains de ses ministres un acte cacheté d'abdication en faveur de son fils [1].

Par une circonstance assez curieuse, on ne sut pas quelle route avait prise le roi. Dans quel lieu s'était-il rendu? était-il allé en Angleterre? était-ce encore un frère dont Napoléon aurait à surveiller la vie? on le savait malade et souffrant; l'Empereur ne se tenait plus de colère contre lui, lorsque M. Decazes, dont le nom paraît en histoire pour la première fois dans un décret daté de Brünn en Moravie, un des hommes que le prince aimait et estimait le plus, reçut un billet de Louis dans lequel il lui annonçait son intention de prendre les eaux de Tœplitz, et le priait de venir le joindre. Madame Lœtitia était dans la plus vive peine, et sur le champ M. Decazes, après avoir communiqué la lettre à Napoléon, partit pour visiter le roi émigré; il trouva Louis tout à fait dégoûté de la royauté de Hollande, il voyageait grandement, en prince, fuyant la couronne et sa femme plus que la couronne, tandis qu'Hortense fuyait à

---

[1] Toutes les pièces de cette abdication de Louis sont d'une grande curiosité.

Acte d'abdication.

« Considérant que la malheureuse situation du royaume résulte de l'indisposition de l'Empereur, mon frère, contre moi; considérant que tous mes efforts et sacrifices possibles ont été inutiles pour faire cesser cet état de choses ; considérant enfin qu'il est indubitable que la cause en est dans le malheur que j'ai eu de déplaire et d'avoir perdu l'amitié de mon frère, et qu'en conséquence je suis le véritable obstacle à la fin de toutes ces discussions et mésintelligences continuelles; nous avons résolu comme nous résolvons par le présent acte, patent et solennel, émané de notre volonté, d'abdiquer, comme nous abdiquons en cet instant, le rang et la dignité royale du royaume de Hollande, en faveur de notre bien aimé fils Napoléon-Louis, et à son défaut en faveur de son frère Charles-Louis Napoléon

« Nous ordonnons en outre que les différents corps de notre garde, sous les ordres supérieurs de notre grand-écuyer et lieutenant-général Bruno, et sous celui du général Sels, fassent et continuent leur service auprès du roi mineur de ce royaume, et que les grands-officiers de la couronne, comme les officiers civils et militaires de notre maison, fassent et continuent leur service auprès de sa personne.

« Fait et clos de notre main le présent acte, lequel sera porté à la connaissance du Corps législatif, dans le sein duquel il sera déposé, sauf à en donner les copies nécessaires et à le faire publier authenti-

son tour le mari qu'elle n'aimait pas. L'Autriche traita Louis en véritable archiduc, et M. de Metternich se hâta d'écrire à l'Empereur pour savoir si la présence de son frère à Tœplitz pouvait lui déplaire; M. de Metternich faisait observer « qu'il était heureux qu'en invoquant l'alliance de famille, les princes frères de S. M. vinssent ainsi choisir pour résidence les possessions de l'Autriche, sa fidèle alliée; ils ne sortaient pas du cercle d'une illustre et grande parenté. »

Napoléon fut aussi inquiet que colère à cette nouvelle de la fuite de Louis Bonaparte; un de ses préfets désertait son poste de roi; quel exemple ! Il est vrai qu'il avait seulement abdiqué, en établissant une régence; était-ce là un gouvernement? un enfant, une femme pouvaient-ils comprimer cette contrebande anglaise, infraction ouverte au système continental? Trop d'intérêts en Hollande étaient en hostilité avec le système de Napoléon, il fallait donc une surveillance d'autant plus attentive; puisque Louis avait abdiqué le trône, rien de plus simple que de s'en emparer; on devait réunir la Hollande au vaste

quement dans les formes convenables. »
Au pavillon royal d'Haarlem, le 1ᵉʳ juillet 1810.
Louis-Napoléon.
Proclamation de Louis au peuple hollandais sur son abdication.

« Hollandais ! intimement convaincu que je ne puis plus rien pour votre bien-être, me croyant au contraire un obstacle au retour des bons sentiments de mon frère envers le pays, je viens d'abdiquer en faveur de mon fils aîné le prince royal Napoléon-Louis et de son frère le prince Charles-Louis Napoléon. S. M. la reine est régente de droit d'après la constitution; en attendant son arrivée, la régence est confiée au conseil des ministres.

« Hollandais! je n'oublierai jamais un peu-

ple bon et vertueux comme vous, ma dernière pensée comme mon dernier soupir seront pour votre bonheur. En vous quittant je ne saurais trop vous recommander de bien recevoir les soldats et les agents français ; c'est le meilleur moyen de plaire à S. M. l'Empereur, de qui votre sort, celui de vos enfants, de votre pays, dépendent entièrement.

« A présent que la malveillance et la calomnie ne pourront plus m'atteindre, du moins pour ce qui vous regarde, j'ai le juste espoir que vous trouverez enfin la récompense de tous vos sacrifices et de votre courageuse persévérance et résignation. »

Fait au pavillon royal d'Haarlem, le 1ᵉʳ juillet 1810. Louis Napoléon.

Empire, ainsi qu'on avait fait pour les États Romains ; Amsterdam serait la troisième ville, comme Rome la seconde : on diviserait la Hollande en départements, avec des préfets fermes, exécuteurs fidèles des pensées de Napoléon. Le royaume de Hollande supprimé était donc un embarras de moins et une garantie nouvelle contre l'Angleterre; rien de plus facile que d'exécuter cette pensée, complément du système continental.

L'impression de famille était plus grave; voilà le second frère de Napoléon qui échappait à sa dictature : Lucien, d'abord, qui fuyait même de Rome, indigné de l'attentat commis contre le pape ; maintenant c'était le tour de Louis, le plus doux, le plus aimant de ses frères. Le despotisme de famille devenait insupportable comme celui de l'État; on ne pouvait respirer à l'aise que loin de cette main de fer qui brisait toute personnalité humaine. Napoléon se plaignit hautement d'Hortense de Beauharnais, l'accusant par ses querelles de ménage d'avoir laissé échapper toute action politique sur son faible mari : il fit dire et redire partout

---

Ce n'est qu'après avoir épuisé tous les moyens que Louis Napoléon s'était décidé à l'abdication. Pendant son séjour à Paris, il avait prévenu ses ministres des intentions inflexibles de l'Empereur.

Le roi de Hollande à ses ministres.

« Messieurs, depuis six semaines que je suis auprès de l'Empereur, mon frère, je me suis constamment occupé des affaires du royaume. Si j'ai pu effacer quelques impressions défavorables, ou du moins les modifier, je dois avouer que je n'ai pas réussi à concilier dans son esprit l'existence et l'indépendance du royaume avec la réussite et le succès du système continental, et en particulier de la France contre l'Angleterre. Dans cette cruelle certitude, il ne nous reste plus qu'un espoir ; c'est celui que la paix maritime se négocie. Cela seul peut détourner le péril imminent qui nous menace ; et, sans la réussite de ces négociations, il est certain que c'en est fait de l'indépendance de la Hollande, qu'aucun sacrifice ne pourra prévenir. Ainsi l'intention claire et formelle de la France est de tout sacrifier pour acquérir la Hollande, et augmenter par là, quelque chose qu'il doive lui en coûter, les moyens à opposer à l'Angleterre. Sans doute l'Angleterre aurait tout à craindre d'une pareille augmentation de côtes et de marine pour la France ; il est donc possible que leurs intérêts portent les Anglais à éviter un coup qui peut leur être aussi funeste. »

que Louis était malade, les eaux de Tœplitz étaient nécessaires; enfin il manda l'aîné des fils de son frère, pauvre enfant de six ans à peine, et le plaçant sur ses genoux, il traça aux yeux de cet enfant étonné les devoirs imposés aux rois qu'il traînait à son char; ces paroles graves, solennelles, comme celles d'Auguste et de César, s'adressaient à celui qu'il appelait son fils adoptif : « Venez, mon fils, je serai votre père; vous n'y perdrez rien. La conduite de votre père afflige mon cœur, sa maladie seule peut l'expliquer. Quand vous serez grand, vous paierez sa dette et la vôtre. N'oubliez jamais, dans quelque position que vous placent ma politique et l'intérêt de mon Empire, que vos premiers devoirs sont envers moi, vos seconds envers la France; tous vos devoirs, même ceux envers les peuples que je pourrais vous confier, ne viennent qu'après. » Ces paroles, chaleureusement prononcées, étaient l'expression des devoirs de tous les vassaux qui se rattachaient à la fortune de Napoléon; la hiérarchie était ainsi parfaitement définie : l'Empereur d'abord, la France ensuite; puis les peuples qu'il daignait confier à ses frères ou à ses lieutenants [1].

Dans la pensée de l'Empereur, il n'y eut plus d'indépendance de la Hollande. Un sénatus-consulte régula-

---

[1] A ce moment Louis Bonaparte annonçait officiellement son arrivée aux bains de Tœplitz.

Lettre de Louis Napoléon à M. Otto, ambassadeur à Vienne.

« Monsieur le comte Otto, je suis venu aux eaux de Tœplitz, sous le nom de Saint-Leu, afin d'y soigner un reste de santé bien altérée, et aussi afin d'y chercher une retraite obscure, après les malheurs que j'ai éprouvés. J'ai prié M. Bourgoing de demander à l'Empereur, mon frère, la permission d'habiter Dresde; mais si je pouvais obtenir celle de demeurer dans les parties méridionales de l'Autriche, je le préférerais de beaucoup, à cause de ma santé. En attendant la permission, et que je connaisse la volonté de l'Empereur mon frère, à laquelle je me soumettrai sans hésitation, je compte demeurer ici. J'ai demandé à S. M. l'empereur d'Autriche son autorisation pour cela, comme pour m'établir dans une partie quelconque de son territoire, si l'Empereur mon frère y consent. Je crois nécessaire et convenable de vous en prévenir; et c'est ce qui m'engage à vous écrire cette lettre, M. le comte, afin qu'apprenant peut-être indirectement

risa cette volonté; le Sénat, instrument docile, obéit avec une régularité ponctuelle; un simple exposé suffit; les orateurs du gouvernement proclamèrent les avantages de l'union intime de la France et de la Hollande, l'extension du commerce, le vaste développement que recevait l'Empire. Ces paroles s'adressaient à la France; mais pour justifier aux yeux de l'Europe ce nouvel agrandissement, on exposa toutes les négociations suivies avec l'Angleterre depuis la paix de Tilsitt : « on aurait laissé la Hollande indépendante si l'Angleterre avait voulu traiter; on invoqua le refus qu'avait fait le marquis de Wellesley d'entrer en négociation sérieuse; le seul moyen était donc de pousser le système continental jusqu'à sa dernière expression; il fallait aboutir à un résultat, fermer tous les ports du continent à l'Angleterre; l'union de la Hollande mettait à la disposition de la France une flotte et un large littoral qui fermait ses ports au commerce britannique. »

Ces communications furent faites publiquement au Sénat; tout ce qu'avait proposé l'Empereur fut voté, nul ne résista à sa volonté impérative : Amsterdam fut la troisième ville de l'Empire [1]. Rome avec ses souve-

---

que je me trouve ici, vous sachiez ce qui en est. Dans le cas où l'Empereur mon frère désirerait que j'allasse ailleurs, je vous prie de faire en sorte que je puisse rester ici au moins jusqu'au milieu du mois prochain; j'ai commencé le traitement des eaux, et s'il me fallait l'interrompre, j'en serais fort incommodé.

« Recevez, M. le comte, l'assurance de ma considération, et d'avance tous mes remercîments. » *Signé,* Louis Napoléon.

Tœplitz, 16 juillet 1810.

« M. *de Saint-Leu, aux bains de Tœplitz;* je vous prie de ne m'écrire que sous ce nom. »

[1] *Décret portant réunion de la Hollande à l'Empire, du 9 juillet 1810.*

« 1. La Hollande est réunie à l'Empire.

« 2. La ville d'Amsterdam sera la troisième ville de l'Empire.

« 3. La Hollande aura six sénateurs, six députés au conseil d'État, vingt-cinq députés au Corps législatif, et deux juges à la cour de cassation.

« 4. Les officiers de terre et de mer, de

nirs antiques, Amsterdam avec ses grands chantiers, ses traditions commerciales du siècle de Louis XIV, reçurent dans leurs armoiries les signes de la suzeraineté impériale ; M. Lebrun fut nommé gouverneur-général de la Hollande ; vieillard à l'esprit sage, il dut se placer au milieu de tous ces intérêts en conflit perpétuel ; comment servir les idées de l'Empereur si immédiatement en opposition avec la vie de tout un peuple ? Bientôt un décret d'organisation parut sur la Hollande, divisée en neuf départements, sous des préfets. On remuait toute la constitution si lourde de ce peuple, sans prendre garde aux mœurs, aux habitudes ; on conservait à peine la langue même du pays ; on lui imposait l'uniformité et, avec le système français, les droits réunis, la conscription militaire, les douanes rigoureuses, la confiscation implacable, l'application absolue du système continental.

L'organisation des gouvernements généraux prévalait pour l'administration de l'Empire. Lorsqu'un pays était trop éloigné du centre, ou qu'il formait un tout presque séparé de l'ensemble, Napoléon établissait un système à part, un gouverneur seul en correspondance avec l'Empereur. Tel fut le système adopté pour les provinces illyriennes qui, cédées à la suite des traités de Presbourg et de Vienne, furent organisées comme une

quelque grade qu'ils soient, sont confirmés dans leurs emplois. Il leur sera délivré des brevets signés de notre main. La garde royale sera réunie à notre garde impériale.

« 5. Le duc de Plaisance, archi-trésorier de l'Empire, se rendra à Amsterdam, en qualité de notre lieutenant-général. Il présidera le conseil des ministres, et aura l'expédition des affaires. Ses fonctions cesseront au 1er janvier 1811, époque à laquelle l'administration française entrera en exercice.

« 6. Tous les fonctionnaires publics de quelque classe qu'ils soient sont confirmés dans leurs emplois. »

Décret qui divise le territoire de la Hollande en départements, du 13 septembre 1810.

« 1. A dater du 1er janvier 1811 le territoire de la Hollande, réuni à notre Empire, soit par le sénatus-consulte du 24 avril 1810, soit par nos décrets postérieurs, est divisé en neuf départements : le département du Zuyderzée ; le département des Bouches-de-la Meuse ; le département des Bouches-

grande province à part. L'Illyrie, avec les îles de Corfou, étaient pour Napoléon comme un jalon, afin d'avoir pied dans les affaires de la Grèce et de la Turquie. Ces provinces, régies par des fonctionnaires français, durent néanmoins conserver un caractère à part, les institutions et la langue nationale. Napoléon avait besoin de ces avant-postes militaires, indispensables au développement de son système politique; l'Illyrie à l'Orient, pour la Grèce et la Turquie; la Hollande au Nord pour l'Allemagne, le Danemarck et la Suède.

La politique de l'Empereur part d'une base invariable qui suppose incessamment de nouvelles conquêtes; toutes les fois qu'il a un fleuve, il prétend à son embouchure: d'où il conclut que les bouches du Rhin, de l'Escaut et de l'Elbe sont nécessaires à la sûreté et à la navigation de la France; par là s'introduisaient les marchandises anglaises, il fallait donc que la vigilance de l'Empereur pût surveiller attentivement les grandes navigations; ici fut le prétexte de ces réunions successives qui ne pouvaient avoir de limites que le monde. Après la Hollande vinrent les provinces anséatiques; le sénatus-consulte officiel ne parut que quelques mois plus tard afin de ne pas alarmer l'Europe par ces pas de géant; l'Empereur marchait avec précaution et intelligence. Dès la réunion de la Hollande, on put

de-l'Escaut; le département des Bouches-du-Rhin; le département de l'Yssel supérieur; le département des Bouches-de-l'Yssel; le département de Frise; le département de l'Ems-Occidental; le département de l'Ems-Oriental.

« 2. Amsterdam est le chef-lieu du département du Zuyderzée, composé des anciens départements d'Amstelland et de l'Utrecht, avec leurs mêmes divisions en arrondissements.

Sénatus-consulte qui fixe l'apanage du roi Louis, en sa qualité de prince français, du 13 décembre 1810.

« 1. L'apanage du roi Louis, en sa qualité de prince français est fixé à un revenu annuel de 2,000,000, et constitué de la manière suivante, savoir : 1º la forêt de Montmorency, les bois de Chantilly, d'Ermenonville, de l'Ile-Adam, de Coye, de Pont-Armé et du Lys, jusqu'à la concurrence d'un revenu net annuel de 500,000 francs; 2º des

apercevoir qu'il lui fallait les villes anséatiques: Hambourg, Bremen, Altona; sans lesquelles son système est incomplet; ce que les Anglais ne pourront pas jeter dans l'Escaut, ils le répandront par l'Elbe; la clef des villes anséatiques lui est indispensable pour fermer le continent.

Napoléon ne s'arrête devant rien ; il confisque le duché de Holstein-Oldenbourg qui lui garantit le complément du système prohibitif depuis Cuxaven jusqu'à Lubeck, et cela sans examiner les droits de famille, les intérêts politiques qui peuvent blesser le Czar dans la personne de sa sœur ; les provinces anséatiques vont désormais faire partie intégrante, comme la Hollande, du grand Empire : on aura des préfets à Hambourg, à Bremen, à Oldenbourg, à Lubeck, comme à Rome et en Dalmatie, pour cet immense ensemble composé de mille parties diverses. Au fond tout était factice dans ces réunions d'États et de provinces ; tant que les intérêts et la nationalité n'étaient pas effacés, à quoi servaient quelques phrases d'un décret impérial?

Le système territorial de Napoléon laisse en dehors de sa frontière un royaume, cependant, qui, par sa position, peut grandement servir ses idées prohibitives contre le commerce anglais : le Danemarck ne verra pas sa royauté de race effacée et ses provinces réunies à l'em-

---

domaines existants dans le département des Bouches-du-Rhin, jusqu'à la concurrence d'un revenu net annuel de 500,000 francs ; 3° une somme annuelle d'un million sur les fonds généraux du trésor public.

« Après le décès du prince apanagiste, et attendu la disposition faite par S. M. I. et R. du grand-duché de Berg en faveur de l'aîné des fils du prince apanagiste, l'apanage, à l'exception de la partie consistant en un revenu annuel d'un million sur le trésor public, laquelle sera et demeurera éteinte, passera au second fils du dit prince, et sera transmissible à sa descendance masculine, naturelle et légitime, jusqu'à extinction de ladite descendance, conformément à ce qui est établi par la section II du titre IV de l'acte des constitutions du 19 janvier 1810.

« 3. L'apanage constitué par le présent sénatus-consulte sera assujetti à toutes les charges et conditions établies par l'acte des constitutions ci-dessus cité. »

pire français. La soumission de ce royaume est un fait accompli ; là, une vieille dynastie s'est courbée complétement à toutes les exigences de la France ; maître de la Norwége, du Jutland et des îles qui baignent la Baltique, le Danemarck a accédé au système prohibitif ; il n'ose rien par lui-même, les ordres de l'Empereur sont exécutés avec promptitude ; le roi donne ses escadres, ses marins, ses régiments qui servent même en Espagne et sous les ordres des généraux français ; ainsi Napoléon comprend les alliances. En échange de sa protection souveraine, il demande tout : l'argent, les hommes, le dévouement absolu ; comme sa pensée est de détruire l'influence anglaise en lui fermant le continent, il sent l'importance d'avoir la clef de la Baltique, et le Danemarck s'est entièrement associé à sa pensée. Il existe à Copenhague des ressentiments profonds contre l'Angleterre ; on se rappelle les éclats de bombes et les incendies des fusées à la Congrève qui vinrent dévorer l'opulence des Danois, et frapper de deuil les vieux marins que l'Angleterre avait amenés à la remorque sous leurs pavillons abaissés. La haine contre la Grande-Bretagne se déployait avec ardeur, et Napoléon voulut récompenser ce dévouement du Danemarck à son système par un agrandissement de frontière ; il rêvait alors de reconstituer une puissante royauté scandinave.

La Suède, depuis la révolution qui renversa Gustave-Adolphe, demeurait dans un profond abaissement ; séparée de l'Angleterre, elle était soumise à la double influence de la Russie et de la France ; pour avoir une couronne, le vieux roi Charles XIII avait cédé définitivement la Finlande au Czar Alexandre, riche province placée désormais sous la domination russe. Napoléon, pour complaire à l'empereur Alexandre, rendait au vieux roi son vassal, la Poméranie, à la condition expresse que cette province rentrerait tout entière dans le système continental; de cette manière elle n'était plus qu'une annexe de l'Empire français. Cette stipulation assurait la couronne à Charles XIII, au détriment du chevaleresque Gustave-Adolphe. Le roi élu, accablé d'infirmités, sans enfants, était le jouet de toutes les intrigues; les États, qui avaient un grand intérêt à ce que l'ancienne dynastie ne fût pas rappelée, résolurent de lui donner un successeur désigné d'avance. La même diète qui élevait à la royauté le régent sous le nom de Charles XIII, lui donna pour successeur comme son fils adoptif le prince Christiern d'Augustembourg; tout semblait fini sur cette question suédoise : la Russie et la France étaient satisfaites, l'une avait la Finlande, l'autre l'exécution absolue du système continental. C'est au prix de ce double sacrifice que Charles XIII avait la couronne sous la protection de deux grandes puissances. Tout à coup un événement sinistre vint compliquer la question: le prince d'Augustembourg passait la revue des gardes, un éblouissement le saisit, il tombe de cheval et meurt sur l'heure. On fit courir le bruit qu'il venait d'être frappé d'apoplexie; d'autres affirment que le poison avait pénétré dans ses veines et que le prince était frappé d'une mort violente; en Suède ce n'était pas rare, avec cette noblesse altière et toujours mécontente.

Le vieux roi Charles XIII demeurait donc encore une fois comme isolé sans héritier; à aucun prix les hommes compromis ne voulaient l'ancienne dynastie; Gustave-Adolphe avait néanmoins des enfants au noble sang suédois, issus de glorieux ancêtres; l'acte constitutionnel les avait exilés; on chercha donc un héritier, un fils adoptif pour Charles XIII, et ici plusieurs partis se présentèrent, car à cette époque on visait aux couronnes comme à un héritage; toutes les ambitions étaient éveillées. Un de ces partis vivement agités pour la couronne poussait le roi de Danemarck [1]; c'était une vaste idée que de réunir toute la nation scandinave sous un même sceptre, comme aux temps fabuleux des scaldes et des poëtes. Au moyen âge, la Scandinavie n'avait formé qu'une seule souveraineté sous ses rois à longue chevelure, fils d'Odin et de Harald à la dent bleue; ces lacs, ces mers, ces fleuves, ces montagnes, ces mines et ces forêts de la Scandinavie ne formaient qu'un tout : reconstituer un grand empire du Nord, y placer la maison de Danemarck, rappeler ces temps de gloire, c'était une pensée grandiose, et il faut dire que Napoléon se prêtait à cette idée, comme complément de son système continental; il y poussait avec franchise. Il avait éprouvé la bonne volonté des princes de Danemarck, ses vassaux, et avec leur secours, ses ordres s'étendraient donc jusqu'à la Baltique. Le chargé d'affaires à Stockholm, M. Desaugiers, devait agir en ce sens, avec ordre d'appuyer la demande du roi Frédéric. Ce prince écrivit à Charles XIII

---

[1] La correspondance diplomatique qu'on va lire explique la négociation danoise.
Lettre du roi de Danemarck à Charles XIII.

« Monsieur mon frère, considérant les circonstances critiques dans lesquelles se trouvent les royaumes du Nord en général, et particulièrement celui qui, par les soins paternels et le génie de V. M., a été sauvé de périls imminents, je m'adresse à V. M. avec la franchise qui m'est naturelle et avec la confiance qu'elle m'inspire, pour exposer à V. M., comme père de son peuple et comme à un prince issu de la même souche que moi, que je ne trouve de salut pour les nations que nous gouvernons et que nous désirons rendre heureuses, que dans la plus étroite union entre elles. J'ose me flatter qu'elle partage cette conviction : elle connaît trop bien l'histoire du Nord pour ne pas être persuadée que la désunion entre des nations qui ont tant d'affinités, même religion, même langue originairement, des mœurs et des habitudes qui sont presque les mêmes, a été la cause de leurs malheurs et de leur faiblesse. Je n'aurai par conséquent pas besoin d'entrer en beaucoup de détails pour convaincre Votre Majesté qu'elle rendra son nom immortel, et que les générations à venir dans les royaumes du Nord béniront à toute éternité sa mémoire, si elle saisit le moyen qui s'offre, et qui s'offre dans ce moment sous des auspices qui ne se reproduiront peut-être plus, pour mettre fin

pour réclamer son adoption, comme un droit de famille ; il lui fit valoir la grandeur de la nation scandinave se retrouvant à ce noble et héroïque point de départ, aux époques des Harald ; le Danemarck et la Suède seraient placés sous un même sceptre.

Le second parti suédois, repoussant toute idée de réunion avec le Danemarck, voulait se rattacher à un nom indépendant, à un général de distinction qui pût offrir des garanties d'avenir pour la Suède. Tous les yeux étaient alors fixés sur la France et sur ses armées victorieuses, l'admiration du monde ; ses maréchaux passaient rois ; les Suédois pouvaient donc invoquer la protection d'une de ces grandes épées. Le maréchal Bernadotte, longtemps fixé dans le nord de l'Allemagne, avait fait la guerre à Gustave-Adolphe ; son adresse méridionale lui avait gagné l'affection des Allemands et des Saxons dont il avait fait si puissamment l'éloge après la bataille de Wagram ; beau-frère de Joseph Napoléon, c'était une sorte de choix dans la race impériale.

Pendant son séjour dans les villes anséatiques, Bernadotte avait vu beaucoup d'officiers suédois ; en s'entrete-

---

à jamais à la dissension entre des peuples qui sont au fond des frères qui auraient dû toujours se tendre les mains pour se secourir mutuellement. Je souhaite sincèrement que la nation suédoise jouisse pendant longues années du bonheur d'être gouvernée par Votre Majesté. Mais, dans ce moment, où les États du royaume s'assemblent pour désigner celui qui, à défaut, doit tenir lieu au peuple suédois du roi dans lequel elle a si heureusement placé sa confiance et son espoir dans l'instant du danger, je la prie de considérer qu'en usant de son influence sur les députés de la diète, pour qu'ils se déterminent à ouvrir la perspective d'une union perpétuelle entre les nations qu'elle et moi nous gouvernons, en réunissant leurs suffrages en ma faveur, Votre Majesté établira la base du bonheur des peuples du Nord. C'est uniquement parce que la Providence m'a mis dans une situation où ce m'est un devoir de travailler à consolider leur bonheur, que je recherche les suffrages de la nation suédoise, qui a tant de titres à mon estime. Votre Majesté, ainsi que ses sujets, peuvent compter sur la fidélité avec laquelle je maintiendrai les lois fondamentales du royaume si les États de Suède m'en confient le soin. Je crois ne point avoir besoin d'assurer Votre Majesté de la reconnaissance que son appui auprès des États de son royaume dans cette circonstance importante, me fera éprouver. Elle égalera parfaitement les sentiments

nant avec eux sur les intérêts de leur patrie, sur leur gloire nationale et l'esprit des révolutions, il s'était créé un parti parmi la noblesse compromise. Quand une opinion a commis une injustice, un crime d'État, elle a besoin de choisir pour prince un homme qui soit invariablement séparé de la cause tombée; Bernadotte, hostile à l'ancienne dynastie, en fondait une nouvelle; il n'avait rien à venger; avec son passé entièrement étranger à la Suède, il ne lui donnait que son avenir. Quelques-uns des meneurs de la dernière révolution vinrent directement à lui; accepterait-il le titre de prince royal? Bernadotte, préparé à ces ouvertures, comprit bien que dans la situation des affaires, avec l'immense prépondérance de Napoléon [1], il avait un concurrent à craindre, si la France poussait le roi de Danemarck; il alla tout droit trouver l'Empereur, pour lui expliquer sa position, et lui faire connaître les offres de la diète.

d'amitié et de considération par lesquels je lui suis attaché de tout temps. Monsieur mon frère, de Votre Majesté le bon frère.»
    Signé, Frédéric.
Copenhague, 18 juillet 1810.
    Réponse de Charles XIII.
« Monsieur mon frère, le comte de Bernath m'a remis la lettre que Votre Majesté a bien voulu m'adresser, en date du 18 juillet. Sensiblement touché des marques d'amitié et de confiance qu'elle contient, je m'empresse d'en témoigner à Votre Majesté toute ma reconnaissance. Je ne manquerai point de communiquer au comité secret des états-généraux l'importante proposition de Votre Majesté. Il m'est impossible d'en préjuger le résultat. Le choix d'un successeur au trône appartient uniquement aux représentants de mon peuple, et je suis d'avance assuré qu'ils se montreront, en cette occasion décisive pour ce sort futur de la Suède, dignes de leurs pères, de la gloire et de la reconnaissance nationale, de la longue indépendance de la patrie, et pénétrés du juste sentiment de ses besoins et de son véritable intérêt. C'est avec les sentiments d'une amitié sincère et d'une considération distinguée que je suis, etc. »
Au château d'Orebro, le 1er août 1810.
    Signé, Carl.

[1] Le comte Morner avait été dépêché vers Bernadotte pour lui faire connaître les dispositions des membres de la diète et demander les siennes. Le maréchal avait répondu: « qu'il se sentirait honoré du vote libre d'un seul des membres de la diète; mais que s'il devenait l'objet de l'élection, ce qu'il ne croyait pas possible, il ne pourrait disposer de lui-même sans le consentement de l'Empereur Napoléon. » Le lendemain l'Empereur, instruit de toutes les circonstances, avait dit : « qu'étant lui-même monarque élu du peuple, il ne saurait s'opposer à l'élection des autres peuples, et que le choix libre de la diète aurait son assentiment. »

Cette démarche si simple résultait des anciens rapports de Bernadotte et de Bonaparte, de la position de l'Empereur et de l'un de ses grands-officiers. Après tout ce qui s'était passé entre l'Empereur et Bernadotte, l'éloignement du maréchal était accepté comme une bonne fortune par Napoléon; les généraux de mauvaise humeur lui déplaisaient, et il voyait un motif pour s'en débarrasser. Après la bataille de Wagram et l'accomplissement de son mariage, Napoléon conçut l'idée de donner à ses maréchaux les plus remarquables des couronnes indépendantes, toutes unies à son système fédératif. Quand il envoyait Masséna en Portugal, c'était pour lui préparer évidemment une fortune royale; Murat était roi de Naples, et certes ce n'était que justice de réaliser pour Masséna le projet qu'avait conçu le maréchal Soult. Ce n'était pas non plus sans dessein qu'il avait aussi donné le titre de duc de Dalmatie au maréchal Soult; les provinces illyriennes formaient un beau lot; on aurait pu y joindre la Macédoine et les États que gouvernait Ali-Pacha. Pour éviter le partage de la succession d'Alexandre, le mieux était de faire d'avance la part à chaque ambition, à chaque service éminent.

La proposition d'accepter Bernadotte comme prince royal de Suède n'avait rien qui répugnât à Napoléon; il se débarrasserait d'abord d'un vieux compagnon devenu importun dans sa nouvelle cour, toute remplie d'étiquette et de formules; il avait besoin de secouer les grognards d'un ordre trop élevé; c'était bien assez déjà des vieux grenadiers de la garde qu'il fallait incessamment satisfaire. Dès ce moment, sa politique cesse à l'égard de la Suède: il ne protège plus l'élection de la maison de Holstein, il rappelle même son chargé d'affaires, M. Désaugiers, qui s'est trop engagé dans la donnée d'une élection favorable au roi de Danemarck. Enfin, dans une conversation intime, il demande une explication à Bernadotte : quelle sera la direction de sa politique? « Vous allez avoir une couronne, c'est bien; mais quelles sont vos idées? le système continental avant tout, n'est-ce pas? » Bernadotte déclare qu'il est lié à l'Empire français par affection et par position, cela est incontestable; il croit le système continental exagéré, mais passager, il s'oblige à y souscrire; cependant il ne désavoue pas que, prince de Suède, il doit, avant tout, se poser, comme bon Suédois, sans engagements antérieurs. « Cela est admis, répond l'Empereur; une fois chef élu d'une nation, vous lui appartenez. » — «C'est ainsi que je l'entends, reprend Bernadotte; au reste, la Suède est liée par son intérêt et son histoire au système français; il ne peut y avoir de rupture entre les deux États[1]. » — «Ainsi, reprit l'Empereur, vous ne faites aucune difficulté de prêter serment de ne jamais porter les armes contre la France?» — «Cette observation n'est pas de vous, Sire, répondit Bernadotte; elle vous est inspirée par les formalistes, par l'archi-chancelier Cambacérès. Je ne peux sur ce point m'engager à rien; si cela était, je ne serais plus prince suédois. C'est comme si Philippe V avait engagé la foi de ses successeurs pour ne jamais faire la guerre contre la branche aînée de sa maison; il s'agit ici d'un titre et non d'un grade. Au reste, Sire, l'alliance entre la Suède et la France est tellement naturelle, qu'il ne faut pas supposer le cas d'une rupture. » Ces conversations durèrent plusieurs jours. A la fin, Napoléon donna son consentement, mais avec une sensation pénible, une mauvaise grâce qu'il déguisa par le don d'un million

---

[1] Note communiquée.

de lettres de change sur la Prusse et les villes anséatiques. Plus de difficultés dès lors, Bernadotte est proclamé prince royal de Suède; désormais séparé de la France, il devient l'homme de sa nation, il s'identifie avec elle[1], à ce point de se retrouver plus tard sur de tristes champs de bataille.

Ces grands changements politiques opérés au nord de l'Allemagne devaient vivement alarmer l'existence de la Prusse, la plus immédiatement menacée par cet Empire qui, sans intermédiaire, s'étendait jusqu'à Hambourg. L'Autriche, après sa paix avec la France et son alliance de famille, s'était retirée de la cause allemande; la plus grande consternation régnait dans la vieille Prusse. Que deviendrait-on dans l'avenir? l'œuvre de Frédéric serait-elle menacée d'une ruine irréparable? A ce moment, le roi fut vivement éprouvé par le plus dur des coups de la fortune; la reine Louise, cette femme incomparable, noble âme qui avait rêvé les grandeurs de la patrie, la reine Louise cessa d'exister; elle mourut d'un abcès au cœur, triste cœur si fatalement remué! Ce fut un deuil public du peuple, des universités, des jeunes hommes ardents, qui avaient personnifié la patrie dans leur reine. Frédéric-Guillaume ne s'en consola pas; il fit vœu de porter sur lui le portrait de cette noble épouse; et toutes les fois qu'une âme voulut parler à la

---

[1] Napoléon fut saisi d'un arrière-instinct qui lui donna des regrets sur le consentement accordé; et voici quel en fut le seul résultat : ses préparatifs de départ terminés, le prince, ne recevant pas les lettres d'émancipation, se vit forcé d'aller les demander à Napoléon lui-même; il fut étrangement surpris lorsque l'Empereur lui dit : « qu'on n'avait pas expédié ses lettres parce qu'il avait à remplir une formalité que le conseil secret avait jugée indispensable; c'était qu'il signât l'engagement de ne jamais prendre les armes contre la France. « J'étais loin de m'attendre à cette prétention, lui dit vivement le prince; ce n'est sûrement pas Votre Majesté qui a voulu m'imposer cette condition; ce ne peut être qu'une idée de l'archi-chancelier et du grand-juge; ils m'honorent infiniment par cette conception, puisqu'ils m'élèvent à votre niveau comme capitaine ; cela me vaut une couronne. Toutefois

sienne, elle dut lui rappeler sa douce Louise, le premier et le dernier amour de sa vie[1].

Dans ces pénibles circonstances, Frédéric-Guillaume crut nécessaire de rappeler le baron de Hardenberg, l'esprit éminent qui pouvait le mieux comprendre la situation de l'Allemagne et de l'Europe. M. de Hardenberg n'avait pas perdu tout espoir de relever la patrie abaissée ; les peuples pouvaient briser le pouvoir de Napoléon : l'explosion éclaterait tôt ou tard, c'était un fléau qu'il fallait subir. On devait guérir les plaies financières de la Prusse ; accablé de dettes et consumé par toutes les exigences, ce pays était dans le plus grand discrédit; le trésor était ruiné par le dernier arrangement conclu avec la France, le papier d'État s'escomptait à des prix exorbitants; M. de Hardenberg dut s'attacher particulièrement à guérir ce malaise, et à reconstituer l'état militaire par une organisation secrète et toute préparée, au cas où la guerre deviendrait nécessaire. Les anciens soldats licenciés, toujours maintenus sur le contrôle, les cadres étaient remplis par de nouvelles levées. Quand une nation est violemment opprimée, les hommes ne manquent pas ; dès qu'on a l'argent, les troupes s'organisent spontanément à l'appel de la patrie. La Prusse voyait avec une profonde douleur l'extension dé-

---

je supplie Votre Majesté de considérer que je suis déjà sujet du roi de Suède, a qui j'ai prêté serment de fidélité, par suite de votre propre autorisation, et que l'acte même de mon élection me défend de contracter aucun engagement de vassalité étrangère. Si Votre Majesté persiste à m'imposer la condition dont il s'agit, mon devoir et l'honneur me prescrivent d'envoyer de suite un courrier au roi de Suède pour l'informer des motifs qui me forcent de renoncer aux droits que le vœu des États, son adoption et votre approbation même m'avaient fait accepter.» Napoléon, qui avait écouté attentivement, mais non sans émotion, fixa ses regards sur le prince, et lui dit d'une voix concentrée : « Eh! bien, partez; que nos destinées s'accomplissent!—Pardonnez, Sire, répond le prince, je n'ai pas bien entendu. —Partez, vous dis-je, que nos destinées s'accomplissent!»

[1] La jeune femme qui se dévoua au roi Frédéric-Guillaume, dans ses derniers temps, n'exerça de l'influence sur le prince, qu'en lui rappelant la reine Louise.

mesurée de l'Empire tel que Napoléon l'avait conçu. La préfecture de Minden touchait la frontière ; qui sait ? un décret suffirait pour déclarer que la maison de Brandebourg avait cessé de régner. Quelle triste destinée !

L'Autriche, qui semblait tout à fait rassurée sur son avenir politique par le mariage d'une archiduchesse avec Napoléon, n'obtenait pourtant aucune de ces concessions positives qui pouvaient cimenter l'alliance ; Napoléon non seulement ne lui assurait aucun avantage matériel, mais encore il exigeait impérativement le paiement exact des 75 millions stipulés par le traité de Vienne. Les lettres de change étaient régulièrement envoyées à Paris, et le domaine extraordinaire de l'Empereur se grossissait des contributions imposées à l'Autriche, de sorte que les Allemands répétaient : « que rien ne manquait au sacrifice : la fille de l'Empereur et les tributs. » Les dépêches de M. Otto constatent cet état de l'opinion à Vienne : l'opposition au système français devenait grande ; elle était partout, et M. de Metternich, avec sa rare sagacité, ne manquait jamais de faire remarquer à M. Otto combien il serait essentiel que Napoléon fît quelque chose pour gagner le cœur des Allemands ; s'il ne voulait consentir à rien, l'alliance se bornerait à des relations de famille entre les deux cours, l'Allemagne la verrait toujours avec répugnance [1].

La Russie, depuis Erfurth, était loin aussi d'être satisfaite de ses rapports avec Napoléon : maintenant qu'elle avait accompli la conquête définitive de la Finlande, qu'elle disposait de la Moldavie et de la Valachie, elle put jeter un regard attentif sur son alliance. Sous le point

---

[1] M. de Metternich dit alors en plaisantant à M. Otto : « que l'état de mariage devait enfin un peu ranger Napoléon. »

de vue commercial, la Russie étouffait à la suite du système continental; fallait-il laisser mourir de misère ses populations, en les privant de communications avec la Grande-Bretagne? Cet état de souffrances devait cesser, et déjà des ukases avaient permis l'introduction des marchandises anglaises pour les échanger contre les productions de la Russie. Alexandre n'était plus le maître de son cabinet, poussé dans une direction nationale. Des griefs matériels existaient aussi contre la politique d'envahissement de l'Empereur des Français; depuis Erfurth, Napoléon avait réuni Rome, la Hollande, les villes anséatiques, sans épargner même le duché d'Oldenbourg, où devait régner une grande-duchesse russe. Ces réunions agrandissaient trop démesurément la masse territoriale de l'Empire de Napoléon; par la constitution de la Saxe et du duché de Varsovie, une armée française avait sa route toute tracée jusqu'au Niémen; Napoléon occupait encore les forteresses prussiennes : Dantzick et Kœnigsberg n'étaient qu'à quarante lieues des frontières russes; le vaste empire des Czars se trouvait enlacé par son nord et par son centre. Ce n'était pas une situation possible pour les deux gouvernements, il fallait s'expliquer pour faire cesser un état de choses menaçant pour les Russes. De quoi était-on convenu à Tilsitt? Que les deux grands empires seraient séparés par des États du second ordre, intermédiaire indispensable à la sûreté commune : est-ce de cette manière que le traité était exécuté? Par le fait la France restait maîtresse des forteresses prussiennes; dans deux mois elle pouvait passer le Niémen. Cela ne devait pas être.

Ainsi raisonnaient les hommes d'État de Saint-Pétersbourg, le parti décidé à ne point subir les humiliations éprouvées par la Prusse et l'Autriche. Il n'est point vrai, comme on l'a écrit, que la cour de Russie ait été blessée du mariage d'une archiduchesse d'Autriche et de cette préférence accordée à la cour de Vienne; cela est puéril : si elle avait voulu donner une de ses grandes-duchesses à Napoléon, la chose était facile, il l'avait demandée ; peut-être voyait-on avec une certaine méfiance cette union des deux races franque et allemande soulevées un jour à venir contre la race slave, et dès ce moment on dut se préparer à une crise plus ou moins prochaine. L'influence personnelle du Czar arrêtait ces inimitiés profondes, ces rivalités qui plus tard devaient éclater violentes; nul ne pouvait empêcher le froissement entre deux colosses; Alexandre cachait même ses premiers dépits sous les apparences d'une grande cordialité. Depuis l'entrevue d'Erfurth, Napoléon avait pris en amitié un jeune officier, aide-de-camp d'Alexandre, aux formes gracieuses, à la parole élégante, M. de Czernicheff, colonel aux gardes. Cet officier plein de distinction chargé de fréquents messages personnels de l'empereur Alexandre pour Napoléon, faisait le parcours de Saint-Pétersbourg à Paris avec une grande rapidité, dépensant un argent immense, à la manière des ambassades de Richelieu ; à Paris, c'était l'homme aux bonnes fortunes, on se l'arrachait à la cour; l'aide-de-camp d'Alexandre était partout, il paraissait le plus léger, le plus fastueux des officiers de l'armée. Tandis qu'il échangeait des lettres souveraines, il prenait des renseignements de toutes mains; le prince Kourakin n'était qu'un homme vaniteux, mais sans vues larges et profondes; sa correspondance était insignifiante. M. de Czernicheff, au contraire, actif, insinuant; se procurait toutes les pièces qui pouvaient éclairer la Russie: aux affaires étrangères il avait les documents les plus précieux sur les alliances de la France; à la guerre, il obtenait communication réelle du personnel des régiments français, la statistique des corps, la force et la nature des armes; et puis, galant gentilhomme, on le voyait au boudoir des grandes dames, aux soirées sous mille lustres, à toutes les distractions et les pompes qu'inspirait l'heureux mariage de Napoléon. Ce dut être un aspect curieux pour un noble russe que cette cour impériale qui, prenant alors une physionomie toute aristocratique, renouvelait les temps de Versailles et de Louis XIV!

CHAPITRE XIII.

APOGÉE DE L'EMPIRE DE NAPOLÉON,

L'HÉRITIER DE LA DYNASTIE.

Aspect de la cour. — Voyage de Napoléon et de Marie-Louise en Belgique. — Préparatifs des fêtes à Paris. — Les poëtes sur le mariage. — Changements ministériels. — Disgrâce de Fouché. — Savary, ministre de la police. — Bal du prince de Schwartzenberg. — Sinistre prédiction. — Disgrâce de M. Dubois. — M. Pasquier, préfet de police. — Napoléon au temps de paix. — Tendance civile de l'Empire. — L'Empereur au conseil d'État. — Questions religieuses. — Question civiles. — La bulle d'excommunication. — Les cardinaux. — M. d'Astros. — Disgrâce et exil de M. Portalis. — Changement dans l'âge de la conscription. — Levées maritimes. — Les enfants de quatorze ans. — Grossesse de l'impératrice. — Esprit et formulaire de la cour. — Déclamation contre les révolutionnaires. — Le dauphin. — L'ancienne et la nouvelle société. — Naissance du roi de Rome. — La couronne de ce berceau. — Grandeur de l'Empire. — Principes de décadence.

Avril 1810—Mars 1812.

C'était au palais de Saint-Cloud, témoin du 18 brumaire, que Napoléon à l'apogée de sa gloire, dans l'ivresse de son bonheur, avait conduit la jeune archiduchesse. Nul n'aurait pu reconnaître en lui l'époux de Joséphine; l'homme qui, ayant fait la fortune d'une femme, voulait qu'elle fût son esclave. L'Empereur était aux soins empressés et galants envers Marie-Louise, comme le jeune époux auprès de sa fiancée. Était-ce la vanité de son mariage avec une archiduchesse? Était-ce l'empressement d'un homme déjà mûr qui, ayant associé à sa vie une jeune fille, cherche à lui plaire par mille soins divers? Tant il y a que personne n'aurait retrouvé le brusque époux de madame de Beauharnais; Napoléon était amoureux; le lion était devenu galant. Il y avait de la rudesse souvent dans sa galanterie, mais en tout le reste Napoléon était changé; la femme n'était plus aux genoux de son souverain [1].

La famille Bonaparte était réunie autour de Napoléon, et cet état de son cœur aimant et de son esprit dominé n'échappait point aux plaisanteries moqueuses, aux observations jalouses de Pauline, qui, par la majesté de sa personne et la puissance de ses souvenirs, visait à la domination de son frère. Il y avait chez Pauline ces mots spirituels d'une femme qui prend toujours la partie matérielle d'un sentiment, et ne calcule rien que par les sens. Avec Pauline il n'y avait pas de prestige; de la passion et point d'amour; elle ne voyait dans Marie-Louise qu'une grosse fille joufflue, sans formes, avec de l'embonpoint partout; elle qui était belle comme un camée antique, comme un modèle de l'école de

---

[1] Les harangues des corps politiques se ressentaient de l'enthousiasme que Napoléon éprouvait pour son mariage et de sa joie d'enfant d'avoir pour femme une archiduchesse. Voici comment s'exprimait le Sénat :

« Sire, c'est avec une respectueuse et profonde émotion que le Sénat se présente aujourd'hui devant V. M. Il n'a jamais eu à porter aux pieds du trône de plus douces félicitations; jamais il n'a mieux senti la force et la dignité de ces liens de famille qui unissent le monarque à ses fidèles sujets. Vos plus tendres affections, sire, les besoins les plus intimes de votre cœur vont désormais se confondre avec le premier intérêt de la monarchie et le vœu le plus ardent de vos peuples, la durée de cette dynastie, la plus puissante qui ait jamais été fondée parmi les hommes.

« Que de cœurs, même au-delà des frontières de votre Empire, ont tressailli de ce qui va faire votre félicité! Et votre grande âme n'a point été insensible à leurs transports.

« L'Europe contemple avec ravissement l'auguste fille des souverains d'Autriche sur le trône glorieux de Napoléon; et la Providence, sire, en vous réservant cette illustre

Rome, lançait des épithètes moqueuses contre Marie-Louise, qu'elle n'appelait que la *grosse Allemande*, et contre son frère lui-même, amoureux, disait-elle, comme un sous-lieutenant. De là, mille épigrammes qui blessaient profondément l'Empereur; seul de sa famille il se déclarait pour Marie Louise, cherchant à la distraire par des fêtes, à lui rappeler l'Allemagne et Schœnbrünn, le palais de sa jeunesse. Le ban des rois avait été convoqué au mariage avec tous les membres de la dynastie Bonaparte, alors réunis autour de leur frère, et c'était curieux à voir que ces fêtes peuplées de rois; les huissiers annonçaient à chaque minute : Le roi de Bavière, le roi d'Espagne, le roi de Naples, le roi de Wurtemberg. Napoléon voulait-il donc que l'on prît les titres princiers en moquerie?

Quel spectacle digne de pitié que ces flots d'adulations qui venaient battre les pieds du trône! Jamais cour ne fut plus abaissée, plus en dehors de ce sentiment de la dignité humaine; il fallait voir comme toutes ces myriades d'hommes et de femmes attendaient un regard de l'Empereur; on était heureux du sourire de l'archidu-

---

épouse, a voulu manifester de plus en plus qu'elle vous a fait naître pour le bonheur des nations, et pour assurer le repos du monde.

« Madame, ces cris d'allégresse qui ont partout accompagné les pas de V. M., ce concert de bénédictions qui retentit encore de Vienne jusqu'à Paris, sont l'expression fidèle des sentiments du peuple. Le Sénat vient offrir à V. M. des hommages non moins empressés ni moins sincères.

« La couronne impériale qui brille sur votre front, cette autre couronne de grâces et de vertus qui tempère et qui adoucit l'éclat de la première, attirent vers vous les cœurs de trente millions de Français, qui mettent leur joie et leur orgueil à vous saluer du nom de leur souveraine. Ces Français, que vous avez adoptés, à qui vous venez, par la plus sainte des promesses, de vouer les sentiments d'une tendre mère, vous les trouverez dignes de vos bontés, vous chérirez de plus en plus ce peuple bon et sensible, toujours pressé du besoin d'aimer ceux qui le gouvernent, et de placer l'affection et l'honneur à côté de l'obéissance et du dévouement.

« Ces sentiments, que nous sommes si heureux d'exprimer à VV. MM. sont sous la garantie du ciel comme le serment sacré

ADULATIONS DE COUR (1810).

chesse, d'un mot insignifiant, que l'on répétait comme une bonne fortune ; le sentiment de soi s'était évanoui au milieu de cette génération de courtisans, humbles sans grandeur, rampants sans politesse, et n'empruntant à la cour de Louis XIV que la partie matérielle. Jamais d'abandon, rien de ce qui fait l'intimité de bonne compagnie ; l'étiquette pour tous, les titres, les dignités, fixées par des officiers du palais. Il y avait une hiérarchie si sévère que les saluts mêmes étaient comptés, les révérences dessinées en modèle, à ce point que c'eût été un crime d'État que de manquer à une seule de ces formes en présence même de S. A. S. monseigneur le prince de Parme (Cambacérès).

Cette cour était accablée par les hymnes des poëtes, et les vers qui éclataient de toutes parts pour célébrer la puissance du grand couple. Pauvre nature que celle du poëte! toujours à la suite de la fortune ; malheur aux vaincus, mais gloire aux heureux ! les fleurs sont pour eux. Je n'ose dire tout ce qui fut écrit à l'occasion du mariage de Napoléon et de l'archiduchesse ; cette couronne poétique est pâle, lourde et monotone. Voici d'abord *la Journée de l'hymen*, par

qui vient d'unir à jamais les grandes et belles destinées de Napoléon et de Marie-Louise. »
Réponse de l'Empereur.
« Sénateurs, moi et l'Impératrice nous méritons les sentiments que vous nous exprimez par l'amour que nous portons à nos peuples. Le bien de la France est notre premier besoin. »
Discours de M. de Montesquiou, président du Corps législatif.
« Sire, le Corps législatif vient mêler ses vœux aux acclamations des peuples. Toute l'Europe retentit de cet illustre hyménée, de ce gage assuré de la paix, de cette auguste alliance qui semble porter avec elle toutes ses destinées. Il est glorieux, sire, de pouvoir commander aux fureurs de la guerre, et de faire cesser les rivalités des nations ; mais qu'il est heureux de jouir de cette gloire auprès d'une jeune princesse dont les vertus ont devancé l'âge, et qui, par les regrets qu'elle laisse aux lieux de sa naissance, promet tant de bonheur à V. M. et au peuple qu'elle vient d'adopter !

« La renommée, Madame, a fait assez connaître les merveilles de ce règne et l'éclat du trône où vous montez, mais il est auprès de ce trône glorieux une place toujours réservée pour la grâce et la bonté, dont le malheur fait son premier asile, et

M. Briffaut; il chantait la gloire de Napoléon, l'hymen comblait ses vœux; que le plus grand des rois en soit le plus heureux. Quelle riche poésie! Puis c'était *la Requête des rosières de Salency à Marie-Louise*, par M. Campenon, et l'on comprend que l'auteur de *la Maison des champs* ne pouvait cesser d'être pastoral. M. Lemercier prenait sa lyre pour chanter encore l'Hymen, ce père fécond de la nature. M. de Chazet redisait : « la riante espérance au milieu de la nature et des champs; il désirait, mais très timidement, que des clairons devinssent des musettes, des trompettes des fifres, et les tambours les tambourins. » Le vieux poëte Piis ajoutait quelques vers à ces naïvetés champêtres. Louis XVIII dut reconnaître son poëte favori « avec ses fleurs printanières et le fer des bannières, et le chevalier français qui espérait des succès. » Toutes ces conceptions furent de la même grandeur. La police les commandait; un mot du ministre de l'intérieur suffisait pour inspirer la verve du poëte récompensé par des gratifications et des pensions secrètes [1].

Ce flot de poésie accompagna le voyage de Napoléon et de Marie-Louise à travers la Belgique. Singulière idée

---

dont la gloire se compose de bienfaits et de reconnaissance : c'est à ce rang suprême que vous appellent tous les vœux.

« Déjà les plus douces espérances naissent à votre approche, un charme inconnu se fait sentir dans cet Empire ; il semble qu'un nouveau cours des prospérités commence pour le monarque et pour ses peuples.

« Oui, sire, nous verrons les plus doux sentiments de la nature inspirer votre génie, l'esprit de famille s'unir à l'amour de la patrie, et la France recevoir de nouveaux bienfaits de tendresse paternelle. »

Réponse de l'Empereur.

« Messieurs les députés des départements au Corps législatif, les vœux que vous faites pour nous nous sont fort agréables. Vous allez bientôt retourner dans vos départements; dites-leur que l'Impératrice, bonne mère de ce grand peuple, partage tous nos sentiments pour lui ; nous et elle ne pouvant goûter de félicité qu'autant que nous sommes assurés de l'amour de la France. »

[1] J'ai besoin de donner quelque idée de cette poésie officielle à l'occasion du mariage ; ce n'est point par une amère critique ou par des souvenirs malicieux que je cite des noms propres; quand tout change, pourquoi faire un crime irrémissible des changements dans les opinions?

Au reste voici tout ce que le mariage produisit de vers :

de l'Empereur que ce voyage entrepris précisément dans ces provinces belges, dont une archiduchesse était autrefois souveraine! c'était de la galanterie peu réfléchie; comme s'il avait voulu rappeler que la France naguère avait arraché des mains de l'Autriche les villes flamandes! Marguerite de Flandre, n'était-elle pas gouvernante des Pays-Bas? En Belgique, un faste impérial environnait Napoléon, suivi de toute sa maison civile, des chambellans semés d'or, des écuyers au blason de sable ou de gueule, des coureurs à pomme d'argent; les villes dressaient des arcs de triomphe, on renouvelait pour lui les fêtes des vieilles cités de Flandre célébrant la bonne venue de leurs comtes. Napoléon visita Anvers, ses chantiers et sa flotte; avide d'assister aux grandes évolutions nautiques, il monta sur le bord des vastes navires et en parcourut les ponts. Mais la mer ne lui était pas favorable; il voulait parler de tout, et il s'exprima sur la marine en termes qui pouvaient faire sourire les vieux loups de mer qui avaient passé leur vie dans de lointaines expéditions. Sur cet Océan cou-

Partout la riante espérance
D'un couple auguste suit les pas.
Heureux villageois, que la danse
Parmi vous succède aux combats !
Que vos clairons soient des musettes
Vos chants guerriers des vieux refrains;
Des fifres joyeux des trompettes ;
Et vos tambours des tambourins.

(*Stances pour le mariage de l'Empereur Napoléon*, par Alisan de Chazet).

Louise, entends la voix
De toutes ces cohortes
Dont les flots sont aux portes
Des palais de nos rois !
Permets-nous de couvrir
Le fer de nos bannières

De ces fleurs printanières
Qui pour toi vont s'ouvrir.

(*Les Vœux des chevaliers français*, par Piis)

Cantate pour le concert public exécuté aux Tuileries le 2 avril, jour de la célébration du mariage de l'Empereur Napoléon avec S. A. I. et R. l'archiduchesse Marie-Louise, paroles de M. Arnault (de l'Institut), musique de M. Méhul.

La journée de l'hymen, par M. Briffaut.

Requête des rosières de Salency, à S. M. l'Impér. Marie-Louise, par M. Campenon.

La Louisette, pastorale chantée à la fête donnée à Neuilly par la princesse Borghèse; musique de M. Julien Dubois.

Ode à l'occasion du mariage de l'Empe-

vert de vagues écumeuses, Napoléon fut tour à tour ossianique ou vulgaire; il dit de ces mots qui supposaient une certaine ignorance des plus simples évolutions de mer; il dut paraître ridicule aux amiraux lorsqu'il voulut commander lui-même les manœuvres d'escadre; les vagues n'étaient pas son élément, il se trouvait mal à l'aise lorsque sa volonté dépendait des caprices des flots et des vents de la tempête[1]. La flatterie seule put admirer des phrases sans aucune suite, des mots sans signification positive et des promesses en dehors du possible.

Ce fut au retour de ce voyage que la ville de Paris prépara ces fêtes, ces présents, ces pompes que les corps politiques offrent à tous les pouvoirs; fêtes qui attristent, parce que les hommes qui les donnent sont les premiers souvent à flétrir les princes qui les reçoivent. Le peuple accueillit son Empereur avec enthousiasme; Sénat, Corps législatif, Conseil d'État, Conseil municipal, tous firent des harangues. Selon le vieil usage, la ville de Paris fit ses cadeaux à la souveraine bien-aimée; elle en avait fait à Marie-Antoinette, la malheureuse reine que deux municipaux conduisirent plus tard à la place Louis XV, sur l'échafaud; elle en fit aussi à Marie-

pereur, par M. Népomucène Lemercier (de l'Institut).

[1] Le général Savary raconte ainsi le voyage de Napoléon en Belgique :

« L'Empereur emmena l'Impératrice faire un voyage en Belgique; il passa par Saint-Quentin, pour venir à Cambray; il passa sous la voûte souterraine du canal qui joint l'Escaut à l'Oise, ce canal était achevé, et avant d'y introduire les eaux, l'Empereur voulut passer dans le lit encore à sec. De Cambray, il alla à Bruxelles, et de Bruxelles à Anvers; ce voyage était un véritable triomphe, on n'était fatigué que de plaisirs et d'honneurs. Le grand-duc de Wurtzbourg en faisait partie, ainsi que la reine de Naples; plusieurs ministres tant français qu'étrangers accompagnaient aussi l'Empereur. M. le comte de Metternich était du nombre. De Bruxelles à Malines, l'Empereur fit voyager l'Impératrice en bateau par le canal de navigation qui joint ces deux villes. Il s'arrêta avant d'arriver à Malines pour s'embarquer sur le Ruppel dans des chaloupes militaires, que le ministre de la marine avait fait remonter dans cette rivière jusqu'à Ruppelmonde. Nous fûmes de là par eau jusqu'à Anvers,

Louise, qui, exilée, quitta la France sans souvenirs et sans regrets. Ces cadeaux consistaient en une psyché en vermeil, de bien mauvais goût, comme tous les meubles de cette époque impériale [1] : il y avait beaucoup d'or, des ciselures épaisses et romaines, des colonnes, des chapiteaux ; puis une toilette aussi en vermeil : il fallait que tout fût bien reluisant, parce qu'il s'agissait de faire voir qu'on était bien riche. Il y eut encore à cette occasion des harangues, des vers, des démonstrations inouïes de la part des officiers de la Ville. On mêla la fille des Césars à l'hommage qu'on rendait au nouveau César ; il se dit là des choses inimaginables. M. de Fontanes seul sut garder de la dignité dans la parole humaine. Au reste, les esprits supérieurs restèrent en dehors de ces pauvres flatteries de circonstance ; ni M. de Châteaubriand, ni madame de Staël, ni Chénier, n'abaissèrent leur talent jusqu'à ces adulations mensongères ; madame de Staël préféra même l'exil à cette profanation du talent qui jette tout à la fois de l'encens ou de la boue, à raison du bonheur ou de l'infortune qui touche la tête des souverains.

Au milieu de ces distractions du mariage, l'Empereur était préoccupé d'un changement très grave dans les mi-

---

et l'Empereur n'avait pris ce moyen que pour voir lui-même les vaisseaux de l'escadre d'Anvers, que le ministre de la marine avait été obligé de faire remonter jusque dans la rivière du Ruppel pendant que les Anglais occupaient Flessingue, d'où l'on craignait qu'ils n'entreprissent de les brûler, comme ils avaient fait de ceux de Rochefort dans la même campagne. Quelques vaisseaux étaient redescendus à Anvers, et nous n'en trouvâmes plus que six dans le Ruppel. Nous arrivâmes à Anvers à travers un nuage épais de fumée de poudre à canon occasionnés par le salut que fit chaque bâtiment de guerre en voyant passer les canots qui portaient l'Empereur et sa suite. Nous restâmes huit jours à Anvers. En partant d'Anvers, l'Empereur alla voir Berg-op-Zoom, Breda, Gertruidenberg, Bois-le-Duc, ainsi que toute la fortification du cours de la Meuse. Il revint par Laken, Gand, Ostende, Lille, Calais, Boulogne, Dieppe, Le Hâvre et Rouen. Il était de retour à Saint-Cloud le 1er juin. »

(Mémoires du général Savary.)

[1] Je les ai vus lors de mon passage à Parme. C'est pitoyable comme art.

nistres de son gouvernement ; Fouché devait s'apercevoir que depuis la chute de M. de Talleyrand, sa disgrâce était inévitable ; le gouvernement devenait toujours plus personnel : Napoléon avait besoin de ministres tout à fait dans sa confiance et pénétrés de ses idées, de commis plus encore que d'hommes d'État. Les négociations de Fouché avec les divers partis hostiles pendant la campagne de 1809 ne lui étaient pas restées inconnues ; il savait ses intrigues avec Bernadotte et les mécontents ; toutes les fois que l'Empereur quittait la capitale, il était sûr que Fouché travaillait pour les éventualités d'un avenir possible, sa mort ou sa chute par la volonté du Sénat. D'ailleurs, Fouché représentait le parti révolutionnaire, et Napoléon voulant anéantir ce parti, il était tout naturel que le ministre fût frappé de disgrâce.

La cour prenait de nouvelles allures ; Fouché devait être dérouté en présence de cette impératrice, nièce de Marie-Antoinette, devant laquelle il présentait une physionomie pâle, cadavéreuse, et son front ridé sur lequel on lisait : *Régicide;* il s'était bien caparaçonné de croix, il avait déguisé son nom en s'appelant duc d'Otrante, et il se croyait et se disait à ce point duc d'Otrante, qu'en rappelant une conversation qu'il avait eue avec Robespierre, il s'écria : « Un jour, Robespierre me dit : Duc d'Otrante. » Y avait-il quelque chose de plus naïf, de plus adorable que cette distraction d'un conventionnel? L'Empereur ne voulait plus de ces dévouements incertains ; il s'était pris de haine pour les hommes et les choses de la Révolution française, il en parlait avec colère et mépris ; on aurait dit qu'il voulait effacer son passé, lui qui avait été destitué comme général terroriste. La censure ne permettait pas qu'on pût écrire un mot d'éloge sur le grand mouvement populaire qui datait de la Bastille; il fallait réciter des platitudes sur le 18 brumaire pour être pardonné; on devait croire que l'Empereur était né spontanément le successeur de Louis XV et de Louis XVI.

Dans cette position, Fouché devait être nécessairement sacrifié; c'était inévitable, un peu plus tôt, un peu plus tard; l'Empereur aurait même accompli cette pensée à son retour de la campagne de 1809, s'il n'avait craint de constater l'existence d'un complot et le danger qu'il avait couru à cette époque. Il redoutait Fouché, trop souvent son complice, et qui pouvait devenir son révélateur; le ministre avait dans ses mains des papiers importants qui compromettaient l'avenir historique de Napoléon; il pouvait les mettre à l'abri pour le perdre aux yeux de l'Europe et de la France; fort de sa puissance, il craignait néanmoins les révélations; il fallait chercher un prétexte, et l'Empereur saisit celui des négociations diplomatiques avec l'Angleterre; il demanda des explications à Fouché sur ses relations intimes avec lord Wellesley; avait-il voulu engager une négociation indépendamment de lui? Fouché se justifia autant qu'il le put; il vit bien qu'il était sacrifié. Napoléon demeura quelques jours sans parler d'affaires à Fouché; quand sa démission fut résolue, il s'y prit très adroitement afin de ne pas alarmer la masse des fonctionnaires que la Révolution avait poussés au pouvoir; il manda Fouché à Saint-Cloud, lui exposa que le ministère de la police n'avait plus assez de portée pour absorber une intelligence comme la sienne. A Paris, les partis étaient calmes, le système des prisons d'État donnait toute influence au conseil privé de l'Empereur; un tel ministère n'était pas assez élevé pour lui; il lui confiait une mission plus importante: l'Italie était travaillée par l'Autriche, les idées religieuses et le carbonarisme; gouverneur de Rome était un magnifique titre dans l'État, une dignité parallèle à celle de M. de Talleyrand; il fallait qu'il acceptât, il pourrait là lui rendre de nouveaux services. Fouché, qui prévoyait depuis longtemps sa disgrâce, rendit son portefeuille avec une satisfaction jouée[1], regrettant seulement de s'éloigner de l'Empereur, « qu'il avait servi avec tant de zèle »; il parut s'absorber absolument dans sa nouvelle dignité, et bientôt tous ses équipages et ses fourgons portèrent le titre de gouverneur général de Rome.

Cette disgrâce de Fouché fit une impression aussi profonde à Paris et en Europe que le renvoi de M. de Talleyrand; on savait l'esprit d'opposition du ministre aux actes trop violents de l'Empereur; il les modérait par ses formes; il passait pour un homme à ménagement; jamais il n'avait été partisan des mesures de rigueur; lorsque Napoléon lançait ses foudres contre un homme, Fouché avait bien soin d'en atténuer les atteintes; comme il avait tous les moyens de répression dans sa main, il calmait les craintes de tous; sorte de garantie entre les

---

[1] *Lettre de l'Empereur à Fouché.*
« M. le duc d'Otrante, les services que vous nous avez rendus dans les différentes circonstances qui se sont présentées, nous portent à vous confier le gouvernement de Rome, jusqu'à ce que nous ayons pourvu à l'exécution de l'article 8 de l'acte des constitutions du 17 février dernier. Nous avons déterminé, par un décret spécial, les pouvoirs extraordinaires dont les circonstances particulières où se trouve ce département exigent que vous soyez investi. Nous attendons que vous continuerez dans ce nouveau poste à nous donner des preuves de votre zèle pour notre service et de votre attachement à notre personne.

« Cette lettre n'étant à autre fin, nous prions Dieu, M. le duc d'Otrante, qu'il vous ait en sa sainte garde. »

Signé, Napoléon.

A Saint-Cloud, le 3 juin 1810.

Réponse de Fouché.

« Sire, j'accepte le gouvernement de Rome auquel Votre Majesté a la bonté de m'élever, pour récompense des faibles services que j'ai été assez heureux de lui rendre.

« Je ne dois cependant pas dissimuler que j'éprouve une peine très vive en m'éloignant d'elle: je perds à la fois le bonheur et les lumières que je puisais chaque jour dans ses entretiens.

« Si quelque chose peut adoucir ce regret, c'est la pensée que je donne dans cette

partis et le pouvoir, il les caressait tour-à-tour. La retraite de Fouché fut donc accueillie avec inquiétude ; et ce qui effraya au plus haut point les consciences un peu indépendantes, ce fut de voir la police confiée au général Savary. Certes, à l'examiner de près, Savary n'était pas un caractère méchant ; il y avait même dans sa personne quelque chose de franc, de bon homme, comme on le dirait dans l'expression vulgaire ; mais son dévouement à l'Empereur allait jusqu'au fanatisme [1] ; il était courtisan aveugle, à la façon des Mamelucks, un ordre était exécuté avec la rigueur militaire ; jamais d'observations ; il l'aurait exagéré au besoin pour se montrer plus fidèle à l'Empereur ; il n'était pas sans esprit, mais il avait encore plus de zèle que d'esprit ; ses intentions étaient bonnes, mais avant tout il voulait adorer l'idole ; c'était un culte respectable, parce qu'il était sincère. Le général Savary ne comprenait pas qu'on ne s'agenouillât pas devant Napoléon ; toute opposition lui paraissait un crime ; quelle crainte ne devait-on pas avoir d'un tel ministre ? la population devait le redouter ; à tort ou à raison on le

circonstance, par la résignation absolue aux volontés de Votre Majesté, la plus forte preuve d'un dévouement sans bornes à sa personne.

« Je suis avec le plus profond respect, sire, de V. M. I. et R. le très humble et très obéissant serviteur et fidèle sujet. »
Signé, le duc d'Otrante.
Paris, le 3 juin 1810.

[1] Le général Savary est d'une nature un peu singulière. A l'en croire, la police de Napoléon était douce, bénigne, tout s'y faisait pour le bien. Voici ce qu'il rapporte des instructions que lui donna Napoléon :

« En me mettant à la tête du ministère de la police, l'Empereur me dit en se promenant dans le parc de Saint-Cloud :

« Voyez tout le monde, ne maltraitez personne ; on vous croit dur et méchant, ce serait faire beau jeu à vos ennemis que de vous laisser aller à des idées de réaction ; ne renvoyez personne ; si par la suite vous avez à vous plaindre de quelqu'un, il ne faut pas le déplacer avant six mois, et encore lui trouver une place égale à celle que vous lui ôterez. Pour me bien servir, il faut bien servir l'État, ce n'est pas en faisant mon éloge lorsqu'il n'y a pas lieu, que l'on me sert ; on me nuit au contraire, et j'ai été fort mécontent de tout ce qui a été fait jusqu'à présent là-dessus. Quand vous êtes obligé d'user des voies de rigueur, il faut toujours que cela soit juste, parce qu'alors vous pouvez les mettre sur

disait l'exécuteur de tous les ordres sinistres qui avaient marqué le gouvernement de Napoléon; on faisait presque du mélodrame sur la gendarmerie d'élite, composée pourtant de vieux soldats. Si l'on avait peu de foi dans la capacité du général Savary, on éprouvait une certaine terreur en présence de sa police.

Quand on lut dans *le Moniteur* cette nomination du général Savary, ce fut un deuil; la disgrâce de Fouché excita partout un vif regret. Un moment il avait été question pour le ministère de la police de M. de Sémonville, le spirituel ambassadeur, aux façons moqueuses; il paraît même qu'il fut indiqué en conseil; mais le sabre fut préféré à l'esprit, et Fouché ne dut céder son portefeuille qu'au général Savary. C'était une bonne fortune pour lui qu'un tel successeur : avec son habileté ordinaire, le ministre disgracié n'initia le général Savary que dans les moyens vulgaires de police. Quelle intelligence politique des partis et de la société pouvait avoir le général Savary? Fouché n'aimait pas qu'on le remplaçât; il ne disait jamais son dernier mot; rarement il se laissait pénétrer; il ne se plaçait jamais, pas plus que M. de

---

le devoir de votre charge. Ne faites pas comme votre prédécesseur, qui mettait sur mon compte les rigueurs que je ne lui commandais pas, et qui s'attribuait les grâces que je lui ordonnais de faire, quoique souvent il ignorât jusqu'aux moindres détails relatifs à ceux qui en étaient les objets. Traitez bien les hommes de lettres, on les a indisposés contre moi en leur disant que je ne les aimais pas; on a eu une mauvaise intention en faisant cela; sans mes occupations je les verrais plus souvent. Ce sont des hommes utiles qu'il faut toujours distinguer, parce qu'ils font honneur à la France.

« Pour bien faire la police, il faut être sans passions; méfiez-vous des haines;

écoutez tout, et ne vous prononcez jamais sans avoir donné à la raison le temps de revenir.

« Jusqu'à présent, on m'a peint comme très méchantes un grand nombre de personnes que je ne connais pas; les unes sont exilées, les autres sont en surveillance; il faudra me faire un rapport sur tout cela; je ne crois pas à tout le mal qu'on m'en dit; mais comme on ne m'a plus parlé d'elles, elles en sont restées là et doivent souffrir. Ne vous laissez pas mener par vos bureaux; écoutez-les, mais qu'ils vous écoutent et qu'ils suivent vos directions.

« J'ai changé M. Fouché, parce qu'au fond je ne pouvais pas compter sur lui; il

Talleyrand, en dehors du mouvement politique; il était de ces hommes qu'on ne pouvait réduire à la nullité; il faisait de la politique dans le pouvoir ou en dehors du pouvoir. Napoléon, inquiet des pièces que Fouché pouvait avoir en sa possession comme garantie de ses actes, les avait fait demander avec instance par Berthier, Dubois et Réal; Fouché, qui les avait dérobées à toute poursuite, déclara que ces correspondances étaient trop graves pour être conservées, et que chaque lettre de l'Empereur qu'il avait reçue, ministre de la police, était immédiatement brûlée.

Cette réponse évasive fut portée à l'Empereur, qui entra dans une colère indicible : quoi! Fouché gardait dans ses mains les ordres, les correspondances intimes, de manière à le perdre dans l'opinion en France et en Europe? Il vit bien qu'il avait affaire à un homme plus rusé que lui. Que voulait faire Fouché de ces correspondances? Qui sait? les donner à l'Angleterre, les vendre à l'étranger? Les salons de Saint-Cloud retentirent des longs éclats de la voix brusque, impatiente, de l'Empereur; il ne fut plus question pour Fouché du gouvernement de Rome [1]; on

---

se défendait contre moi lorsque je ne lui commandais rien, et se faisait une considération à mes dépens. Il cherchait toujours à me deviner, pour ensuite paraître me mener, et comme j'étais devenu réservé avec lui, il était dupe de quelques intrigants et s'égarait toujours; vous verrez que c'est comme cela qu'il aura entrepris de faire la paix avec l'Angleterre; je vous écrirai à ce sujet, je veux savoir comment cette idée-là lui est venue. »

(Notes du général Savary.)

[1] Les Mémoires attribués à Fouché donnent de curieux renseignements sur cette lutte entre lui et Napoléon. Fouché parle de la visite qui lui fut faite par les envoyés de Napoléon, afin d'avoir les papiers secrets :

« Berthier prenant la parole me dit d'un air contraint qu'il venait par ordre de l'Empereur me demander sa correspondance; qu'il l'exigeait impérieusement, et que, dans le cas d'un refus, il était enjoint au préfet de police Dubois, présent, de m'arrêter et de mettre les scellés sur mes papiers. Réal, prenant le ton persuasif, et me parlant avec plus d'onction, comme à un ancien ami, me pressa presque les larmes aux yeux de déférer aux volontés de l'Empereur. « Moi, lui dis-je, sans aucun trouble, moi, résister aux ordres de l'Empereur? y songez-vous? Moi qui ai toujours servi l'Empereur avec tant de zèle, quoiqu'il m'ait souvent blessé par d'injustes méfiances, alors même que je le servais le mieux! Venez dans mon cabinet; venez

le condamna implacablement à l'exil et à la disgrâce. Il fallait l'entendre lui-même raconter les malheurs et la fermeté de cette époque de sa vie, sa résistance à cet homme devant lequel l'Europe entière s'agenouillait. L'Empereur le menaçait d'un procès public de haute trahison, et lui Fouché, toujours conventionnel, répondait à toutes les menaces : « que depuis vingt ans il s'était accoutumé à dormir la tête sur l'échafaud. »

Ainsi, à cette époque, les deux hommes capables du gouvernement impérial, M. de Talleyrand et Fouché, furent jetés en dehors des affaires. Il y a des intelligences en ce monde qu'un gouvernement ne peut pas annuler; il doit les avoir pour ou contre; elles travaillent contre lui lorsqu'elles ne sont pas pour lui; il faut savoir en prendre son parti. La disgrâce de Fouché fit un mauvais effet auprès de tous les fonctionnaires dont les antécédents se liaient à la révolution : Réal, Berlier, Treilhard, Merlin, tous durent en ressentir le contre-coup; la révolution était attaquée dans ses hommes, dans ses idées; on épurait peu à peu les corps politiques de tout ce qui rappelait les époques de grande démocratie; il eût

partout, messieurs, je vais vous remettre toutes mes clefs ; je vais vous livrer moi-même tous mes papiers. Il est heureux pour moi que l'Empereur me mette à une épreuve inattendue, et dont il est impossible que je ne sorte pas avec avantage. L'examen rigoureux de tous mes papiers et de ma correspondance mettra l'Empereur à portée de se convaincre de l'injustice des soupçons que la malveillance de mes ennemis a pu seule lui inspirer contre le plus dévoué de ses serviteurs et le plus fidèle de ses ministres. » Le calme et a fermeté que je mis à débiter cette courte harangue, ayant fait de l'effet, je continuai en ces termes : « Quant à la correspondance privée de l'Empereur avec moi pendant l'exercice de mes fonctions, comme elle était de nature à rester à jamais secrète, je l'ai brûlée en partie en résignant mon portefeuille, ne voulant pas exposer des papiers d'une telle importance aux chances d'une investigation indiscrète. Du reste, messieurs, à cela près, vous trouverez encore quelques-uns des papiers que réclame l'Empereur; ils sont, je crois, dans deux cartons fermés et étiquetés ; il vous sera facile de les reconnaître, et de ne pas les confondre avec mes papiers personnels, que je livre avec la même confiance à votre examen scrutateur. Encore une fois, je ne crains rien et n'ai rien à craindre d'une pareille épreuve. » Les commissaires se confondirent en pro-

été difficile de ne pas sentir la tendance monarchique d'un pouvoir qui sacrifiait un à un les hommes les plus éclairés et les plus fermes des jours de la Convention.

Et qui pouvait encore reconnaître la révolution, ses principes, ses mâles souvenirs, au milieu de ces pompes et de ces fêtes qui rappelaient les mœurs du Versailles de Louis XIV? La cour ne venait même plus à Paris; elle passait son temps à Trianon, que Marie-Louise aimait beaucoup, ou à Fontainebleau dans les grandes chasses. On ne venait aux Tuileries, comme les anciens rois, que pour voir la bourgeoisie; comprenez-vous bien cela? Il y avait déjà une ligne de démarcation, les femmes de cour et les bourgeoises! Comme ces distinctions allaient bien! Combien ces dames à grande naissance, madame Maret, madame Régnier, madame Crétet, devaient dédaigner les bourgeoises! On vint pourtant à Paris; à l'Hôtel-de-Ville, l'Empereur et l'Impératrice furent reçus avec la pompe des anciens souverains ; Napoléon n'y parut point avec ce vieil uniforme d'Austerlitz qui donnait à sa personne un si noble caractère; il y vint en habit

---

testations et en excuses. Ils en vinrent à la visite des papiers, ou plutôt je la fis moi-même en présence de Dubois. Touchée vraisemblablement de ma *candeur*, la commission impériale se contenta de quelques papiers insignifiants que je voulus bien lui remettre; enfin, après les politesses d'usage, Berthier, Réal et Dubois remontèrent en voiture, et reprirent la route de Paris.

« Le lendemain à neuf heures du matin, toute réflexion faite, je cours à Saint-Cloud; là, je me présente au grand-maréchal du palais : « Me voilà, dis-je à Duroc; j'ai le plus grand intérêt de voir l'Empereur sans retard, et de lui prouver que je suis loin de mériter ses amères défiances et ses injustes soupçons. Dites-lui, je vous prie, que j'attends dans votre cabinet qu'il daigne m'accorder quelques minutes d'audience. » J'y vais, répond Duroc; je suis fort aise que *vous mettiez de l'eau dans votre vin.* » Telles furent ses propres paroles, elles cadraient avec l'idée que je désirais lui donner de ma démarche. Duroc de retour me prend la main, me conduit, et me laisse dans le cabinet de l'Empereur. A la vue, au maintien de Napoléon, je devine sa pensée. Lui, sans me laisser le temps de proférer une parole, me caresse, me flatte, et va jusqu'à me témoigner une sorte de repentir de ses emportements à mon égard; puis, avec un accent qui semblait dire qu'il m'offrait de lui-même un

à la française, et, comme on le disait, costumé en roi ; sa figure blême, que relevait son beau front, était décorée d'un chapeau à la Henri IV, chargé de plumes, il le tenait sur sa tête pour montrer qu'il était l'Empereur, tandis que les rois étaient tous découverts à sa suite. Napoléon était considérablement vieilli; ses épaules larges, épaisses, s'étaient élevées, son ventre était grossi, ses jambes courtes et ramassées ôtaient à sa démarche la dignité et l'élégance; il disait un mot çà et là; il voulait sourire, mais l'on apercevait que ce n'était plus chez lui habitude; son teint plombé annonçait cet abcès au foie qui le conduisit à la tombe; ses yeux se ressentaient de son origine corse, ils avaient quelque chose de pénétrant et de sauvage comme ceux des pâtres de Corte; on voyait qu'il n'était à l'aise qu'avec ses soldats et sur un champ de bataille. L'Empereur avait daigné, comme disaient les courtisans, venir visiter sa bourgeoisie; il parlait donc presque à tous les commerçants que M. Frochot, le préfet de la Seine, lui présentait avec solennité; il leur fit des discours contre le sucre et le café et les manufactures

gage de réconciliation, il finit par me demander, par exiger sa correspondance. « Sire, lui dis-je d'un ton ferme, je l'ai brûlée. — Cela n'est pas vrai ; je la veux, répond-il avec contraction et colère.—Elle est en cendres.—Retirez-vous (mots prononcés avec un mouvement de tête et un regard foudroyant).—Mais, sire...—Sortez, vous dis-je! (paroles accentuées de manière à me dissuader de rester). Je tenais tout prêt à la main un mémoire court, mais fort de choses, et en sortant je le déposai sur une table, mouvement que j'accompagnai d'un salut respectueux. L'Empereur, tout bouillant de colère, saisit le papier et le déchire.

« Duroc, que j'allai revoir aussitôt, n'apercevant en moi ni trouble ni émotion, me croit rentré en grâce. « Vous l'avez échappée belle, me dit-il; j'ai détourné l'Empereur de vous faire arrêter.—Vous lui avez épargné une grande folie, un acte pour le moins impolitique et qui eût servi de texte à la malignité. L'Empereur eût par là jeté l'alarme parmi les hommes les plus dévoués à son gouvernement. » Je vis à l'air de Duroc que telle était aussi son opinion, et lui prenant la main je lui dis : « Ne vous rebutez pas, Duroc, l'Empereur a besoin de vos sages conseils. »

« Je sortis de Saint-Cloud, un peu rassuré par cette demi-confidence du grand-maréchal, dont j'étais redevable à une méprise, et je rentrai tout réfléchissant à mon hôtel.

« J'allais repartir pour Ferrières après

anglaises. Chez l'Empereur, l'idée du système continental était devenue une monomanie; il en parlait aux femmes, même dans un bal; voyait-il une robe de dentelle, de linon, de mousseline, qui avait un soupçon de manufacture anglaise, il lançait des paroles brusques à toutes ces pauvres créatures, plus pâles que la mort devant lui; il aurait fait exécuter le décret de Berlin au milieu d'un bal. Ces bals de l'Hôtel-de-Ville étaient de grandes caricatures; imaginez-vous toute la bourgeoisie de Paris en habit à la française, culotte courte, manchettes, jabot; les maréchaux, les généraux également pailletés, et tout cela bien porté par d'honnêtes commerçants, habitués à la vie usuelle, au trafic et au négoce. Les femmes avaient ce costume disgracieux de l'Empire, la taille haute, le sein au menton, avec de grandes toques de velours, de monstrueux turbans; les jeunes avaient des robes à guimpes, des coiffures à l'épi, des peignes hauts de six pouces à dents d'or, avec des perles ou des coraux, sans oublier les tuniques, les barbes, les ceintures, les boucles d'or, les chaînes; et cette mascarade exécutait, comme Trenis, des danses à caractères, des ballets figurés, des charades, des proverbes, que sais-je encore? sorte de car-

---

avoir vaqué à quelques affaires urgentes, lorsqu'on m'annonça le prince de Neufchâtel. « L'Empereur est furieux, me dit-il; jamais je ne l'ai vu si emporté; il s'est mis dans la tête que vous nous avez joués; que vous avez poussé la hardiesse jusqu'à lui soutenir en face que vous avez brûlé ses lettres, et cela pour vous dispenser de les rendre; il prétend que c'est un crime d'État punissable de vous obstiner à les garder.— Ce soupçon est encore le plus injurieux de tous, dis-je à Berthier. La correspondance de l'Empereur serait au contraire ma seule garantie, et, si je l'avais, je ne la livrerais pas. » Berthier me conjure avec instance de céder, et sur mon silence il finit par des menaces au nom de l'Empereur. « Allez, lui dis-je ; rapportez-lui que je suis habitué depuis vingt-cinq ans à dormir la tête sur l'échafaud, que je connais les effets de sa puissance, mais que je ne la redoute pas : dites-lui que s'il veut faire de moi un Strafford, il en est le maître. » Nous nous séparâmes; moi plus que jamais résolu de tenir ferme, et de garder soigneusement les preuves irrécusables que tout ce qui s'était fait de violent et d'inique dans l'exercice de mes fonctions ministérielles m'avait été impérieusement prescrit par les ordres émanés du cabinet, et revêtus du seing de l'Empereur. »

naval de la puissance où les rois étaient à peine comptés.

Au milieu de la joie de ces bals commandés par l'Empereur à sa bonne ville, il y eut une fête funèbre : à côté de Babylone aux festins enivrants, où les femmes échevelées songeaient aux amours et aux plaisirs du monde, il y eut aussi Ninive en cendres. Qui de cette génération n'a gardé le souvenir du bal du prince de Schwartzenberg, éclairé par la sombre lueur d'un incendie? C'était pour rendre les fêtes de la ville de Paris à son archiduchesse que l'ambassadeur d'Autriche avait annoncé un de ces bals à féerie; Napoléon l'honorerait de sa présence, et Marie-Louise y devait revoir le souvenir de Schœnbrünn dans la langue paternelle; c'était un bel honneur, car l'Empereur n'avait paru qu'à l'Hôtel-de-Ville, ou à la fête patronale que Pauline avait donnée à son frère dans sa résidence de Neuilly: une bergerie sentimentale, pour Pauline, c'était piquant; tant il y a que l'Empereur avait paru quelques instants sur la verdure, pour entendre les pipeaux légers, les bergers, la déesse protectrice et les fadeurs de la poésie du temps. L'histoire des poëtes est une si merveilleuse chose! que n'ont-ils pas chanté dans leur vie?

Chez le prince de Schwartzenberg, la haute et grande aristocratie de l'Europe devait se réunir et prendre sa revanche des bals bourgeois qu'elle avait subis; l'ambassadeur d'Autriche avait richement orné les somptueux appartements de son hôtel; ils lui parurent insuffisants pour cette foule qui devait briller dans les vastes salles du bal. Tout le jardin fut donc consacré à cette belle fête; des constructions en bois furent ordonnées; on les para de guirlandes, de mousseline, de tentures; des milliers de lustres avec des bougies devaient éclairer les fastueuses toilettes, et se refléter dans les diamants, rivières scintillantes dans une mer de feu. Il y avait foule, on circulait à peine; les plaques des grands ordres reluisaient sur tous les habits; les danses étaient animées; les quadrilles se formaient au son d'une musique allemande et des airs choisis au Prater de Vienne, lorsque tout à coup un mot affreux se fait entendre : *Au feu!*

Voyez l'effet d'un tel cri d'alarme au milieu de cet essaim de frêles femmes parées pour le bal! L'incendie était déjà violent; des bougies avaient enflammé les gazes, les mousselines, et cette salle de bois peint s'alluma comme les pins résineux de Sicile. Ce fut lugubre à voir, quelque chose qui ressemblait au festin de Balthazar : des femmes riches de parures, échevelées, groupées les unes sur les autres et se précipitant vers les portes [1]; partout les cris déchirants des mères qui demandaient leurs filles, de pauvres petits enfants qui étouffaient au milieu de décombres; la belle princesse de Schwartzenberg trouvée morte sous les cendres, victime du dévouement pour sa fille; le prince Kourakin foulé et brûlé sur le parquet, ne se sauvant qu'à l'aide de son habit de drap d'or raide comme le bois! Au milieu de ce désordre l'Empereur craignit un moment que ce ne fût une conspiration : « qui sait? le

---

[1] Voici comment un témoin oculaire a peint cette scène douloureuse :

« La fête commença par des danses exécutées dans le jardin, au milieu d'une superbe illumination, par les premiers artistes de l'Opéra. On se rendit ensuite dans la salle de bal, où l'on dansait depuis une heure environ, lorsqu'un courant d'air, agitant un des rideaux placés aux croisées de la galerie en bois, la poussa contre les bougies, qui malheureusement étaient trop rapprochées; les rideaux s'enflammèrent. Le comte Dumanoir, chambellan de l'Empereur, et M. de Tropbriant essayèrent en vain d'éteindre le feu, qui gagna promptement les plafonds de papiers vernis. En moins de trois minutes, l'incendie comme une traînée d'artifice gagna les plafonds de la salle, et toutes les légères décorations dont elle était ornée.

« Le prince de Schwartzenberg oublia toute son inquiétude personnelle, et avec un douloureux courage ne s'occupa que du salut de la famille impériale, qui se trouva promptement dégagée par une porte qui avait été ménagée derrière l'estrade élevée pour elle, au centre du côté droit de la salle, et en face d'une grande porte qui ouvrait sur le jardin. Une fois parvenu dans la cour, Napoléon fit avancer les voi-

poignard voulait peut-être l'atteindre comme dans le bal de Gustave! » Il y avait là quelque chose d'inexplicable; il se retira pour reconduire l'Impératrice, puis il revint, accompagné du ministre de la police Savary et d'une forte garde qui le protégeait. L'incendie avait fait des progrès affreux; la salle naguère si parée n'était plus qu'un grand décombre; le feu fut arrêté tardivement. Quels sinistres augures le peuple ne tira pas de cet événement? Quoi! l'Empereur épousait une archiduchesse, il donnait sa main à une Autrichienne, comme le malheureux Louis XVI, et ces fêtes étaient ensanglantées, ainsi que le rappelait la mémoire des vieillards, comme aux réjouissances d'un autre mariage! Quand les esprits éprouvent une inquiétude, tout devient présage; il n'y a que les hommes et les sociétés à la veille de grands malheurs qui se préoccupent de pronostics; quand on est heureux par le cœur et par la fortune, on ne consulte pas les destins; lorsque le sort vous sourit, on n'a pas le temps de songer à la fatalité.

Dans le sinistre événement du bal chez le prince de Schwartzenberg, il y avait eu évidemment négligence du préfet de police; aucune pompe d'incendie n'était prête pour le service; l'eau manquait: pendant une demi-heure tures, et partit avec l'Impératrice. Arrivé à la place Louis XV, il changea de voiture, fit continuer l'Impératrice jusqu'à Saint-Cloud, et revint au palais de l'ambassadeur afin de contribuer, par sa présence et par ses ordres, à l'efficacité des secours.

« Cette frêle et misérable construction était déjà la proie des flammes, et fut consumée avant que les pompiers pussent en arrêter les progrès Placé par hasard auprès de la porte du jardin, il me fut facile de sortir un des premiers avec les dames que j'avais accompagnées. A peine étais-je dans le jardin que j'entends tomber avec fracas le grand lustre; des cris de douleur et d'effroi se mêlèrent à cette scène d'horreur. La foule qui se pressait et qui s'étouffait elle-même par ses efforts, rendait la sortie encore plus difficile; le parquet de cette salle ne put y résister; il s'entr'ouvrit, et des victimes sans nombre y furent écrasées et dévorées par le feu qui les enveloppait de toutes parts; et dans le jardin que de cris... que de larmes...! La mère, avec des sanglots aigus, appelait sa fille! les femmes leurs maris! les maris leurs femmes! les filles leur mère! l'ami son ami! des plaintes déchi-

aucune répression ne fut possible, il y avait eu des vols et des désordres inouïs ; un cri général s'était fait entendre contre le préfet de police, et M. Dubois avait déployé une incapacité profonde et une imprévoyance inexplicable. L'Empereur songeait depuis longtemps à destituer un fonctionnaire en dehors des mœurs et des formes nouvelles du gouvernement impérial : M. Dubois était un homme rude, sans politesse, sans aucune appréciation politique, un vieux procureur au Châtelet, formaliste, travailleur sans intelligence, un de ces hommes que la révolution avait poussés dans ses caprices; son administration n'était pas affranchie de désordre et de certains actes de détail dont l'histoire doit dédaigner de parler ; le seul titre qu'il eût à la confiance de l'Empereur, c'est qu'ennemi de Fouché, il le surveillait par instinct et par haine.

Depuis son mariage avec Marie-Louise et les tendances de sa cour, Napoléon avait d'autres idées sur la préfecture de Paris ; il voulait substituer à la brutalité d'un agent de police la surveillance stable, éclairée, d'un magistrat; plein du souvenir des temps de M. Lenoir, il prit pour prétexte l'imprévoyance de M. Dubois dans l'incendie du prince de Schwartzenberg pour lui donner sa retraite au Conseil d'État. Sa destitution était résolue à l'avénement

rantes étaient les seules réponses à tant d'angoisses et de douleurs. En peu de minutes les flammes avaient dévoré ce lieu, qui naguère, semblable à un palais enchanté, renfermait tout ce que la France avait de grâces et de beauté.... Tout à coup au milieu des débris enflammés, et lorsque tout était silencieux comme la mort, on vit s'élancer une femme, jeune, belle, d'une taille élégante, couverte de diamants, agitée, poussant des cris douloureux, des cris de mère. Cette désolante apparition fut rapide comme l'éclair qui fend le nuage obscur...Elle n'était déjà plus cette belle princesse de Schwartzenberg.... et sa jeune famille était dans le jardin à l'abri de tout danger !!!

« La présence de Napoléon, ses ordres, les secours qu'il fit donner à ceux qui survivaient à de graves blessures, contribuèrent beaucoup à sauver quelques victimes. Le prince Kourakin, vivement pressé dans la foule, accablé de lambeaux enflammés qui tombaient sur lui, dut la vie à son bel habit d'étoffe d'or sur lequel les brûlots glissèrent. Il n'en fut pas moins grièvement blessé, et condamné pendant trois mois à des souffrances cruelles. »

du général Savary au ministère de la police. Il s'agissait de le remplacer, et l'Empereur se fit donner la liste des conseillers d'État et des maîtres de requêtes ; il la parcourut, prit des notes très détaillées sur chacun d'eux ; puis il désigna du doigt le nom de M. Pasquier, alors attaché comme procureur-général aux sceaux et aux titres. Les notes de l'archi-chancelier Cambacérès et de M. Maret avaient été très favorables à M. Pasquier, et l'Empereur résolut de l'appeler au poste important dont il privait M. Dubois.

La cour était alors à Fontainebleau ; les fonctionnaires publics y devaient leurs hommages, et M. Pasquier s'y rendit, selon l'habitude, une fois dans la saison : il était venu ce jour-là dans le beau palais sous la forêt sombre et magnifique, lorsqu'en sortant de l'audience, l'archichancelier lui dit qu'il désirait lui parler. Dans une conférence de quelques minutes, Cambacérès annonça très positivement à M. Pasquier que l'Empereur avait jeté les yeux sur lui pour la préfecture de police [1]. Les premiers mots de M. Pasquier furent : « que les habitudes de sa vie le rendaient tout à fait insuffisant pour occuper de telles fonctions ; il ne comprenait rien à la police, et c'était une étude qui n'allait pas à son caractère, à ses antécédents. » Magistrat par sa famille, par ses principes, par l'élévation de son esprit, M. Pasquier, comme M. Molé, devait briller dans une grande position de magistrature ou de politique, et la place de préfet de police exigeait trop de détails, une surveillance trop étroite ; l'éducation de M. Pasquier, son intelligence aux larges proportions, ne se prêtaient pas à ces petites choses qui composent la surveillance attentive d'un préfet. Cambacérès

---

[1] En histoire, j'aime les renseignements graves, et ceux-ci viennent d'une source élevée : il était nécessaire de rétablir la vérité.

lui fit observer cependant qu'il ne lui conseillait pas de refuser une position qui pouvait le mettre en évidence; il avait trop de méfiance de lui-même : l'Empereur n'aimait pas ces sortes de récusations devant une charge à laquelle il croyait propre l'homme qu'il désignait. « Au reste, ajouta-t-il, l'Empereur va vous mander, il veut vous annoncer votre nomination; ne refusez pas, faites preuve de bonne volonté : si vous ne convenez pas à la place, l'Empereur le verra bien, et il vous tiendra toujours compte de votre dévouement. »

L'audience souveraine eut lieu en effet, car l'Empereur avait mandé M. Pasquier; elle dura trois quarts d'heure, et l'Empereur y employa ce magnifique langage de politique et d'affaires dont seul il avait le secret; M. Pasquier présenta ses observations respectueuses sur son insuffisance pour surveiller les complots et les partis; l'Empereur lui dit : « M. Pasquier, vous vous faites des idées peu exactes de ce que j'entends aujourd'hui par un préfet de police à Paris; il ne s'agit plus pour vous de la police politique; au temps de M. Fouché j'avais besoin d'un contrôle, et souvent M. Dubois m'en servait plus ou moins adroitement, sa haine contre le ministre lui tenait lieu de talent; maintenant j'ai un ministre de la police à moi; le général Savary m'est dévoué, il surveille et agit; je n'ai plus besoin d'une préfecture politique; ce que je veux créer, c'est une magistrature à la manière de l'ancienne prévôté de Paris au temps de M. de Sartines, un surintendant des halles, des marchés; il me faut un préfet de la Seine, prévôt des marchands; il me faut un préfet de police comme M. Lenoir, une magistrature, l'entendez-vous bien, une magistrature? Vous voyez que cela peut vous convenir; vous êtes magistrat : il vous faudra de bons règlements pour les subsistances, pour l'ordre, pour les corporations, et c'est ce que je vous demande. » Puis vint dans la bouche de l'Empereur le tableau tracé d'une manière admirable de tous les devoirs des deux préfectures de la Seine et de la police; il sépara toutes les attributions, indiqua les devoirs, répétant à M. Pasquier: « Vous voyez bien que cela va parfaitement à vos goûts, à vos habitudes. C'est du parlement qu'il me faut. » Toutes les paroles qu'on a depuis prêtées à Napoléon ou à M. Pasquier sur les Bourbons, à la suite de cette conférence intime, sont absurdes [1]; l'Empereur plaçait les questions plus haut que sur le terrain vulgaire des partis; il n'était plus alors souvenir des Bourbons, pourquoi aurait-on exigé de M. Pasquier des engagements contre une dynastie malheureuse, étrangère à la génération nouvelle? L'Empereur ne l'aurait pas plus demandé que le nouveau préfet n'y aurait souscrit; le seul serment qu'il prêta fut de remplir ses devoirs, et les archives de la préfecture de police, si riches en documents, constatent les veilles laborieuses de M. Pasquier sur les questions de subsistances, de police des marchés, et sur les règlements d'utilité publique.

A cette époque, Napoléon renonce un peu au caractère soldatesque de son gouvernement; le mariage l'a rendu homme civil; il gouverne et administre avec cette pensée; ses journées laborieuses se passent à régler les devoirs de ses départements ministériels; deux fois par semaine, il préside le conseil des ministres ou les conseils privés sur des matières spéciales, sur les bâtiments, les subsistances; pour les finances, pour l'intérieur, il s'entoure des hommes spéciaux. Le Conseil d'É-

---

[1] Cette conversation est recueillie mot à mot. Il ne fut dit rien de plus ni rien de moins, les autres paroles sont des inventions puériles des partis.

tat s'est singulièrement agrandi; à mesure qu'un département est réuni à l'Empire, Napoléon lui emprunte tout ce qu'il peut avoir d'hommes importants et forts, à la Hollande, à l'Italie, à l'Allemagne; il destine ce conseil à toutes les nécessités de son gouvernement; chaque section a sa spécialité; elle contrôle même les ministères; une sorte de rivalité s'établit entre le Conseil d'État et les bureaux ministériels. Napoléon la favorise, parce qu'il sait que ces rivalités se passent en famille, et qu'elles ne vont pas au-delà. Les maîtres des requêtes sont une institution préparatoire, une sorte de degré intermédiaire pour s'élever jusqu'à la dignité du Conseil d'État; rapporteurs habituels des sections, ils en font le travail et préparent les délibérations administratives; les auditeurs sont tellement multipliés qu'on en compte lors du mariage de l'Empereur plus de 120; presque tous ont des missions spéciales, les uns dans les préfectures, les autres dans la diplomatie; ils administrent les départements réunis.

Le Conseil d'État est ainsi destiné à remplacer tôt ou tard le Corps législatif [1], ressort inutile et importun. Quand l'Empereur le préside, une silencieuse attention règne dans cette vaste enceinte; il entre, salue avec l'air grave, méditatif; il s'assied dans un fauteuil, écoute avec plus ou moins d'attention; lorsque la question lui plaît, il s'y arrête; il provoque le débat, le ranime par l'attention qu'il y prête; il semble dire à chacun : « Donnez ici votre pensée; les opinions sont libres, parlez; » souvent lui-même se fait entendre avec sa parole vive, colorée, pittoresque; il est admirable surtout lorsqu'il

---

[1] Le projet était, en proclamant l'Empire d'Occident, de ne plus admettre de corps politique que le Sénat. La destinée du Corps législatif eût été la même que celle du Tribunal, il aurait été supprimé par un sénatus-consulte. On n'eût plus reconnu que l'EMPIRE D'OCCIDENT, l'EMPEREUR, le SÉNAT, LE CONSEIL D'ÉTAT.

parle des affaires administratives; là il est supérieur : il faut l'entendre discuter les questions des mines, de la propriété du sol, de l'expropriation pour cause d'utilité publique; Napoléon n'a pas de pareil. Il ne devient homme, avec ses passions et ses faiblesses, que lorsque les discussions se rattachent à ses idées politiques; sophiste brillant, lorsqu'il parle des douanes, du système continental, du commerce, de l'industrie, il ne veut céder sur aucune de ses convictions; il défend le sucre de raisin; il proscrit la cochenille, l'indigo, toutes les productions que la chimie ne peut remplacer qu'imparfaitement; il trouve sublime ce système qui blesse les besoins du peuple; il déclare qu'il faut se raidir contre les nécessités du commerce, de l'industrie; sur ce point il ne compose jamais; aux moindres observations il s'irrite, il brise les empêchements; il ne discute pas, il dispute; il jette des mots durs, impitoyables, méprisants : « les uns sont vendus à l'Angleterre, les autres sont des niais, des idéologues, des agioteurs; la balance des transactions commerciales leur est inconnue. »

Napoléon paraît surtout préoccupé des discussions religieuses qu'ont soulevées les dernières tempêtes de Rome. Si les philosophes du xviiie siècle traitent les affaires du catholicisme avec une sorte de dédain, il n'en est pas ainsi de l'Empereur; il a vu qu'en définitive la souveraineté de la conscience est immense, et que s'il n'avait pas la religion pour appui, son sceptre serait fragile; une réforme lui semble un danger et une impossibilité; il sait la puissance du catholicisme, il veut le dominer sans le blesser; les affaires avec le pape l'inquiètent; extérieurement il peut persécuter Rome, faire des décrets impériaux pour la réunion, déclamer contre la papauté; mais ses rapports avec le clergé le tourmentent : cruellement blessé de l'absence des cardinaux à son mariage, il a vu le mauvais effet de cette protestation de l'esprit religieux ; il aurait voulu qu'à son contrat de mariage des robes de pourpre s'unissent aux manteaux des rois ; les princes peuvent pactiser avec les implacables nécessités de la politique, l'Église, jamais ; elle suit son droit et rien au-delà. Marie-Louise est catholique fervente, et les cardinaux l'ont traitée comme une concubine ! Rome l'a considérée comme une victime de la politique. Aux yeux de Pie VII, les liens du mariage avec Joséphine ne sont point brisés, l'archiduchesse vit avec un bigame. Napoléon sait qu'il existe une bulle d'excommunication ; si cette bulle est connue, quel effet va-t-elle produire sur le peuple ? Sa police est vigilante, et néanmoins la bulle circule ; le clergé se tient bien, nul ne se dénonce dans cette vaste corporation.

Une des affaires administratives qui firent alors la plus grande impression dans le mouvement de l'Empire, ce fut la disgrâce profonde, implacable, de M. Portalis, directeur-général de la librairie. Par quelle cause l'Empereur fût-il entraîné à frapper un homme honorable et religieux, si distingué dans les services publics ? car M. Portalis avait débuté dans la carrière diplomatique par le poste de secrétaire d'ambassade à Londres, puis il avait été envoyé comme ministre en Allemagne et nommé secrétaire-général des cultes sous son père ; l'Empereur l'avait désigné pour la direction générale de l'imprimerie et de la librairie ; il apporta des manières douces, conciliantes dans des rapports si délicats avec la littérature et la librairie [1]. A cette époque, les affaires ecclésiastiques occupaient les esprits ; l'Empereur était furieux de plusieurs

---

[1] On a bâti mille histoires sur cette disgrâce. Je donne ici les faits textuels et d'une source authentique.

contrariétés qu'éprouvaient ses desseins par rapport à Rome et au pape, alors captif à Savone; un bref du pape, adressé à M. d'Osmond, nommé tout récemment à l'archevêché de Florence, s'exprimait encore avec netteté sur la nullité du mariage de l'Empereur avec Marie-Louise, contracté au mépris de l'union de Joséphine, et les expressions de ce bref étaient telles que l'Empereur put dire en plein Conseil d'État : « Il résulterait donc de là que mes enfants seraient bâtards [1]. »

En ce moment d'irritation, une question religieuse du plus haut intérêt se présenta : la vacance de l'archevêché de Paris, à la mort du cardinal du Belloy. L'Empereur avait désigné pour cet archevêché le cardinal Fesch, qui refusa d'accepter parce qu'il n'avait pas reçu l'institution canonique du pape ; le cardinal Fesch, profondément pénétré des vertus de son ministère, osa résister aux volontés mêmes de l'Empereur, à ces foudres qui sortaient de sa parole. Après ce refus, Napoléon désigna pour l'archevêché de Paris le cardinal Maury, mauvais prélat, homme d'esprit, devenu courtisan à ce point de tout sacrifier à un sourire de la puissance. Il accepta l'archevêché de Paris sans l'institution du pape, et on assembla le chapitre pour délibérer sur la question de savoir « si l'administration du diocèse lui serait confiée. » La majorité se prononçant affirmativement, il s'était élevé néanmoins au sein du chapitre une minorité favorable aux prérogatives de Rome, et cette minorité était conduite par M. d'Astros, premier vicaire-général. M. d'Astros, cousin de M. Portalis, esprit doux et profondément convaincu de ses opinions religieuses, n'aurait fait néanmoins aucune concession de principes. Ce n'était pas qu'il n'eût donné des gages

---

[1] Ainsi plus l'Empereur soumettait les corps, plus les consciences résistaient.

au gouvernement de l'Empereur : secrétaire de M. Portalis le père, il avait travaillé au Concordat, et on lui devait même la rédaction du catéchisme alors en usage pour l'Empire. Mais M. d'Astros n'aurait jamais rompu avec le pape ; prêtre à la figure pâle, à la physionomie solennelle, il aurait souffert plutôt le martyre que de faire une concession contre sa conscience : aussi n'avait il pas cessé d'avoir des rapports avec Pie VII, captif ; sa correspondance se faisait par des hommes pieux, des âmes ardentes qui sacrifiaient tout à leurs principes religieux: on citait, parmi les agents les plus actifs du clergé, MM. Alexis de Noailles et Franchet, qui communiquaient aux fidèles les brefs et les bulles du pape ; tout cela se faisait par Turin, Lyon, Dijon et Paris, sorte de télégraphe d'âme à âme, que le gouvernement ne pouvait pénétrer [1].

Il y avait eu de vives résistances à Notre-Dame au sujet du cardinal Maury. Le jour de Noël, avant que le *pallium* eût été envoyé au cardinal Maury, celui-ci avait exigé qu'on portât devant lui la croix archiépiscopale avec une sorte d'orgueil de la pourpre, et le chapitre refusa. Cette affaire avait fait du bruit, lorsque M. d'Astros reçut un bref particulier que le pape lui adressait pour louer la conduite de la minorité du chapitre [2]. C'était à bien voir un acte sans importance ; on a dit qu'il s'agissait de l'excommunication de l'Empereur : cela n'est pas ; l'excommunication était déjà vieille de date, tandis que le bref traitait des affaires relatives à l'archevêché de Paris. L'habitude de M. d'Astros était de consulter M. Portalis sur la plupart des affaires particulières ; un

---

[1] M. Alexis de Noailles fit plus de six fois le voyage d'Italie dans le but de ces communications.
[2] Bref du 8 novembre 1810.

soir, il vint à lui ; le directeur-général était entouré de monde ; M. d'Astros insista pour lui parler en particulier, et là, il lui lut, en présence de l'abbé Gérard, le bref qu'il venait de recevoir de Savone. Cette lecture inquiéta M. Portalis, mais il ne pensa pas que l'affaire eût assez d'importance pour se croire obligé de dénoncer son parent à la police du général Savary : il vint trouver M. Pasquier, préfet de police, avec lequel il avait de grandes liaisons, et lui dit de se tenir sur ses gardes : « il était arrivé différentes pièces de Savone dont il devait empêcher la circulation. » M. Portalis ne nomma personne, cela devait être, le rôle de dénonciateur ne lui convenait pas, et ses principes religieux lui faisaient complétement désapprouver la marche malheureuse qu'on avait imprimée aux négociations avec Pie VII. Tout ceci se passait dans la dernière quinzaine de décembre; quelques jours après arrivait l'époque du jour de l'An, où les grandes adresses venaient au pied du trône; le clergé de Paris s'y rendit solennellement; l'Empereur, le front couvert d'un nuage sombre, salua à peine le chapitre de Paris, il dit en termes généraux : « Je sais qu'il y a eu des intrigues dans le clergé de ce diocèse, je les surveille ; nous ne sommes plus au temps où les prêtres pouvaient effrayer les gouvernements et se mêler des affaires temporelles. » Faisant un geste à la manière italienne, il porta sa main à son épée, en ajoutant : « Ce n'est pas en vain que Dieu m'a donné ce glaive, qu'on prenne garde que je ne le tire pour faire respecter l'autorité. » Puis il lança un regard significatif sur M. d'Astros, en lui adressant quelques paroles dures et personnelles [1].

---

[1] Note communiquée.

DISGRACE DE L'ABBÉ D'ASTROS ET DE M. PORTALIS (1811). 431

Ce n'est pas tout : lorsque l'audience fut finie et que la foule des courtisans s'éparpilla dans les vestibules des Tuileries, l'Empereur manda Savary et lui dit : « Il faut m'arrêter l'abbé d'Astros avant qu'il ne sorte du palais ; emparez-vous de sa personne et visitez ses papiers. » Le général Savary, fort embarrassé du scandale qu'allait faire l'arrestation d'un prélat en robe et en soutane dans les Tuileries, consulta le cardinal Maury, qui lui répondit comme en plaisantant, avec un sourire de complaisance : « Qu'à cela ne tienne, mon cher général, je vais vous mener M. d'Astros dans ma voiture. » Et, chose inouïe à dire! un cardinal aux vêtements pontificaux fit en quelque sorte les fonctions de sbire. Voici donc M. d'Astros aux mains de la police : on le torture de toutes les manières, on visite ses papiers, il n'en a aucun ; puis enfin en morcelant son chapeau, selon les habitudes de la police, on trouve le bref du pape dans la coiffe. A ce moment, les interrogatoires redoublent ; M. Réal presse, persécute M. d'Astros : a-t-il des complices? et le prêtre déclare naïvement qu'il croyait ce bref si peu opposé à la volonté du gouvernement qu'il l'avait montré à deux personnes attachées au service de l'Empereur, M. Portalis et l'abbé Gérard [1].

Pendant ce temps, Napoléon inquiet et tourmenté, se préparait à donner un exemple. Dans le cercle du soir du 2 janvier, M. Portalis vint aux Tuileries ; l'Empereur passa devant lui le front assombri, et il ne lui dit que ces paroles : « Vous êtes parent de M. d'Astros, n'est-ce pas? — Oui, sire, répondit M. Portalis, c'est mon cousin. — Eh bien! continua l'Empereur, c'est un bien mauvais cadeau que votre père m'a donné là! — Je crois que

[1] Note communiquée.

Votre Majesté n'a pas trop à s'en plaindre, répondit M. Portalis, car le catéchisme est son ouvrage, et vous savez qu'il est entièrement rédigé dans les intérêts de la dynastie impériale. » L'Empereur ne répliqua pas, il passa; M. Portalis commençait à s'inquiéter, M. d'Astros était detenu, M. l'abbé Gérard fut arrêté; des trois personnes intéressées il n'y avait donc plus que lui qui ne fût pas encore publiquement compromis [1] : sa conviction profonde était que le bref adressé à M. d'Astros était trop peu important pour mériter d'en faire une communication à l'Empereur; ne savait-il pas les ministres des cultes et de la police chargés de cette fonction? C'était jour du Conseil d'État, l'Empereur le présidait assidûment. M. Portalis s'y présenterait-il? ou bien chercherait-il à s'abriter momentanément contre la colère de l'Empereur? S'absenter, c'était supposer sa condamnation, se déclarer coupable; mieux valait braver la foudre; après tout il fallait aller au fond de la question.

C'était le 5 janvier; aux Tuileries, tous les conseillers se réunirent en séance solennelle; M. Portalis prit sa place habituelle, et l'on commença la discussion de quelques affaires de détail en présence de l'Empereur qui promenait ses regards avec une attention altière sur la masse des conseillers d'État; M. Portalis demanda même la parole sur des questions indifférentes, afin de faire voir qu'il n'était ni affecté ni inquiet. Tout à coup l'Empereur, suspendant le débat, commence à se plaindre d'une manière générale des gens qui le trahissent : « il ne peut se fier à personne; ceux pour lesquels il a le plus fait sont ses premiers ennemis. » Puis il s'écrie d'une voix sourde : « Où est M. Portalis? »

---

[1] Je tiens tous ces détails d'une source authentique et irrécusable.

Son regard est irrité, son œil est flamboyant[1]. « Où est M. Portalis? s'écrie-t-il une seconde fois. » Et le conseiller d'État se lève. Alors l'Empereur, avec des gestes très animés, continue : « Ah! vous voilà, M. Portalis; vous que j'ai comblé de biens, vous qui aviez un père si dévoué et si remarquable, vous que si jeune j'ai placé si haut, vous me trahissez, vous propagez la bulle qui m'excommunie[2]. Je me moque de ces niaiseries-là, mais enfin est-ce vous qui deviez commettre cet acte de haute trahison? »

Qu'on s'imagine l'effet produit par cette violente scène! quel silence inquiet régnait dans le conseil d'État! M. Portalis était aimé, estimé de tous; sa jeunesse s'était passée dans l'exil auprès de son père; il avait été tour-à-tour secrétaire d'ambassade à Londres, ministre plénipotentiaire, secrétaire-général des cultes, et enfin directeur de la librairie. Rien de comparable pour les mœurs domestiques, la piété, et le caractère de probité et d'austérité noble et simple! M. Portalis, comme frappé de la foudre, balbutia quelques mots pour sa défense : « M. d'Astros était son parent, pouvait-il le dénoncer? Était-ce bien honorable de livrer un prêtre à la torture des prisons, et un prêtre de sa famille? » — « Qu'entendez-vous par la famille, M. Portalis? dit l'Empereur. Votre famille, c'est moi; vos mœurs domestiques se résument dans l'État; vos scrupules, dans le service public. Je n'ai fait violence à personne; si vos devoirs religieux étaient en opposition avec mon service, je ne vous gêne pas, vous deviez donner votre démission. M. Portalis, vous êtes un ingrat! vous m'avez trahi! Sor-

---

[1] C'était une erreur. Il ne s'agissait pas de bulle d'excommunication.
[2] Je donne textuellement la scène du conseil d'État; elle a été plusieurs fois défigurée; la source dont je la tire est également sûre et impartiale.

tez, ne reparaissez jamais en ma présence; je vous exile à 40 lieues de Paris. Allez, sortez! »

Et disant ces mots, la fureur éclatait dans tous les gestes de l'Empereur; il grinçait des dents, froissait du papier dans ses doigts : on voyait qu'il avait un autre dessein que celui de punir M. Portalis; il voulait imprimer la terreur au milieu des fonctionnaires publics; il avait besoin, en remontant leur moral, de leur faire voir qu'il veillait sur eux, et que nul ne pouvait le trahir impunément : c'était une leçon publiquement donnée. L'Empereur semblait dire : « Moi seul je crée et je détruis une existence. » En Orient un homme n'est rien la veille, le sultan le fait visir le lendemain; à son caprice il le brise encore, et le puissant redevient poussière; ainsi étaient les fonctionnaires sous Napoléon : frappés par sa colère, on les fuyait; nul n'osait les défendre, leur adresser la parole; l'amitié craignait de se montrer.

Dans sa disgrâce si rapide, si effrayante, M. Portalis ne fut défendu que par M. Molé et M. Pasquier [1], qui cherchèrent à éclairer l'Empereur sur ce caractère honorable, un peu faible par scrupules de conscience. Le délit valait-il l'affreuse peine qu'on lui imposait? La famille Portalis, si respectable dans ses mœurs domestiques, cette famille tout entière dut quitter Paris la nuit même; la pauvre femme, de noble origine allemande, était enceinte; elle avait trois enfants bien jeunes, l'aîné avait six ans; il gelait à pierre fendre, et qu'importait à la volonté de l'Empereur? M. Portalis dut se mettre en

---

[1] MM. Pasquier et Molé furent parfaits pour M. Portalis en cette circonstance. M. Molé, grand-juge en 1813, fut très empressé de faire cesser la disgrâce : M. Portalis fut nommé premier président de la cour d'Angers, mais l'Empereur ne voulut pas recevoir en personne son serment. Le mécontentement continuait.

route pour subir son exil ; il était sorti comme un fou du conseil d'État, sans chapeau, oubliant sa voiture, et traversant les quais en grand costume par le mois de janvier. La parole de l'Empereur semblait le poursuivre comme la terrible trompette du jugement dernier; il dut partir le soir même pour se retirer dans une petite terre patrimoniale de Provence; naguère au milieu des grands honneurs, maintenant il devait vivre dans la solitude, auprès du pin, de l'amandier, du cassier, sous le treillage de la vigne qui laisse pendre ses larges grappes aux portes de La Ciotat. Ainsi quand la faux de l'Empereur avait touché un homme, il n'était plus que cendre.

Cet Empereur pourtant était dans les joies : Marie-Louise était enceinte, et il pouvait l'annoncer aux corps politiques [1]. Dans sa grossesse avancée, on la voyait chaque jour se promener sur la terrasse des Tuileries, accompagnée d'un nombreux cortége marchant à pas comptés; rien ne manquait aux honneurs et à l'étiquette, pas même les longues traînées de chambellans en habit bleu sous or, sorte de carnaval où les masques abondaient;

---

[1] La grossesse de l'Impératrice fut annoncée par une lettre de Napoléon au président du Sénat.

« M. le comte Garnier, président du Sénat, la satisfaction que nous fait éprouver l'heureuse grossesse de l'Impératrice, notre très chère et bien aimée épouse, nous porte à vous écrire cette lettre, pour que vous fassiez part en notre nom au Sénat de cet événement aussi essentiel à notre bonheur qu'à l'intérêt et à la politique de notre Empire.

« La présente n'étant à autre fin, nous prions Dieu qu'il vous ait, M. le comte Garnier, président du Sénat, en sa sainte et digne garde. »

Écrit à Fontainebleau, le 12 novembre 1810. *Signé*, Napoléon.

Circulaire de Napoléon aux archevêques et aux évêques.

« Monsieur l'archevêque (ou évêque) de... C'est avec une satisfaction infinie que je puis vous annoncer l'heureuse grossesse de l'Impératrice ma très chère épouse et compagne. Cette preuve de la bénédiction que Dieu répand sur ma famille, et qui importe tant au bonheur de mes peuples, m'engage à vous faire cette lettre pour vous dire qu'il me sera très agréable que vous ordonniez des prières particulières pour la conservation de sa personne.

« Sur ce, je prie Dieu, M. l'archevêque (ou évêque) de,.. qu'il vous ait en sa sainte garde. »

En notre palais de Fontainebleau, le 11 novembre 1810. *Signé*, Napoléon.

pitié de voir un peuple faire une grande révolution pour cela! Dès que la grossesse fut déclarée, on étudia le cérémonial tel qu'il existait pour les dauphins de France; pouvait-on faire moins pour l'enfant qui allait naître de l'Empereur? Selon l'ancienne étiquette, on nomma d'avance une gouvernante des *enfants de France* [1]; on avait repris ce titre; on désigna pour cette dignité un nom illustre d'origine, un peu compromis dans les premiers temps de la révolution, madame de Montesquiou-Fesenzac : il y avait tout à la fois de la vieille noblesse et des états-généraux, une sorte de compensation de l'aristocratie par la révolution; on trouvait deux hommes en M. de Montesquiou, le marquis et le général. De grands honneurs étaient décernés au prince impérial, qui porterait le titre de roi de Rome; il aurait une maison princière, un formulaire plus monarchique, plus raffiné que celui de Versailles : que restait-il de la révolution? quel homme osait se dire le représentant du temps qui avait fini au 18 brumaire? Quel pas de la prise de la Bastille au berceau du roi de Rome! Les idées marchent vite en France, elles dévorent le passé, brisent le présent et escomptent l'avenir.

Autour de cet enfant tant espéré, l'Empereur offrit un holocauste d'autres enfants aussi. Autrefois, lorsqu'un dauphin naissait, c'étaient des grâces, des espérances pour tous; cette fois il y eut des deuils : un sénatus-consulte parut pour arracher les enfants de quatorze ans à leurs familles; la conscription militaire ne suffisait plus, on inventa la conscription maritime; de plein droit on transforma des enfants en mousses; par la conscription

---

[1] *Maison des enfants de France.* Madame de Montesquiou, gouvernante; madame de Boubers et madame la baronne de Mesgrigny, sous-gouvernantes.

NAISSANCE DU ROI DE ROME (20 MARS 1811).

navale, les jeunes hommes mêmes qui n'auraient été appelés à l'armée active qu'en 1817 durent être employés au service des flottes, ce qui appelait sur les vaisseaux de l'État les enfants de quatorze ans. Au moment où l'on jetait des fleurs sur un berceau, l'impitoyable Empereur, poursuivant ses desseins politiques, voulait livrer aux flots de l'Océan des myriades de petits enfants qui devaient s'habituer aux fatigues de la mer et à la discipline dévorante des vaisseaux de l'État[1]. La haine contre l'Angleterre dégénérait en folie; nul repos pour l'État, nulle paix pour le toît domestique; pleurez, pauvres mères, qu'importe? les cent un coups de canon retentissent, et un roi de Rome est né pour le monde!

Ce fut le 20 mars 1811 que naquit Napoléon-François-Charles-Joseph, prince impérial, roi de Rome. Depuis la veille, on savait les douleurs de l'Impératrice; la foule se pressait aux Tuileries; il y avait une alternative d'inquiétude et de joie. Lorsque les cent un coups de canon retentirent dans les airs, les transports d'ivresse commencèrent aux rues de Paris toutes pavoisées; les contemporains de l'Empire racontent que l'on s'embrassait, on se pressait la main comme si un enfant était né à tous[2]; véritable fête publique, moins pour la joie qu'éprouvait

---

[1] Sénatus-consulte du mois de mars 1811.

[2] Voici la lettre d'une femme peut-être alors oubliée et qui témoigne sa joie à la naissance du roi de Rome. Il eût été plus digne de se taire.

Lettre de Joséphine à Napoléon sur la naissance du roi de Rome.

« Sire, au milieu des nombreuses félicitations qui vous parviennent de tous les coins de l'Europe, de toutes les villes de France et de chaque régiment de l'armée, la faible voix d'une femme pourra-t-elle arriver jusqu'à vous, et daignerez-vous écouter celle qui si souvent consola vos chagrins, adoucit les peines de votre cœur, lorsqu'elle n'a à vous parler que du bonheur qui achève de mettre le comble à vos vœux? Ayant cessé d'être votre épouse, oserai-je vous féliciter d'être père? Oui, sans doute, sire, car mon âme rend justice à la vôtre, autant que vous connaissez la mienne; je comprends ce que vous devez éprouver, comme vous devinez tout ce que je dois

l'heureux, le glorieux père, que parce que l'on espérait que le caractère de Napoléon changerait avec ce fils accueilli par toute une nation : la paternité allait adoucir cette âme de fer, elle arrêterait l'esprit de conquêtes ; les affections de son avenir, les émotions de son âme se reporteraient sur cet enfant; on voyait dans la naissance du roi de Rome un terme aux sacrifices que la patrie s'imposait pour la gloire de son Empereur : père de famille, Napoléon deviendrait plus modéré; à l'impétueux tourbillon de la guerre succéderaient les pacifiques devoirs du toit domestique.

Ainsi raisonnait le peuple, et il ne savait pas que lorsqu'on a goûté des grandes sensations de la vie, tout le reste est monotone ; quand on a vu des mers qui s'agitent sous vos pieds, des montagnes brisées, des ouragans déchaînés, des villes en cendres, des flots de sang, des empires qui s'abaissent, des pyramides, des cirques, des masses de soldats qui se heurtent, comment est-il possible de finir bourgeoisement sa vie sous le toit paisible et assis au foyer? L'aigle ne bat des ailes qu'au vent du nord furieux, il dédaigne le zéphir qui secoue à peine la feuillée ; quand on est habitué à jouer son corps et son âme sur le tapis vert, aux lueurs de mille bougies, qui peut vous parler

sentir en cet instant ; et quoique séparés, nous sommes unis par cette sympathie qui résiste à tous les événements.

« J'aurais désiré apprendre la naissance du roi de Rome par vous, et non par le bruit du canon de la ville d'Évreux et par un courrier du préfet ; mais je sais qu'avant tout vous vous devez aux corps de l'État, aux membres du corps diplomatique, à votre famille, et surtout à l'heureuse princesse qui vient de réaliser vos plus chères espérances. Elle ne peut vous être plus tendrement dévouée que moi ; mais elle a pu davantage pour votre bonheur en assu-

rant celui de la France ; elle a donc droit à vos premiers sentiments, à tous vos soins; et moi qui ne fus votre compagne que dans les temps difficiles, je ne puis exiger qu'une place bien éloignée de celle qu'occupe l'Impératrice Marie-Louise dans votre affection. Ce ne sera donc qu'après avoir veillé vous-même près de son lit, après avoir embrassé votre fils, que vous prendrez la plume pour causer avec votre meilleure amie. J'attendrai !

« Il ne m'est pas cependant possible de différer de vous dire que je jouis plus que qui que ce soit au monde de la joie que vous

de la vie calme, économe, et même de vos enfants ou d'une femme aimante et attristée? Un homme qui s'enivre de vin de Chio, couronné de fleurs, dans les bras voluptueux des mille beautés de l'Asie, ne renonce point à ce sensualisme qui l'éblouit, à ces palais de cristaux, de jaspes et de diamants. Chacun a sa carrière, et l'accomplit. Le peuple espérait, mais Napoléon ne pourrait se faire aux habitudes paisibles, et vivre comme un rentier du Marais à Saint-Cloud ou aux Tuileries.

Le roi de Rome est né! tel fut le cri unanime : on raconta les souffrances de la mère, les inquiétudes de Napoléon prenant le fils de ses espérances dans ses bras, le réchauffant pour couvrir de son baiser le premier cri de la vie. Dans cette ivresse des courtisans et du peuple, les poëtes vinrent aussi, car ils ne manquent jamais, pour jeter des vers au roi de Rome, mélancolique enfant à qui de si hautes destinées étaient promises [1] ! Les ministres de la police et de l'intérieur étaient chargés de commander cette couronne poétique ; le général Savary (car la police se mêlait alors beaucoup de littérature) avait une réunion de poëtes autour de lui, et M. de

ressentez ; et vous ne doutez pas de ma sincérité lorsque je vous dis ici que, loin de m'affliger d'un sacrifice nécessaire au repos de tous, je me félicite de l'avoir fait, maintenant que je souffre seule. Que dis-je? je ne souffre pas, puisque vous êtes satisfait ; et je n'ai que le regret de n'avoir pas encore assez fait pour vous prouver à quel point vous m'étiez cher.

« Je n'ai aucun détail sur la santé de l'Impératrice ; j'ose assez compter sur vous, sire, pour espérer que j'en aurai de circonstanciés sur le grand événement qui assure la perpétuité du nom dont vous avez si grandement commencé l'illustration. Eugène, Hortense, m'écriront pour me faire part de leur joie ; mais c'est de vous que je désire savoir si votre enfant est fort, s'il vous ressemble, s'il me sera un jour permis de le voir ; enfin c'est une confiance entière que j'attends de vous, et sur laquelle je crois avoir le droit de compter, sire, en raison de l'attachement sans bornes que je vous conserverai tant que je vivrai. »

Joséphine.

[1] L'airain sonnait, le bronze, éclatant dans les airs,
De la naissance auguste informait l'univers.
Rome fut attentive : en ses nobles ruines
Tressaillit la cité que fondèrent les dieux ;
    Et l'aigle des sept collines
    Poussa trois cris vers les cieux.
(*Le Chant de Virgile*, par M. Millevoye.)

Montalivet voulut donner à cette corbeille de nouveau-né quelques fleurs plus brillantes et plus suaves que celles du vulgaire. Le poëte Millevoye écrivit le *Chant de Virgile* sur la naissance du roi de Rome. « L'aigle des sept collines avait poussé trois cris vers les cieux ; le Tibre s'était ému en entendant chanter l'hymne aux Romains. » M. Michaud, si royaliste, fut entraîné à célébrer l'auguste hyménée et le printemps qui, sous un soleil nouveau, venait à peine de briller sur le berceau de l'enfant promis à nos destins [1]. » M. de Martainville disait aux Français : « de danser, de chanter et de boire, on avait compté 101 coups de canon, c'était un garçon [2]. » Il y eut aussi un noël nouveau de M. Armand Gouffé : on y comparait le roi de Rome à un nouveau Messie ; il était né pour tous [3]. Dans un divertissement au Théâtre-Français œuvre de M. Désaugiers, mademoiselle Levert souhaitait : « que l'enfant eût les vertus de Napoléon et le cœur des Français pour l'aimer, » et mademoiselle Mars, alors si belle, si renommée, répétait : « que jamais un chorus de victoire n'effrayait l'enfant d'un héros ! »

Hélas ! qu'est devenu cet enfant d'un héros ? Je l'ai

---

[1] Depuis le jour prospère où l'auguste Hyménée
Dans le palais des rois alluma son flambeau,
A peine le printemps, sous un soleil nouveau,
Voit briller sa guirlande au front d'une autre année,
A peine, de retour des rivages lointains,
Sur nos coteaux joyeux Flore vient de paraître ;
Les temps sont accomplis, et la France a vu naître
L'enfant qu'à notre amour ont promis les destins.
(*Stances sur la naissance du roi de Rome,* par M. Michaud.)

[2] Ah ! quel bonheur ! ah ! quelle ivresse !
Français, chantons, dansons, buvons !
Que dans ce beau jour d'allégresse
Sautent les cœurs et les bouchons !
Le ciel comble notre espérance ;
L'air retentit des plus doux sons...
Pon, pon, pon, pon, pon, pon, pon,
Ratapon,
Les cœurs ont, dans toute la France,
Compté cent un coups de canon :
C'est un garçon !
(Par M. Martainville.)

[3] O toi ! dont la naissance
Comble ainsi tous nos vœux,
Jeune espoir de la France,
Enfant chéri des cieux !
Le troubadour joyeux
En te voyant s'écrie :

vu pâle, presque à son lit de mort, quitter avec joie une existence séparée de son passé et de son avenir. Triste fatalité! les vers des poëtes porteraient-ils malheur à tous ces pauvres petits qui ont le malheur d'éclore à la vie sous les palais? Pour eux c'est comme le pronostic d'une triste carrière, comme le coassement funèbre des corbeaux : quel enfant fut plus chanté que le malheureux dauphin fils de Louis XVI? les poëtes l'accablèrent, et Dieu sait comme il est mort! Que de couronnes poétiques tressées autour du roi de Rome[1]! et qu'est-il devenu, lui, le jeune homme au front mélancolique dans le palais de Schœnbrünn? il m'est apparu en visitant sa tombe comme une ombre éplorée, et la funèbre couronne de cyprès est seule restée sur sa tête! Que Dieu préserve donc les pauvres enfants des couplets de poëtes et des harangues des corps municipaux; c'est un chant de mort, un arrêt d'exil. Heureuse ainsi la mère qui ne voit autour du berceau que la bénédiction d'un aïeul et les émotions de la famille!

Un noël nouveau t'est bien dû,
Puisque nous t'avons attendu
Comme un nouveau Messie.
(*Hommage d'un troubadour, noël nouveau*, par M. Armand Gouffé.)

Tandis que l'idole du monde
Dans son berceau repose en paix,
Daignez joindre au canon qui gronde
Le bruit garant de nos succès,
Et surtout gardez-vous de croire
Que vous troublerez son repos:
Jamais un chorus de victoire
N'effraya l'enfant d'un héros.

[1] Rome même célébra la naissance de son roi dans la langue nationale :

Sacro germe regal, al cui vagire
  Par che tutto s'ammante
L'universo di riso, e per le spire
  Del ciel lucide e sante,
  Tal circolar si sente.
Divin suono, qual fu da pria largito
Dai cerchi et erni al valore infinito;
  Me ravvisa dolente,
Cui padre e sposo da si lunghi guai
Ritrar t'è dato a di splendidi e gai.
(*Roma al suo re*, ode, par M. Biagioli.)

CHAPITRE XIV.

LES DYNASTIES BRISÉES PAR LA RÉVOLUTION

ET L'EMPIRE.

La branche aînée des Bourbons. — Louis XVIII. — Sa correspondance. Ses jugements sur la cour de Napoléon. — Sa patience. — Mort de la reine. — Le comte d'Artois. — Les ducs d'Angoulême et de Berry. — Mesdames de France à Trieste. — M. de Narbonne. — La branche cadette. — M. le duc d'Orléans. — Son mariage en Sicile. — Expédition en Espagne. — Plan de Dumouriez. — Correspondance avec le duc de Wellington, — avec les Cortès. — Proclamation aux soldats français. — Lutte des idées de 1789 et du 18 brumaire. — Les Bourbons d'Espagne. — Ferdinand VII. — Les infants à Valençay. — Complot pour les enlever. — Le baron de Kolly. — Charles IV à Marseille. — La reine et le prince de la Paix. — Les Bourbons de Naples. — Patriotisme de Caroline de Sicile. — Rapports avec Murat. — Les Carignan et la maison de Savoie. — Charles-Emmanuel. — Victor-Amédée. — La maison de Bragance. — Sa situation en Brésil. — Le roi de Suède. — Gustave-Adolphe. — La maison d'Orange. — La Hollande. — Les princes d'Allemagne. — Hanovre. — Brunswick. — Les grands-ducs de Toscane. — Captivité du souverain pontife Pie VII.

1808 à 1811.

Au milieu de cet éclat de la victoire et de la fortune qui décorait le diadème de Napoléon, quand la destinée, si prodigue pour lui de merveilles, versait ses trésors de bonheur et de gloire, combien de vieilles dynasties succombaient sous le torrent dévastateur de la révolution française et de la conquête ! Napoléon avait prononcé un mot terrible, une prophétie fatale comme celle du Dante ; il avait dit : « Dans dix ans, ma famille sera la plus ancienne de toutes les dynasties européennes ; » et il semblait se donner la tâche de réaliser cette prédiction sinistre pour toutes les familles européennes. Son empire embrassait une population de quarante-deux millions d'âmes ; la statistique de 1811 porte à ce chiffre immense les multitudes du vaste Empire français, et encore sans y comprendre les états fédératifs qui se liaient à son système, Naples, la Confédération du Rhin, une portion de l'Espagne, de l'Italie, et les provinces illyriennes, qui formaient un tout séparé sous un gouverneur-général.

Ce gigantesque établissement n'avait pu s'accomplir qu'au préjudice des vieilles familles tombées dans l'abîme : qu'étaient devenus les représentants des illustres maisons qui pendant des siècles gouvernèrent l'Europe : les Bourbons, les Carignans, les fils de Gustave-Adolphe, les Brunswicks, les Oranges, toutes ces nobles races qui jetèrent tant d'éclat du xvie au xviiie siècle ? leurs malheurs devaient-ils les faire oublier, et dans la marche du temps les heureux seraient-ils les seuls dont on garderait souvenir ? J'ai sympathie pour les noms qui se mêlent aux antiques et grandes choses ; je n'ai pas voué de culte exclusif ou égoïste au présent ; je vais donc chercher, à travers les débris et les ruines, quelles étaient les familles errantes que la Révolution et l'Empire avaient précipitées du trône ; à côté de l'Empereur heureux, je vais dire les périls et la destinée de ces dynasties qui plus tard reprirent le sceptre à l'époque des restaurations européennes, en 1814 et 1815.

La branche aînée des Bourbons était toujours représentée par son chef, Louis XVIII, prince grave, froid, spirituel, qui jugeait en philosophe sceptique les événements qui se passaient en Europe. Louis XVIII n'avait jamais désespéré de sa cause, alors même que le tourbillon des événements plaçait Napoléon si haut dans les grandeurs politiques : et qui pouvait croire pourtant à un revers de fortune à l'époque de l'entrevue d'Erfurth et du mariage avec l'archiduchesse Marie-Louise? Toute espérance ne devait-elle pas être éteinte dans le cœur des Bourbons? Après la déclaration de Calmar, Louis XVIII quitta les états de l'empereur de Russie; il voyait dans la situation abaissée de la Prusse, dans les relations d'amitié qui unissaient Alexandre et Napoléon, l'impossibilité et, ce qui était plus pour lui, l'inconvenance d'habiter Mittau en Courlande ; Louis XVIII désirait ne gêner personne. Il n'y avait plus qu'un libre asile en Europe pour les rois malheureux qui ne voulaient pas trahir leurs noms et l'histoire, c'était l'Angleterre, et Louis XVIII se décida, dès la paix de Tilsitt, à venir demander un asile à cette terre, alors la seule libre, la seule hospitalière. Dans ses actes, dans ses correspondances, Louis XVIII exposait les mêmes idées, les mêmes théories de gouvernement que pendant ses négociations avec Barras et Bonaparte ; il promettait : « conservation des emplois à tous les militaires[1], l'état main-

---

[1] « Quelles instructions puis-je donner ? quels pouvoirs puis-je répartir? qui en revêtirais-je ? On demande que je parle de nouveau ; à qui ? comment ? en quel langage ? Tout est renfermé dans ma déclaration de Calmar. S'agit-il d'un militaire? conservation de l'emploi, avancement proportionné aux services, abolition du règlement de 1781, tout y est assuré. Veut-on aborder un administrateur? son état sera maintenu. D'un homme du peuple ? la conscription, cet impôt le plus onéreux de tous, sera abolie. A un nouveau propriétaire? je me déclare le protecteur des droits et des intérêts de tous. Aux coupables enfin ? les poursuites sont défendues, l'amnistie générale est solennellement annoncée, la porte du repentir ouverte. Si je me trouve, comme Henri IV, dans le cas de racheter mon royaume, je donnerai des pouvoirs à qui cela sera nécessaire, mais actuellement ce n'est pas le cas. »

(Lettre de Louis XVIII).

tenu à tous les administrateurs, la conscription abolie, les droits réunis détruits. » En même temps il reconnaissait que les circonstances n'étaient point venues pour tenter une entreprise vaste et décisive contre Napoléon ; les renseignements recueillis à Paris lui apprenaient : « que les ennemis de Bonaparte étaient presque tous des républicains, les amis de Moreau, et sur cette liste on comptait MM. Lambrecht, Masséna, Lecourbe, Macdonald, Jourdan, Dejean, Gouvion-Saint-Cyr. » De ce moment le roi résolut de se servir du parti patriote pour opérer le renversement de la dictature et le triomphe politique d'un nouveau système. Louis XVIII ne répugnait pas aux idées et aux hommes de la révolution de 1789 [1].

Ce fut la frégate suédoise la *Fraya* qui transporta Louis XVIII en Angleterre ; son arrivée inopinée fit une impression pénible sur l'esprit du cabinet anglais : la Grande-Bretagne, alors engagée dans une guerre vigoureuse contre l'empereur Napoléon, ne voulait pas encore compliquer sa situation par les embarras d'une dynastie à défendre ; on pouvait avoir à traiter de la paix avec la

---

[1] Voici, d'après une note écrite en 1808 par Louis XVIII, sur quels personnages la restauration comptait : « Lebrun, archi-trésorier ; Serrurier, maréchal ; Pérignon, maréchal ; Lefebvre, maréchal ; Lambrecht, Lacépède, Lanjuinais, Pléville le Peley, Abrial, Jaucourt, Boissy-d'Anglas, Barbé-Marbois, Pontécoulant, Clément de Ris, Chaptal, Beurnonville, Emery, Barthélemy. Defermont, Pelet (de la Lozère), Mollien, Masséna qui , quoiqu'élevé en dignité , n'est pas pour cela plus attaché à Bonaparte ; Brune, maréchal d'Empire ; Dessolles, général, il était à l'armée de Hanovre, ami particulier de Moreau ; Macdonald, qui a refusé d'être employé ; Lecourbe, exilé à 40 lieues de Paris, pour avoir donné un signe d'approbation à Moreau, dans une des audiences du tribunal criminel où ce général avait parlé ; Jourdan, maréchal d'Empire ; le général Dejean, ami particulier de Pichegru ; le général Souham, oncle de l'abbé David, aimé de l'armée ; le général Régnier, disgracié pour avoir tué en duel le général d'Estaing, partisan de Bonaparte, à son retour d'Égypte ; le général Delmas, exilé à 60 lieues de Paris, pour avoir dit à Bonaparte qu'il ne faisait que des capucinades ; les généraux Eblé, Férino, Verdier, Saint-Hilaire, ami particulier de Macdonald ; Fouché, Réal, qui ont dans les mains de quoi faire naître une conjuration nouvelle au moment où ils croiront qu'elle sera nécessaire. »

France, et la présence de Louis XVIII en Angleterre n'allait-elle pas devenir un obstacle à toutes les transactions de cabinet? Il était important de ne pas mêler les questions. Le peuple anglais ne comprenait pas ces guerres pour la restauration d'une dynastie ; il n'y avait pour lui d'hostilités utiles que celles qui se fondaient sur les intérêts. Tous les sacrifices devaient être accomplis, non pas pour une question de personnes, mais pour les grandeurs politiques du gouvernement et de ce peuple, qui lui-même avait brisé la dynastie des Stuarts.

Dès l'arrivée de Louis XVIII, M. Canning adressa une note rédigée en commun par le cabinet : « La volonté du gouvernement était que Louis XVIII fût reçu à Yarmouth ; on lui offrirait un asile, mais sans reconnaître son titre royal ; le chef de la maison de Bourbon serait admis à vivre en Angleterre comme un simple particulier ; une autre manière d'envisager sa qualité ne permettrait pas de continuer la guerre vigoureuse dans laquelle l'Angleterre était engagée[1]. » Louis XVIII fit quelques difficultés d'abord ; enfin, il avait besoin de toucher une terre hospitalière, et il continua de cacher la pourpre de sa royauté sous le titre modeste du comte de Lille. Le duc de Buckingham, de la vieille famille si retentissante à la cour de Louis XIII et d'Anne d'Autriche, offrit un asile au roi exilé, le petit-fils de Louis XIV ; Gosfield-Holl House devint la résidence de Louis XVIII ; il y habita deux ans, conservant partout

---

[1] « Si le chef de la famille des Bourbons consent à vivre parmi nous d'une manière conforme à sa situation actuelle, il y trouvera un asile honorable et sûr ; mais nous connaissons trop la nécessité d'avoir, pour la guerre dans laquelle nous sommes engagés, l'appui unanime du peuple anglais, pour compromettre la popularité qui, jusqu'à ce jour, a accompagné cette guerre.

« En reconnaissant Louis XVIII, nous offririons une belle occasion aux ennemis du gouvernement de l'accuser d'introduire des intérêts étrangers dans une guerre dont la physionomie est purement britannique. »
Canning.

cette vie douce et intime que le roi aimait tant. Le favori était le comte d'Avaray, récemment créé duc et dépositaire des plus secrètes confidences du roi Louis XVIII ; une affection de poitrine allait l'enlever à l'amitié du roi. Les princes exilés ont toujours besoin d'une fidélité qui les comprenne et les console ; c'est le chien qui suit le corbillard du pauvre.

De rudes épreuves allaient atteindre la vieille famille des Bourbons; à Gosfield-Holl, Louis XVIII perdit la reine, sa femme, princesse de Savoie. L'Angleterre était alors dans toute l'ardeur de ses haines contre Napoléon, et ce fut pour manifester ces sentiments et exciter la colère de l'Empereur que le cabinet donna une grande solennité aux funérailles de la reine, l'épouse de Louis XVIII. On vit les représentants de toutes les puissances autour de ce cercueil, et les journaux anglais ne manquèrent pas de dire combien le prince de Galles avait manifesté de douleur et de sympathie pour la princesse de Savoie, femme du roi très chrétien [1]. Napoléon lui-même en fut frappé, il lut plusieurs fois les

---

[1] Le *Times*, du 28 novembre 1810, contient la relation des funérailles de la reine : « Les princes français, les ministres étrangers et les grands-officiers de la couronne de la Grande-Bretagne y assistèrent ; les ducs d'Angoulême et de Berry, les princes de Condé et de Bourbon tenant la droite, et les ministres et officiers étrangers la gauche du convoi. Le duc d'Orléans était représenté par M. de Proval à la gauche des princes, derrière lesquels marchaient les dignitaires de l'émigration, ainsi que les généraux et les chevaliers de différents ordres non rentrés. Des gardes-du-corps à pied faisaient partie du cortége. Suivant un usage de la vieille monarchie, un pleureur à cheval portait sur un coussin de velours la couronne de France, enveloppée d'un crêpe lugubre. Les voitures de cérémonie du prince de Galles et celles des autres princes de l'Angleterre suivaient celles des princes français. D'autres voitures de deuil représentaient au convoi les ministres anglais et étrangers, ainsi qu'une notable partie de la noblesse anglaise et française. Un évêque français célébrait la messe, à laquelle l'archevêque de Reims (M. de Talleyrand-Périgord) assista. Les cérémonies usitées à Saint-Denis furent exécutées à la lettre, et les cartes d'entrée de la chapelle mentionnaient : *Les funérailles de la reine de France*. Les duchesses de Rohan et de Coigny, les comtesses de Narbonne et de Ménars entouraient le corps, que l'on déposa dans le tombeau des rois, à l'abbaye de Westminster, dans le caveau qui contenait déjà le corps du duc de Montpensier, placé près de la chapelle de Henri VII. »

traductions commandées aux secrétaires de son cabinet.

On était à l'apogée de l'Empire, au mariage de Napoléon avec Marie-Louise, et la correspondance de Louis XVIII avec M. d'Avaray, alors à l'île de Madère, contient des appréciations les plus fines, les plus aristocratiques, sur les gentilshommes qui avaient accepté des emplois du gouvernement impérial. Louis XVIII ne s'expliquait pas les changements de titres et de blasons ; il pardonnait qu'on le trahît, mais un gentilhomme changer son titre, c'est inexplicable! Le roi s'apitoye sur l'archiduchesse, victime livrée pour la sûreté de l'Europe ; en passant en revue les noms qui composent la maison de Marie-Louise, le roi ne manque pas d'observer qu'elle a un Rohan pour aumônier. « Les cardinaux de Rohan, dit-il, ont porté malheur aux archiduchesses reines de France ; c'est une fatalité, continue Louis XVIII. Et que dites-vous, mon ami, de l'incendie chez le prince de Schwartzenberg? cela se ressent singulièrement des malheurs de la place Louis XV lors du mariage de mon frère infortuné. » Enfin, Louis XVIII apprend la naissance du roi de Rome. « Voilà Bonaparte qui a un héritier ; je n'examine pas si c'est le propre fils de l'archiduchesse ou s'il est entré clandestinement par une porte dérobée. Voyez-vous, mon cher ami, si Dieu a décidé que l'iniquité s'accomplisse, elle s'accomplira avec ou sans l'héritier ; autrement, cette naissance d'un enfant ne change rien. » Après la mort de la reine, Louis XVIII quitta le château de Buckingham pour habiter Hartwel, propriété qu'il prit à loyer et plus rapprochée de Londres[1], afin de se tenir au courant de la

---

[1] « Après la mort de la reine, Louis XVIII quitta la résidence de son ami, le marquis de Buckingham, et alla s'établir au château de Hartwell, propriété du baronnet sir

politique générale. Le roi lisait tous les jours attentivement les gazettes de France et d'Europe, et le *Moniteur* surtout; sa correspondance et ses causeries portaient sur les chances plus ou moins grandes d'une restauration de dynastie; quoique avancé déjà dans la vie, Louis XVIII se levait de bonne heure, comme un gentilhomme d'Angleterre coureur du renard; ses infirmités précoces ne l'empêchaient pas de s'habiller le matin, de sortir avec la duchesse d'Angoulême qu'il ne quittait plus; classique dans ses souvenirs, le roi l'appelait son *Antigone*. Madame Royale avait excité un intérêt bien triste dans la cité de Londres; les malheurs de sa famille et les siens avaient jeté sur elle la plus profonde sympathie; fille de Louis XVI et d'une archiduchesse, orpheline, captive au Temple, ménagée par Robespierre, on ne sait dans quel dessein, sœur de ce malheureux enfant que Simon réveillait toutes les nuits avec ces mots affreux : « Capet, lève-toi ! » tout ce passé d'infortune et de larmes attirait une pitié attentive qui ne manque jamais aux grandes infortunes. Madame, d'ailleurs, était stérile, comme si la foudre avait passé à travers l'arbre pour en dessécher

---

Henry See, dans le comté de Buckingham, à 16 lieues de Londres. Le roi prit d'abord ce château à loyer pour la somme de 600 livres sterling par an. Ce prince, dont le revenu était diminué des sommes qu'il tirait auparavant de la Pologne, de l'Espagne et du Brésil, avait à peine 600 mille francs par an, y compris les subsides de la Russie et de l'Angleterre. Sur cette somme, 100 mille francs étaient destinés au duc et à la duchesse d'Angoulême, autant à l'archevêque de Reims (M. de Talleyrand), pour les aumônes du roi. De plus, une somme considérable était employée à défrayer, dans toutes les parties de l'Europe, les fidèles serviteurs du roi qui n'avaient plus que ses bontés pour ressources. A peine restait-il au roi, pour l'entretien de sa maison, 300 mille francs qui n'en représentaient pour ainsi dire que 150 mille en Angleterre. La maison du roi était pourtant considérable, et par conséquent dispendieuse, non par le luxe (tout l'équipage du roi consistait en une voiture et deux chevaux de remise), mais parce que le prince fournissait à l'entretien d'un grand nombre de personnes qui, après avoir entouré le trône dans son éclat, s'étaient vouées au souverain légitime dans son infortune, et formaien l'indigente et noble cour d'Hartwell. »

la racine; son mari, le duc d'Angoulême, résidait avec elle auprès du roi; une éducation négligée à travers les secousses de l'exil, ne lui avait pas permis de développer ses facultés; cœur excellent et droit, esprit peu cultivé, il avait cette loyauté des Bourbons, cette générosité de sentiments qui ne remplacent pas, dans un siècle d'intelligence, le peu d'étendue des moyens; il eût mérité de vivre dans une époque d'honneur et de chevalerie, alors qu'il suffisait de la franchise d'armes et de race pour tenir lieu de toutes les autres qualités.

M. le comte d'Artois ne vivait point avec son frère aîné; les mœurs et les habitudes étaient trop différentes, les idées trop en opposition; M. le comte d'Artois habitait Londres, au milieu du tourbillon des affaires et des plaisirs. Il ne portait pas comme Louis XVIII un jugement sérieux et mûr sur les causes et les mobiles de la révolution française : ennemi de toute politique de ménagement, son caractère voulait l'action, le mouvement; il croyait toujours que tout viendrait à point quand la providence aurait décidé le triomphe de la cause légitime; le rétablissement de la monarchie de saint Louis lui paraissait tôt ou tard infaillible, et il le voulait moins comme un mouvement politique que comme une affaire de parti, à la manière du moyen âge, au temps des Bourguignons et des Armagnacs; il vivait à Londres en gentilhomme, avec peu de revenus, prodigue, généreux, faisant de la dépense et des dettes; gracieux de formes et de manières, spirituel de mots, comparant difficilement deux idées graves, il ne comprenait rien à tous ces systèmes de concessions que Louis XVIII voulait donner au pays : la pleine victoire de la royauté ou l'exil, il n'avait pas d'autre alternative, sorte de loyauté religieuse qui ne transige pas sur les devoirs. M. le duc de Berry, son fils, ne comptait pas encore en politique ; jeune homme de plaisirs, de dissipations bruyantes ; brave, loyal, avec un peu le caractère de Henri IV et de la race gasconne : le duc de Berry pariait aux courses, avait des dissipations de femmes, tout en songeant à la France, à Paris, où il avait passé ses premières années. M. le duc de Berry était le seul homme que la police impériale surveillait depuis la catastrophe du duc d'Enghien ; car intrépide de sa personne, actif, entreprenant, il pouvait se placer à la tête d'un mouvement dans la Vendée ou la Bretagne ; la police le suivait de l'œil, et si elle l'avait pu attirer sur les côtes, évidemment elle l'aurait livré à une commission militaire ; en temps de partis c'était un cœur désigné à une mort violente.

La branche cadette de la maison de Bourbon avait fait des pertes douloureuses ; après la mort de Montpensier, de si gracieuse mémoire, Beaujolais avait succombé aussi à une maladie de poitrine. L'exil abîme et dévore. Il ne restait donc plus à la noble douairière d'Orléans qu'un seul fils, qui venait de s'unir avec la princesse Amélie de Sicile ; courageux de sa personne, actif de caractère, politique de cœur et d'esprit, M. le duc d'Orléans voyait avec douleur l'inaction à laquelle il était condamné ; il voyageait pour secouer une vie qui avait besoin d'un grand théâtre ; la duchesse sa femme était enceinte du prince Ferdinand, dont Louis XVIII devait être le parrain [1]. Au milieu de ces nouvelles obligations

---

[1] Le 17 janvier 1811, Louis XVIII écrivait : « J'ai reçu une lettre du duc d'Orléans, datée de Palerme, le 1er novembre. Il m'informe de la naissance de son fils, et s'excuse de ne pas m'avoir sollicité d'être le parrain de l'enfant, en me disant que le roi de Naples lui en avait exprimé le désir. Il me prie cependant d'être le second parrain, conjointement avec la reine, à laquelle il écrit sur le même sujet. »

de père et du devoir de prince, le duc d'Orléans reçut des communications intimes de Dumouriez sur les événements d'Espagne. Le vieux général de la République remplissait toujours un rôle actif en Europe : si la France l'avait perdu de vue, lui restait infatigable dans sa haine contre Napoléon. Dumouriez, vainqueur de la Hollande, avait une incontestable capacité militaire ; en correspondance avec lord Wellington, il lui donnait des conseils sages et habiles sur les moyens de poursuivre sa campagne en Portugal et en Espagne ; à Dumouriez on devait l'idée des guérillas et de ce système qui consistait en des retraites continuelles devant la fougue des Français : il fallait laisser s'engager les troupes, dévaster le pays, pour ensuite les surprendre par la famine et les privations, auxquelles jamais les Français ne résistent. C'est d'après ces conseils que lord Wellington avait agi à Torrès-Vedras ; les campagnes de Portugal et le plan de campagne que suivit Alexandre en 1812, à la face de Napoléon, viennent des conseils du vieux, de l'implacable ennemi de l'Empereur.

Les lettres de Dumouriez constatent qu'il se préoccupait toujours du triomphe des idées libérales de 1789 sur la dictature du 18 brumaire ; Dumouriez prenait pour base la monarchie représentative et anglaise sous le duc d'Orléans, les Cortès en Espagne, des parlements en France, en Italie ; il engageait en un mot une guerre vive et profonde à la forme impériale et à Bonaparte, son représentant. Dumouriez, d'abord rallié à Louis XVIII, avait écrit en ce sens dans les gazettes allemandes ; mais le duc d'Orléans était l'objet de son affection, son pupille, celui dont il avait conduit les premiers pas ; il le croyait une plus forte garantie pour le système constitutionnel ; c'est par suite de ces idées que Dumouriez suivait avec tant d'importance la guerre d'Espagne ; il voyait au bout la chute de Napoléon ; le plan était vaste, et rien d'étonnant que M. le duc d'Orléans se mît à la tête de cette forte idée ; ce prince vint en Espagne pour y prendre un commandement [1] ; sa proclamation aux troupes françaises contre Napoléon n'était qu'un manifeste de la liberté constitutionnelle contre le despotisme ; s'il provoquait la désertion des troupes, c'était pour les attirer au vieux drapeau tricolore; l'aigle en effaçait trop les couleurs; M. le duc d'Orléans voulait placer les idées de 1789 en lutte avec la dictature impériale.

Ces sentiments étaient partagés par plusieurs généraux de l'école républicaine ; le duc d'Orléans avait connu sous la tente bon nombre d'officiers de l'armée du Rhin ou de Sambre-et-Meuse, Jourdan, Kellermann, Sainte-Suzanne, Dessolles, Serrurier, d'Aboville, Beurnonville, Valence; la plupart siégeaient au Sénat. Sieyès, si rancunier contre Bonaparte, se serait rattaché au parti orléaniste en renonçant à sa dynastie de Brunswick. Fouché n'y était pas opposé : la levée des gardes nationales, le séjour des Anglais à Walcheren, la conspiration de l'armée de Portugal, les mécontentements soulevés après Essling, tout cela se tenait à la proclamation du duc d'Orléans et aux écrits de Dumouriez ; on voulait avoir un système tout

---

[1] Les négociations qui tendaient à faire donner un commandement dans l'armée des Cortès à M. le duc d'Orléans sont très curieuses. En voici quelques pièces.
Lettre du conseil suprême de la régence d'Espagne et des Indes à M. le duc d'Orléans.
« Sérénissime seigneur, la nation espagnole jette un cri d'indignation contre l'inique agression de Bayonne et jure unanimement de conserver son indépendance ou de mourir pour son roi légitime, don Ferdinand VII. Ni les revers de nos armées, ni les succès des tyrans, n'ont pu ébranler sa constance. L'amour de la patrie, de la religion et du monarque brûle dans tous les cœurs et y brûlera toujours, car les sentiments d'honneur et de loyauté n'abandonneront jamais cette terre de héros. V. A. a exprimé le désir de combattre dans les armées espagnoles et de défendre la cause de son auguste famille. Des circonstances imprévues ont contrarié jusqu'à ce moment ce généreux désir ; mais aujourd'hui tous

prêt, pour l'opposer à celui de Napoléon. Ces négociations et ces projets furent déjoués par la paix de Vienne et le mariage de Napoléon avec l'archiduchesse. M. le duc d'Orléans se résigna pour attendre une meilleure et plus haute destinée; il vécut en Sicile, en grand propriétaire, auprès du premier enfant qui lui était né, et dont le roi de Sicile fut le parrain. Sa mère, l'admirable princesse de Penthièvre, si pleine de douceur, émigrée dans la Catalogne lors de l'invasion française, se retirait à Mahon, asile paisible où plus d'une infortune avait cherché abri après les troubles de la révolution française : la mer seule était alors une barrière ; le Directoire lui avait assuré une modique pension ; le Consulat l'agrandit de quelques milliers de francs, et la plus riche héritière de France vécut en partageant quelques débris de fortune avec des émigrés comme elle, sous le soleil qui réchauffe ces climats si heureux.

Que restait-il à la branche de Condé depuis la mort du duc d'Enghien? qui pouvait remplacer ce vide immense et consoler ce deuil dans l'illustre branche des cadets de Bourbon? quelle douleur pouvait s'égaler à celle du père et de l'aïeul? Aussi ces princes gardaient-ils une certaine dignité, une hauteur de formes remarquable. Le vieux prince n'avait rien conservé du brillant apanage de sa

---

les obstacles étant heureusement levés, le suprême conseil de régence offre à V. A. le commandement d'une armée en Catalogne. L'enthousiasme des valeureux et illustres habitants de cette province s'élèvera au plus haut degré lorsqu'ils verront un prince, parent de notre bon roi, partager avec eux les fatigues de la guerre, et, avec l'aide de la Providence, les conduire à la victoire et à une gloire immortelle. La Catalogne conserve encore le souvenir des triomphes obtenus par les illustres ancêtres de V. A; c'est donc à elle à reverdir tant de lauriers. L'entreprise est terrible, la lutte difficile, l'ennemi opiniâtre ; mais, d'un autre côté, la haine que les Espagnols portent à l'usurpateur est grande, et leur amour pour leur légitime souverain est ardent comme leur amour de l'indépendance est énergique. Les Catalans combattront fermement avec V. A., et l'on verra que jamais aucun prince n'a défendu une plus belle, une plus juste cause avec des soldats plus déterminés à la soutenir. Puisse V. A. élever la voix du haut des Pyrénées, en tête de nos armées, promettre la liberté

race : ni Chantilly, aux vertes pelouses, où le grand Condé cultivait les fleurs; ni Enghien, qui rappelait le vainqueur de Rocroy : l'Angleterre leur faisait une pension de cinq mille livres sterling qu'ils partageaient avec quelques compagnons fidèles, des amis du Rhin et de Coblentz; le duc de Bourbon s'était dégoûté de la France, car dans la France était un homme qui avait frappé son glorieux enfant d'une mort impitoyable. Le duc de Bourbon, veuf déjà, s'attachait à une jeune femme d'une affection douce et tendre, d'une de ces passions qui pouvaient remplacer le vide que la terrible sentence de Vincennes avait fait; grand chasseur à la manière des manoirs d'Angleterre, le duc de Bourbon, en souvenir de Chantilly, traversait les parcs, courant le cerf, le renard, le sanglier, remplaçant l'activité de la guerre par cette vie de gentilhomme dans ces chasses qui lui rappelaient les jours de jeunesse, quand il apprenait au duc d'Enghien, enfant, à sonner les fanfares aux immenses forêts de sa famille.

Comme complément à cette vieille lignée des Bourbons, ne dois-je pas compter Mesdames, tantes de Louis XVI, saintes femmes, nées à la vie avec un cœur

à la France opprimée, délivrer le trône de ses ancêtres, rétablir l'ordre en Europe et proclamer le triomphe de la vertu sur la tyrannie et l'immoralité. A tout événement, V. A. aura rempli les devoirs de son auguste naissance; les princes sont les défenseurs-nés des nations. Nous sommes charmés d'avoir cette occasion de manifester à V. A. notre affection pour sa personne et notre admiration pour ses hautes qualités.

« Que Dieu conserve V. A. pendant un grand nombre d'heureuses années.

Signés, Xavier de Castanos, président.
F. de Saavedra, A. de Escagnos, Mig. de Lardizabal, Y. Uride.
Ile royale de Léon, 4 mars 1810.

Réponse de M. le duc d'Orléans.

« Seigneurs, le cri que la nation espagnole a jeté contre l'inique agression de Bayonne, en jurant de conserver son indépendance et sa fidélité à son roi légitime le seigneur don Ferdinand VII, n'a jamais cessé de retentir dans mon cœur, et depuis cette époque le premier de mes vœux a été d'obtenir l'honneur que la junte me fait aujourd'hui, en me permettant d'aller combattre avec ses armées; c'est le 5 de ce mois que j'ai reçu la lettre en date du 4 de mars, par laquelle elle a bien voulu m'appeler au commandement d'une armée en Catalogne. Avec le consentement du roi des Deux-Siciles, mon beau-père, je quitte le commandement de ses armées, que S. M.

pur et chaste au milieu de la régence, fleurs suaves, lis si blancs au milieu de ces roses purpurines, de ces tableaux de Boucher, où tout est amour sensuel, l'âme du monde? Mesdames étaient toutes à Dieu; après Dieu, aux beaux-arts. Leur imagination artiste adorait la peinture, la musique, elles en étaient folles encore comme à vingt ans ; entourées de peintres au grand avenir, elles les poussaient dans le monde ; de jeunes musiciens leur rappelaient Gluck et Piccini sur le clavecin de Marie-Antoinette; Mesdames Royales, alors retirées à Trieste, faisaient un bien dont toute la contrée retentissait; elles savaient à peine ce qui se passait en France; quel souvenir pouvaient-elles en avoir? le Temple et l'échafaud de la place Louis XV!

A l'époque du mariage de Napoléon, Mesdames reçurent une visite qui les frappa vivement et excita la plus naïve joie : ce fut celle de M. de Narbonne, leur chevalier d'honneur; il venait d'accepter le titre de gouverneur de Trieste et d'aide-de-camp de Napoléon. M. de Narbonne, en galant chevalier, ne manqua pas d'aller offrir ses hommages aux pauvres et vieilles châtelaines brisées par le temps et l'infortune ; un gentilhomme français accourait vers elles ; il y eut joie : on parla des Tuileries, de Versailles, des rares amis que la destinée avait épargnés. M. de Narbonne avait mission d'offrir une pension à mesdames de

daignait me confier sous le prince héréditaire son fils ; je quitte les plans dont nous nous occupions pour la défense même de la Sicile ; je m'arrache, après six mois bien courts, à des liens de bonheur, et j'accepte avec le plus grand empressement et la plus profonde reconnaissance votre honorable invitation. En l'acceptant, je remplis non seulement ce que mon honneur et mon inclination me dictent, mais je me conforme au désir de leurs majestés siciliennes et des princes mes beaux-frères, si éminemment intéressés au succès de l'Espagne contre le tyran qui a voulu ravir tous ses droits à l'auguste maison dont j'ai l'honneur d'être issu ; il est temps sans doute que la gloire des Bourbons cesse de devenir un vain souvenir pour les peuples que leurs ancêtres ont tant de fois conduits à la victoire. Heureux si c'est de mon bras que la Providence daigne se servir pour convaincre nos contemporains et la postérité que les malheurs sans exemple dont nous sommes victimes n'ont pas dénaturé le sang qui coule dans

France au nom de l'Empereur; elle fut refusée avec beaucoup de grâce : « Nous vivons avec si peu! dirent-elles, mais, M. de Narbonne, nous vous recommandons nos jeunes artistes; » et la plupart furent placés dans les musées et au Conservatoire, sur l'ordre exprès de Napoléon.

Ici l'exil pour les Bourbons, là maintenant la captivité! Quelle destinée était réservée aux Bourbons d'Espagne, à ces petits-fils de Philippe V, que la main de Louis XIV avait établi sous la couronne de Castille et des Indes, et que la fortune de Napoléon venait de briser? Par le traité signé à Bayonne, Ferdinand VII devait recevoir en propriété le domaine de Navarre, que l'Empereur avait donné depuis à Joséphine. L'homme fort, en se moquant un peu de l'exécution des traités, promettait beaucoup et tenait peu; au lieu de la propriété de Navarre, les infants furent jetés à Valençay, à loyer, et sous la surveillance de la police impériale; on leur payait une pension, 2 ou 300 mille francs pour eux tous : Valençay était au centre de la France, la propriété même de M. de Talleyrand; les infants y avaient quelques distractions : la promenade, la chasse, la pêche, les lectures de livres français; l'Empereur avait intérêt à faire croire que, heureux dans leur situation, les princes d'Espagne avaient renoncé entièrement à revoir

nos veines! Heureux si mes faibles efforts peuvent contribuer à relever et à soutenir les trônes renversés par l'usurpateur, à maintenir l'indépendance et les droits des peuples qu'il foule aux pieds depuis si longtemps; et heureux même encore si je dois succomber dans cette noble lutte, puisque dans tous les cas j'aurai du moins acquis, comme V. E. veut bien me le dire, la satisfaction d'avoir pu remplir mes devoirs. Je sens profondément toutes les obligations que m'impose l'honneur que vous me faites de m'appeler à commander des Espagnols et à les aider à remplir les destinées qui leur sont offertes. Puissé-je débuter dans la noble carrière que vous m'ouvrez par sauver la Catalogne pour Ferdinand VII, comme le duc d'Orléans, mon aïeul, la sauva pour Philippe V. Je ne me dissimule point la difficulté que mon devoir m'obligera de combattre; mais j'ai la plus grande confiance dans l'aide du ciel et dans l'appui de V. E. et dans le caractère espagnol, si justement célèbre par son énergie, sa no-

leurs palais du Tage ou du Manzanarès : on ne manquait jamais de raconter que dans les fêtes et les banquets, les infants portaient des toasts à l'Empereur, leur souverain bien-aimé. Napoléon, ne se contentant pas de les dépouiller, voulait encore qu'ils en fussent reconnaissants ; on leur faisait illuminer le château, tirer des feux d'artifices pour la Saint-Napoléon, et lors du mariage avec l'archiduchesse, ils adressèrent des lettres de félicitations respectueuses à l'Empereur comme des sujets les plus soumis ; ils prirent part à la joie que cet heureux événement jetait en France. Les expressions des princes d'Espagne étaient vives, touchantes ; seulement on voyait trop qu'elles étaient dictées par un sentiment de crainte, de faiblesse, qui porte les princes malheureux à des concessions comme en fait tout roi captif. Il y a une sorte de torture morale que nul ne peut comprendre : la police commandait la joie aux princes d'Espagne, elle leur imposait la gaieté dans leur solitude ; Ferdinand VII souffrait tout avec cette patience qui caractérise la race espagnole, sauf ensuite à se venger.

Cependant une circonstance grave se présenta pour exciter une vive et profonde attention. L'Angleterre, en continuant vigoureusement la guerre d'Espagne, avait senti la nécessité de donner un chef, une unité à cette

blesse et sa persévérance. Espérons que par l'union de tous, par l'élévation de l'âme et des pensées, par l'activité, la discipline et la constance, la Providence destine votre grande et généreuse nation à réparer les maux sans nombre que la faiblesse et la désunion des gouvernements ont attirés sur l'Europe coupable. L'Espagne recouvrera son roi, ses autels et son trône, et s'il plaît à Dieu, j'aurai l'honneur d'accompagner les Espagnols vainqueurs, lorsque, par leur exemple et avec leur assistance, leurs voisins les recevront chez eux. L'adoption dont ils m'honorent fera ma gloire ; je n'en ambitionne pas d'autre que celle qui leur appartiendra à tous, et qui sera particulièrement la gloire de V. E.

« Que Dieu accorde à V. E. un grand nombre d'heureuses années.

Signé, Louis-Philippe, duc d'Orléans.
Palerme. 7 mai 1810.

prise d'armes. N'était-ce pas au nom de Ferdinand VII que la nation se levait? pour lui le clairon sonnait dans la montagne. Si l'on parvenait à conduire Ferdinand VII au milieu de la Castille, l'énergie nationale recevrait un nouvel aliment; le peuple aurait un chef, son roi bien aimé. Dans ces idées, le ministère du marquis de Wellesley résolut de faire enlever Ferdinand VII pour le transporter en Angleterre; elle désigna le baron de Kolly à cet effet [1]; cet émissaire intelligent, actif, arriva subitement à Paris, chargé de lettres intimes du marquis de Wellesley pour Ferdinand VII, et d'une note de la main de Georges III et du prince régent pour se faire reconnaître; des crédits considérables lui étaient ouverts. A peine descendu à Paris, le baron de Kolly fut arrêté par les soins de Fouché, et voici ce que la police imagina pour tenter les infants : au baron de Kolly elle substitua un agent habile, qui dut porter toutes les pièces anglaises et les moyens de reconnaissance dont l'émissaire était chargé; le faux baron devait donc inviter les princes d'Espagne à le suivre dans sa fuite en Angleterre; et s'ils acceptaient, on les eût renfermés à Vincennes. Les infants furent prévenus par une voie détournée du petit complot de la police contre eux; ils surent que le véritable baron de Kolly était à Vincen-

---

[1] Toute cette intrigue de Valençay et les affaires des princes d'Espagne ont besoin d'être éclairées; voici les pièces secrètes de toute cette négociation.
Lettre du prince Ferdinand à M. Berthémy, gouverneur du château de Valençay, en date du 6 avril 1810.
« Monsieur le gouverneur,
« Un inconnu vient de s'introduire dans ce palais, sous le prétexte de faire des ouvrages au tour, et il a de suite osé faire à M. d'Azimaga, notre premier écuyer et intendant-général, la proposition de m'enlever de Valençay, de me remettre des lettres dont il est porteur, enfin de conduire à sa fin le projet et le plan de cette entreprise affreuse.

« Notre honneur, notre repos, la bonne opinion due à nos principes, tout était singulièrement compromis si M. d'Azimaga n'eût pas été à la tête de notre maison, et n'eût pas fait en cette circonstance périlleuse une nouvelle preuve de sa fidélité, de son attachement inviolable pour S. M.

nes; leur premier soin fut, lorsqu'ils reçurent les propositions de l'agent, d'écrire sur-le-champ à l'Empereur dans les termes respectueux du plus grand dévouement; ils dénonçaient eux-mêmes les propositions faites par le baron de Kolly; on voulait les entraîner à manquer de fidélité à Napoléon; jamais ils ne consentiraient à de telles infamies; contents de leur sort, ils ne demandaient, comme gage de satisfaction, qu'une alliance avec une nièce de l'Empereur, une simple parente même; tout mariage serait glorieux pour eux. Le cabinet de l'Empereur fit beaucoup de bruit de cette déclaration des princes d'Espagne, parce qu'il fallait prouver aux cortès de Cadix que Ferdinand VII restait sans espoir et sans volonté de ressaisir une couronne qu'il avait définitivement cédée à Napoléon.

Si l'Empereur prêtait une vive attention aux moindres démarches des infants d'Espagne détenus à Valençay, il s'inquiétait à peine du roi Charles IV, le chef de la maison des Bourbons d'Espagne : le vieux roi était le passé, Ferdinand l'avenir, et l'Empereur ne s'informait guère des destinées que le temps avait précipitées dans sa marche rapide. Dès les premiers mois de son séjour à Compiègne, Charles IV avait demandé un changement de résidence : Compiègne était humide et froid pour lui habitué aux chaleurs d'Andalousie, aux sécheresses des

l'Empereur et Roi, et pour moi. Cet officier, qui a commencé, monsieur, par vous informer au moment même de l'entreprise dont il s'agit, m'en a donné connaissance immédiatement après.

« J'ai voulu, monsieur, vous faire savoir moi-même que je suis informé de cette affaire, et manifester dans cette occasion mes sentiments de fidélité inviolable pour l'Empereur Napoléon et l'horreur que m'inspire ce projet infernal, dont je désire que les auteurs et les complices soient punis comme ils le méritent.

« Agréez, monsieur, les sentiments d'estime de votre affectionné. »

Signé, le prince Ferdinand.

Lettre du roi Georges III, adressée à Ferdinand VII, prisonnier à Valençay.

Monsieur mon frère,

« Il y a longtemps que je cherche l'occasion de faire remettre à Votre Majesté une lettre signée de ma propre main,

plaines de la Manche ; il ne pouvait supporter ces brouillards épais, ces nuées d'eau qui inondaient le vaste parc ; réuni à sa chère Marie-Louise, à Godoï *le privato*, que pouvait-il désirer si ce n'est le soleil ? Les expressions de sa correspondance avec l'Empereur étaient toujours respectueuses et amicales ; Charles IV, content de son sort, n'était plus roi d'Espagne ; et comme s'il avait un peu de pudeur de la position abaissée de sa couronne, il éprouvait de la satisfaction à ne plus la porter. L'Empereur lui fixa pour résidence Marseille ; le roi y loua une *villa* au bord de la mer, avec des vignes brûlées, comme dans la Manche et le Val-de-Penas ; il se plaisait à l'embellir, à poursuivre les cailles qui bondissent de la grappe au figuier. Sa santé était bonne ; l'hiver, il habitait en bourgeois une des grandes maisons de Marseille, et les huit mules de sa voiture attestaient son ancienne splendeur ; le même carrosse contenait le roi, Marie-Louise et le prince de la Paix, inséparables dans la fortune comme dans l'exil ; ses joies étaient quelques solos de violon qu'il exécutait avec Boucher, son musicien favori ; puis les parties d'ombre, comme sous la régence de Marie de Médicis ou la maladie de Mazarin, quand une multitude de gentilshommes venaient jouer auprès du lit du mourant, dans le salon resplendissant de trumeaux de Venise

pour lui faire parvenir les sentiments du vif intérêt et de la profonde douleur que je ne cesse d'éprouver depuis que Votre Majesté est éloignée de son royaume et de ses fidèles et bons sujets. Nonobstant la violence et les cruautés dont l'usurpateur du trône d'Espagne accable la nation espagnole, ce doit être une grande consolation pour Votre Majesté que de savoir que votre peuple conserve toujours sa loyauté et son attachement envers la personne de son roi légitime, et que l'Espagne fait des efforts continuels pour maintenir les droits de Votre Majesté et pour rétablir l'indépendance de la monarchie. Les ressources de mon royaume, mes flottes et mes armées ne cessent d'aider les sujets de Votre Majesté dans cette grande cause, et mon allié le prince régent de Portugal y a contribué avec tout le zèle et la constance d'un fidèle ami.

« Aux bons sujets de Votre Majesté, ainsi qu'à vos alliés, il ne manque que la présence de V. M. en Espagne, où sa per-

et de lumières. Sa pension allouée par un traité lui était payée inexactement et par à-comptes; après bien des sollicitations il obtenait quelque 100,000 francs sur le trésor. Les bastides de Marseille voyaient alors des exilés d'opinions bien diverses : Charles IV près de la mer; Barras aux Eygalades, avec ses meutes et ses maîtresses; plus tard Fouché dans sa sénatorerie d'Aix. Puis pour préfet un conventionnel ferme et dur, Thibaudeau, alors revêtu de la dignité de comte, plus impérieux, plus fier sous sa toque nobiliaire que les anciens gouverneurs de Marseille, les Langeron, les Fortia de Pille, dont on voit les beaux portraits sur les monuments publics de l'antique cité.

Dans ces ravages de la fortune, il était dit que tous les membres de la maison de Bourbon devaient subir de grandes épreuves; Napoléon les avait pris comme but et dernier mot de sa rivalité; entre sa famille et ces dynasties, il y avait incompatibilité absolue. Aussi la branche de Naples était poursuivie avec autant d'acharnement que ses aînées de France et d'Espagne; depuis la campagne de 1805, terminée par Austerlitz, le sort de la maison de Naples avait été résolu; une course militaire du maréchal Masséna avait brisé les efforts des Calabrais et des lazzaroni de Naples; la reine Caroline avait rejoint

sonne ne pourrait qu'inspirer une nouvelle énergie. Ainsi, avec toute la franchise de l'amitié et de l'alliance qui me lie aux intérêts de Votre Majesté, je la prie de réfléchir sur les moyens les plus sages et les plus efficaces pour s'arracher aux indignités qu'elle éprouve, et pour se montrer au milieu d'un peuple qui ne respire qu'un sentiment universel pour le bonheur de Votre Majesté et pour sa gloire.

« J'ajoute à cette lettre une copie de celle de créance que mon ministre en Espagne doit présenter à la junte centrale qui gouverne au nom et par l'autorité de Votre Majesté.

« Je prie Votre Majesté de ne pas douter de ma véritable amitié, étant avec l'attachement le plus invariable, monsieur mon frère, votre bon frère. »

Signé, Georges, roi.

Au palais de la Reine, le 31 janvier 1810. *Lettre en latin du roi Georges III à Ferdinand VII, dont était chargé Kolly. En voici la traduction.*

« Georges III, par la grâce de Dieu roi de la Grande-Bretagne, défenseur de la

Ferdinand en Sicile ; tous les deux régnaient sur ces peuples fiers, sur cette aristocratie sicilienne qui porte dans son sang l'origine sarasine et les souvenirs de la Grèce. Un troisième élément s'était mêlé à cette population ; depuis longues années les Anglais convoitaient la Sicile ; lors de la campagne de 1805 ils avaient offert leurs services à la royauté de Naples ; 10,000 hommes s'étaient répandus dans l'île sous les ordres de lord William Bentinck. L'Angleterre avait rendu de grands services à la cause des Bourbons de Naples ; lorsque Murat tenta une expédition en Sicile, les Anglais repoussèrent l'invasion par des secours effectifs d'argent et de troupes ; ils voulurent présider à l'organisation de l'île, proposant une constitution avec des pouvoirs balancés ; partout où les Anglais espéraient dominer, leur premier moyen était d'établir un parlement, des assemblées politiques, pour troubler la paix du pays et profiter ainsi de la corruption et de la faiblesse.

La reine Caroline se montra en cette circonstance nationale avec un caractère de fermeté hautaine : à Naples, elle avait voulu secouer le joug des Français ; en Sicile elle espéra briser la tyrannie des Anglais. Cette femme forte rêvait les vêpres siciliennes, organisant des complots avec les grands et le peuple afin de soulever les

---

foi, duc de Brunswick et de Lunebourg, prince électeur, etc., au sérénissime seigneur Ferdinand VII, roi catholique des Espagnes, des Deux-Siciles et des Indes, notre frère et bien-aimé cousin, salut.

« Sérénissime et très puissant prince, frère et bien aimé cousin.

« L'objet principal de nos vœux et de notre sollicitude étant d'entretenir et d'augmenter par tous les moyens qui sont en notre pouvoir l'ancienne amitié heureusement rétablie entre nos couronnes, n'ayant rien de plus à cœur que de faire refleurir par des avantages réciproques le commerce, qui de tout temps a été si utile aux sujets des deux nations, et surtout de conduire à une heureuse fin, par des efforts combinés, la guerre que nous soutenons contre l'ennemi commun; nous avons résolu d'envoyer à la cour de Votre Majesté un personnage non moins distingué par les qualités de son esprit que par la noblesse de sa naissance, chargé de notre part de porter à Votre Majesté l'expression des

masses contre William Bentinck et les habits rouges ; elle se mit en rapport pour cet effet avec Murat, lui proposant de débarrasser la Sicile des Anglais si l'on voulait reconnaître son indépendance. Dans le fait les Bourbons n'y régnaient plus que nominativement, William Bentinck en était gouverneur-général avec les pleins pouvoirs que l'Angleterre donne à ses délégués dans l'Inde ou dans ses colonies ; les régiments siciliens étaient conduits par des officiers anglais, lord Wellington en avait même dans ses rangs, braves troupes, capables d'un coup de main ; les Siciliens et les Piémontais sont les meilleurs soldats de l'Italie. Ainsi les Bourbons de tout leur héritage n'avaient donc plus que la Sicile ; l'œuvre de Richelieu et de Louis XIV tombait en poussière.

Cette Italie voyait d'autres dynasties exilées, et je ne puis résister au besoin impérieux de jeter un regard sur cette maison de Savoie-Carignan, si élevée dans l'histoire des xviie et xviiie siècles. Ce nom de Savoie se mêle partout aux alliances de famille, aux guerres de Louis XIV et de Louis XV : ici le prince Eugène, là ces gracieuses princesses dont on voit les portraits dans les galeries de Versailles. Quelle noble maison que celle des Carignan, si instruits, si intelligents, si habiles dans la guerre ! puis si honnêtes, si probes qu'on les eût tous

---

sentiments dont nous sommes pénétré pour sa personne.

« A cette fin, nous avons choisi notre féal et amé conseiller Henry Wellesley, notre écuyer, et l'avons revêtu du caractère d'envoyé extraordinaire et ministre plénipotentiaire, persuadé que ce choix ne pourra être qu'agréable à Votre Majesté. Il nous reste à la prier d'accueillir favorablement notre envoyé extraordinaire et ministre plénipotentiaire, et à recommander Sa Majesté et sa maison royale à la divine Providence, pour qu'elle daigne les sauver de tous périls.

« A notre palais royal de Windsor, le 2 janvier 1810, la cinquième année de notre règne.

« De Votre Majesté le bon frère, »
Georges, roi.

Pour faire reconnaître l'agent, lord Wellesley avait remis l'attestation suivante au baron de Kolly :

« Le soussigné, principal secrétaire d'État de S. M. B. pour le département des af-

dit les représentants de la digne chevalerie, de ces vieux ducs de Savoie avec leurs armures de fer. Et cependant cette famille si brillante était tombée devant les intrigues du Directoire et les tristes pamphlets de M. Ginguené; la conduite de cet ambassadeur avait amené l'abdication de Charles-Emmanuel, qui chercha le premier un refuge en Sardaigne.

Admirable union que celle de Charles-Emmanuel et de Marie-Clotilde de France, la propre sœur de Louis XVI; jamais amour ne fut plus grand, plus résigné! Tous deux régnèrent d'abord en Sardaigne, dans cette île, débris de la civilisation antique : vous tous qui cherchez au loin les traces des peuples primitifs, visitez la Sardaigne, couverte des débris antépélagiens. Charles-Emmanuel y vécut heureux au milieu du peuple; s'il revint dans le Piémont après l'expédition de Suwarow, depuis il ne voulut plus quitter Rome, la cité des ruines; le pape lui donna pour séjour la *villa Borghèse,* noble palais qui se déploie sur la place du Peuple; Clotilde de France mourut au pied des basiliques, et Charles-Emmanuel ne voulut plus quitter son tombeau, se consacrant à la piété sous le cilice des cénobites; il abdiqua tous ses droits en faveur de son frère, Victor-Emmanuel : Rome retentit encore du souvenir de ses actions de bienfaisance et de piété;

---

faires étrangères atteste que cette lettre est véritablement la même que S. M. C. le roi Charles IV adressa à S. M. le roi Georges III, sur l'événement du mariage du prince des Asturies, actuellement le roi Ferdinand VII. Cete pièce authentique est confiée aux personnes qui auront l'honneur de la soumettre aux yeux de S. M. C. Ferdinand VII, pour vérifier leur mission. »

Downing-Street, le 26 février 1810.
Signé, Wellesley.

Lettre de M. Fouché à M. Desmarets, chef de division à la police.

« Aussitôt cette lettre reçue, vous réunirez toutes les pièces qui concernent l'affaire Kolly, et vous me ferez un rapport pour l'Empereur sur cette affaire qui puisse être imprimé dans le *Moniteur.*

« Le baron de Kolly sera supposé avoir été à Valençay pour y remplir sa mission et y avoir été arrêté; on le croira facilement à Valençay, on le croira aussi à Paris;

il quêtait pour les pauvres, se consacrait à leur service ; sainte vie, qui peut seule convenir à la royauté dans le malheur. Pour les vieilles couronnes il était trois devoirs : guerroyer, régner, aumôner : quand les deux premiers devoirs étaient impossibles, il restait le dernier. Le frère de Charles, Victor-Emmanuel, prit le titre de roi de Sardaigne ; prince grave, avec un penchant décidé pour les armes et l'étude, il avait servi contre la révolution française ; retiré à Florence, à Rome et à Naples, il quitta l'Italie en 1806 pour prendre le gouvernement de la Sardaigne ; il prépara des prodiges à cette contrée inconnue : on vit se développer la magnifique culture des oliviers et des mûriers ; une armée se forma par enchantement, la Sardaigne eut six régiments de cavalerie et vingt d'infanterie ; elle reçut des subsides de l'Angleterre et fournit des auxiliaires à ses armées. Ainsi vivait un des nobles rejetons de la grande maison de Savoie : pour se faire reconnaître par la civilisation nouvelle, les royautés même anciennes avaient besoin de se poser comme laborieuses ; rude tâche que la révolution imposait désormais aux couronnes.

La maison de Bragance, d'origine si chevaleresque, avait quitté, comme on l'a vu, le Portugal sous la protection britannique : quand Junot apparaissait avec ses régiments affaiblis, don Juan cherchait protection et

ceux qui connaissent Kolly, et qui l'ont vu à Paris, pourront avoir quelque doute ; mais ils imagineront qu'au lieu d'avoir été au secret à Vincennes, il a été envoyé à Valençay. Continuez le secret le plus rigoureux à son égard, c'est important.

« Le but de ce rapport est de persuader le ministère anglais que les princes de Valençay ne veulent avoir aucune communication avec les insurgés et qu'ils les regardent comme les ennemis de leur pays. Il sera même bien de faire les honneurs de cette arrestation à l'avis qu'ont donné les princes des propositions qui leur ont été faites par le baron de Kolly. On joindra à la suite de ce rapport le détail de la fête que les princes ont donnée à l'occasion du mariage de Sa Majesté.

« Je pense que la lecture de ce rapport fera un bon effet en Europe pour les affaires d'Espagne. Il sera nécessaire de faire une lettre de Valençay et un interrogatoire de Kolly, subi à Valençay et à Vincennes, dans lequel il dira son nom, etc.,

abri dans le Brésil. Les tempêtes publiques commençaient à agiter le continent de l'Amérique aussi fortement que l'Europe même; des États indépendants se formaient dans le Mexique, dans le Pérou, et le mot de liberté retentissait sous le système fédératif. Le Brésil avait échappé à ces ravages de l'esprit novateur, et la maison de Bragance put y trouver un asile contre la destinée terrible.

Don Juan avait-il perdu tout espoir de revoir Lisbonne, sa belle capitale? Après la convention de Cintra, il aurait pu saluer de nouveau le palais de Mafra et la tour de Belem; les Français étaient expulsés presque entièrement du royaume; Napoléon offrait de traiter avec l'Angleterre sur les bases d'une restauration de la maison de Bragance; mais la Grande-Bretagne se souciait peu de voir la restauration de Jean VI aussi rapidement accomplie; son intérêt était de ployer le Portugal sous le joug de sa puissance et des forces de son commerce. Les campagnes de lord Wellington n'avaient pour objet que d'habituer les peuples de la Péninsule à subir la prépondérance absolue de l'Angleterre; elle eût désiré que la maison de Bragance devînt tout-à-fait une dynastie du Nouveau-Monde, afin que le Portugal donnât ses vins de Porto

---

et qui sera fait de la manière la plus propre à mystifier les Anglais.

« Je vous renouvelle l'ordre de tenir Kolly au secret le plus rigide, et de ne lui laisser ni encre ni papier. Occupez-vous sur le champ du rapport que je vous demande, ainsi que des interrogatoires, de la lettre du commandant, etc. Vous m'enverrez le tout avec les pièces pour être inséré dans le *Moniteur*, quand je les aurai communiquées à l'Empereur. Le courrier que je vous dépêche a ordre d'attendre à Paris tout ce que je vous recommande dans cette lettre. »

Comptez sur mon affection.

Le duc d'Otrante.

Le vieux roi Charles IV, toujours abaissé devant Napoléon, lui écrivait:

Lettre du roi Charles IV à l'Empereur.

« Monsieur mon frère, j'ai trouvé Compiègne ce que je pouvais le désirer ; le palais vaste et commode, le pays riche, la campagne riante, la forêt aussi étendue que belle, les promenades nullement péni-

et de Madère à la Grande-Bretagne, comme la Sicile lui servait de grenier d'abondance.

C'était triste à voir que toutes ces chutes rapides de maisons souveraines : au Midi, étaient presque entièrement disparues les principautés autrichiennes en Italie, ces grands-duchés de Toscane, de Modène, modèles des gouvernements paternels; quel prince pouvait-on comparer à Léopold, dont le souvenir est partout présent à Pise, à Florence, dans les belles terres si fertiles et si heureuses sous leurs pampres d'or? Il y avait quelque chose de si doux dans ce gouvernement des archiducs en Italie! là se voyait la tolérance la plus absolue, unie aux sentiments de réforme; tout était destiné à servir de modèle. Les premiers Codes de bienfaisance et d'humanité avaient pour origine la Toscane, et pour protecteur Léopold : la peine de mort y fut abolie; il y avait une législation si tolérante qu'on ne comptait pas un seul proscrit, une seule persécution; étrangers ou sujets étaient placés sous le même système; tous, à l'abri des lois, pouvaient jouir de la bienfaisante application des plus heureuses idées et de cet aspect des arts que les grands-ducs de Toscane aimaient tant à protéger. Eh bien! tout cela était disparu; on n'avait tenu compte ni des

---

bles et toutes variées et fort agréables, mais une fatale expérience m'a fait malheureusement connaître que le séjour de Compiègne dérange chaque jour ma santé, et qu'il ne me sera pas possible de passer l'hiver dans ce climat sans m'exposer à perdre l'usage de mes membres pour le reste de ma vie. La conservation de ma santé devenant un des premiers devoirs, après avoir consulté sur mon état les médecins les plus habiles, je désirerais m'approcher avant l'automne d'un des climats les plus doux de la France. On m'a indiqué la ville de Nice, ainsi je demande à Votre Majesté si elle croit possible et convenable que je m'y établisse avec ma suite pendant les mauvais mois de l'année. J'attends de l'amitié de V. M. I. et R. cette nouvelle marque de l'intérêt que la santé de son bon ami lui inspire.

« Sur ce, je prie Dieu, monsieur mon frère, qu'il vous ait en sa sainte et digne garde.

« Monsieur mon frère,
De V. M. I. et R.
Le très affectionné frère et ami.
Signé, Charles.

services rendus à l'agriculture par les merveilleux canaux, ni des progrès de la civilisation qui avaient fait de la Toscane, sous les archiducs, le plus heureux pays de la terre. Admirable mélange que la bonté et le calme du sang allemand uni à l'imagination ardente des Italiens! La République et Napoléon avaient impitoyablement brisé les familles d'Este; Élisa, Pauline, les grands dignitaires de l'Empire, avaient désormais les titres que les fils et les filles de la maison d'Autriche ou de Bourbon avaient si longtemps possédés; les maisons souveraines, les Doria, les Dandolo, les républiques, les sénats, les doges, les podestats, s'étaient abîmés sous la main du maître.

Et il ne faut pas croire que la Révolution se fût seulement attaquée aux dynasties méridionales, plus molles, plus efféminées, sous des princes amis des arts et de la paix; implacable, elle avait également poursuivi des noms plus fermes et plus retentissants dans l'histoire, et la maison d'Orange elle-même, si grande au xviiie siècle. Cette illustre famille, symbole du protestantisme et de la réforme, était représentée par un exilé, Guillaume-Frédéric, prince d'Orange, de la race des stathouders : des liens trop intimes unissaient les Brunswick, la maison de Hanovre et celle d'Orange, pour que ces princes ne vinssent chercher un refuge en Angleterre; ils y trouvèrent un asile et des grades dans l'armée anglaise. Le prince Frédéric-Guillaume de Nassau, le représentant de toutes ces lignées, reçut une pension du parlement et un commandement militaire; les Brunswick et les Nassau, comme la plupart des princes allemands exilés, venaient prendre rang sous le drapeau britannique[1], ils serviraient plus tard aux projets de la

---

[1] Ce fut au cri d'*Orange Booven* que se fit la révolution hollandaise.

Grande-Bretagne sur la Hollande, pour briser les derniers liens de la domination française.

La fortune ne traitait pas mieux la branche de Holstein, qui régnait en Suède; les successeurs de Gustave-Adolphe erraient en Allemagne comme proscrits. Le dernier roi, qui portait le même nom que son illustre aïeul, et défendit avec le plus grand courage sa dignité et l'indépendance de sa couronne, succomba dans la lutte. Le vieux Charles XIII régnait, et le roi proscrit prenait le simple titre de colonel Gustavson, désormais le seul qu'il voulût porter dans l'étrange spectacle de tant de fortunes abaissées! Gustave avait épousé une fille de Bade; tel était alors l'oubli des couronnes que nul n'osa prendre la défense de cette vie chevaleresque. La maison d'Orange représentait le principe calviniste; la maison de Holstein, le principe luthérien, car la réforme n'était pas mieux traitée que le catholicisme par la Révolution française; fille ingrate, elle oubliait que toutes les réformes se tiennent et découlent les unes des autres.

Que de ruines avaient donc faites la Révolution et le système de l'Empire! N'y aurait-il pas une réaction? L'Angleterre avait compris que tous ces moyens lui viendraient en aide; un jour ces proscrits lui serviraient d'auxiliaires dans un mouvement qui aurait pour but la chute rapide, profonde, de Napoléon. Il était impossible, en effet, qu'il n'y eût pas, tôt ou tard, un retour favorable à d'illustres dynasties; les Brunswisck, les Orange, les Nassau seraient-ils à tout jamais bannis de l'Allemagne du Nord? Les archiducs ne verraient-ils plus l'heureuse Italie? Les Bourbons, les petits-fils de Louis XIV, de ce roi qui avait constitué la France forte et puissante, n'auraient-ils plus d'espoir pour une restauration? L'Empereur avait dit que « dans dix ans sa dynastie serait la plus ancienne de toutes les familles souveraines d'Europe», et ces mots écrits en caractères de feu durent bien soulever des haines contre lui ; n'était-ce pas une terrible menace lancée contre toutes les maisons encore régnantes ?

Faut-il dire maintenant l'histoire lamentable du souverain pontife, le chef de l'Église catholique, que la Révolution n'épargnait pas plus qu'elle ne respectait les princes protestants? Pie VII demeurait toujours à Savone dans une captivité déplorable, privé de ses officiers, des cardinaux, pour lesquels il professait la plus tendre, la plus vive confiance. A Savone, la vie du pontife était simple : Pie VII n'avait rien du souverain éclatant, il lisait son bréviaire, et, comme pour témoigner que les choses de la vie lui étaient indifférentes, il raccommodait ses soutanes de ses propres mains; ainsi se passaient ses longues journées. Le préfet de Savone, jeune et bienveillant fonctionnaire, M. de Chabrol, élève de l'École Polytechnique, un des compagnons de l'expédition d'Égypte, offrait au pape tous les moyens de distraire sa vie ; son caractère était doux, ses formes gracieuses ; il voyait continuellement Pie VII, et était parvenu à lui plaire en lui parlant un langage respectueux, si différent de celui qu'avaient fait entendre les chefs militaires à Rome. L'Empereur, tout impératif, tout violent qu'il était, avait recommandé de traiter le souverain pontife avec tous les témoignages de la vénération; les paroles habituelles de Napoléon étaient celles-ci : « Le pape est un agneau, et si j'avais seulement deux heures à causer avec lui, je le ferais revenir à mes opinions. » En cela il se trompait, le pape, l'homme le plus tolérant pour toutes les questions personnelles, le plus conciliant quand il s'agissait de lui seul, était ferme, décidé [1], tenace, lorsqu'il s'agissait des droits du saint-siége transmis à la longue suite des siècles ; le pape sans Rome se considérait comme captif ; que pouvait être la tiare sans Saint-Jean-de-Latran et la basilique des Saints-Apôtres ? Napoléon n'avait pas le sens moral de la papauté ; il ignorait que sur les questions religieuses nulle concession ne serait faite : ainsi les soldats pouvaient s'emparer de Rome, briser les portes du château Saint-Ange, mais jamais le pontife n'aurait scellé de son anneau du pêcheur la bulle pour le divorce de Napoléon ; la pureté et la sainteté du mariage était un dogme pour l'Église, et la protestation des treize cardinaux qui ne parurent point au mariage de Marie-Louise constatait assez la volonté ferme et invariable du souverain pontife, qui n'eût jamais accédé aux caprices des passions humaines et aux violences de la politique [2]. Le pape semblait dire à l'Empereur, comme autrefois les pontifes aux féodaux : « Reprenez votre première épouse, et ne souillez pas votre couche par l'adultère. »

Le philosophe observant de haut la marche des idées aurait ainsi contemplé bien des ruines dans les pouvoirs qui avaient marqué à travers les siècles ; il n'y avait

---

[1] Le pape ne prononça jamais un mot relatif à son temporel et à sa souveraineté. Voici ce qu'il disait à un envoyé de M. de Metternich : « Quand les opinions sont fondées sur la voix de la conscience et le sentiment des propres devoirs, elles deviennent irrémovibles, et il n'y a pas de force physique au monde qui puisse, à la longue, lutter contre une force morale de cette nature. »
M. de Lubzeltern continue à indiquer le caractère de Pie VII dans la même dépêche : « J'ai trouvé le pape un peu vieilli, mais bien portant, calme, serein à son ordinaire, et ne mettant pas la moindre aigreur dans ses propos, même lorsqu'il a abordé les sujets qui doivent lui être le plus sensibles. Il m'a paru également ferme dans ses opinions ; il y en a sur lesquelles assurément il ne reviendra jamais. » (Extrait d'une lettre de M. de Lebzeltern, en date du 16 mai 1810, à M. le comte de Metternich.)

[2] Les treize cardinaux qui n'assistèrent pas à la cérémonie religieuse du mariage de Napoléon furent exilés dans cet ordre : Mattei et Pignatelli à Rhétel, la Somaglia et Scotti à Mezières, Saluzzo et Galeffi à Sedan, puis à Charleville, Brancadoro et Gonzalvi à Reims, Louis Ruffo et Litta à Saint-Quentin, di Pietro, Opizzoni et Gabrielli à Saumur.

plus ni Confédération germanique, ni Suisse indépendante, ni républiques de Gênes et de Venise; l'Europe était couverte de débris; tout servait de pierres pour élever l'immense édifice de l'Empire! Qu'était devenue la famille des Bourbons, si glorieuse sous Louis XIV, les Carignan et les Savoie à la brillante épée, les Brunswick et les Orange, chefs militaires de l'Allemagne du Nord, les Holstein de Suède et la maison de Bragance? Tout cela avait abaissé la tête; la tempête avait emporté les arbres généalogiques, et le blason vieilli était suspendu couvert d'un voile dans une lice funèbre. Les maisons souveraines qui avaient brillé aux XVIe et XVIIe siècles disparaissaient dans ce terrible ouragan; les autres fléchissaient la tête en cherchant à apaiser un vainqueur inflexible; la maison de Lorraine livrait une de ses filles, la Prusse agenouillée donnait ses places fortes et son argent; il ne restait donc plus de fier et d'indépendant que la maison de Romanoff avec son empire sans limite, et cette puissante aristocratie anglaise, qui trouvait dans le commerce du monde et le crédit public les ressources de la guerre qu'elle avait résolu de soutenir.

C'est donc entre ces pouvoirs que doit se continuer la lutte sans trêve ni repos. Le champ de bataille va de nouveau s'ouvrir; la paix est déjà importune à cet Empereur que la paternité vient d'appeler à une nouvelle vie : le canon des combats plaît seul à cette imagination orientale; le berceau de son fils agrandit encore son ambition; à chaque nouvel enfant qu'il espère, il lui faudra un sceptre et une capitale comme Rome avec ses cirques et ses arcs de triomphe!

FIN DU HUITIÈME VOLUME.

TABLE
DES CHAPITRES
DU HUITIÈME VOLUME.

Pages.

CHAPITRE I. — DIPLOMATIE AVANT LA CAMPAGNE DE 1809. — Rapports de l'Autriche et de la France. — Situation difficile de M. de Metternich à Paris. — Invectives de Napoléon devant le cercle diplomatique. — Dépêches de M. de Metternich à sa cour. — Rapports avec Fouché et les mécontents. — Entrevue avec M. de Champagny. — Inquiétudes à Vienne sur les préparatifs de la France. — Appel des contingents de la Confédération du Rhin. — Situation réelle de l'Autriche.—Ses rapports avec l'Angleterre, — avec la Prusse, — avec la Russie, — avec la Suède. — Révolution à Stockholm. — Plan militaire de l'Autriche. — Idée d'insurrection. — L'Allemagne. — Le Tyrol. — L'Espagne. — La Hollande et la Belgique. — L'Italie. — Première pensée de l'alliance avec le parti républicain. — Situation des esprits au moment de la campagne. — (Mars 1808 à Avril 1809.) 1

CHAPITRE II. — LA MONARCHIE AUTRICHIENNE. — FORCES DES DEUX EMPIRES ET LUTTE. — Les provinces autrichiennes. — La Bohême. — La Hongrie — La Transylvanie. — La Moravie. — L'Illyrie. — L'Esclavonie. — La Croatie. — Anciennes provinces. — Forces de terre. — Infanterie. — Cavalerie. — Artillerie. — Le cabinet autrichien. — La cour. — Les archiducs. — Les peuples. — Finances. — Impôts. — Caractère de ces populations. — Esprit public au moment de l'ouverture de la campagne. — Division de l'armée autrichienne. — Les corps. —Organisation du personnel militaire. — L'armée française en Allemagne. — Corps de Davoust, — de Masséna, — d'Oudinot, — de Lefebvre, — de Bernadotte. — Contingents de la Confédération du Rhin. — Caractère et esprit de ces troupes. — (Mars 1809.) 41

CHAPITRE III. — PREMIÈRE PÉRIODE DE LA CAMPAGNE D'AUTRICHE. — Belles conceptions de l'Empereur. — Dénonciation des hostilités par le prince Charles. — Les quatre corps d'armée autrichiens. — Le prince Charles — L'archiduc Jean. — L'archiduc Ferdinand. — Les généraux Bellegarde et Kollowrath. — La landwehr et Vienne. — Fautes stratégiques de Berthier. — Le maréchal Davoust compromis. — Le général Coutard à Ratisbonne. — Commencement de la campagne. — Les généraux Rosenberg et Hiller. — Base des opérations de l'Empereur. — Lenteurs de l'archiduc Charles. — Combat d'Abensberg. — Bataille d'Eckmühl. — Le 65e à Ratisbonne. — Retraite du prince Charles. — Prise de Ratisbonne. — Succès des Autrichiens en Italie, — dans le Tyrol. — Retraite sur Vienne. — Combat chevaleresque d'Ebersberg. — Siége de Vienne. — L'archiduc Maximilien. — La landwehr. — Capitulation. — Position réelle de l'Empereur. — (Avril et Mai 1809.) 65

CHAPITRE IV. — NAPOLÉON A SCHOENBRUNN. — BATAILLE D'ESSLING. — Situation morale des cabinets. — Berlin. — Esprit public. — Désaveu de Schill. — Saint-Pétersbourg. — Déclaration de guerre de la Russie à l'Autriche. — L'archiduc Ferdinand en Pologne. — Le prince Poniatowski. — Les Autrichiens à Varsovie. — Dictature de Napoléon à Schœnbrünn. — Décret pour la réunion des États romains. — Enlèvement du pape. — Les généraux Miollis et Radet. — Deuxième période de la campagne en Autriche. — Position du prince Charles au-delà du Danube. — Plan de campagne. — L'île de Lobau. — Passage des divisions françaises sur la rive gauche du Danube. — Les villages d'Essling et de Gross-Aspern. — Attaque des Autrichiens — Imprévoyance de Napoléon. — Mauvais ponts. — Manque de munitions. — Rupture des ponts. — Nouvelles batailles. — Mort des généraux Espagne, Saint-Hilaire. — Lannes frappé d'un boulet. — Dangers de l'armée française. — Conseil pour l'abandon de l'Autriche. — Les Français dans l'île de Lobau. (Mai et Juin 1809.) 97

CHAPITRE V. — RÉSULTAT POLITIQUE DES BATAILLES DE GROSS-ASPERN ET D'ESSLING. — Effet moral sur LES PEUPLES. — Les Allemands. — Les Espagnols. — Les Tyroliens. — Les patriotes d'Italie. — Sur les gouvernements. — L'Angleterre. — Préparatifs de ses trois invasions en Italie, en Espagne et en Hollande. —Négociations intimes de la Russie et de l'Autriche. —Destination de l'armée du prince Galitzin. — Premières promesses d'un royaume de Pologne.—Rapports intimes de la Prusse et de l'Autriche. — Mission du colonel Steigentesch. — Effet de la bataille d'Essling à Paris. — Situation de l'esprit public en France. — Le parti républicain. —Soulèvement religieux. —Le catholicisme et Napoléon après la captivité du pape. —Fouché. —M. de Talleyrand. — Situation des monarchies éphémères fondées par Napoléon.—Vice-royauté d'Italie. — Grand-duché de Toscane. — Elisa. — Naples. — Murat. — Caroline. — Hollande. —Westphalie. — L'Espagne et Joseph. (Juin et Juillet 1809.) 125

CHAPITRE VI. — MONARCHIE DE JOSEPH. —CAMPAGNE DE LA PÉNINSULE. — Joseph à Madrid. — Nouvelle organisation de son gouvernement. — Aspect de la ville. — Fondations royales. — Décrets. —Jourdan major-général. — Armée de la péninsule. — Second siége et prise de Saragosse. — Corps de Navarre, — de Catalogne, — de Valence, — d'Andalousie, — de Galice, — de Portugal. —Les maréchaux Ney, —Soult, —Victor.—Les divisions Saint-Cyr, —Suchet. —Les Juntes. —Armées espagnoles. — Opérations de sir Arthur Wellesley. — Campagne de Galice et de Portugal, — de Castille et d'Andalousie, — de Catalogne. — Bataille de Talavera de la Reyna. — Esprit de l'armée française dans la péninsule.—Conjuration dans l'armée de Portugal. —Projet de royauté attribué au maréchal Soult. — Correspondance de sir Arthur Wellesley. —Système de défense des Espagnols. —Les guérillas. — (Février à Août 1809.) 152

CHAPITRE VII. — BATAILLE DE WAGRAM. — ARMISTICE DE ZNAÏM. L'Empereur à Schœnbrünn. — Travaux du génie. — Le général Bertrand. —L'armée dans l'île de Lobau. — Pénurie du soldat. — Situation des Autrichiens. — Déploiement de la campagne.— L'armée d'Italie. —Combat de Raab. —L'armée de Dalmatie. — Marmont. — Préparatifs pour le passage du Danube. — La nuit du 4 au 5 juillet. — Position de l'archiduc Charles. — Manœuvre par éventail.—Première journée de Wagram. —Résultat indécis. — Bataille du 6. — L'archiduc attaque en se déployant. — Napoléon se concentre.—La colonne d'artillerie et de la garde impériale. — Masséna. — Bernadotte et les Saxons. — Le centre de

Macdonald. — Chances de la bataille. — Caractère incertain des deux journées de Wagram. — Pertes énormes. — Récompenses. — Les maréchaux. — Les princes. — Causes diplomatiques de la retraite de l'archiduc en Bohême. — Suite des mouvements de Napoléon. — Dissension entre les archiducs. — Influence de faiblesse de l'archiduc Charles et du prince de Lichtenstein. — Armistice de Znaïm. (Juin et Juillet 1809.)   180

CHAPITRE VIII. — L'ALLEMAGNE, LA FRANCE, L'ANGLETERRE. — WALCHEREN. — PAIX DE VIENNE. — Développement de l'insurrection allemande. — Les Anglais et les tentatives du duc de Brunswick-OEls. — Courses du major Schill. — Sa mort glorieuse. — Le Tyrol. — Succès de Hoffer. — Effet de la bataille de Wagram en France. — Exagération des bulletins. — La vérité connue. — Agitation des partis politiques. — Intelligences entre les conspirations de Portugal, de France et d'Allemagne. — Les Anglais à Walcheren. — Mobiles politiques de leur campagne. — Fouché. — Mission de Bernadotte. — Son but. — Éventualités de la mort de l'Empereur. — Partis de la paix et de la guerre à Vienne. — Premières négociations. — Le prince Jean de Lichtenstein. — Le comte de Bubna. — M. de Metternich. — Fermentation des esprits en Allemagne. — Stabs. — Projet d'assassinat. — Signature de la paix. — Napoléon et la bourgeoisie de Vienne. — Les murailles renversées. — Exécutions militaires. — Hoffer fusillé. — Les jeunes et nobles compagnons de Schill exécutés, ou aux galères. — Triste pacification de l'Allemagne. — (Juin à Novembre 1809.)   213

CHAPITRE IX. — ADMINISTRATION DE L'EMPIRE; DIVORCE DE NAPOLÉON; PARIS EN 1809. — Retour de l'Empereur. — L'esprit public. — Premières conférences sur le gouvernement. — Explications politiques avec Fouché. — Tendance monarchique de Napoléon. — Changement dans les fonctionnaires. — M. de Montalivet. — M. Molé. — M. Pasquier. — M. Portalis. — Le général Clarke. — M. Maret. — Le cabinet particulier. — MM. Meneval, Fain et Mounier. — M. Bigot (de Préameneu). — Conseil des ministres. — Conseil d'État. — Le Sénat. — Le Corps législatif. — Premières communications sur le divorce. — L'idée de postérité et de transmission de la couronne. — Personnalité de Napoléon et de Joséphine. — Leur vie. — Intervention du prince Eugène. — Négociations auprès de l'officialité de Paris. — Nullité de mariage. — Motifs de cassation. — Napoléon isolé. — Actes de son gouvernement. — Les prix décennaux. — État de la littérature. — *Les Martyrs*, par M. de Châteaubriand. — Premières pages de *l'Allemagne*, par madame de Staël. — Livre de M. Daunou sur la puissance temporelle des papes. — M. Chénier. — MM. de Jouy, Étienne, Picard. — M. Delille. — M. Michaud. — M. Lacretelle. — M. Luce de Lancival. — M. Lemercier. — M. Campenon. — Les théâtres. — La musique. — Mélodrames. — Les acteurs. — Caractère des romans. — Modes. — Coutumes. — (Avril 1809 à Janvier 1810.) 252

CHAPITRE X. — APOGÉE DE LA DICTATURE DE NAPOLÉON. — Tentative pour la suppression du Corps législatif. — Ses rapports avec l'Empereur. — Doctrine sur le Sénat. — Le Code pénal. — Le Code d'instruction criminelle. — Esprit de ces deux législations. — Les prisons d'État. — Rétablissement des lettres de cachet. — Dictature intellectuelle. — Censure. — Direction de l'imprimerie et de la librairie. — Envahissement des journaux. — Dictature sur la propriété. — Échange. — Affaire du domaine de Navarre et de la succession de Bouillon. — Dictature commerciale. — Application des décrets de Berlin et de Milan. — Les licences. — Les douanes. — Les cours prévôtales. — Dictature administrative. — Les conseils de préfecture. — Le conseil d'État. — Les conflits. — Privilége des contributions et du trésor. — Théorie du domaine extraordinaire. — (Décembre 1809 à Avril 1810.) 294

CHAPITRE XI. — MARIAGE AVEC L'ARCHIDUCHESSE MARIE-LOUISE. — Préoccupation d'un mariage pour Napoléon. — Russie. — Autriche. — Saxe. — Premières ouvertures de M. de Caulaincourt. — Fausse position. — Alexandre. — L'impératrice-mère. — L'opinion moscovite. — Autriche. — Avénement du comte de Metternich. — Situation nouvelle de la diplomatie. — Envoi de M. Otto. — Madame de Metternich à Paris. — Premiers mots sur le mariage. — Bal masqué. — L'Empereur et madame de Metternich. — Communication au prince de Schwartzenberg. — Lettre de madame de Metternich. — Premières ouvertures à l'empereur François II. — Marie-Louise. — Résignation. — Demande officielle. — Parti français en Autriche. — Napoléon et le prince Charles. — Berthier à Vienne. — Célébration des fiançailles. — Refus de l'archevêque de Vienne. — Attestation de M. Otto. — Voyage de Marie-Louise. — Compiègne. — Fâcheuse impression que lui fait Napoléon. — Résignation et obéissance. — Joie enfantine de l'Empereur. — Mariage. — Protestation des

TABLE DES CHAPITRES.

cardinaux. — La nouvelle Impératrice à Paris. — Fêtes. — Maison de l'Impératrice. — Esprit de la cour. — Formes et étiquette. — Hiérarchie nobiliaire. — Orgueil et vanité des nouveaux titulaires. — Satires des journaux anglais. — Pamphlets sur la famille impériale, sur les dignitaires. — Moqueries de l'aristocratie. — (Novembre 1809 à Avril 1810.) 324

CHAPITRE XII. — DÉVELOPPEMENT DU SYSTÈME FÉDÉRATIF ET DIPLOMATIQUE DE NAPOLÉON. — L'Angleterre après l'expédition de Walcheren. — Négociations pour la paix. — Bases repoussées par lord Wellesley. — Théâtre de la guerre des deux puissances. — Espagne et Portugal. — Le vicomte de Wellington. — Les maréchaux Soult et Masséna. — Campagne d'Andalousie et de Portugal. — Réunion définitive de Rome à l'Empire. — Sénatus-consulte. — Discussions avec la Hollande. — Correspondance de Louis Bonaparte. — Son abdication. — Mission de M. Decazes. — Réunion de la Hollande à l'Empire. — Les villes anséatiques. — Le Valais. — Relations avec le Danemarck. — Rapports avec la Suède. — Élévation de Bernadotte. — Traité. — Le système continental. — Situation des esprits en Allemagne. — Changement de ministère en Prusse. — Mort de la reine Louise. — M. de Hardenberg aux affaires. — Système d'observation de la Russie. — Changement de ministère. — Premier voyage de M. de Czernicheff. — Correspondance avec M. de Metternich et l'Autriche. — (Janvier à Novembre 1810.) 358

CHAPITRE XIII. — APOGÉE DE L'EMPIRE DE NAPOLÉON. — L'HÉRITIER DE LA DYNASTIE. — Aspect de la cour. — Voyage de Napoléon et de Marie-Louise en Belgique. — Préparatifs des fêtes à Paris. — Les poëtes sur le mariage. — Changements ministériels. — Disgrâce de Fouché. — Savary, ministre de la police. — Bal du prince de Schwartzenberg. — Sinistre prédiction. — Disgrâce de M. Dubois. — M. Pasquier, préfet de police. — Napoléon au temps de paix. — Tendance civile de l'Empire. — L'Empereur au conseil d'État. — Questions religieuses. — Questions civiles. — La bulle d'excommunication. — Les cardinaux. — M. d'Astros. — Disgrâce et exil de M. Portalis. — Changement dans l'âge de la conscription. — Levées maritimes. — Les enfants de quatorze ans. — Grossesse de l'Impératrice. — Esprit et formulaire de la cour. — Déclamations contre les révolutionnaires. — Le dauphin. — L'ancienne et la nouvelle société. — Naissance du roi de Rome. — La couronne de ce berceau. — Grandeur de l'Empire. — Principes de décadence. — (Avril 1810 - Mars 1811.) 400

CHAPITRE XIV. — LES DYNASTIES BRISÉES PAR LA RÉVOLUTION ET L'EMPIRE. — La branche ainée des Bourbons.— Louis XVIII.— Sa correspondance. — Ses jugements sur la cour de Napoléon. — Sa patience. — Mort de la reine.—Le comte d'Artois. — Les ducs d'Angoulême et de Berry.—Mesdames de France à Trieste. — M. de Narbonne. — La branche cadette. — M. le duc d'Orléans. — Son mariage en Sicile. — Expédition en Espagne.— Plan de Dumouriez. — Correspondance avec le duc de Wellington, — avec les Cortès. — Proclamation aux soldats français. — Lutte des idées de 1789 et du 18 brumaire. — Les Bourbons d'Espagne.—Ferdinand VII. — Les infants à Valençay. —Complot pour les enlever.—Le baron de Kolly.—Charles IV à Marseille. — La reine et le prince de la Paix. — Les Bourbons de Naples. — Patriotisme de Caroline de Sicile. — Rapports avec Murat. — Les Carignan et la maison de Savoie. — Charles-Emmanuel. — Victor-Amédée. — La maison de Bragance. — Sa situation en Brésil. — Le roi de Suède. — Gustave-Adolphe. — La maison d'Orange. — La Hollande. — Les princes d'Allemagne. — Hanovre. — Brunswick. — Les grands-ducs de Toscane. — Captivité du souverain pontife Pie VII. — (1808 à 1811.) 442

FIN DE LA TABLE DES CHAPITRES.

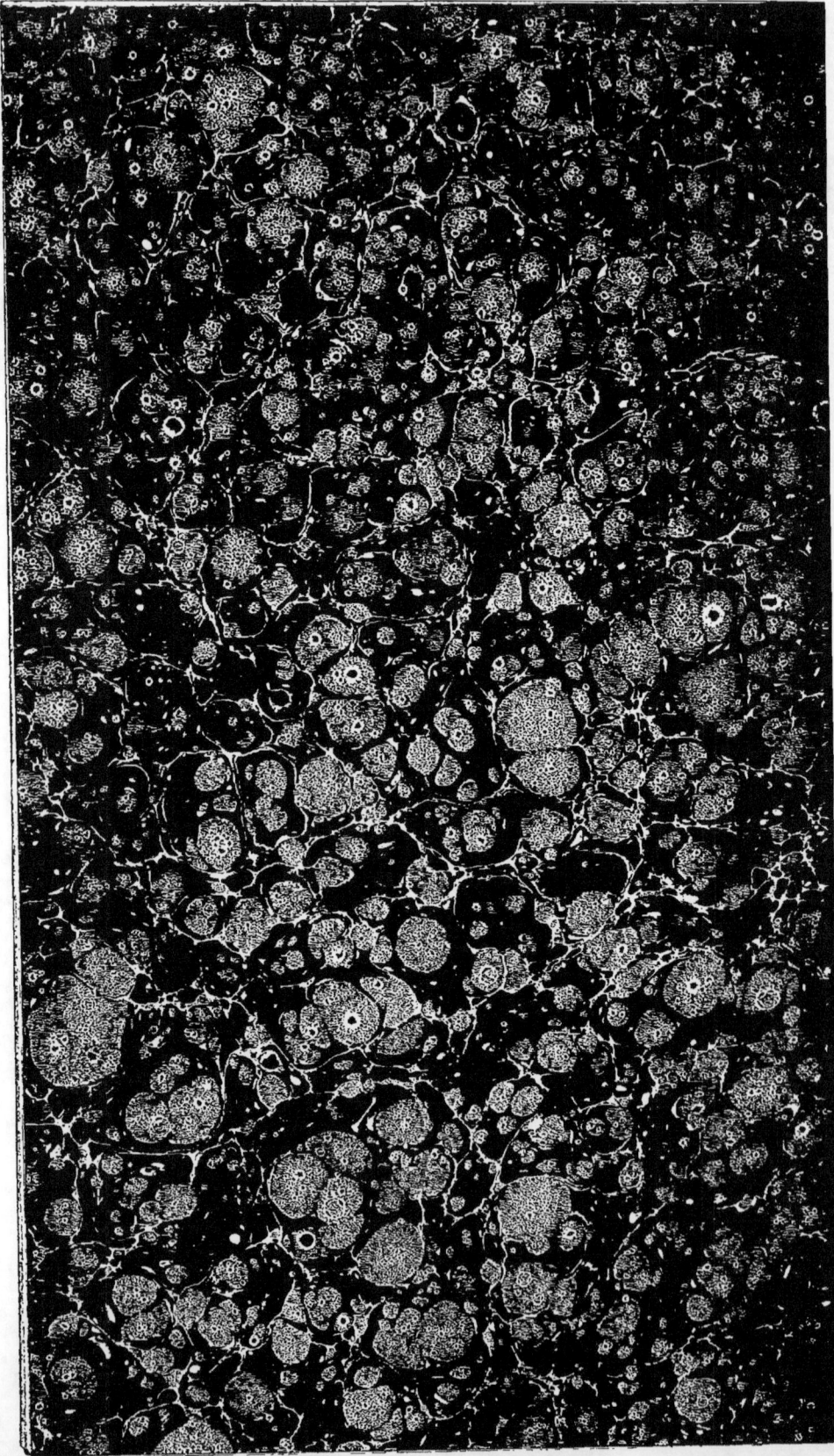

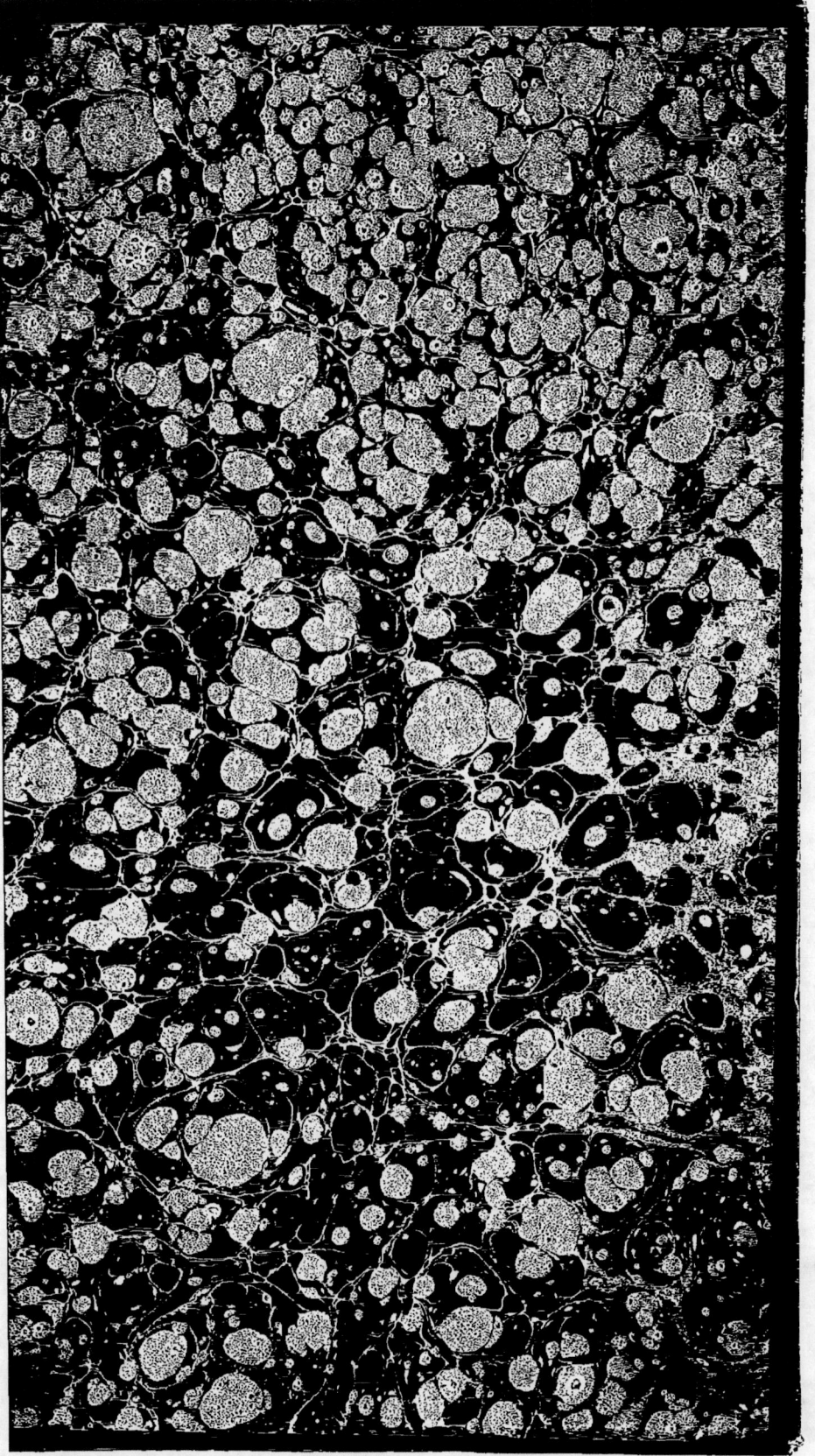